Vorwort

Im Herbst 1966 trafen das Institute of Germanic Studies der Universität London und das Institut für Ältere Deutsche Philologie der Philipps-Universität Marburg erstmalig zu einer gemeinsamen Veranstaltung zusammen, dem in Oxford gehaltenen Colloquium über Probleme mittelalterlicher Überlieferung und Textkritik. Aus diesem Anfang ist - nicht zuletzt dank der weiterführenden Bemühungen der Veranstalter des Oxforder Colloquiums, Peter Ganz und Werner Schröder - eine Reihe von nun neun Tagungen geworden, auf denen germanistische Mediävisten aus dem deutschen und dem englischen Sprachraum alle zwei bis drei Jahre als Gäste von Universitäten abwechselnd in der Bundesrepublik und auf den britischen Inseln ein Thema im Bereich der deutschen Literatur des Mittelalters in Vorträgen und Diskussionen behandelt haben. Zum neunten anglo-deutschen Colloquium, das vom 9.-13. September 1985 in St. Andrews, Schottland stattfand, kamen 49 Teilnehmer aus 29 deutschen und britischen Instituten zusammen, um sich mit dem Thema Liebe in der deutschen Literatur des Mittelalters auseinanderzusetzen. Den 21 Vorträgen folgten rege Diskussionen sowohl innerhalb des eleganten Tagungsraumes - der Lower College Hall des St. Salvator's College - wie auf Spaziergängen bei strahlender Herbstsonne in der mittelalterlichen Stadt und über gemeinschaftlich eingenommene Mahlzeiten.

Die anglo-deutschen Arbeitstagungen gewähren dem variierenden Teilnehmerkreis, dessen Personenzahl immer innerhalb der für intensive Diskussionen vertretbaren Grenzen bleibt, eine vielfältige Bereicherung, sie bieten jüngeren Kollegen Resonanz auf einen ersten Tagungsvortrag, bilden einen Umschlagplatz für den Austausch von Ideen und die Erörterung von Forschungsvorhaben im persönlichen Gespräch und sind für alle Beteiligten ein fachförderndes Stimulans. Durch die Veröffentlichung von Beiträgen in der Form eines Tagungsbandes hoffen wir, dieses Stimulans weiteren interessierten Kreisen zugänglich zu machen.

Der vorliegende Band enthält 14 der auf dem St. Andrews-Colloquium gehaltenen Vorträge, die in der Druckfassung viele Anregungen aus den Diskussionen aufgenommen haben. Dazu kommt noch der Beitrag von Peter Strohschneider, der aus zeitlichen Gründen in St. Andrews nicht vorgetragen wurde, der aber seiner Entstehung und seinem Thema nach durchaus zur Tagung gehört. Weder auf der Tagung noch in diesem Band wurde eine vollständige Abdeckung des Rahmenthemas angestrebt, und jeder Leser wird mehr als ein ihm vertrautes Stück Liebe im

Mittelalter vermissen. Dennoch ist die Spannweite der gedruckten Beiträge in methodologischer Hinsicht und mit Hinblick auf literarische Gattungen und den Standort der behandelten Autoren, Werke und Themenkreise, von dem literarischen Aufschwung an den großen Höfen im 12. bis hin zu bürgerlichen Leserkreisen im 16. Jahrhundert, breit genug, um einiges von der Vielseitigkeit des Tagungsthemas und von den – noch nicht erschöpften – Möglichkeiten seiner wissenschaftlichen Erschließung aufzuzeigen. Wenn darüber hinaus die Beiträge bei dem Leser wie die Vorträge bei den Tagungsteilnehmern zu weiterführender Erörterung der angeschnittenen Fragen anregen, wird sich die Mühe der Autoren und der Herausgeber doppelt gelohnt haben.

Der Dank der Tagungsveranstalter gilt dem British Council, der British Academy und der Fritz Thyssen Stiftung, die das Colloquium finanziell großzügig unterstützt haben sowie dem Personal von Hamilton Hall, das uns vier Tage lang ebenso freundlich wie effizient betreut hat. Der Dank der Herausgeber richtet sich an das Publications Committee der Universität St. Andrews und an die Philosophische Fakultät II der Universität Würzburg, die durch Zuschüsse die Drucklegung dieses Bandes unterstützt haben; an das Germanic Institute der Universität London, das durch die Aufnahme des Bandes in seine Publikationsreihe das anglo-deutsche Colloquium weiterhin gefördert hat; an Frau Gudrun Beck (Würzburg) für ihre Mühe bei der Herstellung der Druckvorlage; an Frau Gertrud Kesselring für Erledigung des Schriftverkehrs; an Sulamith Sparre, Marianne Werner, Hans Groscurth, Gert Hofmann, Stefan Platzöder, Christoph Roth für das Mitlesen der Korrekturen; und schließlich an den Max Niemeyer Verlag für die freundliche und nachsichtige Betreuung des Buches.

Die Herausgeber

Inhalt

Drucktechnischer Hinweis. In der Petit-Schrift stehen Zitate aus mittelhochdeutschen Texten in doppelten Anführungsstrichen, weil das hier verwendete Schreibsystem für diesen Schriftgrad über keine Kursive verfügt.

Höfische Liebe. Ein Forschungsproblem der Mentalitätsgeschichte*

von

URSULA PETERS (Oldenburg)

In den letzten Jahren sind gleich zwei Arbeiten mit dem programmatischen Titel "Die Entdeckung der Liebe im Mittelalter" erschienen.[1] Das ist kein Zufall. Während lange Zeit hindurch die Liebesthematik der höfischen Dichter als mehr oder weniger idealisiertes Zeugnis erlebter bzw. empfundener Wirklichkeit betrachtet, bestenfalls kulturhistorisch erklärt worden ist, im Rahmen einer gesellschaftsgeschichtlich ausgerichteten Mediävistik vornehmlich Chiffre einer Standes- bzw. Aufstiegsproblematik war, damit aber der Eigenanspruch einer literarischen Artikulation von Liebe weitgehend ausgeblendet blieb, ist inzwischen im Zuge des neuen Interesses an Fragestellungen der Mentalitätsgeschichte und Psychohistorie gerade dieser Aspekt der Liebesliteratur zum zentralen Gegenstand der Diskussion geworden. Denn für dieses neu entfachte Forschungsinteresse an den untergründigen Emotionen, den spontanen Reaktionsweisen und kollektiven Einstellungen der Menschen, die nicht unbedingt mit explizit-politischen Handlungsweisen und normativen Verhaltensprogrammen übereinstimmen, diesen jedoch auf vertrackte Weise zugrundeliegen, werden die Themenreihen Liebe - Erotik - Sexualität bzw. Liebe - Ehe - Ehebruch zu einem prädestinierten Forschungsgegenstand. Denn man erwartet sich von ihnen Informationen über jenes komplizierte Geflecht von unterdrückt-geheimen Wünschen, faktischem Verhalten und offizieller Norm, das praktisch sämtliche Lebenssituationen bestimme.[2]

---

* Dieser Forschungsüberblick geht auf das Seminar "Die Entdeckung der Liebe im Hochmittelalter. Ein Beitrag zur Problematik der Mentalitätsgeschichte" zurück, das ich zusammen mit Hans Robert Jauss und Rolf Köhn im Wintersemester 1984/85 an der Universität Konstanz gehalten habe und dessen Diskussionen ich zahlreiche Anregungen und Präzisierungen verdanke, vor allem hinsichtlich des "Liebesbriefs" (s.u. S.11-13), den Rolf Köhn zur Diskussion gestellt hat.

1 HANS EGGERS: Die Entdeckung der Liebe im Spiegel der deutschen Dichtung der Stauferzeit. In: Geist und Frömmigkeit der Stauferzeit. Hg. von WOLFGANG BÖHME. Stuttgart/Frankfurt 1978 (Herrenalber Texte 2), S.10-25; PETER DINZELBACHER: Über die Entdeckung der Liebe im Hochmittelalter. Saeculum 32 (1981), S.185-208.

2 Zum thematischen und methodischen Repertoire der Mentalitätsgeschichte und ihrer Bedeutung für die literarhistorische Analyse mittelalterlicher Texte vgl. URSULA PETERS: Literaturgeschichte als Mentalitätsgeschichte? Überlegungen zur Problematik einer neueren Forschungsrichtung. In:

In diesem Zusammenhang gewinnt auch die mittelalterliche Liebesliteratur eine neue Aufmerksamkeit: als Frage nach dem spezifischen Status der literarischen Konzeptionen von Liebe im Rahmen einer Adelsgesellschaft, die – so scheint es – der Sexualität bestenfalls eine prokreative, der Ehe eine ökonomisch-politische Funktion, der Liebe jedenfalls keine eigenständige Rolle zuweist. Die Liebesthematik der mittelalterlichen Autoren wird dabei zur Signatur einschneidender Entwicklungen, ja Umbrüche in den unterschwelligen "attitudes mentales" der Menschen wie auch den offiziellen Verhaltenskonzepten von Kirche und Feudaladel. Die Ergebnisse dieser Überlegungen zur symptomatischen Rolle des mittelalterlichen Liebesgedankens für die Interdependenz von Gefühlsleben, sozialem Verhalten und normativen Konzepten sind – entsprechend der methodischen Ausrichtung und der Untersuchungsgegenstände – sehr vielfältig. Gemeinsam ist ihnen jedoch das Bemühen um eine sozialpsychologische Erklärung, die auf die unter bzw. hinter der literarischen Darstellung verborgenen psychischen Dispositionen, die Ängste, Wünsche und sozialen Zwänge der Autoren wie ihres Publikums abhebt und in dem literarischen Produkt das programmatische Ergebnis einer kollektiven Bewältigung dieser psychischen Faktoren vorstellt. Charakteristisch für diese Forschungsrichtung ist allerdings zugleich eine fehlende Kontinuität des Fragens. Es dominieren punktuelle Ansätze, die von sehr unterschiedlichen theoretischen Prämissen – der Elias'schen Zivilisationstheorie, der Psychohistorie, Mentalitätsgeschichte oder Lacanschen Psychoanalyse – ausgehen und sich nur selten um ihre Anbindung an vergleichbare bzw. schon erarbeitete Fragestellungen bemühen. Deshalb sollen im folgenden einige Problembereiche aus dem Fragenspektrum mittelalterliche Liebe – Mentalität einer Adelsgesellschaft systematisch diskutiert und die bereits erreichten Forschungsergebnisse vorgestellt werden.

1. Die höfische Liebe und die Kirche

Während eine Reihe von Autoren die spirituelle Seite der höfischen Liebesdarstellung betonen und deshalb ein weitgehend paralleles Interesse geistlicher wie weltlicher Autoren im 12. Jahrhundert an der Liebe konstatieren, dominiert

---

Germanistik – Forschungsstand und Perspektiven. Vorträge des Deutschen Germanistentages 1984. Hg. von GEORG STÖTZEL. 2. Teil: Ältere Deutsche Literatur. Neuere Deutsche Literatur. Berlin/ New York 1985, S.179-198. Eine kritische Würdigung des Programms einer "histoire des mentalités" bieten neben den hier in Anm.1 aufgeführten Arbeiten neuerdings auch ROBERT DEUTSCH: "La nouvelle histoire" – Die Geschichte eines Erfolges. HZ 233 (1981), S.107-129; HAGEN SCHULZE: Mentalitätsgeschichte – Chancen und Grenzen eines Paradigmas der französischen Geschichtswissenschaft. Geschichte in Wissenschaft und Unterricht 36 (1985), S.247-270.

doch im Ganzen die These eines Konkurrenz-, ja sogar Ab- bzw. Ausgrenzungsver-
hältnisses von geistlicher und weltlicher Liebesthematik. Die verschiedenen
Liebesvorstellungen der höfischen Dichter werden dann zu Zeugnissen einer
Emanzipation eines selbstbewußten Laienadels aus einer geistlich geprägten
Kultur, die die weltliche Liebe einem prinzipiellen Verdikt unterworfen habe.
Die antithetischen Reflexionen bestimmter Liedtypen, der Kreuzlieder oder
Neidharts Werltsüezelieder, aber auch lateinische hofkritische Texte im Um-
kreis König Heinrichs II. von England scheinen diese Sicht zu bestätigen: in
beiden Fällen wird die Argumentation von einem Oppositionssystem Körper *versus*
Seele, weltliche *versus* Gottesliebe, weltlich-höfische Verhaltensformen und
Intentionen *versus* geistliche Ausrichtung beherrscht.[3]

Hier setzen die Mentalitätshistoriker ein, die im Blick auf die Normenwelt
des mittelalterlichen Adels in diesem Nebeneinander höfischer Verhaltenskon-
zepte und geistlicher Ansprüche einen komplizierten Antagonismus sehen: während im geistlichen Bereich jegliche erotisch-sexuelle Geschlechterbeziehung
außerhalb der Ehe abgelehnt werde, hätten mit dem Beginn des 12. Jahrhunderts
die höfischen Dichter ein attraktives weltliches Liebesprogramm von höchstem
moralischen Anspruch entworfen. Über die psychischen Voraussetzungen dieses
Anspruchs gehen die Meinungen auseinander: im Rückgriff auf RETO R. BEZZOLAs[4]
sozialpsychologischen Rekonstruktionsversuch der Entstehung der Lieder Wil-
helms IX. werden neuerdings wieder die Liebesreflexionen der Sänger als
trotzig-ambitionierte Reaktion auf die zunehmende sexuelle wie soziale Verweigerung religiös bewegter Frauen gesehen. Ihrer *vita religiosa* in *paupertas,*
humilitas und Gottesliebe hätten die verunsicherten hochadeligen Herren ein
zwar weltliches, aber moralisch ebenso anspruchsvolles Programm eines quasi-
asketischen Lebens der permanenten Bemühung um eine innere *perfectio* entgegen-
gehalten.[5] Bei einem strenger psychoanalytisch orientierten Deutungsansatz

---

3 Die verschiedenen Positionen im Spektrum höfische Liebe - christlich-religiöse Auffassungen
der Liebe werden vorgestellt bei RÜDIGER SCHNELL: Grenzen literarischer Freiheit im Mittelalter. I. Höfischer Roman und Minnerede. Archiv für das Studium der neueren Sprachen und Litera-
turen 218 (1981), S.241-270; DERS.: Kirche, Hof und Liebe. Zum Freiraum mittelalterlicher
Dichtung. In: Mittelalterbilder aus neuer Perspektive. Würzburger Colloquium 1985, hgg. von
ERNSTPETER RUHE und RUDOLF BEHRENS. München 1986 (Beiträge zur romanischen Philologie des Mittelalters 14), S.75-108; und neuerdings systematisch DERS.: Causa amoris. Liebeskonzeption und
Liebesdarstellung in der mittelalterlichen Literatur. Bern und München 1985 (Bibliotheca Germanica 27), S.169-181.
4 RETO R. BEZZOLA: Guillaume IX. et les origines de l'amour courtois. Romania 66 (1940/41),
S.145-237.
5 Vgl. etwa BERND THUM: Aufbruch und Verweigerung. Literatur und Geschichte am Oberrhein im hohen Mittelalter. Aspekte eines geschichtlichen Kulturraums. Waldkirch i.Br. 1979, S.373ff.

wird die vermutete Opposition von klerikaler und höfischer Kultur sogar zu
einem bedrückenden Antagonismus von weltlichen Ansprüchen des Laienadels gegenüber einer sexualfeindlichen Kirche, die als eine Art kollektiven Über-Ichs
auf sehr spezifische Weise in die triadische Konstellation des *grant chant
courtois* und den Klagegestus des Sängers eingegangen sei.[6]

Es fragt sich jedoch, ob man tatsächlich von einem tiefgreifenden Gegensatz
zwischen einer klerikalen und einer höfischen Kultur ausgehen kann, der sich
nicht nur auf der ideologischen Ebene in unterschiedlichen, ja antagonistischen Liebeskonzeptionen und Polemiken niederschlägt, sondern auch die Vorstellungswelt der Autoren und ihres Publikums bestimmt hat. RÜDIGER SCHNELL[7]
hat kürzlich gezeigt, wie sehr diese Vorstellung von einem antagonistischen
Nebeneinander eines geistlichen und eines weltlichen Kultursystems auf einer
eklektischen Kontamination der unterschiedlichsten literarischen und ideologischen Fakten beruht und wie wenig unsere historischen Informationen über den
Literaturbetrieb an einzelnen Höfen diese Dichotomie bestätigen. Die Literatur
ist zwar im lateinischen wie volkssprachigen Bereich geradezu beherrscht von
apodiktischen Formulierungen, Definitionen und Abgrenzungsversuchen. Doch handelt es sich dabei um gattungsspezifische, punktuelle Bestimmungen, die nicht
in erster Linie auf die Alternative geistlich-weltlich zielen, sondern von
sehr unterschiedlichen, die geistlich-weltlich Opposition überspielenden Ge-
gensatzpaaren getragen sind.

Diese Resistenz bzw. Indifferenz der mittelalterlichen Liebesliteratur gegenüber einem Schema klerikal-weltlich zeigt sich besonders deutlich an dem
Liebestraktat des Andreas Capellanus. Auch wenn die Intentionen, die dieser
Hofkleriker mit seinen "Drei Büchern über die Liebe" verfolgt haben mag, nicht
bis ins Einzelne zu eruieren sind, so bieten sie doch - vor dem Hintergrund
einer vermuteten Opposition von geistlicher *versus* weltlich-höfischer Kultur -
eine Reihe sehr merkwürdiger Fakten: ein *capellanus* verfaßt in Latein eine literarisch ambitionierte, spielerisch in Pro und Contra angelegte Systematik

---

oder das Nachwort von HELMUT BRACKERT zu dem Band: Minnesang. Mittelhochdeutsche Texte mit
Übertragungen und Anmerkungen. Hg., übersetzt und mit einem Anhang versehen von H.B. Frankfurt
1983 (Fischer Taschenbuch 6485), S.270ff.
6 Vgl. etwa die einleitenden Überlegungen zum Minnesang bei HELMUT BIRKHAN: Neidhart von Reuental und Sigmund Freud. Allgemeines und Spezielles zur psychoanalytischen Interpretation mittelalterlicher Texte. In: Neidhart von Reuental. Aspekte einer Neubewertung. Hg. von H.B. Wien
1983 (Philologica Germanica 5), S.34-73; DERS.: Neidhart von Reuental und Sigmund Freud (Londoner Fassung). In: Minnesang in Österreich. Hg. von H.B. Wien 1983 (Wiener Arbeiten zur germanischen Altertumskunde und Philologie 24), S.25-56.
7 SCHNELL: Kirche, Hof und Liebe.

der weltlichen Liebe, die nicht nur eine umfassende literarische und juristi-
sche Bildung ihres Autors verrät, sondern auch seine Vertrautheit mit der sog.
höfischen Liebesliteratur. Dieser für uns schwer einzuordnende Text zeigt jedenfalls sehr klar das Interesse hochgebildeter Geistlicher im Umkreis der
großen Fürstenhöfe an einer spielerischen Diskussion über die nicht gerade höfische, aber zumindest weltliche Liebe, die hier - wie neuerdings gesehen worden ist - souverän in Kategorien und Bestimmungen des Eherechts eingespannt
wird[8] - eine zwar ironisch-parodistisch gebrochene, aber zugleich doch auch
bemerkenswerte Aufwertung des Diskussionsgegenstandes weltliche Liebe.

Die Opposition von geistlich-weltlich erweist sich jedenfalls hier - und
nicht nur hier - als unbrauchbar. Eine Elite gebildeter Geistlicher wie auch
weltlicher Adeliger fand im Umkreis der großen Höfe offenbar gleichermaßen Gefallen an einer Diskussion über die Kunst des richtigen Liebens, die - aufgrund bildungsgeschichtlicher und gattungsspezifischer Unterschiede - jeweils
sehr anders ausgeprägt ist, aber doch in beiden Fällen moralisch wertfrei,
d.h. abgelöst von dem Gewicht kirchlicher Ehe- bzw. Sexualitätsbestimmungen
geführt wurde. Auch mentalitätsgeschichtlich ausgerichtete Untersuchungen zur
Liebesthematik, die auf die geheimen Einstellungen und internalisierten Wertvorstellungen der Akteure abheben, sollten deshalb auf das dualistische Konzept geistliche Leibfeindlichkeit *versus* weltlich-erotische Liebe als Argumen-
tationsbasis verzichten. Zumindest im Bereich dieser elitär-esoterischen Reflexionen und Diskussionen über den Wert der weltlichen Liebe scheint diese
Opposition ohne Relevanz zu sein.

2. *Die höfische Liebe im Kontext von Sexualität und Ehe*
Dennoch wird der Mentalitätshistoriker der höfischen Liebe nicht auf die Informationen des kanonischen Eherechts und der theologischen Ehelehre verzichten wollen. Welche unerwarteten und weitreichenden Einsichten etwa ein Vergleich der höfischen Liebesliteratur mit Bestimmungen des kanonischen Eherechts vermitteln kann, haben uns die Arbeiten von RÜDIGER SCHNELL[9] nachdrück-

---

8 Vgl. dazu die Ausführungen von RÜDIGER SCHNELL: Andreas Capellanus. Zur Rezeption des römischen und kanonischen Rechts in 'De Amore'. München 1982 (Münstersche Mittelalter-Schriften
   46).
9 Vgl. neben den in Anm.3 genannten Arbeiten vor allem RÜDIGER SCHNELL: Von der kanonistischen
   zur höfischen Ehekasuistik. Gautiers d'Arras 'Ille et Galeron'. ZfrPh. 98 (1982), S.257-295;
   DERS.: Gottfrieds 'Tristan' und die Institution der Ehe. ZfdPh. 101 (1982), S. 334-369 und
   neuerdings die thesenhafte Zusammenfassung dieser Überlegungen in DERS.: Literatur als Korrektiv sozialer Realität. Zur Eheschließung in mittelalterlichen Dichtungen. In: Non nova, sed
   nove. Mélanges de civilisation médiévale dédiés à Willem Noomen. Edités par MARTIN GROSMAN et

lich gezeigt. Denn die höfische Liebesliteratur präsentiert zwar nicht durchgängig, aber doch sehr oft komplizierte eherechtliche Konstellationen im Rahmen einer scheinbar von juristischen Bestimmungen freien Liebes- und Ehehand-
lung. Dabei läßt sich im Einzelfall sehr detailliert das flexible Wechselspiel
von juristischen und diese überschreitenden bzw. gegenläufigen Argumentationen
und Positionen verfolgen. Die höfischen Autoren bemühen sich im thematischen
Bereich von Liebe und Ehe ganz offensichtlich um nicht immer dezidiert programmatische, aber doch deutliche Korrekturen, zumindest um bestimmte Akzentu-
ierungen des offiziellen, d.h. vom Adel praktizierten und im Eherecht kodifi-
zierten Verhaltens, indem bei ihnen die - wie es bei RÜDIGER SCHNELL heißt -
"Prinzipien der Freiwilligkeit, Freiheit, Gegenseitigkeit, der Rücksichtnahme
und Ausschließlichkeit"[10] strukturbestimmend sind. Auf diese Weise lassen sich
an einzelnen Beispielen die Charakteristika eines spezifisch höfischen Diskurses über Liebe und Ehe von anderen, den juristischen, moraltheologischen und
genealogisch-dynastischen Formen des Umgangs mit dem Thema Liebe und Ehe abheben. Insofern ermöglicht das Quellenmaterial des Eherechts wie der Ehelehre
überzeugende Textanalysen im Hinblick auf mögliche programmatisch-höfische
Vorstellungen der Autoren über das Verhalten des Adels vor und in der Ehe,
über die Formen der Eheschließung und Auflösung, die zwar nicht prinzipiell,
aber doch in wesentlichen Punkten von lebensweltlichen Normen abweichen.

Doch diese programmatische Seite wird den Mentalitätshistoriker nur bedingt
befriedigen. Sein Interesse richtet sich ja gerade nicht in erster Linie auf
die konzeptuell-ideologische Ebene, sondern auf das breite lebensweltliche
Spektrum der Alltagserfahrung. Er wird sich deshalb weniger um die von den
höfischen Autoren suggerierte Umdeutung eherechtlicher Konstellation in höfische Liebestheorie kümmern als um die breite Palette von kirchlichem Eherecht,
sexuellem Verhalten und Ehepraxis des mittelalterlichen Adels, um von hier aus
die psychohistorische Seite der *amour courtois*-Konzeptionen der höfischen
Dichtung besser einschätzen zu können. Damit sind freilich Fragen gestellt,
die sich nicht ohne weiteres beantworten lassen. Über das Sexualverhalten des
Adels im 12. Jahrhundert sind wir kaum bzw. nur sehr einseitig durch Bußkata-
loge, über seine Ehepraxis nur ganz unzureichend informiert. Erst in letzter
Zeit werden im Umkreis der 'Annales' systematisch Informationen zu diesem Bereich gesammelt und im Rahmen einer Art "Familienprojekts" an der Ecole des

---

JAAP VAN OS. Groningen 1984 (Mediaevalia Groningana Fasc. V), S.225-238.
10 SCHNELL: Literatur als Korrektiv, S.236.

Hautes Etudes en Sciences Sociales in Arbeiten zur Sexualität und Ehe des mit-
telalterlichen Adels ausgewertet.[11] Jedenfalls sieht sich der Mentalitätshistoriker des 12. Jahrhunderts in besonderer Weise auf das große Feld der
Adelsfamilie bzw. der familialen Beziehungen im Adel verwiesen, denn die
Adelsfamilie ist nicht nur die große Sozialisationsinstanz und der gesellschaftliche Ort der entscheidenden Lebenssituationen wie Geburt, Sexualität,
Heirat, Krankheit und Tod. Familiale Strukturen bestimmen auch weitgehend das
Verhalten ihrer Mitglieder. Deshalb ist es nur konsequent, daß GEORGES DUBY,
der schon seine frühesten Arbeiten den Familienstrukturen des mittelalterlichen Adels gewidmet hat, die Erforschung familialer Strukturen zum Paradigma
einer Mentalitätsgeschichte erhebt und seine Untersuchungen wieder verstärkt
auf die Adelsfamilie konzentriert.[12]

Neuere Ergebnisse dieses "Familienprojekts" sind zwei Arbeiten über die
mittelalterliche Ehe,[13] in denen er die allmähliche Veränderung des Heirats-
verhaltens im hohen Adel des 11. und 12. Jahrhunderts verfolgt. Auf der Basis
unterschiedlicher Quellen - Ehetraktate, Vitenberichte über die Ehe eines heiligen Herrschers, Autobiographien, Scheidungsprozesse, Adelsgenealogien und
Chronikberichte - zeigt er die wechselvolle und oft eher diskontinuierliche
Geschichte der langsamen Konstituierung einer patrilinear geordneten Adelsfamilie, die eine zunehmend vorsichtige und streng geregelte Heiratspolitik be-
treibt und - wenn auch manchmal widerstrebend - den wachsenden Einfluß der
Kirche auf familienrechtliche Probleme duldet, oft sogar fördert. Begleitet
sei dieser Mentalitätswandel im Heiratsverhalten von kirchlichen Ehelehren,
aber auch von der höfischen Adelsliteratur. Diese Liebesliteratur spreche als
Trobadorlyrik wie auch als höfischer Roman vornehmlich die von dieser Entwicklung am meisten Betroffenen an: die unverheirateten jüngeren Adelssöhne, die

---

11 Vgl. etwa den Sammelband: Sexualités occidentales (1982). Dt.: PHILIPPE ARIÈS, ANDRÉ BÉJIN,
MICHEL FOUCAULT u.a.: Die Masken des Begehrens und die Metamorphosen der Sinnlichkeit. Zur Geschichte der Sexualität im Abendland. Hg. von PH.A. und A.B. Frankfurt 1984, mit den Ausführungen von JEAN-LOUIS FLANDRIN: Das Geschlechtsleben der Eheleute in der alten Gesellschaft:
Von der kirchlichen Lehre zum realen Verhalten (S.147-164); PHILIPPE ARIÈS: Liebe in der Ehe
(S.165-175) und DERS.: Die. unauflösliche Ehe (S.176-196). Interessante Informationen bietet
auch JEAN-LUC DUFRESNE: Les comportements amoureux d'après le registre de l'officialité de Ce-
risy. Bulletin philologique et historique (jusqu'à 1610) du Comité des travaux historiques et
scientifiques. Année 1973. Paris 1976, S.131-156.
12 Vgl. die programmatischen Überlegungen in GEORGES DUBY, GUY LARDREAU: Dialogues (1980). Dt.:
Geschichte und Geschichtswissenschaft. Dialoge. Frankfurt 1982 (suhrkamp taschenbuch wissenschaft 409), S.109f.
13 GEORGES DUBY: Medieval Marriage. Two models from twelfth-century France. Translated by E. For-
ster. Baltimore/London 1978; DERS.: Le chevalier, la femme et le prêtre. Le mariage dans la
France féodale. Paris 1981.

sog. *juvenes*. Da die Stabilisierung bzw. Vergrößerung der von der Familie er-
langten Herrschaft nur noch den Erstgeborenen eine sorgfältig erwogene Ehe
erlaube, seien die jüngeren Söhne in der Regel von einer ökonomisch wie gesellschaftlich ansprechenden Heirat ausgeschlossen geblieben. Die verheerenden
psychischen Folgen für das Selbstwertgefühl dieser *juvenes* hätten die höfischen Dichter mit ihren Liebesprogrammen aufgefangen: in spielerischen, den
Ernst der Adelsehe weit hinter sich lassenden Liebeskonzepten, die ganz auf
die Lebensformen und Phantasmen dieser *juvenes* zugeschnitten seien.[14] Während
der *senior* als Ehemann und Familienvorstand für den Bestand von Familie und
Herrschaft zu sorgen hatte und seine Sexualität mit Konkubinen ausleben konnte, seien den unverheirateten, von der Herrschaft ausgeschlossenen *juvenes* in
der *fin'amors*-Liebe der Trobadors spielerisch die Dame als eine *magistra* zur
moralischen Vervollkommnung, in der Liebes- und Ehethematik der höfischen Romane sogar relativ direkt die Utopie einer durch Liebe und Ritterschaft zu
erreichenden eigenen Herrschaft vorgestellt worden. Nach DUBY reagiert demnach
die höfische Liebesliteratur – als ideologisches Produkt der Umstrukturierung
des frühmittelalterlichen Familienverbands zur hochmittelalterlichen Adelsfamilie – auf die zunehmende gesellschaftsantagonistische Konkurrenz zwischen
senior und *juvenis* und artikuliert den moralischen Anspruch, die sozialen
Ängste und geheimen Wünsche dieser vom gesellschaftlichen Fortschritt noch
ausgegrenzten Adelsgruppe.

Die DUBY-Schülerin CHRISTIANE MARCHELLO-NIZIA[15] knüpft an diese Deutung an,
verläßt jedoch – zumindest im Hinblick auf das *fin'amors*-Ideal der Trobadors –
die heterosexuelle Fixierung der Sänger-Dame-Konstellation. Sie sieht hinter
dem antagonistischen Liebesprogramm der Trobadors die konfliktreiche Beziehung
von mächtigen *seniores* und einflußlosen *juvenes*, die ein auf Verführung, Haß
und Liebe basierendes homoerotisches Phantasma hervorbringe. In der Literatur
führe diese antagonistische Vorstellung durch eine metonymische Verschiebung
des Objekts vom übermächtigen *seigneur* auf die Dame zu jener merkwürdigen
Liebeskonzeption, die auch in ihrer Sänger-Dame-Konstellation noch die ur-

---

14 Diese Überlegungen zum mentalitätsgeschichtlichen Ort der höfischen Liebesdichtung, die GEOR-
GES DUBY bislang nicht systematisch entwickelt, sondern eher punktuell formuliert hat, finden
sich im 11. Kapitel von: Le chevalier, la femme et le prêtre (Anm.13) sowie in dem Vortrag:
Que sait-on de l'amour en France au XIIe siècle? Oxford 1983 (The Zakaroff Lecture for 1982
-83) und in einer Diskussion in der Zeitschrift Ornicar?: Un entretien avec Georges Duby sur
la littérature courtoise. Ornicar? 26/27 (1983), S.179-195.
15 CHRISTIANE MARCHELLO-NIZIA: Amour courtois, société masculine et figures du pouvoir. Annales
E.S.C. 36 (1981), S.969-982.

sprüngliche ambivalent-affektive Beziehung von *senior* und *juvenis* erkennen
lasse.

GEORGES DUBY hat mit dem Thema *structures familiales*, mit seinem Insistie-
ren auf den ökonomisch-sozialen Veränderungen im adeligen Familienverband des
11. und 12. Jahrhunderts und ihren Konsequenzen für die Einstellungen der adeligen Herren zur Sexualität, zur Ehe und zur adeligen Dame mit Sicherheit die
entscheidenden Perspektiven skizziert, an denen sich auch die Überlegungen zu
einer mentalitätsgeschichtlichen Erklärung der adeligen Interessen an den Liebesvorstellungen der höfischen Dichter zu orientieren haben. Denn diese betei-
ligen sich mit ihren mehr oder weniger programmatischen Liebes- und Ehedar-
stellungen ganz offensichtlich an der allgemeinen Diskussion um das vorbildli-
che Verhalten als adeliger Herr, Liebender, Ehemann und Herrscher, gelegentlich - wie in einigen höfischen Romanen - sehr direkt auf lebensweltliche Konstellationen bezogen, oft aber auch eher ironisch-parodistisch oder utopisch-
ideal gebrochen und im Minnesang sogar fast ganz unabhängig von den Alltags-
problemen des adeligen Lebens.

Der generelle Rahmen für dieses Spektrum an Liebeskonzeptionen ist ohne
Zweifel - im Sinne des Kontrasts, der Ausgrenzung oder ethisierenden Überhö-
hung - die adelige Ehe, die im 12. Jahrhundert im Zentrum des Interesses und
der Diskussion stand. Es fragt sich jedoch, ob man weitergehend mit DUBY in
der Rivalität der verheirateten *seniores* und der unverheirateten *juvenes* das
zentrale Konfliktpotential der Adelsgesellschaft sehen will, das nicht nur die
ökonomische und soziale Wirklichkeit des Adels, sondern auch seine *structures
mentales* entscheidend prägt, und das würde bedeuten: auch die literarische
Welt der Liebe bestimmt. Im Einzelnen mag man tatsächlich dem herrscherlich-
repräsentativen Mäzenatentum der Fürsten sehr spezifische Literaturinteressen
der *juvenes* entgegensetzen können. So liefern etwa Heinrichs von Veldeke Kri-
minalgeschichte der Entstehung seiner 'Eneide' oder der Bericht Lamberts von
Ardres über die Literaturwünsche der *juvenes* am Hofe des Grafen von Guines
interessante Informationen zu den Literaturbedürfnissen der noch unverheirateten Fürstensöhne.[16] Dennoch bleibt die Vorstellung, die höfische Liebesliteratur sei in erster Linie auf die ökonomische, gesellschaftliche und psychische
Labilität der unverheirateten Adels- und Fürstensöhne ausgerichtet gewesen,
unbefriedigend. Der gruppenübergreifende Anspruch des Gedankens der höfischen

---

16 Zur 'Eneide' vgl. die Dokumentation und Überlegungen bei JOACHIM BUMKE: Mäzene im Mittelalter.
   Die Gönner und Auftraggeber der höfischen Literatur in Deutschland 1150-1300. München 1979,
   S.113-115; 466-469; zu Lamberts Angaben: Ebd., S.21f.; 298, Anm.48.

Liebe ist zu deutlich: neben dem möglicherweise speziell auf die Situation der
juvenes zielenden Wunscherfüllungsthema einer Liebesheirat als Weg zur Herrschaft und neben der vielleicht tatsächlich den *juvenes* vorgestellten erziehe-
rischen Figur der Dame dominieren eben auch sehr charakteristische fürstlich-
herrschaftliche Aspekte der Repräsentation. Deshalb lassen sich die Diskussionen der höfischen Autoren über die Liebe nicht ausschließlich den gesellschaftlichen Ambitionen und emotionalen Bedürfnissen der von der Herrschaft
vorerst noch ausgeschlossenen adeligen *juvenes* zuordnen. Vielmehr entstehen
sie genereller in jenem von DUBY überzeugend vorgestellten Spannungsfeld von
Konsolidierung adeliger und fürstlicher Herrschaft, verändertem Heiratsverhalten des Adels, kirchlicher Ehelehre und sich wandelnder Einstellungen des
Adels zur Sexualität und Ehe, in dem auch die *juvenes* einen gewichtigen Part
spielen.

3. Die höfische Liebe im Spannungsfeld von Affirmation und Antizipation

Es bleibt die Frage nach dem antizipatorischen Charakter der mittelalterlichen
Liebesthematik, die für den Mentalitätshistoriker von besonderer Bedeutung
ist. Denn er wird sich fragen, ob die Liebeskonzeptionen der höfischen Autoren
einen tatsächlich erfolgten Wandel in den Geschlechterbeziehungen dokumentieren oder ob sie mit ihrer spezifischen Art des Redens über Liebe bislang unge-
wohnte Vorstellungen entwerfen, die erst in Zukunft auch eine lebensweltliche
Ausprägung als *amour passion* erfahren sollten. Der Mentalitätshistoriker sieht
sich hierbei erneut auf die mittelalterliche Ehe verwiesen. Er wird dabei entweder die Ehe in ihrer gemäßigt parallelen Entwicklung zur Liebesliteratur,
d.h. in ihrem Weg von der ökonomisch-sozial fundierten Konvenienzehe zur die
Gefühle der Betroffenen berücksichtigenden Konsensehe verfolgen oder – im
Blick auf den Kontrast – in der mittelalterlichen Ehe strikt eine reine Fami-
lienaktion sehen, bei der notwendigerweise alle erotisch-emotionalen Bedürf-
nisse ausgeblendet geblieben seien. Diese realisierten sich dann in außerehelichen Verhältnissen und – nicht zuletzt – in den literarischen Liebesdarstel-
lungen der höfischen Dichter, die – als Gegenentwurf und Appell – die Utopie
einer von familiär-normativen Zwängen freien Liebesbindung vorstellten. Bei
dieser Streitfrage wird gelegentlich mit historischen Beispielen argumentiert,
die eine zumindest latente Unzufriedenheit mit den Ehekonventionen des Adels,
ja sogar die Existenz einer Vorstellung von Liebe dokumentierten, die den Ehe-
praktiken des Adels entgegenstehe oder sie im Falle einer Liebesheirat neu
begründe, jedenfalls zumindest in Einzelfällen das Handeln der Menschen bestimmt habe: etwa bei prominenten Fällen von Ehe-Komplikationen, wenn sich

adelige Damen und Herren den Heiratsplänen ihrer Familie widersetzen.[17] Diese
offensichtlich "historischen" Fakten für die Geschichte der Liebe sind jedoch
nicht unproblematische Zeugnisse. Nicht nur wegen ihrer Spärlichkeit - eine
systematische Durchsicht der Quellen würde sicher weiteres Material zu dem
Themenkreis Ehe - Liebe erbringen -, sondern vornehmlich aus methodischen
Gründen. Denn eine Überprüfung dieser *casus* zeigt, wie wenig sie im Einzelfall
als historische Zeugnisse für eine die Liebesliteratur begleitende Veränderung
in den Geschlechterbeziehungen im Sinne eines allmählichen Hervortretens des
Faktors Liebe als Begründung menschlichen Handelns gelten können.

Das läßt sich sehr schön an einem "Liebesbrief" einer adeligen Dame an den
französischen König Ludwig VII. zeigen, den kürzlich RÜDIGER SCHNELL[18] als historisches Zeugnis für die unverhüllte Werbung von Frauen in die Diskussion um
das Realitätsproblem der höfischen Liebe eingeführt hat. Er soll hier wegen
seiner thematischen Brisanz und seiner paradigmatischen Bedeutung ausführlicher vorgestellt werden: Konstanze, die Tochter des mittlerweile verstorbenen
Grafen von Bretagne, Alan III. von Richmond, und Schwester des Herzogs Conan
IV. der Bretagne, gesteht hier dem französischen König ihre Liebe, bittet ihn
um ein Liebeszeichen, bietet ihm ihrerseits ein Geschenk seiner Wahl an, behauptet, eher einen *humilis* aus seinem Gefolge heiraten als Königin von
Schottland werden zu wollen und verkündet schließlich, sobald ihr Bruder aus
England zurückgekehrt sei, nach St. Denis zu kommen, um dort zu beten und ihn,
den französischen König, zu sehen.[19]

Der Literarhistoriker wird nicht mehr ohne weiteres in diesem merkwürdigen
Brief ein historisches Liebesgeständnis einer adeligen Dame sehen, die sich

---

17 Vgl. etwa den - nicht überzeugenden - Hinweis bei PETER DINZELBACHER: Entdeckung der Liebe
   (Anm.1), S.196 und seine Beispiele in dem noch ungedruckten Beitrag: Gefühl und Gesellschaft
   im Mittelalter. Vorschläge zu einer emotionsgeschichtlichen Darstellung des hochmittelalterlichen Umbruchs. Weitere Fälle von eigenmächtigen Eheschließungen bzw. von Eheverweigerungen,
   die mit "persönlichen" Argumenten - der Häßlichkeit der Braut oder einer frei gewählten Liebesbindung - begründet werden bei JOACHIM BUMKE: Höfische Kultur. Literatur und Gesellschaft
   im hohen Mittelalter. Bd.2 München 1986 (dtv Wissenschaft 4442), S.536f.
18 SCHNELL: Causa amoris, S.120, Anm.504 sowie DERS.: Kirche, Hof und Liebe.
19 Der Brief ist ohne Herkunftsangabe veröffentlicht in: Recueil des historiens des Gaules et de
   la France. Hg. von LEOPOLD DESLISLE. Bd.16. Paris 1878, S.23: LXXXI. "Constantiae, Alani Comi-
   tis Britannorum filiae, ad Ludovicum". ROLF KÖHN ist es gelungen, seine überlieferungsge-
   schichtliche und damit auch seine historische Provenienz zu klären, indem er ihn als Brief
   Nr.451 des Vatikan-Codex reg. lat. 179 erweisen konnte. Vgl. dazu ANDRÉ WILMART: Codices
   reginenses latini tomus I Codices 1-250. Bibliotheca Vaticana 1937 (Bibliothecae apostolicae
   Vaticanae ...), S.426, Nr.451. Da Rolf Köhn und ich eine detaillierte Analyse dieses Briefs
   vorbereiten, sollen hier nur die generellen Probleme thematisiert werden, die der Mentalitätshistoriker der höfischen Liebe bei der Einschätzung und Auswertung dieses "historischen" Doku-
   ments hat.

wegen ihrer Liebe zum französischen König den Ehekonventionen zu entziehen versucht. Vielmehr wird er zunächst dem Briefinhalt mit Skepsis begegnen und eine Art Musterbrief mit einer spielerisch-biographischen Konkretisierung des Themas "Liebeswerbung einer Frau" vermuten. Dem widerspricht jedoch seine Überlieferung: denn er gehört - wie ROLF KÖHN ermittelt hat - als Nr.451 des Vatikan-Codex Reg. lat. 179 zu einer der Briefsammlungen von St. Viktor, der des Hugo von Champfleury, Bischofs von Soissons und Kanzlers des französischen Königs, die in der Forschung als eine Sammlung von offiziell in der königlichen Kanzlei eingegangenen Briefen an Ludwig VII. gilt.[20] Wir können demnach davon ausgehen, daß es sich auch bei unserem Brief, der unter der Rubrik *Feminarum epistulae ad Ludovicum regem* aufgeführt wird, um einen authentischen Brief handelt, den eine Angehörige des bretonischen Herzoghauses an den französischen König gerichtet hat.

Bedeutet das nun, daß wir hier das zufällig überlieferte Dokument einer *amour passion* einer hochadeligen Dame des 12. Jahrhunderts haben, die sich in einem persönlich-intimen Schreiben dem französischen König eröffnet? Einem Schreiben, das der Kanzler in die offizielle Korrespondenz aufgenommen hat? Von persönlichen Beziehungen zwischen unserer Briefschreiberin und dem französischen König ist uns - außer diesem Brief - nichts bekannt. Umso besser sind wir hingegen über die politischen Schwierigkeiten unterrichtet, mit denen die Familie Konstanzes mit ihrem Anspruch auf das bretonische Herzogtum im Rahmen der angevinisch-kapetingischen Auseinandersetzungen zu kämpfen hatte. Und sie scheinen ganz wesentlich für seine Entstehung verantwortlich zu sein. Hier nur einige Stichworte aus der Geschichte des Herzogtums Bretagne:[21] Bald nach der Mitte des 12. Jahrhunderts, genauer seit 1154, konkurrierten nach dem Tode Conans III. verschiedene Parteien um die Herzogswürde. Conan, der Bruder der Briefschreiberin, der von seinem Vater Alan die englischen Besitzungen von Richmond übernommen hat und sich 1160 mit Margarete, der Schwester des schottischen Königs Malcolms IV., verheiratet, siegt zwar mit englischer Hilfe,

---

20 Zu Hugo von Champfleury und seinen Briefsammlungen von St. Viktor vgl. ANDRE WILMART: Les "loisirs" ou sentiments intimes d'un chancelier de France. Revue Bénédictine 51 (1939), S.182-204; FRANÇOISE GASPARRI: Manuscrit monastique ou registre de chancellerie: à propos d'un recueil épistolaire de l'Abbaye de Saint-Victor, Journal des Savants 1976, S.131-140. Beide Literaturangaben verdanke ich Rolf Köhn.

21 Zu den Auseinandersetzungen um die Nachfolge Conans III. im Herzogtum Bretagne vgl. die - einseitigen - Darstellungen bei M. DE ROUJOUX: Histoire des rois et des ducs de Bretagne. 2. Bd. Paris 1828, S.178-196; ARTHUR LE MOYE DE LA BORDERIE: Histoire de Bretagne. Tome Troisième. (De l'an 995 après J.-C. à l'an 1364). Rennes/Paris 1899, S.269-280 sowie die kurze Zusammenfassung der Ereignisse bei YANN BREKILIEN: Histoire de la Bretagne. Paris 1977, S.143-166.

kann jedoch auch als Herzog Conan IV. dem permanenten Widerstand seiner bretonischen Konkurrenten und Gegner nur mit der massiven Unterstützung des englischen Königs entgegentreten. Und nach Conans IV. Tod im Jahre 1171 wird
schließlich Heinrich II. endgültig das Herzogtum Bretagne im Namen seines mit
einer Tochter Conans IV. verheirateten Sohnes Geoffroy übernehmen. Dieser hinter Conan IV. stehenden bedrohlichen Übermacht des englischen Königs versuchen
die bretonischen Gegenparteien Verhandlungen mit dem französischen König Ludwig VII. entgegenzusetzen. In den Umkreis dieser Bemühungen bretonischer Adeliger um die Unterstützung des französischen Königs scheint auch jener Liebesbrief Konstanzes zu gehören, die dem englisch-schottischen Bündnis ihres Bru-
ders die forcierte Annäherung an den französischen König entgegenstellt.

Ein politischer Brief also? Vielleicht. Wir wissen von den lebensweltlichen
Hintergründen seiner Entstehung zu wenig, um das mit Sicherheit sagen zu können. Wenn es sich aber bei unserem Brief tatsächlich eher um eine politische
Offerte einer bretonischen Adelspartei als um das Liebesgeständnis einer adeligen Dame handeln sollte, ist die Liebesthematik erklärungsbedürftig. Politische Verhandlungen würden dann mit den Mitteln einer Sprache der Liebe eingeleitet - eine irritierende Breite im Anwendungsbereich des Themas Liebe, die
den Mentalitätshistoriker vor kaum zu lösende Probleme stellt. Jedenfalls
zeigt ihm dieser "historische" Liebesbrief noch einmal sehr klar die prinzipiellen Schwierigkeiten und begrenzten Möglichkeiten seines Frageansatzes.
Denn auch er wird kaum an jene von ihm anvisierten *attitudes mentales* heran-
kommen, sondern ist - wie der Literarhistoriker - mit einem offiziellen Dokument konfrontiert, das weniger eine lebensweltliche Bedeutung der Liebe doku-
mentiert als eine flexible Virtuosität im Reden über Liebe.

Frauenliebe im wissenschaftlichen Diskurs des Mittelalters.
Die Reaktion der Intellektuellen auf die Liebesliteratur der Höfe

von

ALFRED KARNEIN (Frankfurt)

Zweifellos gehört die leidenschaftliche Liebe zu den dominanten Themen der
mittelalterlichen Dichtung. In fast allen Gattungen, vor allem aber in der Lyrik und im höfischen Roman, rückt die Geschlechterbeziehung im Zeichen erotischer Intimität in den Mittelpunkt der poetischen Gestaltung von Welt und
Welterschließung. Kampf und Landeroberung, die bislang herrschenden Bewäh-
rungssituationen des Mannes, erfahren dadurch eine folgenreiche Relativierung.
Die Entdeckung des psychischen Raums des Paares als eines Reichs selbstbe-
stimmter Freiheit (im Universum der Fiktion) bedeutet für das Jahrhundert darüber hinaus die konfliktträchtige Ausweitung etablierter Wertvorstellungen,
den Entwurf neuer Verhaltensmuster, im besonderen das Überschreiten bisher
gültiger Sinnangebote anderer Diskurssysteme, in welchen Paarbeziehungen ebenfalls kodiert waren.

Tatsächlich ist die Dichtung im 12. und 13. Jahrhundert nicht das einzige
Schrift- und Normsystem, in welchem die Verhältnisse der Geschlechter ihren
sprachlich-begrifflichen Ausdruck fanden. Neben der Dichtung stand, älter und
mächtiger, das Schrifttum der Wissenschaft. Dort waren - vor allem im theologischen und juristischen, am Rande auch im medizinischen Diskurs - Paarbeziehungen ganz anders als in der Dichtung geregelt.

Wir fragen deshalb, ob die erotische Liebe, die in der Literatur so nachdrücklich die Handlungen der Protagonisten bestimmte, (und die in der Welt der
Realität, im sogen. wirklichen Leben, gelegentlich beobachtbar war,) ob diese
auch die Wissenschaft der Zeit interessierte? Nahm sie - die Wissenschaft -
diese neue Form der Sinnstiftung von literarischem Handeln unter dem Zeichen
der Paarbeziehung überhaupt zur Kenntnis? Welchen Wirklichkeitsgehalt war sie
bereit, solcher Liebe zu konzedieren? Oder einfacher: Wie definierte die Wissenschaft des Mittelalters die leidenschaftliche Liebe? Welche Aspekte nahm
sie wahr?

Heutzutage jedenfalls ist die Paarliebe nicht nur in der Literatur uner-
schöpflich scheinendes, unermüdlich variiertes Thema aller Ebenen des Hohen
und des Trivialen, Liebe ist auch Gegenstand der verschiedensten wissenschaft-

lichen Disziplinen. Es kann in vielen Fachsprachen darüber geschrieben werden: Theologen, Philosophen, Juristen, Mediziner, Psychologen, Kulturgeschichtler, seit neuestem sogar Soziologen und - immer schon - Literaturwissenschaftler. Alles Anzeichen für einen höchst komplexen Sachverhalt, der sich der Zuständigkeit einer einzigen Fachdisziplin offensichtlich entzieht, da er sich durch viele Teilmomente konstituiert, die zwischen Sexualität und Triebsublimierung oszillieren. Diese Komplexität verschlägt der Wissenschaft oft die ihr gemäße Sprache: Sie schwankt bei der Beschreibung des Phänomens auffallend zwischen bildlich-metaphorischer Ausdrucksweise, die der Poesie entlehnt sein könnte, und begrifflicher Rede, die ihr angemessen wäre.

Die wissenschaftliche Darstellung der "Kodierung von Intimität" (N. LUHMANN) ist allemal für Überraschungen gut. Zwei Beispiele aus unseren Tagen mögen dies illustrieren. Einen für die 70er Jahre unseres Jahrhunderts in vielerlei Hinsicht typischen Bildvergleich kann man bei FRANCESCO ALBERONI nachlesen, der die leidenschaftliche Liebe mit Vorstellungen von gewaltsamen politischen Veränderungen vergleicht und die Liebe als einen in der persönlichen Sphäre des Einzelnen stattfindenden Sonderfall dessen beschreibt, was im kollektiv-sozialen Raum Revolutionen bewirken. Also die radikale Veränderung bisheriger Lebensperspektiven, die Überwindung von Widerständen.[1] Dabei wird Sexualität immer mitgedacht: (sie) "zeigt sich in ihrer ganzen Schönheit nur im Zeichen der Liebe" (ALBERONI, S.15).

Auf der Ebene des begrifflichen Sprechens finde ich eine andere, nicht weniger überraschende Definition der erotischen Liebe, überraschend vor allem im Hinblick auf unsere Diskussion hier: Der Münchner Philosoph HELMUT KUHN spricht die Paarliebe nichts weniger als heilig.[2] In seiner Begriffsgeschichte der Liebe ruht der leitende Gedanke auf der Vorstellung von der Vereinigungskraft der Liebe, der *vis unitiva*, die Gottesliebe und Paarliebe eins werden läßt. "Die durch Liebe bewirkte Vereinigung hat verschiedene Formen, geistig und körperlich. Wie innig aber das Geistige und das Körperliche miteinander verflochten sind, das zeigt keine Gestalt der Liebe mit solcher Eindringlichkeit wie die Geschlechterliebe ..." (KUHN, S.18). "Das Paar, so sehr es sich abschließt und gewissermaßen wie eine Welt in der Welt steht, ist doch nicht allein. Denn seine persönliche Intimität hat bei aller Weltabgeschlossenheit doch eine offene Grenze: Sie berührt sich mit der Sakralsphäre. Sie öffnet

---

1 FRANCESCO ALBERONI: Innamoramento e amore. Mailand 1979. dt.: Verliebt sein und lieben. Stuttgart 1983, München 1985. (Zitiert nach der Ausgabe 1985).
2 HELMUT KUHN: Liebe. Geschichte eines Begriffs. München 1975.

sich ihrer Natur nach zu dem Heiligen hin, das für alle da ist." (KUHN, S.20).
Ein Philosoph des 13. Jahrhunderts hätte hier erstaunt hochgeblickt, falls der
Ausdruck "erstaunt" nicht zu schwach ist als Reaktion auf soviel - "Blasphemie". Nun, eine solche "Blasphemie" und daß es dazu kommen konnte, haben rund
800 Jahre Kultur- und Sozialgeschichte zu verantworten, was nicht unser Problem hier ist. Ich möchte den Blick lenken auf den Anfang solchen Sprechens
über die Paarliebe, auf das allmähliche Entstehen eines Bewußtseins bei den
Intellektuellen über den besonderen sentimentalen Raum zwischen Mann und Frau.
Anders ausgedrückt, ich stelle eine literarhistorisch alte Frage neu, nämlich,
ob es im Mittelalter außerhalb der poetischen Literatur eine Ethik der Minne
gegeben hat?

In der Vergangenheit ist dies häufig bejaht worden, denn es ist offensichtlich, daß Ansätze eines minnedidaktischen Diskurses vorhanden sind. Da ist
einmal eine Reihe lateinischer Traktate und Abhandlungen, es gibt Kommentare
zu Ovids Dichtungen, und es gibt im 13. Jahrhundert einige altfranzösische
Texte, in denen sich Intellektuelle, Gelehrte (nicht: Poeten) um eine Definition der erotischen Liebe, die sie allenthalben in der poetischen Literatur
als vorhanden feststellen, bemühen.[3] Man findet häufig, daß diese Texte als
Ergänzung und Entschlüsselung der Minnekonzeptionen und der Minneethik der
poetischen Literatur interpretiert werden. Ich möchte diese Frage nach der Ge-
richtetheit dieser Traktate neu stellen und überprüfen, was in ihnen wirklich
gemeint ist und gesagt wird.

1. Die fehlende Tradition

Zunächst ein Verdacht als Hypothese: Stünde der Liebesdichtung des 12. und 13.
Jahrhunderts eine entsprechende Didaktik der Minne im wissenschaftlichen Diskurs zur Seite, so wäre dies ein kulturhistorisches Paradoxon ersten Ranges,
eine Ethik der Minne läge quer zu den Denkmustern und Wissenschaftstraditionen
der Zeit. Es wäre ein geradezu atemberaubend beschleunigter Prozeß der Säkula-
risation, die Paarliebe positiv fundiert zu finden. Eine solche Ethik stünde
urplötzlich vor uns, hätte keine Vorläufer.

Denn bei allem Reichtum an Schriften über die Liebe von der griechischen
Antike über Rom bis ins Mittelalter, bei aller reichen Entwicklung auch der
Freundschaftsliteratur ist ein eklatanter Mangel einer Theorie der erotischen

---

3 Auf Einzelnachweise muß hier verzichtet werden. Über diese Textgruppe vgl. VERF.: De Amore in
   volkssprachlicher Literatur. Untersuchungen zur Andreas Capellanus-Rezeption in Mittelalter
   und Renaissance. Heidelberg 1985, Kap.III passim.

Liebe bei den Alten festzustellen, wie H. KUHN in seiner Begriffsgeschichte der Liebe ausführt.[4] Dies ist ein Mangel, der offensichtlich zurückzugehen scheint auf Aristoteles. Die Übersicht über die Arten der *philia* in der Niko-machischen Ethik behandelt nicht die Beziehungen zwischen Liebenden und zwi-schen Ehegatten. Und in der gesamten Liebestheorie der Alten fehlt eigentlich ein Platz für die heterosexuelle Liebe zwischen Mann und Frau. Die Sokratiker, die Peripatetiker, die Stoiker, Epikuräer und Zyniker haben Schriften über die Liebe verfaßt, in denen die Mania-Theorie des platonischen Phaidros diskutiert wurde. Doch zu wenig ist davon erhalten. Möglicherweise hat Plutarchs Schrift, die in der Verherrlichung der Ehe gipfelt, eine Wirkung gehabt, doch die Tra-ditionsspuren sind nicht überschaubar.

Diese Überlegungen HELMUT KUHNs seien ohne weitere Vertiefung hier übernom-men. Sie sollen nur deutlich machen, daß aller Wahrscheinlichkeit nach ein mittelalterlicher Minnetheoretiker auf keine vorgängige Tradition zurückgrei-fen konnte. Wenn also nun ein Intellektueller der Zeit sich mit diesem neuen Bild, das die Literatur von der Geschlechterbeziehung entwarf, auf der Ebene des wissenschaftlichen, begrifflichen Sprechens auseinandersetzen wollte, brauchte er zwei Dinge: einmal eine Sprache für das Phänomen, und zweitens einen Ort im Wissenschaftssystem der Zeit. Und er mußte - dies war wohl das Schwerste - ganz grundsätzliche Positionen der zeitgenössischen Philosophie, Moraltheologie beiseite räumen bzw. umwerten, wollte er zu einer der poeti-schen Literatur entsprechenden positiven Darstellung gelangen. Er konnte nicht einfach vorgängige Denkmuster übertragen. ETIENNE GILSON hat mit seinem Ein-spruch gegen eine simple Analogie-Beziehung zwischen Gottesliebe und Frauen-liebe eine richtige Warnung ausgesprochen: Die mittelalterliche erotische Lie-be läßt sich nicht daraus ableiten, ist nicht einfache Säkularisierung, Profa-nisierung des Modells der Gottesliebe.[5] Daß in bildlich-metaphorischer Sprache Liebe ambig gedeutet werden kann, d.h. sowohl als erotische wie religiöse Lie-be verstanden werden kann, liegt in der Polysemie der Sprache, die ad hoc-Bil-dung verschiedenster Verstehensräume erlaubt, deutet nicht auf eine Konvergenz oder Austauschbarkeit der Wertsysteme.[6] In analytischer Sprache jedoch, in der Diktion des wissenschaftlichen Diskurses, so ist zu erwarten, tendiert der

---

4 Die Bemerkungen über die Antike an dieser Stelle sind Paraphrase des entsprechenden Passus bei H. KUHN (wie Anm.2), S.64ff.

5 ETIENNE GILSON: Saint Bernard et l'amour courtois. In: E. G.: La Théologie Mystique de Saint Bernard. Paris 1934, Neudruck 1947, S.193-215.

6 Zur Ambiguität der Liebessprache zuletzt: RÜDIGER SCHNELL: Causa amoris. München/Bern 1985.

Code zu Eindeutigkeit; hier scheinen die Entfernungen der Verstehensräume auf,
werden die Dichotomien der verschiedenen Normsysteme explizit.

2. Der Ort der Liebe im "artes"-System

Irgendwann im 13. Jahrhundert machte sich ein uns namentlich nicht bekannter
Autor, sicherlich aber ein Gelehrter aus dem Umkreis der Artistenfakultät in
Paris daran, Ovids 'Ars Amatoria' so wortgetreu wie möglich in altfranzösische
Prosa zu übertragen.[7] Er wählte die Prosaform im Gegensatz zu Versen offensichtlich, um den lehrhaften Charakter des Werkes zu unterstreichen. Seiner
Übersetzungsarbeit schickte er eine Einleitung voraus, die eine gewisse Ver-
ständnisbasis für das kulturell ferne und in der textnahen Übertragung auch
kulturell fremde Werk schaffen soll.[8] Darin macht der Anonymus nun den Versuch, für seinen Gegenstand, nämlich die erotische Liebe, im zeitgenössischen
System der Wissenschaften einen Platz zu finden. Er läßt das Einteilungssystem
der Wissenschaften Revue passieren: die sieben *ars liberaulx* und die *ars meca-*
niques. Beide Bereiche sind jedoch definitorisch fest, eine neue *ars d'amours*
ist darin nicht mehr unterzubringen. In dieser Situation erinnert sich der
Autor an eine weitere Gruppe von "Künsten", die, schwach definiert, meist am
Rande der *artes liberales* angesiedelt sind. Hier nun schafft der Anonymus
Platz für die *art d'amours*, indem er das Adjektiv *liberal* in *ars liberaulx* neu
interpretiert, als Künste, die *sanz deffense de justice ne de clergie* (ohne
Verletzung weltlichen und geistlichen Rechts) ausgeübt werden können, im Gegensatz zu den *ars non-liberaulx*, vermutlich eine Übersetzung von *artes illi-*
berales, die er in verbotene teilt, wie Magie, Geomancie, Zauberei, Turnier-
kunst und in tolerierte, weder verbotene noch sonderlich empfohlene, wie
Astronomie und Liebeskunst. In dieser "Grauzone" zwischen *ars liberaulx* und
ars mecaniques ist die *art d'amours* angesiedelt, denn *l'art d'amours ... n'est*
du tout octroiés ne deffendus pour deux causes: tel puet lire et oïr l'art
d'amours qui, s'il ne l'eüst leü, ja n'eüst talent ne volanté d'amer; et si
n'est mie deffendue du tout pour ce que aucuns qui avoient este navrés
d'amours ne savoient querre leur santé ne leur guarison, si en venoient a
droite mort et en villains pechiés contre nature. (S.67f.)

---

7 L'Art d'amours. Traduction et commentaire de l'Ars amatoria d'Ovide. Hg. v. BRUNO ROY. Leiden
   1974.

8 Diese Übertragung unterscheidet sich grundsätzlich von den gereimten Bearbeitungen der 'Ars
   Amatoria' im 13. Jahrhundert (Jacques d'Amiens, Guiart, Maître Elie, 'Clef d'amors'), die im
   Bereich des poetischen Diskurses verbleiben und ihre Vorlage zu einem zeitgenössischen, d.h.
   hier mittelalterlichen Werk umgestalten.

Daß zum rechten Lieben Wissen gehört, war gewissermaßen ein Gemeinplatz der Zeit. Die Liebesvorstellungen der höfischen Gesellschaft, des Adels der Zeit waren nur zum Teil über Sentiment und Gefühl definiert, ebenso großer Wert wurde auf entsprechend kulturell präformiertes Verhalten im gesellschaftlichen Raum gelegt, das nur durch Wissen und Erziehung erworben werden konnte.

Der Schritt, den der anonyme Verfasser der 'art d'amours en prose' macht, geht jedoch weit über das Bildungskonzept des Adels hinaus. Er konkretisiert, was spielerisch in der Débatliteratur zwischen Ritter und Kleriker oft behandelt worden war: Als *art d'amours* im Sinne des mittelalterlichen *ars*-Begriffes wörtlich genommen, rückt die Materie in den Bereich des wissenschaftlichen Diskurses und damit endgültig in die Zuständigkeit des Klerikers. Dies ist der eigentlich erstaunliche Vorgang, da damit ein - soweit ich sehe - erster ausdrücklicher Versuch gemacht wird, den Gegenstand systemfähig zu machen. Der Verfasser handelt über Liebe "wissenschaftlich", indem er Ovid übersetzt und kommentiert.

Das insgesamt seltsame System, das nur sehr entfernte Ähnlichkeit mit entsprechenden Passagen im 'Didascalion' Hugos von St. Victor[9] (z.B.) hat, und wofür ich keine weiteren Belege habe mit Ausnahme eines indirekten - Bischof Tempier verbot 1277 beide Untergruppen, also sowohl die Geomancie wie auch die Liebeskunst[10] -, dieses Einteilungssystem also mag folgenlos geblieben sein; es zeigt aber dennoch, daß tatsächlich ein Ansatz vorliegt, den *amor*-Diskurs als eigenständig zu etablieren.

3. Die "alte" Sprache

Vor allem aber lenkt eine solche Beobachtung den Blick darauf, die Eigenständigkeit der minnetheoretischen Schriften des 12. und 13. Jahrhunderts stärker zu betonen und in ihrer Besonderheit zu fassen; denn auch dort, wo ein entsprechender Versuch, dem Gegenstand einen genauen Platz anzuweisen, nicht gemacht wird, wird "wissenschaftlich" über Liebe gehandelt. Zwar sind alle diese lateinischen und altfranzösischen Prosaschriften als Reflex wohl auf die blühende Liebesliteratur der Höfe entstanden, doch es ist das Rüstzeug des Gelehrten, es sind Wissen und universitäre Methodik, mit denen die Autoren der Paarliebe beizukommen versuchen. Alles Anzeichen für einen eigenständigen

---

9 Hugo von St. Victor: Didascalion. PL 176,810. Hugo behandelt dort die Geomancie unter den magischen Künsten, aber keine "ars amatoria".
10 Vgl. VERF. (wie Anm.3), S.168ff.

Textbereich, der schon aus diesem Grund nicht nur als Anhängsel an den Minne-
diskurs des Adels behandelt werden kann.

Tatsächlich überschreiten diese Autoren - darin ist die entscheidende Veränderung zu sehen - die Ebene der literarisch-poetischen Minnedidaxe (wie
Hartmanns 'Büchlein', z.B.) in Richtung auf die Etablierung eines rein wissenschaftlichen Diskurses über die Paarliebe. Doch Wissen und Methodik allein
sind noch nicht das Ganze, es bedarf auch einer dem neuen Gegenstand adäquaten
Sprache: Diese zu finden, sollte sich als sehr schwierig erweisen. Denn Wis-
senschaftssprachen entstehen nicht aus dem Nichts: Für die Benennung eines als
neu erkannten Sachverhalts müßte eigentlich eine dem Gegenstand entsprechende
neue Terminologie entwickelt werden. Wo dies nicht geschieht und stattdessen
herkömmliche Begriffe verwendet werden, besteht die Gefahr, daß der Gegenstand
mit dem Vokabular eher verstellt als erhellt wird.

Alles hängt von der Einstellung zum Gegenstand ab. Und damit kommen wir zu
einem weiteren Grund, auf der Eigenständigkeit dieses Texttyps zu beharren:
Ein Gutteil der Schriften scheint auf Entzauberung der leidenschaftlichen
Paarliebe hin geschrieben zu sein. Eine Art "negatives" Erkenntnisinteresse
scheint vorzuliegen: Nicht um die Paarliebe zu stützen, eher um sie zu stürzen, ihr die Glorie zu nehmen, die sie im Reich der Fiktion hat, scheinen sich
die Autoren ans Werk zu machen. Das zeigt die verwendete Sprache. Die Terminologie der *amor*-theoretischen Schriften bedient sich - wenn ich recht sehe -
vor der Aristoteles-Rezeption zweier Fachsprachen: derjenigen der Medizin und
derjenigen der Theologie. Nach der Aristoteles-Rezeption im 13. Jahrhundert
machen sich Einflüsse der *philosophia naturalis* bemerkbar. In allen Fällen jedoch erscheint das Wort *amor* der Dichter als *passio* bei den Intellektuellen.

passio aber ist zu diesem Zeitpunkt noch lange nicht *passion*, Leidenschaft,
sondern bezeichnet das Leiden an etwas und steht in Opposition zum vernunftre-
gierten Handeln des freien Willens.[11] Anders ausgedrückt: Das Bekenntnis zu
dem, was wir heute als leidenschaftliche Liebe zu bezeichnen pflegen, erkennen
wir zwar schon in einigen Werken der mittelalterlichen Literatur als vorhanden
- wie z.B. bei Gottfried von Straßburg -, doch die Intellektuellen der Zeit
hatten offensichtlich ein distanziertes Verhältnis dazu. Ihnen scheint die positive Bewertung schwer zu fallen. Dabei muß nicht immer wieder Andreas Capel-

---

11 Zur Wortgeschichte von "passio" vgl. EUGEN LERCH: "Passion" und "Gefühl". Archivum Romanicum
   22 (1938), S.320-349.

lanus die Beweislast alleine tragen. Es gibt eine ganze Reihe anderer Zeugen, deren Aussage genauso beweiskräftig ist.

Ein eindrucksvolles Dokument, das ich hier für einen wissenschaftlichen Diskurs über Liebe im Mittelalter anführen möchte, ist der Kommentar, den Dino del Garbo (um 1325) zur Erklärung der *amor*-theoretischen Kanzone Guido Cavalcantis 'Donna me prega' verfaßt hat.[12] Zeile für Zeile erklärt Dino die Bedeutung des Gedichts und liefert dabei eine auf philosophischen und medizinischen Erkenntnissen fundierte *amor*-theoretische Schrift, die ganz aus der Haltung der Verehrung für den Dichter und das zu interpretierende Werk geschrieben ist. Für den Arzt Dino ist die in Rede stehende Liebe des Dichters ganz selbstverständlich die *passio* der Medizin. Cavalcanti verwendet den Ausdruck nicht. Er spricht *d'un accidente che sovente è fero ed è si altero ch'è chiamato amore* (V.2f.). Ohne Umschweife kommentiert Dino del Garbo, was er für die Intention Cavalcantis hält: *Volens igitur auctor determinare de passione amoris* (S.359) und führt an späterer Stelle aus: *Dicitur autem hec passio accidens, primo quia non est substantia per se stans, sed est alteri adherens sicut subiecto, ut appetitus anime, simili modo sicut anime passiones, que sunt ira, tristitia, timor et similia* (S.360). Und dennoch ist ein Unterschied im Hinblick auf die Macht dieser *passio* vermerkt: *convertit enim plus et alterat quam alie passiones* (ebd.). Im übrigen, führt Dino aus, komme es nicht auf den Namen, sondern auf die Sache an: *De causa autem quare hec passio vocatur 'amor', ponere non curamus, quoniam de nominibus nulla debet esse cura, cum rei essentiam cognoscimus* (ebd.), wie schon Aristoteles in 'De Interpretatione' sage.

Doch so einfach scheint die Sache nicht zu sein, denn BIRD, der 1940 einen langen Kommentar zum Kommentar von Dino del Garbo veröffentlichte, muß weit in antike und mittelalterliche Wissenschaftsgeschichte ausholen, um dieser Umbenennung von *amor = passio* folgen zu können.[13] BIRDs Beweisgang braucht hier nicht referiert zu werden. Er läßt an dieser Stelle ohnehin außer Acht, was gerade uns interessiert, daß in der Fachsprache der Wissenschaft – Dino – die Liebe des Dichters zu etwas anderem wird. Zwar ist es sicher richtig, wenn Dino sagt, daß an dem Namen nichts, an der Sache jedoch alles liege, doch erhebt sich hier die Frage, ob mit den verschiedenen Namen *amore* bzw. *passio* im Lateinischen nicht doch auch verschiedene Sachen gemeint sind, nämlich verschie-

---

12 Hg. von GUIDO FAVATI. In: Guido Cavalcanti. Rime. Mailand/Neapel 1957, S.357-378.
13 OTTO BIRD: The Canzone d'Amore of Cavalcanti according to the Commentary of Dino del Garbo. Mediaeval Studies 3 (1940), S.150-203; 4 (1941), S.117-160.

dene Konzeptionen eines psychischen Phänomens, das die Dichter *minne*, die Ärzte und Philosophen *passio*, die Moraltheologen *passio cupiditatis* nennen. Es
geht deshalb um die jeweilige Draufsicht, um die jeweilige Perspektive einund-
desselben Phänomens.

Gerade der Kommentar Dinos del Garbo macht deutlich, daß im Mittelalter im
Unterschied zu heute der erotisch sentimentale Raum des Paares nur partiell,
genauer nur in seinen Extremzuständen in den Blick des wissenschaftlichen Diskurses geriet, während der poetische Diskurs außer den Extremzuständen, die er
durchaus sah, ein viel breiteres Spektrum dieses Raumes darzustellen vermoch-
te.

Zum wissenschaftlichen *amor*-Diskurs rechnen auch die Ovid-Kommentare des
13. Jahrhunderts. ELISABETH PELLEGRIN hat darlegen können, daß die 'Remedia
amoris' Ovids im anthologischen Verbund mit Schulautoren wie dem 'Cato',
'Theodolus' und 'Avianus' in den Handschriften des späten 13. Jahrhunderts erscheinen und gelehrte Kommentare in Form von Glossen provozierten.[14] Später,
im 14. Jahrhundert, wird dann auch die 'Ars Amatoria' glossiert. In keinem der
beiden Werke macht Ovid den Versuch, Liebe expressis verbis zu definieren.
Dies muß den Kommentatoren als Mangel aufgefallen sein, und sie liefern deshalb eine aussagekräftige, zeitgenössische Definition in der Glosse. Wir beobachten hier Glossatoren bei der Arbeit, die im Hinblick auf ihre wissenschaftliche Ausbildung aus dem Umkreis theologisch-philosophischen Denkens kommen,
jedenfalls nicht naturwissenschaftlich argumentieren wie z.B. die Ärzte. Und
es ist - überraschend oder nicht überraschend - die *amor est passio*-Definition
des Andreas Capellanus, die verwandt wird, um auszudrücken, was Ovid mit Liebe
meint, oder was die Kommentatoren denken, daß Ovid mit Liebe meine. Sowohl an
der Sorbonne im späten 13. Jahrhundert wie dann in Florenz im 14. Jahrhundert
(die 'Ars Amatoria'-Kommentierung in Florenz ist italienisch) erscheint die
amor-Definition des Kaplans in diesem Diskurs-Bereich als die dominante Aussage zum Thema.[15]

Nun läßt sich aber problemlos zeigen, daß die Definiton des Kaplans Liebe
als Sexualität fixiert und daß sie ganz und gar nicht auf die Stützung des
amour courtois hin angelegt ist, somit "wissenschaftlich" keinen neuen psychischen Raum in der Paarliebe auslotet. In der Forschung gibt es zwar zur Zeit

---

14 ELISABETH PELLEGRIN: Les 'Remedia Amoris' d'Ovide, texte scolaire médiéval. BEC 115 (1957),
   S.172-179.
15 So in den Handschriften: Paris, BN Ms.lat. 15158, f.34v.; Florenz, Bibl. Med.-Laurentiana,
   Cod.Laur. 41.36, f.79v.; und Bibl. Nazionale, Cod.Magliab. II, II, 91, f.53r.

eine gewisse Debatte, ob die *amor*-Definition der Fachsprache der Medizin oder der der Moraltheologie angehört,[16] aber in der Beurteilung der Stoßrichtung der Definition herrscht Konsens: Sie desavouiert das Liebesideal der Literatur. Ob also nun medizinischen oder theologischen Ursprungs, eines ist ganz offensichtlich: In beiden Fachsprachen war die leidenschaftliche Liebe zwischen Mann und Frau negativ besetzt, und Andreas hat daran nichts geändert. Ein Unterschied in den Fachsprachen besteht nur graduell: Während die Theologen die erotische Frauenliebe in allen ihren Erscheinungsformen verurteilen, faßten die Ärzte nur den Extremfall der unerwiderten leidenschaftlichen Liebe ins Auge. Die Ärzte betrachten sie als eine Krankheit in der Art der Melancholie (*hec passio est sollicitudo melancolica, similis melancolie*, so sagt Dino del Garbo) und argumentieren im wesentlichen darüber, ob diese Krankheit mit potentiell tödlichem Verlauf den Krankheiten des Kopfes oder anderer Organe zuzurechnen sei.

4. Wertungsprobleme mit der Liebe

Und obwohl nun der medizinische Diskurs eine relativ neutrale Darstellung dieses Themas erlaubte, so überwiegen doch die Negativaspekte in der Beschreibung des Ausnahmezustandes. Zwar ist sicher die schiere Tatsache, daß Arnald von Villanova eine ganze Schrift mit dem Titel 'De amore heroico' schreibt[17] (und es nicht bei einem kurzen Kapitelchen beläßt), signifikant für das Entstehen eines breiten wissenschaftlichen Diskurses über die Liebe, aber es ist eben die Rede von einer Krankheit, die geheilt werden muß, so sie sonst zum Tode führt. Die Rede ist nicht vom glücklich Liebenden, dessen Lebenssinn durch die Liebe auf einen wünschenswerten Höhepunkt getrieben wird: Dies zu beschreiben, dies fachsprachlich zu erläutern, wird nicht versucht.

Selbst bei den altfranzösischen Minnetraktaten, die durchaus mediativ zwischen dem lateinisch-wissenschaftlichen und dem poetisch-bildlichen Diskurs stehen, zeigt sich diese Schwäche, den Negativ-Konnotationen in der Definition der Liebe aus dem Wege zu gehen. Entweder vermeidet ein solcher Traktat, eine Liebesdefinition zu geben, oder, falls er eine bietet, wird Liebe als "Ver-

---

16 Für die Fachsprache der Medizin votiert R. SCHNELL: Andreas Capellanus. Zur Rezeption römischen und kanonischen Rechts in De Amore. München 1982, S.154ff.; für die Fachsprache der Theologie D.W. ROBERTSON: The Subject of the De Amore of Andreas Capellanus. Modern Philology 50 (1953), S.145-262; wiederaufgenommen von VERF. (wie Anm.3), S.59ff., ohne allerdings über ROBERTSONs Argumente hinauszugelangen.

17 Arnald von Villanova: Opera Omnia. Waldkirch 1585.

rücktheit des Geistes" bestimmt.[18] Eine Verrücktheit, so führen einige Verfasser aus, die zur Störung der Sozialstruktur führt, denn die ungezügelte, vernunftferne Liebesleidenschaft brächte am Ende einen Metzger und eine Königin
zusammen.[19]

Am deutlichsten zeigt sich diese Schwierigkeit, eine Sache positiv zu beschreiben, für die es noch keine adäquate Sprache gibt, bei dem Verfasser der
'Consaus d'amours'. Einerseits definiert er die Liebe als eine *foursenerie de
pensée*, andererseits unternimmt er den wohl kühnsten Versuch aller dieser
Traktate, der Paarliebe einen neuen Platz im System der Stufen oder Arten der
Liebe zuzuweisen. Dort hatte sie bislang den untersten Platz, war die niedrig-
ste Form von Liebe, in jedem Falle sündhaft. Unser Verfasser findet einen Weg,
der ihm erlaubt, die Paarliebe als höchste Form der Liebe unter den weltlichen
Formen der Liebe zu etablieren, indem er einen radikalen Perspektivenwechsel
vornimmt: Nur noch auf die Reinheit des Begehrens kommt es an, nicht mehr auf
das Objekt des Begehrens. Und da die Liebe zu einer Frau aus den tiefsten Wurzeln des Herzens kommt, ist sie die höchste Form der Liebe.[20]

Ich wähle noch ein weiteres Zeugnis, um die gesamte Zeitspanne des Mittelalters abzudecken, nämlich eine gewichtige Enzyklopädie des 15. Jahrhunderts,
den Prosakommentar der 'Echecs amoureux'. Das Werk diskutiert ausführlich die
erotisch-personalen Mann-Frau-Beziehungen und tut dies auf zwei Ebenen, einer
mythographisch-bildlichen und einer begrifflichen. Hier soll nur die begriff-
liche kurz erwähnt werden. Um die Frage zu beantworten, was denn Liebe sei,
zitiert der Autor zwei Fachsprachen: Avicenna, also die medizinische Fachsprache, und Andreas Capellanus, also die moraltheologische Tradition. In beiden
Fällen geht es dem Autor darum zu zeigen, daß die Wissenschaft die Vernunft-
Ferne solchen Affektes sieht und obwohl der Autor um eine "positive" Darstellung der erotischen Liebe sich bemüht - definitorisch klappt es nicht.[21]

---

18 "pensée enragiée" in 'Art d'Aimer anglonorman'. Hg. von P. MEYER. Romania 4 (1875), S.383-384.
   "derverie de pensée" in 'L'Amistiés de vraie amours'. Hg. von JACQUES THOMAS. Revue belge de
   philologie et d'histoire 36 (1958), S.786-811.
19 "... que li roïne ameroit un boucier, ce ne porroit estre, tant que ele eüst en li memoire
   raissonaule". 'La Poissance d'Amours', hg. von GIAN-BATTISTA SPERONI. Florenz 1975, S.36. Ähnlich Andreas Capellanus in 'De Amore', Dialog B (Ausgabe TROJEL, S.43): "Si hoc enim esset,
   quilibet horridus, hispidus, agriculturae deserviens vel in plateis publice pro cibus mendi-
   cans reginae sibi provocare posset amorem".
20 Consaus d'amours. Hg. von GIAN-BATTISTA SPERONI. Medioevo Romanzo 1 (1974), S.217-278. Vgl.
   dazu: LEE W. PATTERSON: Ambiguity and Interpretation: a fifteenth century reading of Troilus
   and Criseyde. Speculum 54 (1979), S.297-330, bes. S.317f., der diese Klassifikation als rhetorische Pointe versteht.
21 Ausführlicher behandelt in VERF. (wie Anm.3), S.208-218.

In der Fachsprache der Philosophen/Theologen steht die leidenschaftliche Liebe unter einem zweifachen "Unstern" - wie mir scheint: Vor der Aristoteles-Rezeption unter dem moraltheologischen Verdikt der sündhaften Begierlichkeit - *cupiditas*, nach der Aristoteles-Rezeption als vernunftferne *passio* der sensitiven Seele. D.h., ein Intellektueller, der sich mit dem Thema "wissenschaftlich" auseinandersetzte, kam um diese Grundannahme nicht herum bzw. mußte diese erst wegräumen, wenn er Liebe nicht nur verurteilen wollte. Daß aber dieser Prozeß ab dem 13. Jahrhundert überhaupt in Gang kam, scheint mir von Sinnkraft und -druck des poetischen Diskurses ausgelöst zu sein. Anders ausgedrückt: Vor der Wissenschaft von der Liebe war die Poesie der Liebe, vor der Methode war die Metapher.

Es darf aber nicht durch die Gerafftheit der Darstellung der Eindruck entstehen, daß es sich insgesamt um eine relativ statisch-einheitliche Reaktion der Intellektuellen auf das Phänomen Liebe handelte - die jahrhundertelange Verwendung des Wortes *passio* könnte dies nahelegen. Doch bei genauerem Hinsehen zeigt sich, daß der Ausdruck großen Bedeutungswandlungen unterworfen war, die von *passio* als Krankheit zu Beginn (12. Jh.) bis zu *amour passion* (17. Jh.) reichen. Anläßlich der Untersuchung der Rezeptionsgeschichte des 'De Amore'-Traktats von Andreas Capellanus glaube ich beobachtet zu haben, daß dieser mit seiner Definition *amor est passio innata* moraltheologisch definiert als *passio cupiditatis*, während spätere Autoren unter dem Einfluß der Aristoteles-Rezeption naturphilosophisch definieren, nämlich Liebe als *passio* der sensitiven Seele und deshalb das Bestimmungswort *innata* des Kaplans durch *naturale* (im Italienischen des 14. Jhs. z.B.) ersetzen.

Darin aber fassen wir einen Reflex des Säkularisierungsprozesses, der letztlich dazu führt, daß der erotischen Liebe ein Eigenrecht eingeräumt wird, das im 20. Jahrhundert - wie bei dem Philosophen HELMUT KUHN - zur eingangs erwähnten "Heiligsprechung" führt. In einer Zeit, in der die Liebe in der Schönen Literatur nur noch in ihren pervertierten Formen zu überleben scheint, entdecken die Philosophen ihre ideale Reinheit als Teil des Sakralen in dieser Welt. Ein interessanter Zirkel!

Wissenschaft und Dichtung sind unterschiedliche Normsysteme, die nicht ohne das Risiko des Verzeichnens aufeinander abbildbar sind. Für die Analyse dessen, was wir gemeinhin als Liebeskonzeption des Mittelalters bezeichnen, sind die *amor*-Traktate wohl nur ein sehr grober Schlüssel. Ganz sicher sind sie nicht das theoretische Fundament der *minne* der Dichter, dazu sind die "wissenschaftlichen" Entwürfe der Paarbeziehung zu beschränkt. In diesem Bereich ist die Poesie "wahrer" und differenzierter als die Wissenschaft der Zeit. Die poetische Sprache umkreist etwas unausdeutbar Zeitloses und bleibt so aktuell.

Die Wissenschaft erweist sich in Denkmustern gefangen (z.B. die Aristoteles-
Lehre von der Liebe als *passio* der sensitiven Seele), deren Erklärungskraft
mit dem Ende des Mittelalters auch an ihr eigenes Ende kam.

Wer also eine Antwort auf die Frage: Was ist Liebe? sucht, wende sich besser an die Poesie und nicht an die Wissenschaft. Auch heute.

Horaz für Anfänger?
Über die volkssprachliche Glossierung lateinischer Liebeslyrik

von

WERNER WEGSTEIN (Würzburg)

Über die Auseinandersetzung mit den Dichtern der Antike im Mittelalter sind
wir aus vielerlei Quellen unterrichtet: aus literarischen Zeugnissen und Zitaten,[1] Kommentaren und Einleitungen, didaktischen Schriften[2] und Lehrgesprä-
chen. Mittelalterliche Kataloge[3] belegen, was aus dem Altertum Eingang in die
Bücherschränke von Kloster-, Stifts- und Kathedralbibliotheken gefunden hat.
Und nicht zuletzt zeugen davon Fleiß und Sammeltätigkeit von Generationen mittelalterlicher Schreiber, die uns in ihren Abschriften die klassischen Texte
tradiert haben. Bei diesem Überlieferungsprozeß verschieben sich im Laufe der
Zeit die Schwerpunkte, so daß schon TRAUBE[4] seine Gliederung an den Dichtern
ausgerichtet hat, die jeweils am nachahmenswertesten erschienen: der "aetas
vergiliana" des 8. und 9. Jahrhunderts folgt die "aetas horatiana" des 10. und
11. Jahrhunderts, die "aetas ovidiana" im 12. und 13. Jahrhundert.

Volkssprachliche Glossen hat man für diesen Prozeß bislang noch kaum als
Indizien der Auseinandersetzung mit der klassischen lateinischen Literatur
ausgewertet.[5] Vielleicht stand ihr Belegwert in der Sprachgeschichte - gerade
in Zeiten dürftiger volkssprachlicher Überlieferung - allzu sehr im Vordergrund. Aber "natürlich haben die Aufzeichner solcher Glossen niemals die Ab-

---

1 GÜNTER GLAUCHE: Schullektüre im Mittelalter. Entstehung und Wandlungen des Lektürekanons bis
  1200 nach den Quellen dargestellt. München 1970 (Münchener Beiträge zur Mediävistik und Re-
  naissance-Forschung 5). L.D. REYNOLDS - N.G. WILSON: Scribes and Scholars. A Guide to the
  transmission of Greek and Latin Literature. 2. Edition Oxford 1974. MAX MANITIUS: Analekten
  zur Geschichte des Horaz im Mittelalter (bis 1300). Göttingen 1893.
2 BERNHARD BISCHOFF: Living with the Satirists. In: B.B., Mittelalterliche Studien. Ausgewählte
  Aufsätze zur Schriftkunde und Literaturgeschichte Bd.III. Stuttgart 1981, S.260-270.
3 MAX MANITIUS: Handschriften antiker Autoren in mittelalterlichen Bibliothekskatalogen. Zen-
  tralblatt für Bibliothekswesen, Beiheft 67. Leipzig 1935.
4 LUDWIG TRAUBE: Einleitung in die lateinische Philologie des Mittelalters. Hg. von PAUL LEH-
  MANN. München 1911, S.113.
5 Vgl. etwa STEFAN SONDEREGGER: Althochdeutsche Sprache und Literatur. Eine Einführung in das
  älteste Deutsch. Darstellung und Grammatik. Berlin/New York 1974, S.98 (Sammlung Göschen
  8005).

sicht gehabt, ein Denkmal von dem Zustand der deutschen Sprache in ihrer Zeit
zu hinterlassen. Vielmehr gehen sie überall nur darauf aus, die Erlernung des
Lateinischen zu erleichtern".[6] Daher gehören Glossen seit jeher zum Bereich
des Schulwesens und der Lehrtätigkeit. Sie belegen so unmittelbar wie sonst
kaum ein Zeugnis die philologische Bemühung um die klassischen Texte. Gerade
deshalb können sie auch einen wichtigen Beitrag zur Literatur- und Bildungsgeschichte liefern, indem sie detailliert und in unverdächtigem Kontext "auswei-
sen, was das frühe dt. MA. wirklich studiert, gelehrt und gelernt und in ern-
ster Auseinandersetzung mit der fremden Sprache sich angeeignet hat - wohin
solche Kenntnis sich verbreitete".[7]

Prüft man so das inzwischen auf gut über 1000 Handschriften angewachsene
Glossenmaterial[8] auf die Beschäftigung mit antiker Dichtung, so ergibt sich
ein recht differenziertes Bild.

Vergil nimmt unter allen klassischen Autoren eine Sonderstellung ein, denn
er ist - selbst wenn man nur STEINMEYERs Glosseneditionen als bequemen Maßstab
zugrundelegt - mit zwei Dutzend Handschriften und mehreren tausend Glossen der
am intensivsten bearbeitete Dichter der Antike. An den Vergil-Glossen ist sogar noch in ahd. Zeit die Entwicklung von der Interlinearglosse im Text zum
alphabetisch geordneten Glossencorpus zu beobachten.

An die zweite Stelle rückt nach Zahl der Textzeugen aber bereits Horaz mit
jetzt 20 bekannten Glossenhandschriften,[9] jedoch nur wenigen hundert Glossen,
also auch nicht annähernd so intensiver Glossierung, während Ovid mit drei
Glossenhandschriften und insgesamt nur rund einem Dutzend Glossen - allesamt
zu den 'Metamorphosen' - merkwürdig blaß bleibt.

Horaz wird dabei nicht nur als Satiriker gelesen - so die Charakterisierung
bei GLAUCHE oder REYNOLDS, er ist der einzige Autor, dessen Lyrik, darunter
auch die Liebesgedichte, schon frühzeitig glossiert worden ist.

---

6 R. VON RAUMER: Die Einwirkung des Christentums auf die deutsche Sprache. Ein Beitrag zur Geschichte der deutschen Kirche. Stuttgart 1845, S.80.
7 HERBERT THOMA: Glossen, althochdeutsche. In: Reallexikon der deutschen Literaturgeschichte. 2.
   Aufl. hg. von W. KOHLSCHMIDT u. W. MOHR, Bd.1. Berlin 1958, S.582. Vgl. in anderem Zusammenhang - für die Priscian-Glossierung - ALEXANDER SCHWARZ: Glossen als Texte. Beiträge (Tüb.) 99
   (1977), S.25-36.
8 Vgl. zuletzt ROLF BERGMANN: Zweite Liste der in dem Verzeichnis der althochdeutschen und alt-
   sächsischen Glossenhandschriften nachzutragenden Handschriften. In: RUDOLF SCHÜTZEICHEL:
   Addenda und Corrigenda (II) zur althochdeutschen Glossensammlung. Göttingen 1985 (Studien zum
   Althochdeutschen 5), S.49-56.
9 Den neuesten Stand zur Glossierung klassischer Autoren überhaupt und zur Horaz-Glossierung mit
   dem Hinweis auf neue Glossenfunde sowie eine im wesentlichen abgeschlossene Untersuchung der
   Horaz-Glossierung durch K. SIEWERT bietet jetzt RUDOLF SCHÜTZEICHEL: Addenda. In: RUDOLF

Das Erscheinungsbild der glossierten Horaz-Handschriften unterstreicht dabei unzweifelhaft ihre schulische Entstehungs- und Gebrauchssphäre:

Verwendung von "Geheimschrift", so etwa im Cod. St. Gallen, Stadtbibl. MS. 312 für die Glosse zu *sicarius mxchfrk*[10] (aus den Satiren) – statt des Vokals wird jeweils der nachfolgende Konsonant gesetzt, zu lesen also *mucheri* –, geschrieben von der gleichen Hand des 10. Jahrhunderts, die auch zahlreiche lateinische Glossen in den Text eintrug, aber auch in der Handschrift Rom, Vatic. Reg. lat. 1703.[11]

Ausfüllungen, Textkorrekturen, fast schon eine Form kritischer Textrevision, zum Beispiel in eben diesem Reginensis 1703, einer Horaz-Handschrift des 9. Jahrhunderts aus Weißenburg im Elsaß, die nach B. BISCHOFFs Urteil von der Hand des Walahfrid Strabo korrigiert wurde, wodurch dieser Codex "zum ältesten aller Horaz-Codices gestempelt zu werden scheint" (BISCHOFF).[12]

Schreiberverse am Ende etwa des Reginensis (143v): *O. Si bene non scribis non inpunitus abibis Vvaltaharius.*[13] oder in der Münchener Horaz-Handschrift Clm 14693 aus dem 12. Jahrhundert, deren Schreiber, womöglich im Rückblick auf mancherlei bedenkliche Anfechtungen in den Texten, unter das Ende der 'Epistola' auf Blatt 54v in Kapitalschrift ein *DEO DICAMVS GRATIAS* setzt, und gleich darüber noch einmal in seiner Muttersprache mit zierlicher Minuskel *Herro in dinem lobe.*[14]

Kommentare und Glossen. Manche der Kommentare, welche die Gedichte umrahmen und überwuchern, sind später erst nachgetragen, wie im 10. Jahrhundert der Kommentar in der Weißenburger Handschrift aus dem 9. Jahrhundert, andere wurden gleichzeitig mit dem Text geschrieben; so im Münchener Clm 375. Gelegentlich drängt der Kommentar den Horaz-Text gar beiseite, wie im Cod. 868 der Stiftsbibliothek St. Gallen: "Der Text der Gedichte ist überall blos durch zwei Anfangsworte in Majuskeln mitten in den Zeilen des Commentars angezeigt".[15] Zum Teil handelt es sich bei den Kommentaren um Werke, die schon

SCHÜTZEICHEL (wie Anm.8), S.31f. Der Beitrag ist mir erst kurz vor Tagungsbeginn zugänglich geworden.

10 HERBERT MERITT: Old High German Scratched Glosses. In: American Journal of Philology 55 (1934), S.233.

11 Les Manuscrits classiques de la Bibliothèque Vaticane. Catalogue établi par ELISABETH PELLEGRIN et JEANNINE FOHLEN, COLETTE JEUDY, YVES-FRANCOIS RION avec la collaboration d'ADRIANA MARUCCHI. Tome II,1. Paris 1978, S.370-373, hier S.371.

12 BERNHARD BISCHOFF: Eine Sammelhandschrift Walahfrid Strabos (Cod. Sangall. 878). In: B.B. (wie Anm.2), Bd.II. Stuttgart 1967, S.34-51, hier S.50.

13 Les Manuscrits classiques (wie Anm.11), S.372.

14 ELIAS STEINMEYER - EDUARD SIEVERS: Die althochdeutschen Glossen. Bd.IV. Berlin 1898, S.549.

15 G. SCHERRER: Verzeichnis der Handschriften der Stiftsbibliothek von St. Gallen. St. Gallen

seit der Antike zusammen mit den Gedichten überliefert werden, teils stammt
die Kommentierung aber auch erst aus dem 12. Jahrhundert oder es ist überhaupt
Altes mit Neuem ergänzt und vermischt. In der Aktualisierung, die die zeitgenössischen mittelalterlichen Horaz-Kommentare vornehmen - B. BISCHOFF hat sie
am Beispiel der St. Galler Hs. 868 anschaulich und überzeugend herausgearbeitet -, wird bereits das Ziel ihrer Verfasser klar erkennbar: die lebendige Aneignung und Vermittlung der antiken Dichtung - "living with the Satirists",
wie BISCHOFF treffend seine Darstellung nannte.[16]

Davon zeugen in besonderer Weise die volkssprachlichen Glossen. In dem bislang edierten Material[17] finden sich in insgesamt sechs Handschriften des 10.-
12. Jahrhunderts Glossen zur Lyrik des Horaz:

1. Vatican, Cod. Reg. lat. 1703,
   9.Jh., 145 Bll., Folio,
   aus Weißenburg.
   12 Glossen aus dem 10. Jahrhundert.
   BERGMANN, Nr.828.

2. Dessau, Stadtbibl. HB 1 (Format 4°),
   10.Jh., 103 Bll.
   1 Glosse zu Carm. I,9.
   BERGMANN, Nr.96.

3. Paris, Bibl.nat., Cod. lat. 9345,
   11.Jh., 257 Bll., Großfolio,
   aus Echternach oder Erfurt.
   3 Glossen.
   BERGMANN, Nr.753.

   1875, S.300.
16 Vgl. dazu B. BISCHOFF (wie Anm.2).
17 Bei ELIAS STEINMEYER - EDUARD SIEVERS: Die althochdeutschen Glossen. Bd.II. Berlin 1882,
   S.336-339; Bd.IV, S.334 sind die Handschriften 2, 3, 4 und 6 ediert. Nr.1 findet sich bei
   HARTWIG MAYER: Althochdeutsche Glossen: Nachträge. Old High German Glosses: A Supplement.
   Toronto (1974), S.116f., Nr.5 bei HERBERT THOMA: Altdeutsches aus Londoner Handschriften.
   Beitr. 73 (1951), S.197-271, hier S.243-245. Ferner ist hier wenigstens auf die Handschrift
   St. Gallen, Stiftsbibliothek 868 hinzuweisen, weil sie nicht nur - noch ungedruckte - deutsche
   sondern auch französische Glossen enthält, von denen B. BISCHOFF (wie Anm.2) immerhin jeweils
   Proben mitteilt.

4. Oxford, Bodl. Lib., D'Orville 158 (früher Cod. Auct. X.1.5.11),
   11.Jh., 128 Bll., Quart.
   2 Glossen.
   BERGMANN, Nr.724

5. London, Brit. Mus., Harl. 2724,
   11.Jh., 136 Bll., 250 x 205 mm,
   (vielleicht aus der Bibliothek des Nikolaus von Cues).
   1 Glosse zu Ep. 2.
   BERGMANN, Nr.415

6. München, Bay. Staatsbibl., Clm 375,
   12.Jh., 169 Bll., Quart,
   (aus der Bibliothek des Hartmann Schedel).
   15 Glossen.
   BERGMANN, Nr.450.

Mit Ausnahme der defekten Handschriften Dessau, HB. 1 und London, Brit. Mus.
Harl. 2724, gelten Glossen auch Liebesgedichten: im Cod. Reg. lat. 1703 dem
Widerruf von Carm. I,16, worin der Dichter seine erneute Neigung zu einer früher Geliebten thematisiert, und Carm. I,19, das Glyceras verführerische Schönheit rühmt, die den Dichter zu neuer Liebe entflammt, völlig von Venus beherrscht; in Paris, Cod.lat. 9345, ist das Abschiedsgedicht Carm. III,27 glossiert; in Cod. Oxford, D'Orville 158, das Werbungsgedicht um Chloe Carm. I,23;
im Clm 375 Carm. I,25 von der einst viel umschwärmten Lydia, ferner Ep.12, ein
Hohngedicht gegen die Häßlichkeit und Sinnlichkeit einer Alten, und Ep.17, ein
Spottgedicht auf Canidia.

Wie die einzelnen volkssprachlichen Glossen in das sehr dichte Geflecht lateinischer Randbemerkungen und Interlinearglossen eingewoben sind, kann Carm.
I,25 aus dem Clm 375 illustrieren:[18]

---

18 Der abgedruckte Text orientiert sich an der Fassung der Münchener Handschrift. Sonst ist zitiert nach Q. Horatius Flaccus, Oden und Epoden. Erklärt von ADOLF KIESSLING. 11. Aufl.
   besorgt von RICHARD HEINZE. Mit einem Nachwort und bibliographischen Nachträgen von ERICH
   BURCK, Berlin 1964. Zu den lateinischen Glossen und Randbemerkungen vgl. OTTO KELLER,
   Pseudacronis Scholia in Horatium vetustiora. Vol. I. Schol. AV in Carmina et Epodos, Leipzig
   1902. Die Münchener Hs. ist hier unter der Sigle m aufgeführt. Eine Interpretation von Carm.
   1, 25 liefert jetzt BRIAN ARKINS, A Reading of Horace, Carm. 1,25, Classica et Mediaevalia.
   Revue danoise de Philologie et d'histoire 34 (1983), S. 161 - 175.

Ad Amicam

Hec ode in meretricem
rapacem sed iam uetulam
et merito ab amatoribus
passuram que fecerat,
scripta est;
Metrum saphicum endeca-
sillabum.
Sensus hic est.Iuvenes,
qui olim fenestras tuas
frequentius lapidibus
incessabant,ut excitata
somno ianuas aperires,
iam te neglegere inci-
piunt et iccirco hec
rarius faciunt.

rarius   clausas
Parcius iunctas quatiunt fenestras

ictibus lapidum   superbi
Iactibus crebris iuvenes protervi

Nec tibi somnos adimunt amatque

non recedit a limine quia semper est clausa
Ianua limen,

                    uncta ne resonaret
Quae prius multum facilis movebat

                  quod olim solebant amatores tui dicere
Cardines. Audis minus et minus iam:

hoc dicebant iuvenes; observante tuos aditus
'Me tuo longas pereunte noctes,

               O Lydia pereunte me dormis iam minus
Lydia, dormis?'   audis cum displices per senectutem

modo hunc
modo illum   te dedignantes
Invicem moechos anus arrogantis

       contemptibilis amatoribus in interiori parte atrii
Flebis in solo levis angiportu,

aquilone   ac magis flebis
Thracio bacchante magis sub inter-

wedal quia tunc tempestates concitantur
lunia vento,

quando   quotiens incendium significatur quod a flatu aliter verbum a

Cum tibi flagrans amor et libido,   flamma per 1 dicimus
quotiens odor qui frac-
ta specie maior est per
r dicitur.

Equas ceteris animali-   in furorem concitare
bus in rem ueneriam *Quae solet matres furiare equorum,*
ardentius accendi te-
stis est uirgilius. Ita   ex contemptum iuuenum
in quarto georgicorum *Saeviet circa iecur ulcerosum*
libro dicens. Ante om-
nes furor est insignis   .i. querela flebis
equarum. Et mentem ue- *Non sine questu,*
nus ipsa dedit .i. amo-   Puellas iuuenis amet,
rem libidinis.   quas in hedera et mirto
uoluit intellegi. Pullas
autem dixit uiridis co-
loris aut etatis puel-

Ordo est leta quod pu-   iuuentus   las.
bes gaudeat magis he- *Laeta quod pubes hedera virenti*
dera uirenti et pulla
myrto.   delectat nigra suberescente sicut iuuenes
       Gaudeat pulla magis atque myrto,

      .i. anus
      mulier frigidas ut hyemis est tempus   Aridas anus et decrepi-
      Aridas frondes hiemis sodali   tas mulieres et sic iam
                                     etate frigidas ut hebro
      .i. consecret   fluvius frigidissimus glaciali fluvio sint
Hebrus fluvius tracie   ipsa iuuentus   in tracia   similes, et merito a
vel scithie hiemis so- *Dedicet   Euro.*   iuuenibus contemnendas.
dalis dicitur, eo quod
in parte septentriona-
li sit ubi frigus ma-
ximum est.

Die Hinweise zu Versmaß (*Metrum saphicum endecasillabum*), Thema (*Sensus hic est...*) und Wortstellung (*Ordo est ...*), die lateinischen Erklärungen am Rand und im Text, teils aus den spätantiken Kommentaren stammend, lassen an der Zweckbestimmung für den Unterricht keinen Zweifel aufkommen. Die einzige volkssprachliche Glosse, Zeile 11/12 *interlunia wedal* "Mondwechsel", zeigt darüber hinaus, daß das Gedicht im 12. Jahrhundert dafür auch verwendet wurde. Sie ist zugleich typisch für die Glossen zur Lyrik des Horaz. Denn nicht die "schwierigen" lateinischen Begriffe und Phrasen werden vor allem glossiert, die finden sich schon in den antiken Scholien erklärt - hier *magis sub interlunia* durch *tunc magis flebis* bzw. *sub interlunia vento* durch *quia tunc tempestates concitantur*. Vielmehr verdeutlichen die Glossen häufig Bezeichnungen von Naturphänomenen, Pflanzen, Tieren oder Gegenständen der Sachkultur, die nicht so leicht oder nicht hinreichend eindeutig und treffend allein über das Lateinische zu vermitteln sind.

Dabei kann gleich das Mißverständnis ausgeräumt werden, die verstreuten Glossen seien möglicherweise bei der Abschrift nebenher aus einer Vorlage in

die verschiedenen Handschriften geraten und somit keineswegs Zeugnis eingehender Beschäftigung mit dem Text, sondern eher Strandgut der Überlieferung. Von
einer Ausnahme abgesehen - Ep. 2, dem Wunschtraum eines Wucherers vom Glück
des Landlebens, offenbar einem für Schulzwecke kanonisierten Gedicht, denn es
ist gleich in vier Textzeugen glossiert, von denen jeweils zwei eine Glosse
gemeinsam haben[19] - gibt es nämlich keine Überschneidungen in der Glossierung
der Lyrik und nur selten enthält ein Horaz-Gedicht mehr als eine deutsche
Glosse. Gemeinsamkeiten gibt es nur, was den Typus der glossierten Wörter anlangt.

Für Folgerungen ist nicht die Quantität der Lyrik-Glossen ausschlaggebend.
Daran gemessen fallen sie angesichts der Fülle lateinischer Anmerkungen gar
nicht ins Gewicht. Ihr Vorkommen überhaupt ist entscheidend. Denn über ihre
Funktion hinaus, wie der lateinische Kommentar dem Verständnis des Textes zu
dienen, markiert jede einzelne volkssprachliche Glosse, allein durch ihr Vor-
handensein, das Gedicht, zu dem sie eingetragen ist, unmißverständlich als Objekt mittelalterlicher philologischer Bemühung und Vermittlung. Wie dabei in
günstig gelagerten Fällen sogar Interpretation, lebendige Aneignung und zeitgenössischer Verständnishorizont in der Glossierung zusammentreffen können,
zeigt sich an Carm. I,19.

Der Dichter, entflammt von Glyceras Schönheit, vom marmornen Glanz ihrer
Haut, ihrem schelmischen Liebesspiel, dem verführerisch lockenden Blick, muß
feststellen:

> *In me tota ruens Venus*
> *Cypram deseruit, nec patitur Scythas*
> *et versis animosum equis*
> *Parthum dicere nec quae nihil attinent.*

Wenn dazu der Kommentator des 10. Jahrhunderts in der vatikanischen Handschrift Reg. lat. 1703 *Parthum* durch *unger* glossiert, so überträgt er damit
nicht nur sehr treffend das Bild des Horaz in seine Zeit: was dem Rom des
Augustus die Parther, sind dem frühen Mittelalter die Ungarn. Er führt damit
seinen Schülern - angesichts der noch sehr aktuellen Bedeutung des Sieges über
die Ungarn nach jahrzehntelangen kriegerischen Verwicklungen - die gewaltige
Macht der Venus sehr lebensnah vor Augen. Überhaupt scheuen die mittelalterli-

---

19 So treffen sich Paris, Cod. lat. 9345, und London, Harley 2734, in der gemeinsamen Glosse zu
   Ep. II,47 "horna huriio" bzw. "hiuriga" und Rom, Reg. lat. 1703, sowie München, Clm 375, in
   der Glosse zu Ep. II,58 "maluae papelun" bzw. "pappulun".

chen Kommentatoren bei dem Bemühen, die Bildwelt des Horaz zu verdeutlichen,
vor plastischen Ausdrücken auch in der Volkssprache keineswegs zurück. Zu Ep.
12, einem Gedicht, dem es nicht an drastischen Bildern mangelt, notiert der
Glossator im Clm 375 auf Blatt 77r zum Vers

> ..., *iamque subando*
> *tenta cubilia tectaque rumpit;*

nach *subando: id est coeundo*, dann darüber *proprie porcorum est subare* und
hinter *subare* noch *id est prumin.*

Die Beispiele sollen belegen, daß die Lyrik des Horaz, selbst die Liebeslyrik, schon sehr früh und auch im Unterricht behandelt worden ist, vielleicht
nicht gerade von Anfängern, wohl aber von fortgeschritteneren Schülern, wie
das Konrad von Hirsau[20] in anderem Zusammenhang andeutet. Glosseneinträge von
verschiedenen Händen und Benutzerspuren späterer Jahrhunderte in den Handschriften lassen zudem erkennen, daß Horaz in der tradierten Form noch über
einen längeren Zeitraum gelesen und bearbeitet wurde.[21] Wo das im einzelnen geschah, ob und wie solche Kenntnisse verbreitet wurden, welche Wirkung von dieser Beschäftigung mit Horaz ausging und wie sich dies alles im Rahmen der Li-
teratur- und Bildungsgeschichte ausnimmt, bleibt erst noch weiter zu klären,
wenn sich auch, zumal in der Lyrik, Wirkungen nicht so leicht quantifizieren
lassen. Hier ganz besonders gilt PETER DRONKEs Feststellung: "for poets the
poetic past provides oxygen rather than bricks."[22]

---

20 Vgl. G. GLAUCHE (wie Anm.1), S.113.
21 Vgl. z.B. die Glosse "equom (sic!) certamine" in puhurdire aus dem 14. Jahrhundert zu 'Ars
   poetica' 84 in einer Melker Handschrift des 11. Jahrhunderts; STEINMEYER (wie Anm.17), Bd.II,
   S.338 Anm.7.
22 PETER DRONKE: Medieval Latin and the Rise of European Love-Lyric. Oxford 1965. S. 181.

Formen der Liebeserklärung im höfischen Roman bis um 1300*

von

MARTIN H. JONES (London)

Es gibt bislang keine umfassende Untersuchung der Liebeserklärung im deutschen
höfischen Roman.[1] Dem mittelalterlichen Liebesbrief sind schon mehrere Studien
gewidmet worden,[2] aber keine andere Form der Liebeserklärung - geschweige denn
die Liebeserklärung als Ganzes - ist eingehend behandelt worden. Angesichts
des überaus reichen Materials und der Vielfalt der damit verbundenen Fragen
ist es im Rahmen dieses Referats nicht möglich, diese Lücke auszufüllen. Vielmehr beschränke ich mich darauf, eine Übersicht über die Formen der Liebeserklärung, die in den Romanen des 12. und 13. Jahrhunderts bezeugt sind, zu geben, und drei Beispiele der Liebeserklärung aus Texten dieses Zeitraums näher
zu untersuchen.

Die bevorzugte Thematik des höfischen Romans legt die Darstellung der Liebeserklärung immer wieder nahe, und sie darf ohne weiteres zu den gängigsten
Motiven der Gattung gezählt werden. Ausnahmen gibt es natürlich. Im Verlauf
der hier untersuchten Periode, d.h. von circa 1150 bis circa 1300, finden sich

---

* Bei dem vorliegenden Aufsatz wird die Vortragsform im wesentlichen beibehalten. Die Anmerkungen beschränken sich auf das Nötigste. Ich habe die Absicht, mich zu einem späteren Zeitpunkt
  eingehender mit diesem Thema zu beschäftigen.
1 Die vorhandenen Studien von ALEXANDER SCHWARZ: Die Liebeserklärung: Ein Sprechakt in der deutschen Literatur des 12. Jahrhunderts. In: Love and Marriage in the Twelfth Century. Hg. von W.
  VAN HOECKE und A. WELKENHUYSEN. Leuven 1981 (Mediaevalia Lovanensia, Series I/Studia VIII),
  S.183-196, und: Sprechaktgeschichte. Studien zu den Liebeserklärungen in mittelalterlichen und
  modernen Tristandichtungen. Göppingen 1984 (GAG 398) behandeln dieses Thema von einem lingui-
  stischen Standpunkt, der sich kaum mit dem literarhistorischen Ansatz meiner Ausführungen berührt. Über die Liebeserklärung in der altfranzösischen Literatur gibt es zwei nützliche Untersuchungen von PHILIPPE MÉNARD: Le rire et le sourire dans le roman courtois en France au
  Moyen Âge (1150-1250). Genf 1969, S.201-220, und: La déclaration amoureuse dans la littérature
  arthurienne au XIIe siècle. Cahiers de Civilisation Médiévale 13 (1970), S.33-42.
2 Ich verzichte darauf, die umfangreiche Sekundärliteratur zum mittelalterlichen Liebesbrief
  vollständig aufzuführen, weise vielmehr auf einige neuere Untersuchungen hin, in denen weiterführende Literatur zu finden ist: HELMUT BRACKERT: "Da stuont daz minne wol gezam." Minne-
  briefe im späthöfischen Roman. ZfdPh 93 (1974), Sonderheft S.1-18; ERNSTPETER RUHE: De amasio
  ad amasiam. Zur Gattungsgeschichte des mittelalterlichen Liebesbriefes. München 1975 (Beiträge
  zur romanischen Philologie des Mittelalters, Band X); ECKART CONRAD LUTZ: Rhetorica divina.
  Mittelhochdeutsche Prologgebete und die rhetorische Kultur des Mittelalters. Berlin und New
  York 1984, S.42-46 'Der literarische Liebesbrief - ein Beispiel aus der Praxis'.

wiederholt Texte, in denen Liebesverhältnisse und Ehen zustande kommen, ohne
daß die Liebenden sich Liebesgeständnisse machen. Zu den "unerklärten" Liebenden zählen zum Beispiel Erec und Enite in Hartmanns 'Erec'; Gahmuret und Bela-
cane, Gahmuret in seiner zweiten Ehe, seine Söhne Parzival und Feirefiz - alle
in Wolframs 'Parzival'; Gawein und Florie in Wirnts 'Wigalois'; Gawein und
Amurfina in 'Diu Crône'; Daniel und Danise in Strickers 'Daniel von dem blü-
henden Tal'; Valke und Sekurie im 'Crane' des Berthold von Holle; und Apollo-
nius von Tyrland in seinen zahlreichen Ehen in dem nach ihm genannten Werk des
Heinrich von Neustadt.

Wenn die Liebeserklärung somit offensichtlich immer fakultatives Motiv geblieben ist, so kehrt sie doch häufig und in ständiger Abwandlung in den höfischen Romanen des 12. und 13. Jahrhunderts wieder. Sie erfolgt meistens im
Rahmen eines Gesprächs zwischen den betroffenen Personen. Die ein- oder bei-
derseitige mündliche Erklärung ergibt oft eine spannungsgeladene Szene, deren
Anbahnung und Verlauf Einblicke in die Psychologie der Liebe und der Liebenden
gewähren. Wo ein Liebesgespräch nicht zu arrangieren ist, wird zu anderen Wegen der Offenbarung gegriffen. Eine dritte Person kann eine Rolle spielen, indem sie eine Botschaft überbringt, zwischen den Liebenden verkehrt, oder ein
Treffen ermöglicht. In anderen Fällen empfiehlt sich der Brief als Mittel der
Liebeserklärung. Zu diesen drei Formen der Liebeserklärung kommen drei weitere, die die mündliche oder schriftliche Erklärung unterstützen oder gegebenen-
falls ersetzen, nämlich Liebesblicke, Gebärden und Geschenke.

Die Wege der Liebesoffenbarung, die hier aufgeführt sind, stellen die sechs
Formen der Liebeserklärung dar, die im höfischen Roman der untersuchten Periode zu beobachten sind. Nur wenige Texte enthalten alle diese Formen, aber gerade in einem der frühesten deutschen höfischen Romane, der 'Eneide' Heinrichs
von Veldeke, werden alle sechs vorgeführt oder wenigstens erwähnt.

Wie es sich wohl bei dem vielgepriesenen Meister in Sachen der Minne gehört, dem Wolfram in seinem 'Parzival' bezeichnenderweise nachrühmt, er habe
vor allem gezeigt, *wie man iuch* [= die Minne] *sol erwerben* (292,23),[3] wird in
der 'Eneide' die Liebeserklärung geradezu thematisiert. Die Handlung des Romans selbst legt diese Thematisierung in zweierlei Hinsicht nahe. Erstens
spielt der Held, dem es nach höfischen Vorstellungen zukommt, als erster ein
Liebesgeständnis zu machen, eine weitgehend passive Rolle in Liebesangelegen-

---

3 Hier und im folgenden zitiert nach: Wolfram von Eschenbach. Hg. von KARL LACHMANN. Sechste
  Ausgabe. Berlin und Leipzig 1926 (Repr. Berlin 1965).

heiten. Die zwei Frauen – Dido und Lavinia –, die gleichermaßen von unwider-
stehlicher Liebe zu Eneas ergriffen werden, müssen die Initiative ergreifen.
Erhebliche psychologische und gesellschaftliche Schranken sind zu überwinden,
wenn die Frauen zuerst ihre Liebe erklären sollen, und das führt zu wiederhol-
ten Reflexionen über geeignete Mittel der Liebeserklärung. Zweitens muß im
Verhältnis Lavinia-Eneas zusätzlich noch der Mangel an persönlichem Kontakt
zwischen den beiden wettgemacht werden. Erst am Ende des Werkes kommt es zum
Gespräch der beiden, bis dahin muß die Liebe andere Wege der Offenbarung als
die mündliche Erklärung suchen. Beispiele aus der 'Eneide' können dazu dienen,
die sechs Formen der Liebeserklärung im einzelnen zu veranschaulichen.[4]

Liebesblicke

Blicke spielen eine hervorragende Rolle bei der Entstehung der Liebe, wie sie
im höfischen Roman dargestellt wird, und zählen zu den Zeichen, die die Liebe
unwillkürlich offenbaren. Der Blick kann aber auch als absichtliches Mittel
der Liebeserklärung dienen, wenn die Umstände es gebieten. Das ist der Fall
bei Dido, die ein Mittel der Liebeserklärung sucht, das ihre Ehre nicht gefährdet. Ihre Schwester Anna schlägt Blicke als Ersatz für Rede vor: *Waz touch
die rede danne, / Ab ir si welt misse keren? / Ir muget in* (= Eneas) *wol mit
eren / Vruntlichen an sehn* (1587-90). In der Lavinia-Eneas-Episode liegt es an
dem äußeren Umstand ihrer Trennung, daß sich die Liebenden eine Zeitlang damit
begnügen müssen, ihre Liebe durch Blicke zu offenbaren. Nachdem Eneas den Liebesbrief der Lavinia gelesen hat, reitet er zum Graben vor der Stadt und
schaut *vil liplichen* (10943) zum Fenster hinauf, wo sie sitzt und ihn beobachtet. Am anderen Tag sieht er sie nochmals *vil vruntliche* an, und sie erwidert
diese Blicke *mynnenclichen* (11558-60). Obwohl für Lavinia diese Blicke kaum
eindeutig genug sind, haben sie demgegenüber für Eneas, der ihre briefliche
Erklärung empfangen hat, eine der direkten Erklärung ähnliche Wirkung, indem
sie ihm *Syner swere ein michil teyl* nehmen (11591).

Gebärden

Das Spiel der von Eneas und Lavinia ausgetauschten Blicke wird durch Gebärden
bereichert, und zwar nicht durch die schöne Geste der Lavinia im 'Roman

---

4 Zitiert nach der Handschrift G in: Henric van Veldeken, Eneide I. Einleitung. Text. Hg. von
GABRIELE SCHIEB und THEODOR FRINGS. Berlin 1964 (Deutsche Texte des Mittelalters, Band
LVIII/I).

d'Eneas', die ihren Finger küßt und dem Helden entgegenstreckt, sondern durch
ein zuchtvolles gegenseitiges Sich-Verneigen - *nîgen* (10936-940, 11556-562).

Geschenke

Es werden zwar in der 'Eneide' keine Geschenke gemacht als Beweis der Liebe,
aber als Lavinia Eneas zum Zweikampf mit Turnus ausreiten sieht, bereut sie,
daß sie ihm keine Liebespfänder mitgegeben hat (12208ff.). Sie zählt die Gegenstände auf, die sie ihm hätte geben können: *harbant, ryse, mowe, vingelein,
borte*, alles intime Gegenstände, die sich als Zeichen der Liebe eignen.

Der Weg über eine dritte Person

Als Lavinia zuerst überlegt, wie sie Eneas ihre Liebe *Ane groze missewende*
(10411) offenbaren kann, kommt sie auf die Idee, ihm einen Boten zu schicken,
aber sie verwirft diesen Gedanken, weil sie fürchtet, mißverstanden zu werden:
vielleicht meint Eneas *alse ich im tu, / Das ichz eime andern hab getan*
(10418-9).

Der Liebesbrief

Lavinia entschließt sich endlich, Eneas einen Brief zu schicken: *Ich wene ich
muz ez scrybe / Gevugeliche an eynen brieff* (10754-5). Zur Beförderung des ei-
genhändig geschriebenen Billetdoux wählt sie ein der Liebe völlig gemäßes Mittel, einen Pfeil.

Die direkte mündliche Erklärung

Obwohl Eneas seine Liebe durch Blicke und Gebärden zu erkennen gibt, ist es
für Lavinia wichtig, daß sie eine ausdrückliche Versicherung seiner Liebe
hört, und nach dem Sieg über Turnus kommt es endlich zum Gespräch. Eneas verspricht ihr seinen ewigen Dienst und mit galanter Demütigkeit behauptet er,
ihrer Liebe unwürdig zu sein (12892ff.).

Es liegt an den besonderen Umständen der Liebesverhältnisse in der 'Eneide', daß in diesem frühen Roman die direkte mündliche Erklärung keine dominie-
rende Rolle spielt. Aufs Ganze gesehen hat sie aber unter den sechs Formen der
Liebeserklärung die größte Bedeutung: sie ist am stärksten vertreten und zeigt
- wie aus folgender Zusammenstellung hervorgeht - auch eine beträchtliche Va-
riationsbreite. In den Liebesgesprächen lassen sich beachtliche Unterschiede
im Selbstbewußtsein und in der Werbungsstrategie der Liebhaber bemerken. Zu
Worte kommen stürmische Liebhaber wie Jason und Diomedes im 'Liet von Troye'
des Herbort von Fritzlar; auch dreiste, die sich an den Widerstand der Frauen

nicht kehren, wie die Helden Konrads von Würzburg - Partonopier und - aus dem
'Trojanischen Krieg' - Achill und Paris, die alle offenbar bei Ovid in die
Schule gegangen sind.[5] Höfische Zucht zeigen dagegen die Liebeserklärungen von
Schionatulander in Wolframs 'Titurel', Lanzelet gegenüber Iblis im Werke Ulrichs von Zatzikhoven und Wigalois bei Wirnt von Gravenberg. Zaghafte Liebha-
ber gibt es auch, die von ihren Geliebten behutsam aus der Reserve herausge-
lockt werden müssen - zum Beispiel Tandareiz in 'Tandareiz und Flordibel' des
Pleier, Reinfrid von Braunschweig, und Engelhard bei Konrad von Würzburg. Unter den Frauen stechen besonders diejenigen hervor, die die Initiative ergreifen und als erste - gelegentlich auch als einzige - ihre Liebe gestehen, wie
Herzeloyde und Condwiramurs im 'Parzival', Laudamie in Pleiers 'Garel', und
Iblis und die Tochter des Galagandreiz in Ulrichs 'Lanzelet', obwohl man vielleicht bei dieser letzten eher von einer sexuellen Herausforderung als von
einer Liebeserklärung sprechen sollte. Ansonsten zeigen die Frauen meist eine
gebührende Zurückhaltung und lassen ihren Liebespartner zuerst zu Worte kommen. In den meisten Fällen wird das Liebesgeständnis von den Frauen mit Vergnügen aufgenommen. Ausnahmen gibt es aber: zum Beispiel reagieren Medea und
Briseida bei Herbort von Fritzlar mißtrauisch auf die Erklärungen von Jason
beziehungsweise von Diomedes; Sigune wird durch die Liebeserklärung Schionatu-
landers bedenklich gestimmt; Empörung zeigt Yrkane in 'Reinfrid von Braunschweig', als der namenlose Ritter, *der minne marteraere* (5348), ihr ein völlig unerwünschtes Geständnis seiner Liebe macht; entrüstet gibt sich auch En-
geltrut bei Konrad von Würzburg, als Engelhard ihr sein Herz ausschüttet, aber
ihr Zorn ist ja nur vorgetäuscht.

Inhaltlich unterscheiden sich die Liebeserklärungen wenig voneinander.
Ständig wiederkehrende Motive sind: die Symptome der Liebeskrankheit, denen
die Geliebte allein abhelfen kann; der drohende Tod aus Liebe, den nur sie
verhindern kann; und die Versicherung der Treue, der Aufrichtigkeit und des
ewigen Dienstes. Originalität läßt sich hier wahrlich selten finden. In längeren Liebesgesprächen, wie sie vor allem im späteren 13. Jahrhundert vorkommen,
taucht gelegentlich die Frage nach den Ursachen des Liebeskummers auf, was
auch zu Reflexionen über die Natur der Minne führen kann. Das finden wir schon
in Wolframs 'Titurel', auch ganz flüchtig bei Konrad Fleck in 'Flore und Blanscheflur', dann eingehender in 'Tandareiz und Flordibel' und 'Reinfrid von

---

5 Vgl. RÜDIGER SCHNELL: Ovids "Ars amatoria" und die höfische Minnetheorie. Euphorion 69 (1975),
   S.132-159.

Braunschweig'. Aufs Ganze gesehen, zeichnet sich im Laufe des 13. Jahrhunderts
eine Tendenz ab, das szenenbildende Potential der Liebeserklärung immer mehr
zu entfalten. Wichtige Stationen auf dem Weg dieser Entwicklung sind 'Wilhelm
von Orlens' des Rudolf von Ems, 'Tandareiz und Flordibel' des Pleier, 'Engelhard' und 'Der Trojanische Krieg' Konrads von Würzburg und 'Reinfrid von
Braunschweig'. Welche Impulse diese Entwicklung vor allem vorantreiben, bedarf
der näheren Untersuchung. Eine wichtige Rolle spielen aber wahrscheinlich erstens ein wachsendes Interesse an der einfühlsamen Darstellung der Liebe, besonders zwischen jungen Menschen – Zeichen einer zunehmenden Sentimentalität
–, und zweitens minnedidaktische Zwecke, denen eine breitere, exemplarische
Ausmalung dieser Szene dienlich ist. Es ist wohl auch zu erwägen, ob minne-
theoretische Schriften, die – wie Andreas Capellanus' 'Tractatus de amore' –
dem Liebesgespräch besondere Aufmerksamkeit widmen, oder die – wie in der ovi-
dischen Tradition üblich ist – dem *alloquium* oder *colloquium* einen festen
Platz unter den fünf *lineae amoris* oder *stationes amandi* zuweisen, einen Einfluß auf die Praxis der Romandichter haben.[6]

Obwohl in der 'Eneide' Lavinia ausdrücklich darauf verzichtet, einen Boten
heranzuziehen, bietet sich bei trennender Entfernung der Liebenden der Weg
über eine dritte Person oft geradezu an. Die dritte Person kann einfach Bote
sein, der der beziehungsweise dem Geliebten die Liebeserklärung überbringt,
ohne selbst etwas dazuzutun. Das ist zum Beispiel der Fall in Herborts 'Liet
von Troye', wo Achilles eine Botschaft an Polyxena sendet, auch im 'Meleranz'
des Pleier, wo der Held einen Boten an Tydomie schickt. Im zweiten Buch von
Wolframs 'Parzival' sind der *kappelân* und die drei jungen Fürsten, die Ampfli-
se nach Kanvoleiz mit einem Brief an Gahmuret schickt, etwas mehr als Boten.
Sie bilden eine regelrechte Werbungsgesandtschaft, wie sie in der Realität der
Zeit öfters anzutreffen ist, und sie tragen das Ihrige zur Werbung bei, indem
sie in Gahmuret dringen, den Heiratsantrag ihrer Herrin anzunehmen. In der
Schastel-Marveile-Episode der Gawangeschichte wird das Liebesverhältnis zwischen Gramoflanz und Itonje durch die getreue Bene initiiert und lange Zeit
aufrechterhalten, indem sie zwischen den beiden, die sich nicht einmal gesehen
haben, verkehrt und Botschaften überbringt. In dieser verwickelten Situation
leistet auch Gawan Botendienste und versichert seine Schwester Itonje der Lie-

---

6 Vgl. KARL HELM: Quinque lineae amoris. GRM 29 (1941), S.236-246; RÜDIGER SCHNELL: Andreas Ca-
   pellanus, Heinrich von Morungen und Herbort von Fritslar. ZfdA 104 (1975), S.131-151; PETER
   DRONKE: Pseudo-Ovid, Facetus, and the Arts of Love. Mittellateinisches Jahrbuch 11 (1976),
   S.126-131. Vgl. auch in diesem Band den Beitrag von DIETRICH HUSCHENBETT.

be des Gramoflanz, obwohl dieser ihn zum Zweikampf herausgefordert hat. Ganz
anders ist die Morphea in Ottes 'Eraclius'. Die Kaiserin Athenais und der junge Parides vertrauen sich ihr einzeln an, und sie werden sich der Gegenseitigkeit ihrer Liebe erst durch sie bewußt. Sie verkörpert den Typ der gewieften
Kupplerin, die zwischen den Liebenden vermittelt und ein heimliches Rendezvouz
arrangiert. Lunete in Hartmanns 'Iwein' hat auch Züge von diesem Typus und
handelt zum Teil sehr selbständig, um die Ehe zwischen Iwein und Laudine zustande zu bringen.

Liebesbriefe bieten sich ebenfalls als Mittel der Liebeserklärung an, wenn
die Liebenden getrennt sind, und in den Romanen des 12. und 13. Jahrhunderts
sind sie ziemlich zahlreich vorhanden. Auf die umfangreiche Sekundärliteratur
zu diesem Gegenstand kann ich hier nicht eingehen. Ich notiere lediglich die
Texte, in denen Liebesbriefe eine wichtige Rolle spielen: 'Eneide', 'Parzival', 'Wigalois', 'Wilhelm von Orlens', 'Meleranz', Johanns von Würzburg
'Wilhelm von Österreich'.

Die übrigen Formen der Liebeserklärung haben eine nonverbale Handlung zum
Inhalt und reichen alleine nicht aus, ein Liebesverhältnis anzuknüpfen. Das
war schon aus den Beispielen in der 'Eneide' zu ersehen, obwohl Liebesblicke
und Gebärden dort eine außergewöhnlich große Rolle spielen. Zusammen mit einer
verbalen Form der Erklärung, ob mündlich oder schriftlich, können sie doch
aussagekräftig sein.

In Heinrichs von Freiberg 'Tristan' bietet die weißhändige Isot verschiedene Künste, einschließlich Blicke und Gesten, auf, um Zeugnis von ihrer Liebe
zu Tristan abzulegen: *mit hertzen und mit augen, / mit rede und mit geberden*
(310 -11) versucht sie, ihm ihre Liebe bewußtzumachen.[7] In Gottfrieds 'Tristan' erlangen Riwalin und Blanscheflur nach ihrem ersten, etwas rätselhaften
Gespräch endlich Gewißheit über ihre Liebe zueinander durch den Austausch von
Liebesblicken. Bei Wirnt von Gravenberg ist Larie durch die Anwesenheit ihrer
Mutter gezwungen, sich heimlicher Liebesblicke zu bedienen, um Wigalois klar-
zumachen, daß sie seine soeben erklärte Liebe erwidert. Im 'Reinfrid von
Braunschweig' gibt es nicht weniger als drei Szenen, in denen Reinfrid beziehungsweise Reinfrid und Yrkane ihre Liebe offenbaren. In der zweiten und dritten Szene geht es um mündliche Erklärungen, aber in der früheren Turnierszene
verraten die Augen der Verliebten, die einander scharf beobachten, ihre gegen-

---

7 Zitiert nach der Handschrift O in: Heinrich von Freiberg, Tristan. Edité avec Introduction et
  Index par DANIELLE BUSCHINGER. Göppingen 1982 (GAG 270).

seitige Zuneigung. Obwohl alle Zweifel an der Liebe des anderen dadurch zerstreut zu sein scheinen (1982-2019),[8] macht diese wortlose Form der Erklärung ein regelrechtes Liebesgespräch nicht überflüssig. Man wird hier in mancher Hinsicht an die 'Eneide' erinnert, zumal Yrkane sich vor dem Turnier überlegt, *wie sî daz minnen / in* [= Reinfrid] *möhte bringen innen* (1941-2), ohne sich selber Schande zu machen, falls ihre Liebe nicht erwidert wird.

Abgesehen von dem gegenseitigen Sich-Verneigen der Lavinia und des Eneas, das zusammen mit den Liebesblicken den Mangel an Kontakt zwischen den beiden auszugleichen hilft, dienen Gebärden meistens dazu, die Aufrichtigkeit einer mündlichen Liebeserklärung zu unterstreichen. Gegen Ende des langen Gesprächs, in dem Reinfrid Yrkane seine Liebe zum zweiten Mal gesteht, fällt er vor ihr auf die Knie und hält ihr die Hände *in ganzen triuwen* (3601) entgegen. Diese offenkundige Gebärde der Unterwerfung ist körpersprachlicher Ausdruck seines innigen Wunsches, ihr Dienstmann zu sein. Ähnlich gestaltet sich die Szene im 'Wigalois', wo die Liebeserklärung des Helden von einem Fußfall mit ausgestreckten Händen begleitet wird. Dazu kommt noch, daß Wigalois den Fuß der Geliebten küßt, um seine Ergebenheit auszudrücken. Der Kniefall, den Iwein vor Laudine tut, wird weiter unten behandelt.

Schließlich können auch Geschenke verbale Formen der Liebeserklärung unterstützen. Im 'Liet von Troye' überbringt zum Beispiel der Bote Achills dessen Geliebter Polyxena nicht nur eine Liebesbotschaft, sondern auch *schone presente v̄ einē hut* (11416).[9] Ausgesprochenen Symbolcharakter haben die Geschenke – *gürtel*, *schapel* und *fürspan* –, die Tydomie dem Helden des 'Meleranz' schickt. Zusammen mit diesen Gegenständen kommt ihm ein Brief zu, in dem Tydomie sie ausführlich als Zeichen ihrer bis dahin vor ihm geheimgehaltenen Liebe deutet. Meleranz seinerseits sendet ihr einen Ring, begleitet von einem Brief, der den Ring als *wârzeichen* seiner Treue deutet. Besondere Bedeutung haftet auch den Geschenken an, die Gramoflanz und Itonje einander im 'Parzival' machen. Da sie sich nicht sehen dürfen, sind ihnen diese handgreiflichen Beweise ihrer Liebe außerordentlich teuer, und sie werden mehrmals erwähnt. Gramoflanz hat Itonje *durch liebe kraft / unt durch rehte geselleschaft / sîns kleinœtes vil gesant* (712,23-25), während sie ihm einen Sperber, einen Hut aus Sinzester und einen

---

8 Zitiert nach: Reinfrid von Braunschweig. Hg. von KARL BARTSCH. Tübingen 1871 (Bibl. Lit. Ver. CIX).

9 Zitiert nach: Herbort's von Fritslâr liet von Troye. Hg. von GE. KARL FROMMANN. Quedlinburg und Leipzig 1837.

Ring sendet. Dieser Ring begleitet jede Botschaft, die sie einander schicken, und verbürgt ihre Authentizität.

Zum Abschluß meines Referats möchte ich im Gegensatz zu den vorangehenden, ziemlich allgemein gehaltenen Beobachtungen drei Darstellungen der Liebeserklärung in Romanen des 12. und 13. Jahrhunderts näher untersuchen. Diese wenigen Beispiele sollen dazu dienen, einen Eindruck von den Möglichkeiten der narrativen Verwertung des Motivs zu vermitteln.

Das erste Beispiel entnehme ich dem 'Iwein' Hartmanns von Aue, wo bei der Liebeserklärung Iweins an Laudine zwei - möglicherweise drei - Formen des Motivs kombiniert werden, nämlich der Weg über eine dritte Person, die direkte mündliche Erklärung und möglicherweise eine Gebärde.[10]

Die Situation, in der Iwein sich befindet, ist äußerst ungünstig, da er sich ausgerechnet in die Frau verliebt, die er eben zur Witwe gemacht hat. Daß es überhaupt zu einem Gespräch zwischen Iwein und Laudine kommt, ist Lunete zu verdanken, die - anfänglich aus eigener Initiative - zwischen den beiden vermittelt. Obwohl Lunete schließlich im Sinne beider handelt, bereitet sie Iwein und Laudine unterschiedlich auf das Treffen vor. Laudine erfährt von Lunete schon vor dem Gespräch mit Iwein, daß er sie zur Frau nehmen will (2115-17). Im Gegensatz dazu weiß Iwein nicht im voraus, daß Laudine ihm die Tötung Askalons vergeben hat und sogar gewillt ist, ihn zum Manne zu nehmen - das verschweigt ihm Lunete. Das macht sie *durch ir gemelîche* (2217), und es entsteht in der Tat die humorvolle Szene, in der der leidenschaftliche Liebhaber in Gegenwart der Geliebten stumm dasitzt und sie verlegen ansieht. Es bedarf wieder der Vermittlung Lunetes - ihrer ausdrücklichen Ermunterung -, um Iwein zur Handlung zu bewegen. Humor ist aber nicht das einzige oder wichtigste Ergebnis von Lunetes sorgfältiger Szenenregie. Da Iwein den wahren Gemütszustand Laudines nicht kennt, sieht er sich genötigt, sich ihr und ihrem Urteil zu unterwerfen. Damit wird das Verhältnis zwischen den beiden in dieser Szene festgelegt: Laudine hat in jeder Hinsicht die Oberhand, die Leitung des Gesprächs liegt bei ihr. Das hat Lunete durch ihre Tätigkeit als Vermittlerin sichergestellt.

Gestischer Ausdruck von Iweins Unterwerfung ist sein Fußfall vor Laudine. Hartmann deutet diese Gebärde als Zeichen von Iweins Schuldgefühl ihr gegenüber: *er bôt sich drâte ûf ir vuoz / und suochte ir hulde und ir gruoz / als*

---

10 Zitiert nach: Iwein. Eine Erzählung von Hartmann von Aue. Hg. von G.F. BENECKE und K. LACHMANN. Neu bearbeitet von LUDWIG WOLFF. Siebente Ausgabe. Band 1 Text. Berlin 1968.

ein schuldiger man (2283-85). Hartmann hat den Fußfall Iweins gegenüber seiner
Vorlage umgedeutet. Bei Chrétien heißt es: *Mes sire Yvains maintenant joint /
Ses mains, si s'est a genouz mis / Et dist come verais amis* (1972-74) ('Da
faltet Herr Yvain die Hände und läßt sich auf die Knie nieder und sagt als
wahrer Liebender').[11] Was hier als Gestus der Unterwerfung in der Liebe dargestellt wird, wird bei Hartmann, wenigstens vorerst, zum Ausdruck eines Schuld-
gefühls, aber es fragt sich, ob die Gebärde im weiteren Verlauf des Gesprächs
doch nicht im Sinne Chrétiens zu verstehen ist, als Iwein zu seiner Liebeserklärung übergeht. Hartmann hat hier wiederum die Vorlage geändert: während bei
Chrétien Laudine den knienden Yvain vor dem Liebesgeständnis auffordert, sich
neben sie zu setzen, bleibt Hartmanns Held anscheinend die ganze Zeit auf den
Knien, und die Liebeserklärung wird in dieser demütigen Haltung abgelegt.

In dem Gespräch, das sich entwickelt, nachdem sich Iwein völlig in die Gewalt Laudines begeben hat, führt sie entschieden das Wort. Ihr geht es anfangs
gar nicht um Liebe, sondern um eine Ehe aus streng praktischen Gründen. Sie
ist sich bewußt, daß sie *der wîbe site* (2329) bricht, indem sie um ihn wirbt,
rechtfertigt aber ihr Verhalten durch Hinweis auf die gefährliche Situation.
Erst als Iwein auf ihren Heiratsantrag - *ich wil iuch gerne: welt ir mich?*
(2332) - mit Begeisterung antwortet, fällt das Wort *minne* und zwar von Laudine
ausgesprochen. Sie will wissen, wer diese Liebe, von der seine Worte Zeugnis
ablegen, hat entstehen lassen. Es folgt nun Iweins Liebeserklärung, die in
eigenartiger Weise dialogisiert wird. In einem kurzen Frage-und-Antwort-Spiel,
in dem Iwein seine Liebe zu Laudine nacheinander seinem *lîp*, seinem *herzen*,
seinen *ougen* und ihrer *schoene* zuschreibt (2341-55), wird ihm erlaubt, seine
Liebe zum Ausdruck zu bringen. Im Gegensatz zu Chrétiens Gestaltung der Szene,
wo auf das Frage-und-Antwort-Spiel noch ein längeres, schwärmerisches Liebesgeständnis Yvains folgt, bricht Hartmanns Laudine das Gespräch jäh ab und
führt Iwein sofort vor die versammelten Untertanen.

Die Hartmannsche Version dieser Szene hebt zwei Dinge besonders hervor. Erstens zeigt sie, wie sehr Laudine - allerdings mit der Hilfe Lunetes - die Situation beherrscht. Sie bestimmt den Verlauf des Gesprächs und setzt ihren
Willen durch, ohne sich lange mit Iweins Liebesgeständnis aufzuhalten. Die
Kundgabe seiner Liebe ist ihr nicht völlig gleichgültig, aber sie macht es ihm
unmöglich, es zu mehr als einem fragmentarischen und konventionellen Kompli-

---

11 Chrétien-Zitat und Übersetzung nach: Chrestien de Troyes, Yvain, übersetzt und eingeleitet von
   ILSE NOLTING-HAUFF. München 1983 (Klassische Texte des Romanischen Mittelalters in zweispra-
   chigen Ausgaben, Band 2).

ment zu bringen. Sie handelt hier als Herrin, der die Verantwortung für die
Sicherheit ihres Landes über alles andere geht. Zweitens wird die Paradoxie
von Iweins Position unterstrichen. Von leidenschaftlicher Liebe zu Laudine
hingerissen, hat er sein Leben aufs Spiel gesetzt, um sie zu besitzen, und in
dieser Szene geht sein Wunsch tatsächlich in Erfüllung. Aber es wird ihm die
Gelegenheit vorenthalten, seine Liebe angemessen zum Ausdruck zu bringen. Das
wird für ihn ein dauerndes Problem in seinem Verhältnis zu Laudine, und es
deutet schon auf eine Schwierigkeit in dieser Ehe hin, daß die Liebeserklärung
auf diese unbefriedigende Weise abläuft.

Ganz anders gestaltet sich die Liebeserklärung in meinem zweiten Beispiel,
das ich der Vorgeschichte von Gottfrieds 'Tristan' entnehme.[12] In dem Verhältnis von Riwalin und Blanscheflur spielen Liebesblicke eine entscheidende Rolle, denn erst durch sie werden die beiden ihrer gegenseitigen Liebe sicher
(1077-1118). Nachdem jeder für sich allein sich der Liebe zum anderen bewußt
geworden ist, tauschen sie absichtlich Blicke, die ihnen volle Gewißheit gewähren: *nu wiste aber sî wol, daz sîn muot / hin z'ir was süeze und alse guot,
/ als liebes muot ze liebe sol. / daz selbe wiste er an ir wol* (1107-10). Die
Aussagekraft dieser nonverbalen Form der Liebeserklärung beruht aber darauf,
daß ihr ein Gespräch vorausgeht, in dem Blanscheflur die Gedanken Riwalins auf
die Liebe lenkt.

Das Gespräch kommt zufällig - *von âventiure* (737) - zustande, als Riwalin
vom ritterlichen Zweikampf wegreitet. Keiner der beiden ist also auf die Begegnung vorbereitet. Blanscheflur hat aber Riwalin eine Zeitlang beim Kampf-
spiel beobachtet, und er hat ihr Herz dabei schon unwissentlich erobert. Das
verbirgt sie vor den Frauen, die anwesend sind, aber in Gegenwart von Riwalin
selbst kann sie ihre Gefühle nicht völlig geheimhalten. Was sie ihm sagt, konstituiert keine offenkundige Liebeserklärung - das zeigt schon die Reaktion
Riwalins -, aber ihre Worte haben keinen anderen Zweck als die Offenbarung
ihrer Liebe. ALEXANDER SCHWARZ[13] spricht hier von einem "verunglückten Gespräch", das so verläuft, weil "die persönliche Begegnung" mit Riwalin Blanscheflur "ihrer kommunikativen Kompetenz beraubt" (S.92-93). SCHWARZ ist der
Meinung, daß Gottfried sie ihre Liebe "in wirren Worten" gestehen läßt, um
"die Macht der Minne als Ohnmacht, auch sprachliche Ohnmacht, ihrer Opfer zu
entfalten" (S.101). Es ist aber in der Tat *diu schame* - sie *sprach vil scheme-*

---

12 Zitiert nach: Gottfried von Straßburg, Tristan. Nach dem Text von FRIEDRICH RANKE neu hg. von
   RÜDIGER KROHN. Stuttgart 1980.
13 SCHWARZ: Sprechaktgeschichte (wie Anm.1).

lîche (745) -, die sie veranlaßt, ihre Absicht zu verschleiern und sich einer indirekten Aussageweise zu bedienen. Aus Schamhaftigkeit, aus Züchtigkeit spricht sie von dem Freund, an dem Riwalin sie *beswaeret* (756) - ihr Kummer bereitet - hat, wofür sie ihn später zur Rechenschaft ziehen will. Genauso wie bei Isolde in der Minnetrank-Episode geraten hier bei Blanscheflur *minne* und *schame* in Streit. *Diu schame* behält vorläufig die Oberhand, insofern als Blanscheflur nur versteckt von ihrem Herzeleid spricht -- Gottfried entdeckt natürlich seinem Publikum den verborgenen Sinn ihrer Worte. Aus *schame* spricht sie so, nicht aus kommunikativer Inkompetenz. Aber es steckt auch eine gewisse Listigkeit dahinter, ob bewußt oder unbewußt ist schwer zu sagen. Denn ihre Anklage gegen Riwalin, er habe ihr Leid zugefügt, wofür er wird büßen müssen, gibt ihr von vornherein eine psychologische Überlegenheit ihm gegenüber - er ist sofort geneigt, sich schuldig zu fühlen und sich ihrem Urteil zu unterstellen (757-66, 774-78). Man wird hier an die Situation Iweins gegenüber Laudine erinnert. Außerdem wird die Möglichkeit für ein weiteres Treffen geschaffen, falls es Blanscheflur gefällt, denn sie kann ihn später, unter dem Vorwand, ihn zu verhören, zu sich zitieren. Wenn in dieser Strategie der Einfluß der listenreichen Minne nur zu ahnen ist, scheint sie dann zum Schluß doch noch die Oberhand über die *schame* zu gewinnen. Denn als Riwalin sich von Blanscheflur verabschiedet, seufzt sie ihn an und spricht einen liebevollen Segen über ihn. Ihre Liebe zu ihm kommt hier in ihrer Gebärde und in ihren Worten unwillkürlich zum Ausdruck. *ir siuften und ir süeze[r] segen* (801) sind für Riwalin die stärksten Anzeichen ihrer wahren Gefühle und lenken seine Gedanken sicher *ûf den wec der minne* (802), wo aber Gewißheit erst durch die Liebesblicke erlangt wird.

In seiner Darstellung dieser Liebeserklärung gewährt uns Gottfried einen Einblick in den Kampf, der in Blanscheflur ausgetragen wird, als sie die Macht der Liebe zum erstenmal spürt. Ihre Aussagen sind zwar nicht eindeutig, legen vielmehr Zeugnis von ihrem inneren Kampf ab, aber sie erreichen ihren Zweck. Der Boden wird vorbereitet, auf dem die Liebe wächst. Die Liebesblicke reichen dann aus, das Verhältnis zu besiegeln.

Diese ersten zwei Beispiele zeigen auf imponierende Weise, wie Dichter, die mit einem besonderen Spürsinn für psychologische Feinheiten begabt sind, das Motiv der Liebeserklärung ausnutzen können. Ein Interesse an psychologischen Situationen bezeugt auch der anonyme Dichter des 'Reinfrid von Braunschweig',

circa 1300, dem ich mein drittes Beispiel entnehme.[14] Nur drückt sich dieses
Interesse hier ganz anders aus als bei Hartmann und Gottfried und geht auch
mit ganz anderen Interessen einher. Wie schon vorhin erwähnt, gibt es in diesem Werke drei Szenen der Liebeserklärung: erstens eine gegenseitige Erklärung
durch Liebesblicke (1982-2019), zweitens die einseitige mündliche Erklärung,
die Reinfrid der Yrkane macht (2516-90), und drittens die gegenseitige mündliche Erklärung, die das Liebesverhältnis endgültig besiegelt (3130-3747). Schon
diese Wiederholung, die das Motiv in verschiedenen Formen realisiert und das
Phänomen "Liebeserklärung" von verschiedenen Seiten beleuchtet, zeugt von der
Faszination, die diese Situationen der gesteigerten Emotion ausüben.

    Die dritte Szene der Liebeserklärung, die uns hier alleine interessiert,
bildet den Höhepunkt im Werden der Minne zwischen Reinfrid und Yrkane. Sie
wird auch entsprechend durch ein ganzes Arsenal von Erzählmitteln hervorgehoben. Mit mehr als sechshundert Versen übertrifft sie bei weitem sowohl die untersuchten Szenen bei Hartmann und Gottfried als auch das Gros der einschlägigen Szenen im höfischen Roman an Länge. Dazu kommen noch einleitende Bemerkungen von seiten des Erzählers, die die Szene vom Handlungsablauf absetzen. Es
wird über die Wichtigkeit von ehrenhaftem Handeln in der Liebe reflektiert -
Reinfrid werden durchaus ehrenhafte Absichten zugeschrieben; auch über die
Schwierigkeit, ein Liebesgeständnis zu machen - es wird sogar ein *bîspel* ein-
geflochten, um die Gedankenverwirrung zu veranschaulichen, die den Liebenden
in Anwesenheit der Geliebten an dem Vortrag seines sorgfältig vorbereiteten
Geständnisses hindert, was denn auch bei Reinfrid anfänglich der Fall ist
(2956-3129). Die Szene wird geradezu als Paradebeispiel der höfischen Liebeserklärung dargeboten: Reinfrid, der leidenschaftliche aber ehrenhafte und
zuchtvolle Liebhaber, wird von Yrkane, die trotz ihrer Liebe zu Reinfrid eine
gebührende Zurückhaltung zeigt, sorgfältig nach der Aufrichtigkeit seiner Liebe ausgefragt. Es haftet der Szene natürlich eine gewisse Künstlichkeit an, da
Yrkane sich so geben muß, als höre sie zum ersten Mal von Reinfrids Liebe zu
ihr, und als habe sie noch kein Zeichen von ihrer Zuneigung gegeben, aber das
wird dem didaktischen Zwecke zuliebe, den der Dichter hier verfolgt, in Kauf
genommen. Das Gespräch wird dadurch strukturiert, daß Yrkane zuerst mit un-
schuldiger Naivität auf die Beteuerungen Reinfrids reagiert - wie kann sie ihn
verwundet und ihm Leid zugefügt haben? -, dann zunehmend mit der Vorsicht der
höfischen Dame, die ihre Ehre keineswegs gefährden will - sie will nicht über-

---

14 Zitiert nach der Ausgabe von BARTSCH (wie Anm.8).

eilt handeln und das Schicksal einer Dido erleiden; sie weiß, daß Reinfrid in
viele Länder reist: vielleicht hat er andere Frauen ähnlich angeredet. Mit
solchen Stichworten wird Reinfrid dazu getrieben, seine Aufrichtigkeit wiederholt zu betonen und seiner Liebe immer heftigeren Ausdruck zu geben. Es werden
auch verschiedene Aspekte der Liebe behandelt: wie Reinfrid sich in Yrkane
verliebte, ohne sie überhaupt gesehen zu haben (Minne aus der Ferne); was sich
für die beiden ergibt, wenn sie ihn erhört (Minne als Quelle der Freude). Das
Gespräch erreicht seinen Höhepunkt, als Yrkane sich bereit erklärt, seinen
Dienst anzunehmen, wenn er tatsächlich an seiner Liebe zu ihr leidet und ihr
in Treue ergeben ist. Reinfrid beteuert ihr seine Ergebenheit, spendet der
Göttin Venus überschwengliches Lob und fällt vor Yrkane auf die Knie. Das löst
bei ihr eine Apostrophe an die *minne* aus, die sich dann in ein mit rhetori-
schen Schmuckformen durchsetztes Meditieren über die *minne* verwandelt, bis sie
endlich Reinfrid anredet und ihn ihrer Liebe versichert.

Diese Szene aus 'Reinfrid von Braunschweig' hat einen unverkennbar exemplarischen Charakter. Sie will zeigen, wie sich eine höfische Dame und ein höfischer Ritter in so einer Situation zu verhalten haben. Der Handlungsablauf
wird zeitweilig gehemmt, um bei der Liebeserklärung zu verweilen und fast ex-
kursartig auf die Psychologie der Liebenden und der Liebe einzugehen. Das Motiv der Liebeserklärung wird hier dazu verwertet, einen Beitrag zur Lehre von
der Minne zu machen.

Im Vergleich mit den Szenen aus dem 'Iwein' und dem 'Tristan' hat die Darstellung des 'Reinfrid'-Autors gewiß etwas Gewolltes an sich, aber zusammen
mit den früheren Szenen dient sie gerade dazu, die Variationsmöglichkeiten an-
zudeuten, die dem Motiv der Liebeserklärung eigen sind und deren voller Umfang
sich erst durch eine umfassende Studie des Motivs in allen seinen Formen erschließen wird.

Minne als Lehre.

Zur Bedeutung der "Vorläufer" der Minnereden für die

Literaturgeschichte des 12. und 13. Jahrhunderts

von

DIETRICH HUSCHENBETT (Würzburg)

Ihre Darstellung der Minnereden des 14. und 15. Jahrhunderts beginnt INGEBORG GLIER[1] mit einem Kapitel "Vorläufer" (S.16-53), in dem sie "eingehender als das bisher geschehen ist, die deutsche Literatur des 12. und 13. Jahrhunderts auf Ansätze und Vorformen der spätmittelalterlichen Minnereden" überprüft (S.17). Die Bedeutung der Einsichten, die sie in diesem Kapitel gewinnt, sind m.E. für die Literaturgeschichte vom Ende des 12. bis über die Mitte des 13. Jahrhunderts hinaus noch nicht hinreichend erkannt worden.[2] GLIER selbst folgt mit diesem Kapitel einer bewährten Darstellungstradition, die damit beginnt, daß sie das Terrain vor dem eigentlichen Untersuchungsgegenstand sondiert. Da dieser im 14. und 15. Jahrhundert seinen Schwerpunkt hat, scheint sie selbst der Tragweite der von ihr gezogenen Linien im 12. und 13. Jahrhundert weniger Beachtung geschenkt zu haben.[3] Die Werke, die sie unter dem Gesichtspunkt der "Vorläufer" musterte, bilden einen ansehnlichen Katalog, der immerhin einen so bedeutenden Autor wie Hartmann von Aue einschließt. Die Bedeutung eines Teils dieser Werke wurde kürzlich mit Blick auf Walther von SILVIA RANAWAKE[4] hervorgehoben. Es sind im einzelnen folgende Werke:

---

1 INGEBORG GLIER: Artes amandi. Untersuchung zu Geschichte, Überlieferung und Typologie der deutschen Minnereden. München 1971 (MTU 34).
2 Die Arbeit von RONALD MICHAEL SCHMIDT: Studien zur deutschen Minnerede. Untersuchungen zu Zilies von Sayn, Johann von Konstanz und Eberhard von Cersne. Göppingen 1982 (GAG 345), die "Minne als literarischen Repräsentanten der mentalen Disposition der Hofgesellschaft" (S.9) zum Gegenstand hat, trägt zu unserem Problem nichts bei.
3 Vgl. aber INGEBORG GLIER: Der Minneleich im späten 13. Jahrhundert. In: Werk-Typ-Situation. Studien zu poetologischen Bedingungen in der älteren deutschen Literatur. Hg. v. I. GLIER, G. HAHN, W. HAUG u. B. WACHINGER, Stuttgart 1969, S.161-183. DIES.: Diener zweier Herrinnen. Zu Ulrichs von Lichtenstein 'Frauendienst'. In: The Epic in Medieval Society. Hg. v. H. SCHOLLER, Tübingen 1977, S.290-306.
4 SILVIA RANAWAKE: Walthers Lieder der "Herzeliebe" und die höfische Minnedoktrin. In: Wiener Arbeiten zur german. Altertumskunde und Philologie, Bd.24, hg. v. HELMUT BIRKHAN. Wien 1983 (Publications of the Institute of Germanic Studies 31), S.109-152; behandelt werden S.124-149 'Heimlicher Bote', Hartmanns 'Büchlein', Thomasins 'Wälscher Gast', Andreas Capellanus.

Der 'Heimliche Bote'

Hartmann von Aue: 'Büchlein'

Thomasin von Zirclaere: 'Wälscher Gast'

'Winsbeckische Gedichte' (Winsbecke, Winsbeckin)

Stricker: 'Frauenehre'

Ulrich von Lichtenstein: 'Frauenbuch'

Das zweite 'Ambraser Büchlein'

'Der Minne Freigedank'

GLIERs Verdienst ist vor allem darin zu sehen, daß sie zum ersten Mal einen Zusammenhang zwischen diesen bisher lediglich - wenn überhaupt - als Einzel-Stücke (abgesehen von den beiden 'Büchlein') gewürdigten Texten hergestellt hat, der von nicht geringer Tragweite für die gesamtliterarische Situation ist. Trotz aller Unterschiede sind die Gemeinsamkeiten dieser Stücke so ge-wichtig, daß sie insgesamt einen - lockeren - literarischen Typus vertreten, der darauf angelegt ist, Ritter und Frauen häufig in einem Männer- und einem Frauenteil in Fragen der Minne und/oder in Fragen der höfischen oder auch Hof-Verhaltensregeln zu belehren, in der Regel in einem Dialog. Häufig bezeichnen sich die Stücke als Buch oder Büchlein, einige führen sich als Brief ein oder legen die Briefsituation nahe, weswegen das ganze Stück auch adressiert wird, meist gegen Ende. Charakteristisch ist aber auch, daß die einzelnen Vertreter dieses Typs, den ich mit GLIER (S.18: "Brief- und Büchlein-Typus") kurz als Büchlein-Typ bezeichnen möchte, "vielfältige thematische, motivische und for-male Beziehungen" (S.52) zu anderen Gattungen zeigen und eine eigentümliche "Offenheit" (S.53) der Form erkennen lassen, die sie mit den späteren Minnere-den verbindet.

Mit Blick auf ihren eigentlichen Darstellungsgegenstand resümiert GLIER, daß es das "eine Werk, mit dem gleichsam die Entwicklung der 'neuen' Gattung [der Minnerede] einsetzt" (S.51), nicht gibt. Es lasse sich jedoch "von Hart-mann von Aue wahrscheinlich zum zweiten Ambraser 'Büchlein', sicher aber zu Ulrich von Lichtenstein eine Traditionslinie im deutschen Bereich ziehen, die über Ulrichs 'Frauenbuch' zu späteren Minneredentypen (belauschtes Streitge-spräch) weitergeführt werden könnte" (S.51). Eine weitere Vorform der Minnere-de könne in Strickers 'Frauenehre' gesehen werden, in der vielleicht "eine äl-tere deutsche literarische Tradition thematisch eine neue Wendung erhält" (S.52). Die hier herausgestellte "deutsche Tradition" soll nicht das Quellen-problem als erledigt hinstellen, sondern nur festhalten, daß für alle diese Stücke keine Quelle (auch keine romanische Quelle) nachweisbar war, daß eine deutsche Tradition mit guten Gründen nicht auszuschließen ist.

Ich möchte die Bedeutung des Büchleintyps zum einen dadurch hervorheben,
daß ich dieser Gruppe ein weiteres Werk, nämlich die 'Maze' aus der ersten
Hälfte des 13. Jahrhunderts zurechne, die bisher nicht in diesen Zusammenhang
gebracht wurde, worüber ich an anderer Stelle handele.[5] Zum anderen versuche
ich das Gewicht des Büchleintyps im folgenden dadurch zu erhöhen, daß ich zwischen diesen und anderen Texten vom Ende des 12. Jahrhunderts an Zusammenhänge
herstelle, soweit sie für eine Literaturgeschichte von Bedeutung sind; doch
bin ich mir des mehr experimentierenden als darstellenden Charakters meiner
Ausführungen bewußt.

Die Überlegungen, die bisher zu Fragen des Büchleintyps angestellt wurden,
richteten sich nahezu ausschließlich auf die weitere literarische Entwicklung,
speziell die der Minnereden. Doch haben die Werke dieses Typs ohne Zweifel Anspruch auf eine Würdigung ihrer Bedeutung für die Zeit ihrer Entstehung und
das heißt auch für die Beziehung zur übrigen Literatur der Entstehungszeit.
Zunächst wäre da die Tatsache bemerkenswert, daß die frühesten Vertreter, der
'Heimliche Bote'[6] und Hartmanns 'Büchlein',[7] mit großer Wahrscheinlichkeit
noch dem 12. Jahrhundert angehören. Dieses Faktum ist für ihre Einschätzung
sicher gewichtiger als die bloße Zuordnung zur didaktischen Literatur oder als
die Behandlung als Einzel-Werk, wo es dann mehr oder weniger als Kuriosum erscheint. Die frühen Vertreter entstehen also - literaturgeschichtlich gesprochen - zur Zeit der sog. frühhöfischen Literatur und zur Zeit, als die sog.
höfische Literatur im Entstehen begriffen war. Die späteren Vertreter entstehen, als diese höfische Literatur ihre Produktion längst eingestellt hat und
die literarische Szene von ganz anderen Formen und Genera beherrscht wurde.

Ein Thema, das einen Vergleich gestattet, ist die Minne[8] (und dieses Thema
war schon von jeher ein wesentliches Kriterium zur Differenzierung von früh-
und hochhöfisch). Es ergeben sich hier deutlich Gemeinsamkeiten und Unter-

---

5 Die Ergebnisse dieser Abhandlung, der eine ältere Studie zugrunde liegt, habe ich in dem Vortrag der St. Andrews-Tagung mitgeteilt. Aus Platzgründen habe ich diesen Teil aus der schrift-
   lichen Fassung herausgenommen; dieser Teil wird unter dem Titel "Die 'Maze' - Ein Büchleintyp"
   in der GRM erscheinen. Über die 'Maze' vgl. jetzt zusammenfassend WALTER BLANK in VL VI,
   ²1986, Sp.248f.
6 Vgl. DIETRICH HUSCHENBETT: Der 'Heimliche Bote'. In: VL III, ²1981, Sp.645-649.
7 Vgl. CHRISTOPH CORMEAU: Hartmann von Aue. In: VL III, ²1981, Sp.501; CHRISTOPH CORMEAU und
   WILHELM STÖRMER: Hartmann von Aue. Epoche, Werk, Wirkung. München 1985, S.82-87.
8 Zum Thema Minne und Minnekonzeption erschien inzwischen RÜDIGER SCHNELL: Causa amoris. Liebeskonzeption und Liebesdarstellung in mittelalterlicher Literatur. Bern und München 1985 (Bibliotheca Germanica 27). SCHNELLs weitausgreifende Arbeit, die sich in mancher Hinsicht mit den
   hier vorgetragenen Überlegungen berührt, wurde mir erst während des Drucks bekannt, so daß ich
   an dieser Stelle nur einige Hinweise einfügen kann.

schiede. Die Werke des Büchleintyps sehen in der Minne einen Lehrgegenstand,
ohne daß sie selbst bereits Minnelehre sein müßten. Minne ist ihnen etwas, was
der Lehre bedarf und ohne Lehre nicht zur Wirkung und auch nicht zum Erfolg
gelangen kann.

Damit eng verbunden ist, was man eine gewisse "Privatheit" nennen könnte –
die Texte nennen es häufig *tougen* –, die sich in zweierlei Hinsicht interpretieren läßt. Textimmanent drückt sich diese Privatheit dadurch aus, daß die
Lehre nur auf den Partner gerichtet ist; daher wird sie auch durch einen Boten
bzw. durch einen Brief[9] oder durch einen Dialog vermittelt. Die Adressierung[10]
am Schluß benennt eben den Partner (verschlüsselt oder nicht) als einen bestimmten, einzelnen. Diese Kennzeichnung könnte aber auch für die Überliefe-
rungsweise in Anspruch genommen werden: es herrscht Einzelüberlieferung vor;
die Einrichtung ist oft wenig kunstvoll, ja geradezu unbeholfen; die Sprache
ist häufig dialektgebunden. Das alles macht den Eindruck von regionalem Zu-
schnitt abseits der großen Zentren, von Privatem (diese Eigenschaft weisen
auch die späteren Minnereden häufig auf). Damit aber dokumentieren sie ein
zwar durchschnittliches, aber vielleicht gerade deswegen auch verbreitetes literarisches Interesse. Das könnte ihr Gewicht vergrößern.

---

9 Diese Vorstellung ist verbreitet, z.B. in den Briefen I (V.1), II (V.13) und III (V.1) aus
   Mattsee, vgl. Vier gereimte Liebesbriefe aus Mattsee. Hg. v. F. POMEZNY u. A. TILLE. ZfdA 36
   (1892), S.356-364; in Nr.I bei LUDWIG ETTMÜLLER (Hg.): Etwas über die Frauen und die Liebe im
   Mittelalter. In: Mittheilungen der Antiquarischen Gesellschaft in Zürich. Bd.II. Zürich 1844,
   S.97-114, hier S.106, Zeile 1: "Ich bin ein brief unde ein bode"; in den Briefen 1, 2 und 5 im
   'Wilhelm von Österreich' des Johann von Würzburg, s. DIETRICH HUSCHENBETT: Tradition und Theo-
   rie im Minne-Roman. Zum 'Wilhelm von Österreich' des Johann von Würzburg. In: Zur deutschen
   Literatur und Sprache des 14. Jahrhunderts. Dubliner Colloquium 1981, hg. v. WALTER HAUG,
   TIMOTHY R. JACKSON und JOHANNES JANOTA. Heidelberg 1983, S.238-261, hier S.258, Anm.32. Im
   'Frauendienst' Ulrichs von Lichtenstein (hg. v. REINHOLD BECHSTEIN. Zwei Teile. Leipzig 1888)
   erscheint die Vorstellung im 1. Büchlein (V.1-387 = L 44,17-56,23) bereits in mehrfacher Hinsicht variiert: Der Dichter unterhält sich mit dem Brief-Boten, der Bote selbst schreibt einen
   Brief im Botenstil (V.234ff. = L 51,30ff.), endlich schreibt der Dichter noch einen Brief
   (V.324ff. = L 54,23ff.). Zu den frühen Belegen gehören der 'Heimliche Bote' (s. Anm.6) begin-
   nend: "[Ich] (bin) ei heinlich bote ... ih sol werbe" - deswegen aber das Werkchen zu teilen,
   wie JOSEF PURKART (vor ihm schon OTTO FISCHER) versuchte und den ersten Teil als Botensitua-
   tion zu verstehen, ist unnötig - und die unter Dietmar von Eist überlieferte Botenstrophe MF
   38,14: "Ich bin ein bote her gesant". Auch Herbort von Fritzlar zeigt sich - wie so oft - in
   dieser Begrifflichkeit gut unterrichtet: "Wa nv bote vn briep?" ('Liet von Troye'. Hg. v. KARL
   FROMMANN. Quedlinburg u. Leipzig 1837, V.11250).
10 Zur Frage der Adressierung finden sich viele Hinweise bei I. GLIER (wie Anm.1), doch fehlt
   eine Zusammenfassung des Themas und des Materials. Als formale Hinweise kann man in Hartmanns
   'Büchlein' den fünfzehnstrophigen Frauenpreis verstehen; beim sog. 'Zweiten Büchlein' gibt es
   eine ausdrückliche Adressierung (V.811ff.), ebenso in Ulrichs von Lichtenstein 'Frauenbuch'
   (hg. v. K. LACHMANN. Berlin 1841, V.594,1-595,16 und 665,19-24). Doch ist das Material und das
   Thema damit nicht erschöpft.

In scharfem Gegensatz dazu erscheint die *minne* in der sog. höfischen Literatur nicht als Lehrgegenstand, kaum oder gar nicht als Minnelehre und auf
keinen Fall als private - da eben ergeben sich sonst die größten Schwierigkeiten (s. Walthers Experimente) -, sondern ausschließlich als öffentliche Angelegenheit, als Rollenlyrik oder als gesellschaftlicher Roman. Die Form - Kanzone, Artusroman - muß hier streng eingehalten werden, ganz im Gegensatz zu
der "Offenheit" des Büchleintypus (bzw. der späteren Minnereden), denn an die
Form ist dort die Öffentlichkeit gebunden, das Private hier zeigt sich in mancherlei Form.

Es ist jedoch nicht so, daß die frühesten Werke des Büchleintyps die ersten
Minnelehren bzw. Stücke wären, die die Minne als Gegenstand der Lehre darstellten, oder daß die späteren das Feld auf diesem Gebiet im 13. Jahrhundert
allein beherrschten. Diesen Anspruch haben auch jene Werke, die die Literaturgeschichte als frühhöfisch einstuft - und zu ihnen gehören die frühesten dieses Anspruchs - als auch jene Dichtungen, die gewöhnlich als "Minneroman" oder
"Minne-Abenteuer-Roman" zusammengefaßt werden.

Zu den ersteren gehörten:[11]

> Veldekes 'Eneit'
>
> Eilharts 'Tristrant'
>
> Herborts 'Liet von Troye'
>
> 'Trierer Floyris'
>
> 'Athis und Profilias'
>
> Ottes 'Eraclius'

Zu den letzteren wären zu zählen:[12]

> Konrad Fleck, 'Flore und Blanscheflur'
>
> Rudolf von Ems, 'Wilhelm von Orlens'
>
> Konrad von Würzburg, 'Partonopier'
>
> 'Reinfrid von Braunschweig'
>
> Ulrich von Etzenbach, 'Wilhelm von Wenden'
>
> Johann von Würzburg, 'Wilhelm von Österreich'

---

11 Es geht hier nicht um Vollständigkeit. Vielleicht wäre jedoch in den engeren Kreis auch Ulrichs von Zazichoven 'Lanzelet' zu rechnen, s. RÜDIGER SCHNELL: Grenzen literarischer Freiheit
im Mittelalter. I. Höfischer Roman und Minnerede. Archiv 218, Jg.133 (1981), S.241-270, hier
S.262.

12 Auch könnte man sich weitere Titel denken besonders dann, wenn einzelne Episoden Berücksichtigung finden, z.B. Konrads von Würzburg 'Trojanerkrieg' oder 'Engelhard', s. RÜDIGER SCHNELL:
Ovids Ars amatoria und die höfische Minnetheorie. Euphorion 69 (1975), S.132-159.

Zunächst zur ersten Gruppe. Die hier im einzelnen bestehenden Datierungsun-
sicherheiten können in diesem Zusammenhang außer Acht bleiben, denn die Vertreter des Büchleintyps erstrecken sich in zeitlicher Hinsicht vom Ende des
12. bis über die Mitte des 13. Jahrhunderts hinaus.[13]

Die 'Eneit' und der 'Tristrant' gehören offensichtlich zu den wirkungsmäch-
tigsten Werken des 12. Jahrhunderts, wenngleich ihre Überlieferung das nur
teilweise bestätigt, Gottfried jedoch für Veldeke und der im Epilog geschil-
derte Manuskriptraub für die 'Eneit' bezeugt. Beide Werke behandeln die Minne
als Gegenstand der Lehre, deren Kenntnis erst in Stand setzt, die Symptome
richtig zu erfassen und zu behandeln, zu "heilen". Wenn man die Frühdatierung
des 'Tristrant' einmal voraussetzt, heißt das nichts Geringeres, als daß in
diesen beiden Werken am Beginn einer ersten wirklichen, kontinuierlichen, literarischen Tradition einem ersten literarischen Publikum die Minne als Lehrgegenstand vorgestellt wurde und daß von nun an zur literarischen Bearbeitung
dieses Gegenstandes die Begrifflichkeit dieser Lehre von der Minne zur Verfügung stand (als erste Begegnung überhaupt? oder gleichzeitig mit dem frühen
Minnesang? oder muß man sich das regional unterschieden vorstellen?). Die La-
vinia-"Episode" (V.260,7-349,32 bei ETTMÜLLER, V.9875-13120 bei BEHAGHEL) in
der 'Eneit' bleibt überdies die vollständigste und ausführlichste Minnelehre
bis hin zu Konrad Flecks 'Flore und Blanscheflur' (sieht man einmal von dem
'Trierer Floyris' ab), bis hin zu Wolframs - allerdings Fragment gebliebenem -
'Titurel'.

Die Präsentation von Minnelehre ist in den meisten Fällen nicht das einzige, nicht das erste Ziel, das von anderen Themen beherrscht wird: Staatsroman,
Trojaroman, Minnetrank, Legende, Freundschaftssage, Verherrlichung regionaler
Fürstenhäuser usw. Darin könnte man eine gewisse Affinität zur offenen Gat-
tungsstruktur des Büchleintyps sehen. Hinsichtlich der weiteren Entwicklung
läßt sich vielleicht sogar überlegen, ob nicht die Minnelehre (die Lehre von
der Minne) erst im Zeitalter der Minnereden zu einer geschlosseneren formalen
Eigenständigkeit gefunden hat. Dennoch bleibt es bemerkenswert, daß der Minne-

---

13 Ob Eilharts 'Tristrant' um 1170 oder erst um 1190 entstand, wäre unter dieser Perspektive weniger wichtig, doch wird insgesamt die Frühdatierung vorzuziehen sein; s. W. SCHRÖDER in: VL
II, ²1980, Sp.415f. Die Datierung des 'Eraclius' wäre vor 1204 (zuletzt E. NELLMANN) zweifellos eindrucksvoller als "auf das zweite und dritte Jahrzehnt des dreizehnten Jahrhunderts", s.
WINFRIED FREY: Textkritische Untersuchungen zu Ottes 'Eraclius'. Diss. Frankfurt am Main 1970,
S.201-229, DERS.: Zur Datierung des 'Eraclius'. In: Studien zur frühmittelhochdeutschen Literatur. Cambridger Colloquium 1971, hg. v. L.P. JOHNSON, H.-H. STEINHOFF und R.A. WISBEY. Berlin 1974, S.264-274. Zu Veldeke vgl. jetzt auch R. SCHNELL (wie Anm.8), S.212-218.

Lehren-Anteil am Gesamtumfang teilweise beachtlich ist – bei Veldeke gegen die antike Vorlage (!) ein ganzes Viertel (s.o.), bei Otte sogar gut ein Drittel (V.2989–4534 von ca. 5600 Versen bei FREY)[14] –, ein Zeichen für Interesse. Die meist sehr ausführliche Darstellung der Minnepathologie bildet dann den Ausgangspunkt für die Anwendung (Veldeke) oder Eröffnung der Lehre in Form von Diskussionen (Dialogen), Reflexionen, Briefen, gesellschaftlichen Arrangements usw. Treibendes Movens für die Handlung ist fast regelmäßig der drohende Tod, eine verständliche Reaktion und überdies für Handlung bestens geeignet.

Ein besonders ergiebiger Fall von Minnekrankheit wird in Ottes 'Eraclius' geschildert, der bisher noch kaum in diesen Zusammenhang gestellt wurde,[15] weswegen ich darauf hinweisen möchte. In diesem Legendenroman hat die Minnegeschichte keineswegs nur das Gewicht einer Episode wie die Medea-Jason-Begegnung im 'Liet von Troye', sondern eher die Bedeutung des Lavinia-Teils in der 'Eneit'. Die Liebe zwischen Parides und Athanais im Umfang von gut einem Drittel des Gesamtwerks (s.o.) hat der "gelehrte" *man...Otte* (V.40) zum Anlaß genommen, die Lehre von der Minne umfassend in Ursache, Wirkung und Gegenmittel darzustellen.[16] Bei Otte treffen wir wieder Details von Privatheit an, die Veldeke erstmals vorführte, z.B. das Mutter-Sohn- (statt Mutter-Tochter-) Gespräch (V.3237–61), das Otte gegen seine Quelle einführte. Andererseits hat Otte eigenartigerweise den Liebesbrief, den bei Gautier Athanais in einer Pastete versteckt an Parides sendet, unterdrückt und durch ein Ring-Geschenk ersetzt. Besonders hervorzuheben ist die Darstellung und Bewertung der Krankheit. Die heilkundige Morphea mißt Parides erst einmal den Puls:

> *diu greif baltlichen sa*
> *Paride under sin gewant*
> *den arme belouchte sie in der hant*
> *und marchte flizziclichen san*
> *mit den vingern sin ader slan*
> *chundlich was sie gnuch*
> *sin ader im ze rehte sluch*
> *als er waere wol gesunt.*   (GRAEF 3212–19, FREY 3304–11(A))

---

14 Otte: 'Eraclius'. Hg. v. WINFRIED FREY. Göppingen 1983 (GAG 348); vgl. HARALD GRAEF (Hg.): 'Eraclius'. Straßburg/London 1883 (Quellen und Forschungen 50).

15 Von Teilfragen abgesehen; zur Ehe vgl. RÜDIGER SCHNELL (wie Anm.11), S.261f.; DERS.: Hohe und niedere Minne. ZfdPh 98 (1979), S.19–52; DERS. (wie Anm.27), S.86ff.

16 Einige Hinweise: Erster Anblick, Minne als Erkenntnisquelle bei Athanais zuerst (V.2990–3189), dann bei Parides (V.3190–3236) – die Reihenfolge auch bei Veldeke –; Mutter-Sohn-Gespräch (V.3237–61) – vgl. Mutter-Tochter-Gespräch bei Veldeke –; heilkundige Morphea, von der Mutter herbeigerufen (V.3262–3434): Pulsmessung (V.3304ff.), "michel tumpheit" (V.3383), "siehtum ... heln" (V.3367f.); Brief der Quelle durch Ring-Geschenk Athanais' an Parides ersetzt (V.3835–62); Schluß: Leben des glücklichen Paares in Armut auf "stro" (V.4510), eine Idylle in Armut!

Diese Stelle ist aufschlußreich. Parides ist krank. Morphea fühlt, wie es
Aufgabe des Arztes ist, sofort den Puls und zwar *mit den vingern*. Aber der Pa-
tient hat einen normalen Puls, *als er waere wol gesunt*, obwohl seine Krankheit
nach der Lehre von der Minne unweigerlich zum Tode führen muß (bei Eilhart
binnen Wochenfrist). Im Arzeneibuch Ortolfs von Baierland[17] handeln zwölf Pa-
ragraphen vom Puls, die seine Messung mit zwei oder vier Fingern beschreiben
(Paragraph 55, S.105) und bei tödlicher Krankheit immer eine Unregelmäßigkeit
(schnell-langsam, klein-groß, kurz-lang) konstatieren. Ortolf kennt keine Minnekrankheit, aber Morphea schließt aus dem negativen Pulsbefund, daß der Pa-
tient an der Minne leidet. So gesehen besteht dann doch ein Zusammenhang zwischen den medizinisch diagnostizierbaren Krankheiten und der Minne-Krankheit,
den sich der Autor nicht hat entgehen lassen. Diese Hinweise mögen verständlich machen, daß Ottes Darstellung für die Literaturgeschichte von nicht ge-
ringem Interesse ist und daß seine Bedeutung noch höher zu veranschlagen wäre,
wenn sein Werk um 1200 (oder früher) statt gegen 1230 entstanden ist.[18]

Die zweite Gruppe von Werken unterscheidet sich von der ersten darin, daß
hier die Lehre von der Minne z.T. stärker oder sogar ausschließlich in den
Mittelpunkt der Handlung gerückt wird. Von dem Darstellungsinstrumentarium
wird neben der weiterhin geschätzten Minnekrankheit besonders die Kinderminne
bevorzugt, an deren Wertschätzung Wolframs 'Titurel' gewiß einen Anteil hat;
ferner Briefe und Briefserien. Eigentümlich ist auch zunehmend eine Art *natur*-
Spekulation, in der die *natur* als Indikator des jeweiligen Zustands angesehen
wird (s. Ortolf von Baierland, wie Anm.17, passim). Schließlich sind die Werke
dieser Gruppe insgesamt stärker oder stark dem verpflichtet, was man höfische
Literatur nennt, was zu einer eigenartigen Angleichung und auch Mischung unterschiedlicher Begrifflichkeiten geführt haben dürfte; doch gibt es darüber
keine Untersuchungen. Im übrigen jedoch verstehen auch die Werke dieser Gruppe
die Minne ausschließlich als Lehrgegenstand.

---

17 Das Arzneibuch Ortolfs von Baierland nach der ältesten Handschrift (14. Jh.) hg. v. JAMES
   FOLLAN. Stuttgart 1963 (Veröffentlichungen der Internationalen Gesellschaft für Geschichte der
   Pharmazie. N.F. 23), Paragraph 55-66, S.104-108. Diesen Hinweis verdanke ich meinem Würzburger
   Kollegen Gundolf Keil, wofür ich ihm auch an dieser Stelle herzlich danke.
18 Mit diesen Hinweisen soll nicht die Meinung vertreten werden, als handle es sich bei der
   "passio amoris" um eine medizinisch diagnostizierbare Krankheit; sie hat andere Ursachen und
   Wurzeln. Doch verdient eben Aufmerksamkeit, daß in diesem Beispiel zur Erklärung der "passio
   amoris" ganz offensichtlich bewußt medizinische Kenntnisse und Praktiken verwendet werden. Es
   bestand möglicherweise ein Bedürfnis nach Verdeutlichung der Begrifflichkeit der Ars amandi.
   Zu den fachlichen Zusammenhängen zwischen Amor und Medizin s. RÜDIGER SCHNELL (wie Anm.27),
   S.159-165, mit weiterer Literatur.

Vor diesem Hintergrund kann man nicht behaupten, daß die Werke des Büchleintyps die frühesten oder überhaupt die einzigen Vertreter vom Ende des 12.
Jahrhunderts an bis über die Mitte des 13. Jahrhunderts hinaus wären, die Minne als Ars begreifen und mit einer entsprechenden Begrifflichkeit und einem
entsprechenden Instrumentarium in den jeweiligen literarischen Sujets darstellen. Sie sind sogar, was Zahl und Gewicht betrifft, in der Minderzahl. Es sind
offenbar stärker ihre formalen Eigenschaften, die sie als Vorläufer der späteren Minnereden erscheinen lassen, weniger ihre Minnedarstellung. Diese teilen
sie mit allen übrigen der hier genannnten Werke, und das sind die wichtigsten
der Zeit – Spielmanns- und Helden-Epik beiseite gelassen[19]– bis auf den Minnesang und den Arthurischen Roman, wo diese Begrifflichkeit nicht gilt, jedenfalls nicht der Konzeption nach; eine Sonderstellung nimmt auch Gottfrieds
'Tristan' ein.

Daß aber auch innerhalb dieser "höfischen Gattungen" verschiedentlich
Kenntnis der Lehre von der Minne und ihrer Formen und Begrifflichkeit anzutreffen ist, ist bekannt und wurde auch vielfach erörtert.[20] In dem Artus-Ro-

---

19 Doch wären wahrscheinlich bei genauerer Durchsicht auch die meisten dieser Werke hier einzu-
reihen, soweit sie überhaupt das Minne-Thema breiter darstellen. Ich verweise hier nur auf den
'Graven Rudolf' (Minnekrankheit, V.E49,1ff.), auf 'Dietrichs Flucht' und auf 'Virginal', ein
Werk, das geradezu den Anschluß der Dietrichsepik an den "Minneroman" sucht. Eine Würzburger
Magisterarbeit von Barbara Kuschnarew v.J. 1986 behandelt die Briefe in den Dietrichepen.
20 Einige Hinweise auf Textstellen, die keineswegs Vollständigkeit beanspruchen, mögen das verdeutlichen. 1. Einzelstrophen aus "Namenlose Lieder" in MF, namentlich 3,12 und K Anm.324. -
2. Dietmar von Eist 38,14: Situation, Formel und Haltung ähnlich wie K Anm.324, nahezu iden-
tisch mit dem 'Heimlichen Boten' (Brief!). - 3. Meinloh von Sevelingen 12,1: "semelîchen"
(Hs.B) handeln, Geheimhaltung; 12,14: Eile statt Zaudern; s. dazu R. SCHNELL: Zum Verhältnis
... (wie Anm.24), S.92-98; 13,14: Verletzung der Geheimhaltung, s. dazu KARL-HEINZ SCHIRMER:
Die höfische Minnetheorie und Meinloh von Sevelingen. In: Zeiten und Formen in Sprache und
Dichtung. Hg. v. K.-H. SCHIRMER und B. SOWINSKI. Köln/Wien 1972 (Festschrift f. F. Tschirch,
S.52-73.) - 4. Ulrich von Gutenburg 69,1 (Minneleich): Briefeingang 69,1, Minnepathologie
70,32; 71,8; 71,20; 76,11; 70,23 ("pîn"); Sommer-Winter-Topik 69,8ff.; Jagdallegorie 71,31;
Adressierung 76,24-27; Literaturzitate: 73,4-20 (Blumenmädchen aus der Alexander-Sage);
77,12-19 (Turnus' Liebe zu Lavinia aus der 'Eneit'); 74,23-33 (exakte Inhaltsangabe des Floy-
ris-Romans). - 5. Rudolf von Fenis 85,7: Minnetod, s. dazu GÜNTHER SCHWEIKLE: Die mittelhochdeutsche Minnelyrik. I. Die frühe Minnelyrik. Texte und Übertragungen, Einführung und Kommentar. Darmstadt 1977, S.466f. - 6. Heinrich von Morungen; s. dazu R. SCHNELL: Andreas Capellanus, Heinrich von Morungen und Herbort von Fritzlar. ZfdA 104 (1975), S.131-151; ob die Verbindung mit Capellanus in dieser Weise denkbar ist, scheint mir nach KARNEINs Vorstellungen
von dessen Rezeption (wie Anm.27, S.154-168, bes. S.155) fraglich zu sein, doch bleibt der Zusammenhang Morungen-Herbort - auch ohne Elben - interessant. - 7. Walther 40,19: Pfeil schies-
sende Frau Minne; zum Komplex der sog. Mädchenlieder vgl. die sehr erhellenden Überlegungen
von SILVIA RANAWAKE (wie Anm.4), die m.W. zum ersten Mal eine Verbindung zu Hartmanns 'Büchlein', dem 'Heimlichen Boten' und dem 'Wälschen Gast' hergestellt hat. - 8. Neidhart SL 9:
Minne-Pathologie; SL 21: Turteltaubenmotivik, s. D. HUSCHENBETT: 'der meie ist uf ein grüenez
zwi gesessen'. Zu Neidharts Sommer-Lied 21, III, 2. In: Wiener Arbeiten zur germanischen Altertumskunde und Philologie 10. Wien 1977 (Österreichische Literatur zur Zeit der Babenberger.

man nach Hartmann und Wolfram verliert die Frage zunehmend an Aktualität, weil
die Gewichtung der Minne hier generell abnimmt, wie z.B. in Strickers 'Daniel'.[21] Doch dort, wo ihr noch Raum zugedacht ist, zeigt die Darstellung bereits starke Anklänge an Begrifflichkeit und Instrumentarium der Ars amandi,
wie im 'Wigalois',[22] oder der Roman hat sich selbst schon stark dem Typus
"Minneroman" angenähert, wie Pleiers 'Tandareis'.[23] So gesehen war die von der
Lehre der Minne abweichende Begrifflichkeit - die sog. höfische Minne - nur
Episode.

In einem Resümmee der vorgebrachten Überlegungen wären die Diskussionen
über die "höfische Minne", über den Anteil des Andreas Capellanus daran, über
die Abgrenzungen zur spätmittelalterlichen (und vielleicht auch frühhöfischen)
Literatur zu berücksichtigen. RÜDIGER SCHNELL spricht - in Auseinandersetzung
mit Karl Stackmann - "von der Existenz zweier innerhalb der mittelalterlichen
Literatur konkurrierenden Liebesauffassungen".[24] Vielleicht müßte man betonen,

---

Vorträge der Lilienfelder Tagung 1976, hg. v. ALFRED EBENBAUER, FRITZ PETER KNAPP, INGRID
STRASSER), S.80-96. - 9. Burghart von Hohenfels IX: Jagdallegorie, XV: Gartenallegorie, XII:
Falkenjagd, XVI: Belagerung, XVII: Belehrung mit Bild. - 10. Gottfried von Neifen XXVII, XXX,
XLI: Pastourellen. - 11. Wilder Alexander VII: Minneleich (Minnekampf, Amordarstellung auf dem
Schild), wobei hier die Datierung von NORBERT WAGNER (ZfdA 104 (1975), S.338-344) um die Mitte
des 13. Jh.s von besonderer Bedeutung ist.

21 Dazu D. HUSCHENBETT: Des Pleiers 'Garel' und sein Bildzyklus auf Runkelstein. In: Runkelstein.
Die Wandmalereien des Sommerhauses von W. HAUG, J. HEINZLE, D. HUSCHENBETT, N.H. OTT.
Wiesbaden 1982, S.100-128, hier S.105, Anm.18 und S.112, Anm.25.

22 Das Thema Minne wird zum ersten Mal im Anblick der Heldin Larie reflektiert (V.4127-4280 der
Ausgabe von J.M.N. KAPTEYN: Wigalois. Der Ritter mit dem Rade von Wirnt von Gravenberc. Bonn
1926). Im Gegensatz zu Hartmann meinen die Bilder hier das, was sie sagen: "beidiu lîp unde
muot / gap er ir tougenlîche dâ. / vrou Minne vie den rîter sâ ..." (V.4137-39); "daz diu
beidiu muosen sîn / ir gevangen biz an ir tôt" (V.4147f.); "der rîter sprach 'ich bin bereit /
durch iuch ze rîten in den tôt" (V.4182f.); "si ... erzeicte im mit den ougen / vor ir muoter
tougen / daz er ir was alsam der lîp" (V.4240-43).

23 Hier im 'Tandareis' kommt das Instrumentarium der Ars amandi besonders deutlich zum Vorschein:
die Minne zu Flordibel verursacht Minnepathologie, eine Art Kinderminne, Trennung durch die
Artusgesellschaft (in Vertretung der Eltern), Flucht zu den Eltern, Krieg - Verhandlungen,
Aventiure-Fahrten als Strafe! Im 'Meleranz' treten diese Eigenheiten nur am Beginn und am
Schluß hervor, wo die Beschreibung der Liebe zu Tydomie sich der Minnerede nähert; im 'Garel'
ist zwar die Minne gegenüber dem 'Daniel' des Strickers als eigenständige Komponente wieder
eingeführt worden, doch geht ihr Geltungsbereich nicht über eine konventionelle Normalität
hinaus. Im übrigen vgl. zum Pleier PETER KERN: Die Artusromane des Pleier. Untersuchungen über
den Zusammenhang von Dichtung und literarischer Situation. Berlin 1981 (Philologische Studien
und Quellen 100). Von den übrigen "Nachklassikern" ist noch der 'Gauriel' des Konrad von
Stoffeln wegen der Kenntnis von Hartmanns 'Büchlein' und dem sog. 'Ambraser Büchlein' zu erwähnen (Natureingang, Begegnung mit einer Fee, Minnerede). Ohne besonderen Stellenwert bleibt
die Minne auch in der 'Krone' des Heinrich von dem Türlin.

24 R. SCHNELL (wie Anm.12), S.135, Anm.23a, ähnliches ist wohl auch S.152f. und S.154f. ("Außen
und Innen") intendiert; vgl. auch R. SCHNELL: Zum Verhältnis von hoch- und spätmittelalterlicher Literatur. Versuch einer Kritik. Berlin 1978 (Philologische Studien und Quellen 92),
S.86ff.

daß es nur e i n e - freilich vielfach differenzierte - Lehre von der Minne
gibt und daß die sog. "höfische Minnekonzeption" nicht so sehr eigene Minnelehre, als vielmehr feste formale Muster bietet,[25] die zwar die Kunst außerordentlich beflügelten, aber auch sehr zerbrechlich waren. Solche Einschätzungen fallen unter den gegenwärtigen Diskussionen über die "höfische Minne",[26]
vor allem aber unter dem Eindruck der Neubewertung des Andreas Capellanus[27]
leichter. Ich meine, die Bewertung der "Vorläufer der Minnereden" muß in diesem mehr angedeuteten als beschriebenen Rahmen gesehen werden, sowohl als
wichtige Bindeglieder zwischen der Minnelehre am Beginn der mhd. Literatur und
den späteren Formen der Minnereden - literaturgeschichtlich gesehen -, doch
vor allem als Zeugnisse einer offensichtlich nie unterbrochenen[28] Tradition
der Lehre von der Minne.[29]

---

25 Für den mittelhochdeutschen Bereich vor allem Kanzone und Artusroman.

26 Die neuesten Äußerungen zu diesem Thema sind eher skeptisch über die Existenzberechtigung dieses Begriffs gehalten und lassen erkennen, daß das Problem sehr mit der Wissenschaftsgeschichte verknüpft ist. Hingewiesen sei auf URSULA LIEBERTZ-GRÜN: Zur Soziologie des "amour courtois". Umrisse der Forschung. Heidelberg 1977 (Beihefte zum Euphorion, Heft 10), besonders
S.17-68; vgl. S.67: "Ihren [sc. der Troubadours] Liedern liegt jedoch weder - wie die ältere,
geistesgeschichtlich orientierte Forschung oft angenommen hat - eine stringente Liebestheorie
noch - wie man gelegentlich G. Paris' Bemerkungen entnehmen zu können glaubte - ein allgemein
verbindlicher Minnekodex zugrunde." Vgl. ferner R. SCHNELL: Zum Verhältnis ... (wie Anm.24),
S.83-113, bes. S.92 und Anm.42, und jetzt DERS. (wie Anm.8), S.77-184 und passim. Vgl. auch
die beiden Beiträge von URSULA PETERS und A. KARNEIN in diesem Band.

27 S. dazu R. SCHNELL: Andreas Capellanus. Zur Rezeption des römischen und kanonischen Rechts in
'De Amore'. München 1982 (Münstersche Mittelalter-Schriften 46), und A. KARNEIN: De Amore in
volkssprachiger Literatur. Untersuchungen zur Andreas Capellanus-Rezeption in Mittelalter und
Renaissance. Heidelberg 1985 (GRM-Beiheft 4). Nach KARNEIN, S.168, beginnt die Rezeption des
Kaplans überhaupt erst am Ende des 13. Jh.s; damit würde sein Werk aus der Diskussion um den
höfischen Minnebegriff im mittelhochdeutschen Bereich eine weit geringere Bedeutung haben als
vielfach angenommen wurde. Doch vgl. dagegen R. SCHNELL (wie Anm.20, zu Nr.6), bes. S.133; und
DERS. (wie Anm.8), S.50f.

28 Darin unterscheide ich mich von der Auffassung RÜDIGER SCHNELLs: "Eine Rezeption der ovidi-
schen Minnedoktrin war also erst dann möglich, als eine wesentliche Grundlage der höfischen
Welt und des höfischen Romans verlorengegangen war: die Vorstellung von der Einheit und
Identität von äußerem Schein und innerem Sein." (wie Anm.12), S.152.

29 Der Beitrag von MARTIN JONES in diesem Band zeigt m.E. zum ersten Mal, wie man an einem ausge-
wählten Beispiel ("Liebeserklärung") das Problem methodisch angehen kann.

Hildebrants Minnelehre. Zur 'Virginal h'

von

GEORGE T. GILLESPIE (Cardiff)

I

'Virginal', die man früher verschiedentlich als 'Dietrichs erste Ausfahrt', 'Dietrich und seine Gesellen' oder 'Dietrichs Drachenkämpfe' bezeichnete, hat ihren Ursprung wohl in Tirol; das Gedicht ist uns in drei Versionen überliefert, die in Handschriften des 15. Jahrhunderts erhalten sind; es existieren sonst neun Handschriftenfragmente, wovon die frühesten alemannisch und am Anfang des 14. Jahrhunderts zu datieren sind. Es fand keinen Drucker, weil es vielleicht schon zu breit angeschwollen war, ohne die verschiedenartigen Abenteuer des 'Ortnit'-'Wolfdietrich'-Doppelepos zu bieten.

Die Fassung d des Dresdener Heldenbuches (1472)[1] reduziert die Vorlage von 408 auf 130 Strophen, und statt Dietrichs Gefangenschaft bei den Riesen auf Mûter enthält sie Dietrichs Zweikampf mit Libertîn, seine Begegnung mit den Löwen und Mannen von Janapas, seine Erlegung eines großen Ebers und seine Gefangennahme eines Riesen. Die jüngste Fassung w der Piaristenhandschrift (um 1480 bis 1490)[2] verbindet Version d mit h, die in einem Manuskript aus der ersten Hälfte des 15. Jahrhunderts erhalten ist (um 1440).[3] Ich befasse mich mit Version h. Die frühesten 'Virginal'-Handschriftenfragmente, die gelegentlich aus Prachthandschriften, die auf reiche Gönner hinweisen, stammen, gehören zu dieser Fassung, die wohl ursprünglich für ein adeliges Publikum des späten 13. Jahrhunderts bestimmt war - die Handschrift h selbst, die mit einfachen Bildern versehen ist, kommt aus der Werkstatt Diebolt Laubers in Hagenau, bei dem der Pfalzgraf bei Rhein, Ludwig IV, auch eine 'Virginal'-Handschrift in Auftrag gab.[4] Diese groß angelegte Version wird in der ersten Hälfte des 15. Jahrhunderts Anklang bei einem gewissen Publikum im Elsaß gefunden haben.

---

1 Dietrich und seine Gesellen. Hg. von FRIEDRICH HEINRICH VON DER HAGEN. In: Der Helden Buch in der Ursprache. Bd.II. Berlin 1825, S.143-59.
2 Dietrichs erste Ausfahrt. Hg. von FRANZ STARK. StLV 52. Stuttgart 1860.
3 Virginal. Hg. von J. ZUPITZA. In: Deutsches Heldenbuch, Tl.V. Berlin 1870, S.1-200.
4 Siehe J. HEINZLE: Mittelhochdeutsche Dietrichepik. München 1978, S.277, und W. FECHTER: Das Publikum der mittelhochdeutschen Dichtung. Frankfurt am Main 1935, S.66.

Schon 1872 hat WILHELM WILMANNS behauptet, daß das ursprüngliche Gedicht aus der Rettung des Fräuleins vor dem Heiden Orkîse und des Ritters Rentwîn aus dem Rachen eines Drachen, den Abenteuern auf Ortneck und Dietrichs Hochzeit mit der Zwergenkönigin bestand.[5] CARL VON KRAUS[6] und HUGO KUHN[7] haben ein Gedicht aus den drei Versionen zu rekonstruieren versucht und eine reizende Dichtung des 13. Jahrhunderts herausgeschält, die ein Nachfolger Konrads von Würzburg verfaßt haben soll. Version h enthält anstatt der Ereignisse auf Ortneck die ausgedehnte Gefangenschaft Dietrichs bei den Riesen und läßt die Hochzeit Dietrichs mit der Zwergenkönigin weg. Immerhin, die Version h ist einfach da und existierte schon um 1300. Wir befassen uns mit ihr, obwohl die Handschrift, in welcher sie erhalten ist, zwei Jahrhunderte jünger ist.

Das ursprüngliche Gedicht mag wohl ziemlich kurz gewesen sein: es wird wahrscheinlich nur die Rettung des Fräuleins vor Orkîse und Dietrichs Hochzeit mit der Zwergenkönigin enthalten haben, d.h. eine einfache Übung in *vrouwendienst*. Es dürfte nicht mehr als etwa 3250 Verse umfaßt haben, einiges mehr als der 'Laurin', aber weniger als das vollständige 'Eckenlied': eine Erzählung also, die auf einen Sitz vorgetragen werden konnte. Die offene Struktur aber ist durch die Hinzufügung von neuen Abenteuern und das Hinauszögern des Abschlusses beliebiger Erweiterung preisgegeben: sehr früh werden noch zwei Episoden in die Erzählung eingeführt, nämlich die Rettung Rentwîns aus dem Rachen des Drachens und Dietrichs Gefangennahme durch Nîtgêrs Riesen.[8]

Die Motive der verschiedenen Episoden kommen an anderen Stellen in der Heldendichtung vor: die Orkîse-Episode gleicht der Fâsolt-Episode des 'Eckenliedes'; die Rentwîn-Episode erscheint in der 'Thidrekssaga'; und Dietrichs Auseinandersetzung mit Riesen wird schon im 9. Jahrhundert im altenglischen 'Waldere' erwähnt und macht die Handlung des 'Sigenot' aus; das Niedermetzeln der Riesen im Einzelkampf gegen Dietrichs Mannen, die Wülfinge, stammt sicherlich aus dem 'Rosengarten'. Unsere Version besteht grundsätzlich also aus der Zusammensetzung von Erzählschablonen entweder aus zeitgenössischen Werken oder aus dem Motivschatz, der noch im 13. Jahrhundert mündlich im Umlauf war.

Es ist übrigens merkwürdig, daß der König von Ungarn, der, obwohl zögernd, aufbricht, um Dietrich zu Hilfe zu kommen, Imîân heißt, nicht Etzel, wie der

---

5 W. WILMANNS: Über Virginal, Dietrich und seine Gesellen und Dietrichs erste Ausfahrt. ZfdA 15 (1872), S.305ff. Siehe den Anhang I (unten S.77) für die Verhältnisse zwischen den drei Versionen.

6 CARL VON KRAUS: Virginal und Dietrichs Ausfahrt. ZfdA 50 (1908), S.1-123.

7 HUGO KUHN: Virginal. PBB 71, Tübingen 1949, S.331-86.

8 Siehe den Anhang II für einen Überblick über die Abenteuerserie der Fassung h (unten S.78).

sagengeschichtliche Schirmherr Dietrichs heißen soll.[9] Der Verfasser oder Kompilator des Gedichts, wie wir es jetzt haben und wie es schon um 1400 bestan-
den haben mag, verwendet sonst gerne romanisch klingende Namen, wie etwa Orkîse, Portalaphê, Gamazitus und Virginâl, was in Einklang mit der höfischen Ein-
kleidung der Charaktere und der Beschreibung höfischer Festlichkeiten und Turniere steht; Dietrichs Bern nimmt in den späten märchenhaften Dietrichepen
eigentlich die Stelle des Artushofes ein.

II

Der Anstoß zur Handlung ist die Erziehung des jungen und unerfahrenen Dietrich
zur âventiure, die als vrouwendienst aufgefaßt wird. Dietrichs Mentor ist sein
ständiger Begleiter und Ratgeber, der alte Fechtmeister Hildebrant, der ihn
andauernd zum Streit ansport und mit dem der junge Fürst immer wieder räso-
niert. Der Wortwechsel zwischen den beiden bewahrt das Interesse an der Handlung, die sich zeitweise langwierig ausdehnt.

Das angebliche Ziel der âventiure ist das Ansehen bei den Frauen und deren
minne, in diesem Fall die minne der Zwergenkönigin, die durch Hildebrant und
Dietrich aus Bedrängnis gerettet wird. Das öfters beschriebene prächtige Zeltlager mit dem reizenden Gefolge von Elfenmädchen im Tiroler Waldgebirge, wo
die Königin Virginâl sich dauernd auf die Ankunft und den Empfang Dietrichs
und seiner Mannen vorbereitet, stellt die Voraussetzung der höfischen Minne
dar. Der Kontakt zwischen den handelnden Helden und dem Hof der Königin wird
durch Boten aufrechterhalten, die eine irritierende Neigung aufzeigen, alles
Vorhergeschehene zu wiederholen. Virginâls Einladung der Helden und deren immer wieder hinausgeschobene Annahme leimen gewissermaßen das Erzählknäuel zusammen, ebenso wie die unaufhörliche Spannung zwischen Dietrich und Hildebrant, die das ganze Gedicht durchzieht.

Dietrich, der unerfahrene Jüngling, und Hildebrant, der greise Krieger,
sind zwei stereotype Charaktere der Heldensage: solche Paare erscheinen an-
derswo in der Heldendichtung und stammen bestimmt aus den Erfahrungen jeder
militärischen Gesellschaft; in solchen Gesellschaften, und die ritterliche Ge-

---

9 Etzels Aufführung im 'Nibelungenlied' ist kaum lobenswert, und in den späten Dietrichepen ist
  sein Benehmen überhaupt unrühmlich, insbesondere im 'Wunderer'. Am Ende des 13. Jhs. war
  Großungarn eine beachtenswerte Macht: König Ladislaus von Ungarn ist 1278 Rudolf von Habsburg
  gegen Ottokar von Böhmen auf dem Marchfeld beigestanden; die Ungarn haben aber Österreich 1286
  angegriffen. Hier wäre vielleicht ein Hinweis auf das Verfassungsdatum gegeben. Siehe H.
  GRUNDMANN: Wahlkönigtum, Territorialpolitik und Ostbewegung im 13. und 14. Jahrhundert (GEB-
  HART: Handbuch der deutschen Geschichte. Bd.5), München (dtv) 1973, S.103 und 122.

sellschaft des Mittelalters war keine Ausnahme, wurden junge Männer durch ältere, vertrauenswürdige Dienstmannen beaufsichtigt und in der Waffenübung aus-
gebildet. In den späten Dietrichepen wird Hildebrant als ein solcher Fechtmeister dargestellt; in unserem Gedicht resümiert er seine Aufgaben als Fürsten-
erzieher: er ist für die vornehme Sprechweise, die Sitten, das Verhalten den
Geistlichen und Frauen gegenüber und für die ritterliche Haltung seines jungen
Herrn verantwortlich; darüber hinaus muß er seinem Zögling das Schachspiel
beibringen und vor allem ihn in der Fechtkunst unterweisen:

> *"Ich lêrte in sprechen reiniu wort,*
> *ganzer tugende vollen hort:*
> *ich liez in nie gehirmen.*
> *ich lêrte in êren priesters leben,*
> *lop den reinen vrouwen geben,*
> *schâchzabel ziehen, schirmen.*
> *ich lêrte in êren rîterschaft,*
> *wie er die behielte*
> *menlîch in rehter noete kraft*
> *alde man schatzes wielte."*   (361,1ff.)

Er behauptet, er sei schon seit achtzig Jahren im Kriegsdienst:

> *"Wolfhart, daz sage ich dir vürwâr:*
> *do ich strît von êrste ane vienc,*
> *dast volleclîch wol ahtzec jâr"*   (649,11ff.)

Verständlicherweise ist ihm das Lesen der kleinen Handschrift Ibelîns schwierig, die über Dietrichs Gefangenschaft auf Mûter berichtet:

> *dô sprach diu küniginne*
> *"lesent, herre, kunnent ir."*
> *"beitent, vrouwe, ez ist mîn gir.*
> *lâz mich in baz besinnen.*
> *ich hân gelebet ouch die zît,*
> *ich haete in wol gelesen:*
> *nu brist mir an den ougen sît,*
> *diu wellen mir entwesen.*
> *ie doch lise ich vor in wol,*
> *swie kleine er hie geschriben stât."*   (455,3ff.)

Überhaupt ist ihm sein hohes Alter zur Last:

> *"daz wil ich gote klagen*
> *und ouch der lieben muoter sîn.*
> *ich hân gestriten manegen strît:*
> *nu vüeret mich daz alter hin."*   (916,10ff.)

Wie ein dienstbeflissener Feldwebel neigt er zur Wiederholung auswendig gelernter Parolen und Witze: auf diese Art will er Dietrich die Lust am Kampf

und das Verlangen nach der Gunst der Frauen einpauken. Von Zeit zu Zeit liefert er noch einen kleinen Fürstenspiegel zur Erbauung seines jungen Herrn,
worin er die Rittertugenden aufzählt:

> *"welnt ir durch vrouwen rîten,*
> *iu werdent wunden tief erkant*
> *in sturmen und in strîten.*
> *wellent ir bürge, lande pflegen,*
> *und sehent ir iender hûsgemach,*
> *   des müezent ir iuch gar verwegen.*
> *Alsus der ritter orden stât,*
> *daz er gemach vil selten hât,*
> *dem er beginnet lieben.*
> *der sol getriuwe, staete wesen,*
> *zuht durch vrouwen in sich lesen,*
> *inz herze sol ers schieben.*
> *manheit bedarf ein ritter wol,*
> *milte in rehter mâze,*
> *got er vor ougen haben sol.*
> *êst billîch dêr nicht lâze*
> *kiusch unde die bescheidenheit:*
> *erst zuo der welte ein saelec man*
> *   der die mit einander treit."*   (210,8-211,13)

III

Im 'Nibelungenlied' tötet Dietrich niemanden; in den Dietrichepen erschlägt er
ausschließlich Riesen, Heiden, Drachen und Zwerge; er ist als Held eine Ausnahme. Sein Widerwillen gegen Gewalttätigkeiten ist im 'Nibelungenlied' moralisch begründet; dieser wird aber im 'Rosengarten' beinahe als Feigheit verstanden. Im Gegensatz dazu steht seine Kampfeswut, wenn er einmal streiten
muß. Der Kontrast zwischen Worten und Taten tritt hier in diesem Gedicht am
ausgeprägtesten zum Vorschein. Hildebrant bezieht sich immer wieder auf Dietrichs angebliche Feigheit:

> *"hât sich volendet iuwer muot*
> *der mit rede zegelîch*
> *   dicke mir vil leides tuot?"*   (209,11ff.)

und in der letzten Drachenkampfreihe bezichtigen ihn sowohl Hildebrant als
auch Wolfhart wie im 'Rosengarten' der Feigheit:

(Wolfhart)   *"nu sint ir gar sô sêre verzaget,*
> *   und ist doch iuwer lop sô breit."*   (853,12f.)

(Hildebrant) *"âch herre, ir schent uns durch diu lant*
> *mit iuwer zegerîe ...*
> *welnt ir niht wenden iuwern muot,*
> *sô gebe ich ein hiefe niht*
> *   umb alle iuwer hêrschaft guot."*   (854,2ff.)

Und doch erschlägt Dietrich Riesen und Drachen in Mengen!

Die Schilderung Dietrichs ist überhaupt widerspruchsvoll und zweideutig: er neigt angeblich zu einem bequemen Leben und zur Unterhaltung bei den Frauen; er hat keine Ahnung von der Bedeutung der *âventiure*, noch weniger von dem damit verbundenen *minne lôn*, den er zu begehren scheint. Wenn Virginâl ihm ihre Person und ihr Reich zur Verfügung stellt, zeigt er nur ein gewisses Interesse; in unserer Version h bricht er aber abrupt nach Bern auf - in den Versionen d und w feiert er allerdings Hochzeit mit ihr vor seiner Abreise; immerhin, Hildebrant muß in Version d drei Nächte lang unter dem Hochzeitsbett liegen, um festzustellen, daß die Ehe vollzogen wird (d 125ff.)! Nur im 'Goldemar' verliebt sich Dietrich in eine Frau und streitet um ihre Liebe, ein Ausnahmefall, den der Autor, Albrecht von Kemenaten, absichtlich gegen die Sagentradition erfand:[10]

> *wan seit uns daz er waere*
> *gên vrouwen niht ein hoveltch man*
> *(stn muot stuont im ze strîte),*
> *unz er ein vrouwen wol getân*
> *gesach bî einen zîten:*
> *diu was ein hôchgeloptiu meit,*
> *die den Berner dô betwanc,*
> *als uns diu âventiure seit.*   ('Goldemar' 2,6ff.)

Hildebrant äußert sich des öfteren über die Kindlichkeit seines Herrn, obwohl er laut Strophe 328 beinahe dreißig Jahre alt ist. Als Dietrich vor dem eisernen Wächter (einem Roboter) an der Zugbrücke in Arône erschrickt, verhöhnt ihn Hildebrant als Kind:

> *"nu sih ...*
> *wie der junge sî erschrocken.*
> *er waenet dâ ze Berne sîn,*
> *mit kinden spilen der tocken*
> *und swaz sî habent in ir laden ..."*   (203,7ff.)

Dietrichs jugendliche Impulsivität und sein Verlangen nach dem Wohlleben am Hof der Zwergenkönigin lassen ihn sich verirren und haben seine Gefangennahme durch den Riesen Wîcram zur Folge:

---

10 Daß Albrecht der Erfinder nicht nur des komplizierten Bernertons, in welchem die 'Virginal', das 'Eckenlied' und der 'Sigenot' gedichtet worden sind, sondern auch der Vorstellung Dietrichs im Frauendienst sei, wird öfters behauptet (siehe WERNER HOFFMANN: Mittelhochdeutsche Heldendichtung. Berlin 1974, S.195ff.) aber nicht bewiesen (siehe HEINZLE, wie Anm.4, S.40ff.).

> "*iedoch trouc in sîn tumber muot,*
> *daz er unrehte strâze reit.*"   (314,12f.)

Hildebrant aber besteht auf die Härte der Erziehung zur ritterlichen Gemüts-
verfassung, gerade wie man einen Hund ans Wasser gewöhnt oder einen Falken zum
Reiherfang aufzieht:

> "*mîn herre in zorne limmet:*
> *er tuot als ein edel hunt,*
> *dem daz wazzer in den munt*
> *gêt, und er danne swimmet.*"   (105,3ff.)

> "*sam der reiger vâhen wil*
> *mit ungemachten valken,*
> *alsô muoz ich in machen ê,*
> *ê sîn hant der vînde lîp*
> *mit scharfen swerten tüege wê.*"   (235,9ff.)

Diese Erziehung macht den eigentlichen Rahmen der Erzählung aus. Als die Nachricht von Orkîses Verwüstung des Gebiets der Zwergenkönigin Bern erreicht,
kündigt Hildebrant schon am Anfang des Gedichts sein Erziehungsprogramm an:

> "*hât ir diu künigîn lîden,*
> *wir müezen dulden ungemach*
> *darumbe in herten strîten*
> *vil snelleclîche an dirre stunt.*
> *mîn herre und ich müezen dar:*
> *sô wirt uns âventiure kunt.*"   (2,8ff.)

Nachdem Dietrich beschämt ist, daß er den Damen am Hof nichts über die *âventiure* berichten kann, legt Hildebrant alles klar dar: *âventiure* heißt *ungemach*
(Not und Streit) im Dienst einer bedrängten Frau ertragen, und Dietrich
scheint anfänglich willens, die Erfahrung zu machen. Während Hildebrant selber
das Fräulein rettet, das dem Heiden Orkîse als Tribut der Zwergenkönigin aus-
geliefert ist, muß Dietrich, der nur Schirmen aber nicht Stechen gelernt hat,
allein gegen eine Menge Heiden streiten, was Hildebrant als gute Übung für
seinen jungen Herrn betrachtet:

> "*möht ich, ein üzerwelten man*
> *den züge ich üz im gerne:*
> *dar umbe muoz er arbeit hân*
> *unze er daz gelerne.*"   (70,7ff.)

Als Hildebrant die zerhauenen Heiden am Boden liegen sieht, bemerkt er:

> "*seht diz sint âventiure.*
> *ir lernet dulden ungemach*
> *und hânt iu daz ze stiure*

> *daz man vil êren an iuch lât,*
> *sît iuwer hant sô hôhen prîs*
> *durch werdiu wîp ervohten hât."*   (110,8ff.)

Dietrich aber lehnt solche Abenteuersuche entschieden ab und wundert sich, daß
die Frauen irgendeine Freude am Streit finden können:

> *"dient man hie schoenen vrouwen mite,*
> *daz ist ein wunderlîcher site.*
> *hât ieman guote witze,*
> *der volge mir, daz ist mîn rât,*
> *und schiuwe dâventiure,*
> *wan si gelimf noch vuoge hât*
> *und ist sô ungehiure*
> *daz man sî billîch mîden sol.*
> *dient man hie schoenen vrouwen mite*
> *sost in mit kranken vröuden wol."*   (111,4ff.)

> *"wê warumbe tuont sî daz*
> *die minneclîchen vrouwen,*
> *daz ich hie habe bluotes naz*
> *und durch sî bin verhouwen?"*   (112,7ff.)

eine Stellungnahme, die er auch im 'Eckenlied' und 'Dietrich und Wenezlan'
aufweist. Hildebrant erwidert spöttisch, daß man eine heile Haut bewahren
könnte, wenn man sich auf Schachspiel und Tanz mit den Frauen beschränkt:

> *"dâ zôch ich aber schâchzabelspil"*
> *sprach Hildebrant "bî vrouwen*
> *und gie vor manegen schoenen tanz*
> *und sach dâ manegen rôten munt;*
> *dâ von bleip mir mîn brünje ganz."*   (113,9ff.)

Derselbe Vorgang ereignet sich in der Rentwîn-Episode: während Hildebrant
den Ritter aus dem Maul des Drachen rettet, muß Dietrich alleine mit einem
zweiten Ungeheuer fertig werden, ohne sich um *vrouwendienst* zu kümmern:

> *Er ahte wênic daz sîn lîp*
> *veile wart durch schoeniu wîp*
> *und durch werde vrouwen:*
> *gên den er dankes sich verwac.*   (145,1ff.)

Hildebrant äußert sich mit Befriedigung über das Benehmen seines Herrn:

> *"der minneclîcher vrouwen gruoz*
> *mit dienste wil erwerben,*
> *den lîp er sêre wâgen muoz,*
> *genesen oder sterben.*
> *er muoz sich lân in noeten sehen,*
> *ob manz vor schoenen vrouwen sage,*
> *daz diu âventiure im sî geschehen."*   (167,7ff.)

Der wütende Dietrich meint, daß âventiure ihn beinahe umgebracht hätte:

> *"mich hât iur âventiure*
> *von sinnen und von kreften brâht.*
> *ir hânt undanc und werdiu wîp*
> *und swer daz habe ûf mich erdâht."*   (175,10ff.)

Nach diesem Schema ist das Gedicht aufgebaut: Dietrich läßt sich ungerne zu gefährlichen Abenteuern um der Frauen willen verleiten, und nach jedem zeigt er Feindseligkeit gegen seinen getreuen Fechtmeister, der ihn immer wieder zu neuen Gefahren drängt. Dietrich erweist sich aber doch als tüchtiger Drachen- und Riesenbekämpfer. Gleichzeitig schwebt ihm die Vorstellung der Freuden unter den Frauen und des Minnelohns für das erlittene *ungemach* der *âventiure* vor, der ihm am Schluß der Erzählung vergönnt werden soll. Die Spannung, die im Wortwechsel zwischen Dietrich und Hildebrant evident ist, ironisiert gewissermaßen das Verhältnis von Frauendienst und Kampf, d.h. von den idealen Begriffen von *dienst* und *lôn* als *minne* zur grausamen Wirklichkeit des Streites ums Leben. Dietrich meint, daß die Frauen ihn lieber heil sehen würden als von Schwertern zerhauen:

> *"durch vrouwen und durch werdiu wîp*
> *muoz ich wâgen mînen lîp*
> *in sturmen und in strîten.*
> *ich wânde daz sî wol gesunt*
> *mich verre gerner saehen*
> *dann ich von swerten wurde wunt."*   (236,4ff.)

und daß Hildebrant ihn in den Tod treiben will: *"ir hânt mich in den tôt gegeben."* (758,11).

Die bitteren Worte der beiden beeinträchtigen aber ihre wechselseitige Abhängigkeit nicht: Hildebrant ist außer sich vor Sorge, als sein Herr in Gefangenschaft gerät:

> *"ach daz ich ie wart geborn,*
> *sol ich den herren und den dienst*
> *sô schedelîche hân verlorn!"*   (361,11ff.)

> *"do ich in in disen kumber stiez,*
> *des muoz ich drumbe dulden*
> *mê denn ie kein man getruoc*
> *ûf ime, des jâmers burde ...*
> *ich zôch in ûf ein keisertuom:*
> *den helt den hân ich umbewart."*   (362,5ff.)

Dietrich bereut seinerseits, daß er den guten Rat Hildebrants nicht beachtet hat:

> *"Ez ist vil wol swaz mir geschiht:*
> *ich wolde deme volgen niht*
> *der mich daz beste lêret.*
> *swer übergêt der vriunde rât,*
> *êst billîch, ime missegât ...*
> *owê, getriuwer Hildebrant*
> *   sol ich dich niemer mê gesehen!"*   (367,1ff.)

Die Spannung ist eigentlich oberflächlich und beschränkt sich auf den Wortwechsel.

                                      IV

Durch das gerettete Mädchen von der Vernichtung der Heiden unterrichtet,
bereitet sich Virginâl schon nach diesem ersten Abenteuer auf den Empfang
Dietrichs und seines Waffenmeisters vor:

> *Diu künegîn zühteclîchen sprach*
> *"sô liebe geste ich nie gesach:*
> *des vröuwent iuch, ir meide.*
> *legent an keiserlîche wât,*
> *sît iuwer sorge ein ende hât;*
> *schaffent daz löcke reide*
> *ob roeselehten wangen sweben*
> *gelîch den goldes draeten.*
> *wir suln den Berner vröude geben*
> *und Hiltebrant dem staeten.*
> *sît uns ir hilfe hât ernert.*
> *dâ lît vil hôher êren an,*
> *   dem sî ze gesten sint beschert."*   (133,1ff.)

Und der Dichter malt ein reizendes Bild der Aktivitäten am Hof: wie die aufge-
regten Zwerginnen, Virginâls Hofdamen und Jungfern, sich die kostbarsten Juwe-
len aus dem Berg aussuchen und mit prächtigen Kleidern und schmucken Kränzen
putzen:

> *Der rede nâmens alle war*
> *und huoben sich vil balde dar*
> *in gaden, in kemenâten*
> *und leiten ane rîch gewant,*
> *swaz iegelîchiu guotes vant.*
> *sî alle einander bâten*
> *"trûtgespil und niftel mîn,*
> *setz eben mir daz krenzel:*
> *sam tuon ich rehte dir daz dîn.*
> *zuck eben mir mîn swenzel,*
> *daz er obe der erden swebe*
> *und der soum von touwe naz*
> *   den bluomen kleinen vride gebe."*   (135,1ff.)

Nach der Rettung Rentwîns aus dem Rachen des Drachen geschieht wirklich der
erste Empfang der zwei Helden: Dietrich und Hildebrant werden auf der Burg
Arône begrüßt und bewirtet, und der Gastgeber, Helferîch, lobt die eigene Frau
ziemlich übertrieben:

> *"dort kumet des landes vrouwe.*
> *ich wil ez nemen ûf mînen eit,*
> *daz nie soum gewan ir kleit*
> *der naz in schanden touwe*
> *an ir wurd, von kindes jugent.*
> *sî gwan nie laster mâsen:*
> *got selbe gôz in sî die tugent*
> *die engel zsamen lâsen,*
> *zuht, triuwe und die bescheidenheit:*
> *dâ mite ir lîp gezieret wart,*
> *   daz sî der êren krône treit."*   (196,3ff.)

Es wird vermutet, daß diese Worte in einer früheren Fassung des Gedichts besser am Platz wären, wo der Name der Frau, Portalaphê, ursprünglich der Zwergenkönigin galt, die im Originalgedicht die Helden gleich nach den Heidenkäm-
pfen begrüßt und bewirtet habe, d.h. diese Verse gehörten früher dem Schluß
des Gedichts an, wo das Hochzeitsfest stattfindet; die Beschreibung der Festlichkeiten auf Arône würden auch dazu passen:[11]

> *Alsus gezieret wart der sal*
> *mit schoenen vrouwen überal ...*   (215,1f.)

> *Sî heten kurzewîle vil,*
> *sî hôrten maneger leige spil*
> *harpfen, rotten, gîgen,*
> *von worten maneger leige sanc,*
> *der durch der vrouwen ôren klanc.*
> *man sach in zühten swîgen:*
> *zuht unde mâze in herze las*
> *alle die dâ sâzen.*
> *mit in der sal gezieret was.*
> *die jungen muosten lâzen,*
> *des sî ir kintheit niht erlie.*
> *vor den tischen manegen dôn*
> *   mit rîcheme sang man an gevie.*   (217,1ff.)

Virginâl aber sendet den Boten Bibunc auf die Suche nach den eben mit den
Drachen beschäftigten Helden, denen er das Zeltlager der Königin im Walde vol-
ler Vogelgesang und Blütenpracht darstellt - sein Lob grenzt an die Manier des
Minnesangs:

---

11 KUHN (wie Anm.7), S.352ff.

> *"nie schoener maget ûf stuol gesaz,*
> *geliutert und gereinet*
> *vor allem valsche, wol gestalt.*
> *wer bî ir solde werden alt*
> *den sî mit triuwen meinet!"*   (230,2ff.)

Obwohl Dietrich fehlt (er ist schon im Gefängnis bei den Riesen auf Mûter),
erreichen Hildebrant und Helferîch endlich Virginâls Hof, wo der Auftritt der
Zwergenkönigin ausführlich beschrieben wird:

> *mit dem sô kam gevlozzen*
> *diu Minne und brâhte in ir hant*
> *ûz rehter liebe der Minne seil,*
> *   dâ mite sî manegen ritter bant.*   (349,10ff.)

Nochmals werden die Vorbereitungen der Königin in Jeraspunt beschrieben, als
die Wülfinge dort ankommen, um Dietrich gegen die Riesen zu helfen:

> *"iuwern êren tuont gelîch*
> *und setzent ûf iur krône.*
> *empfâhent sî mit vröuden grôz."*
> *die megede sich bereiten gar*
> *   und wurfen die hundel ûz dem schôz.*   (671,9ff.)

Nachdem alle Drachen und Riesen erledigt worden sind, erreicht Dietrich
endlich das Zeltlager zu Jeraspunt; er kann erst jetzt von Virginâl begrüßt
und empfangen werden. Die Begegnung der beiden wird im hochfliegenden Ton dargestellt:

> *sî wâren alle hôchgemuot,*
> *an vröude gar erwecket,*
> *dô sî sâhen den lieben trôst*
> *verr über die heide rîten.*
> *"dâ kumet der uns hât erlôst."*   (956,5ff.)

> *"Wilkomen, aller saelden grunt,*
> *du heilbernder vröuden vunt."*
> *si umbevienc in mit ir armen.*
> *der herre sî dô umbeslôz.*
> *helsen, triuten was sô grôz.*   (957,1ff.)

Die Macht der Minne wird heraufbeschworen, als die Königin sich und ihr Reich
Dietrich zur Verfügung stellt:

> *mit ir rôten mundelîn*
> *sî macht ouch grôze kwâle*
> *mitten in daz herze sîn:*
> *si brennet in ze mâle*
> *durch ougen in der minne grunt.*

> *sol daz ein siecher ane sehen*
> *von vröude wurde er schiere gesunt.*
> *Minne ist kreftec sam der tôt ...*
> *sî kan suochen under in*
> *und machet grôze wunden*
> *und kumet zime geslichen dar*
> *und stilt im herze unde muot,*
> *daz er sîn niemer wirt gewar.*   (972,7-973,13)

> *si sprach "lieber herre mîn,*
> *des bin ich iuwer eigen.*
> *ir sullent mîn gewaltec sîn:*
> *ich wil iu gerne seigen*
> *lîp, guot unde dar zuo lant.*
> *des sullent ir gewaltec sîn,*
> *vil hôchgelobeter wîgant."*   (974,7ff.)

In der Fassung w ist Dietrichs Liebe zur Königin unmißverständlich in einem
Vers erhalten, der in Fassungen h und d fehlt:

> *Der furst von Pern gar wenig as,*
> *der gegen der kuniginne sas,*
> *die er liplich anblicket.*
> *Desgleich die kunigin auch began,*
> *Si sach in miniglichen an:*
> *sein herz dar von erschricket.*
> *daz macht der sußen Minne pant,*
> *im stund all seine sinne*
> *mit großer libe da zu hant*
> *imer nach der kuniginne,*
> *das im gar na am herzen lag,*
> *da er vor minnesender not*
> *vor nie so luzel freüden pflag.*   (w 812)[12]

Zweifellos hat der erste Dichter die Hochzeit Dietrichs mit Virginâl als Ziel
und Abschluß seiner Erzählung beabsichtigt. Die Minne in h aber besteht aus
Worten und Blicken; in dieser Fassung bricht Dietrich nach den Turnieren und
Festlichkeiten plötzlich nach Bern auf, das mit Belagerung bedroht wird; er
unterläßt es aber nicht, die Maultierladungen von Schätzen mitzunehmen, die
die Zwergenkönigin ihm und seinen Leuten geschenkt hat.

V

In der Fassung h der 'Virginal' ist der Kontrast zwischen den Vorstellungen
Hildebrants von der Lebensführung seines Herrn und den Äußerungen Dietrichs,

---

12 Cit. nach ELSBET KAISER: Frauendienst im mhd. Volksepos (Germanistische Abhandlungen 54),
   Breslau 1921, S.78.

zwischen der vermeintlichen Kindlichkeit und Feigheit seines Zöglings und den begangenen Taten Dietrichs so groß, daß man kaum berechtigt ist, den Dichter oder Kompilator bloß der Unfähigkeit im Dichten zu bezichtigen. Eher dürfte man einen beabsichtigten Kommentar über Frauendienst und einen gewissen Humor in dem Werk sehen. Ewig mahnt Hildebrant den angeblich kindlichen und zaghaften Herrn zu *âventiure*; murrend gegen die Ansprüche und grundlegenden Voraussetzungen des *vrouwendienstes*, besteht Dietrich die unzähligen Heiden-, Drachen- und Riesenkämpfe und behält noch die Achtung seiner Mannen und der Gesellschaft überhaupt.

Die Ungereimtheiten zwischen dem Gesagten und dem Geschehenen unterstreicht vielleicht diejenige zwischen der Idealität der Minneauffassung der Artusepik und der Realität der Heldendichtung – trotz seiner höfischen Werbung um Kriemhilt im 'Nibelungenlied' ist Sîfrit eigentlich an der brutalen Wirklichkeit der Machtstrebungen anderer zugrunde gegangen. Die Einführung der Figuren der Heldendichtung in eine romanhafte ritterliche Erzählung verursacht Spannungen, sogar Ironie und Humor.

Hildebrant als Experte im Frauendienst ist kaum ernst zu nehmen; mehr noch: wie im 'Rosengarten' wird das angebliche Interesse der Frauen am Kampf in Dietrichs Klagen gerügt; hier aber wohnen die Frauen nur festlichen Turnieren bei und sehen nichts von den Kämpfen um das Leben gegen Drachen und Riesen; ihnen ist nur die Heilung der Wunden vorbehalten. Dietrich hat recht: die Frauen interessieren sich vornehmlich nur für gesunde Ritter und für Festlichkeiten.

Nur einmal wird eine Frau zurechtgewiesen, sogar von Helferîch, als Virginâl in ihrer Sorge um Dietrich zum sofortigen Angriff auf die Riesen zu Mûter drängt, was eine sorgfältige Vorbereitung benötigt:

> *"ir vrouwen, ir sint wunderlîch:*
> *ir wollent niht gelouben,*
> *strîten ist ein hartes spil."*   (466,2ff.)

Das Programm, das der greise Hildebrant ankündigt, nämlich: *âventiure* lehrt durch Kampf im Dienst edler Frauen ritterliches Ansehen und Minne erwerben, gilt nicht. Die Äußerung Biterolfs, als er die Kampfbereitschaft seines Sohnes Dietleip lobt, enthält nichts über den Frauendienst; sie ist nur die normale christliche Auffassung der Ritterpflicht:

> *"nû strîtâ durch der êren solt:*
> *beschirme witewen, weisen.*
> *sô wirt dir got von himele holt."*   (548,11ff.)

Ansehen bei den Frauen ist aber trotzdem wichtig: Nîtgêr befürchtet ihren Ta-
del, sollte Dietrich in seinem Kerker verhungern müssen, da die Riesen dessen
Speisen auffressen:

> *"swâ man saget, ez sî hie tôt*
> *ein herre in sînen slozzen*
> *hungers, sehent sô stân ich rôt,*
> *mit schanden gar begozzen.*
> *antwurte sol ich denne geben.*
> *kom ich dâ vürsten vrouwen sint,*
> *sô müese ich dulden schanden leben."*   (376,7ff.)

Also, anständiges Benehmen, nicht ewiger Streit und Kampf um der Minne willen,
gewinnt die Gunst der Frauen.

Dietrichs Begegnung mit dem Riesen Wîcram erinnert an diejenige in Hartmanns 'Iwein', wo Kâlogrenant dem Riesenhirten sein Anliegen erklären muß und
die als Persiflage auf die ziellose Suche nach *âventiure* wirkt. Auf Dietrichs
höfliche Frage nach dem rechten Weg zur Königin:

> *"ez ist mir gar ein wilder vunt*
> *und alles unbekennet.*
> *vund ich diu künegîn,*
> *ich saehes gerne und ir gezelt,*
> *ir vrouwen unde ir megetîn."*   (316,9ff.)

antwortet der Riese barsch:

> *"nâch waz vrouwen stât dîn gir?*
> *hie enkam nie künegîn here ..."*   (317,2f.)

Dietrich erklärt ihm, daß sie ihn erwartet, weil er sie aus Bedrängnis befreit
hat; der Riese erwidert grob:

> *"Jô, ist daz diu sorge dîn*
> *daz du dienest künigîn*
> *und andern schoenen wîben,*
> *dem enrîtest du niht glîch.*
> *dîn affen muot der triuget dich ..."*   (320,1ff.)

und nimmt ihn gefangen - Dietrich, ohne Rüstung und Waffen, ist dem mächtigen
Grobian nicht gewachsen und wird in Fesseln geschlagen, worauf er mit seinem
gepriesenen Frauendienst von den versammelten Riesen, die auch den eigenen
Herrn Nîtgêr terrorisieren, auf gemeinste Weise verhöhnt wird:

> *"wie dunkt iuch nu, her Vrouwenzart?"*
> *sprâchen die risen alle.*
> *"wâ sint nu die künegîn ...*
> *wer solde ein sus getânen degen*

> *lâzen kumber dolden,*
> *der vrouwen diener ist gesîn?*
> *vor leide gêt sî kumber an,*
>   *ervreischent ez die künegîn."*

(338,2ff.)

Hier wird der Kontrast zwischen der Wirklichkeit und idealen Vorstellungen
deutlich unterstrichen, obwohl die Riesen am Ende draufzahlen.

Der Spieß wird eigentlich umgedreht: Dietrich tötet zwei Riesen, die ihm
nach dem Leben trachten, mit Waffen, die die Schwester Nîtgêrs, Ibelîn, in
sein Gefängnis einschmuggelt. Ohne Waffen ist der Ritter der rohen Wirklichkeit preisgegeben: er bedarf auch des Beistandes der Frauen. Dietrichs Behandlung von Ibelîn, die für ihn auf Mûter gesorgt und das Leben für ihn gewagt
hat, ist entschieden kühl: er will sie in ein Kloster befördern oder für sie
einen Mann aussuchen:

> *"Got segen dich, schoenez megetîn.*
> *wiltu mit mir von hinnân sin?*
> *ich vüere dich gên Berne.*
> *wiltu in ein klôster, ich gibe dir guot.*
> *wilt ein gemahel, hâstus muot,*
> *des hilfe ich dir gerne."*

(756,1ff.)

Der Schluß des Gedichts, für uns ziemlich langweilig, besteht aus unendli-
chen Festmahlen und höfischen Zeremonien. Die Streitsucht der Gesellschaft
löst sich in Turniere und Kampfspiele auf, an denen sich alle, einschließlich
der Damen, ergötzen, insbesondere an den Zweikämpfen der Zwerge, die im Gedicht in ritterlicher Aufmachung auftreten. Den Gehalt sollte man also nicht
allzu ernst nehmen: die Erzählung ist gerade ein Spiel, das vielleicht im späten 13. Jahrhundert noch etwas Ernstes an sich hatte; im 15. Jahrhundert aber
schätzte man es wohl als amüsante Lektüre unter den begüterten Klassen – wie
etwa bei uns Bildbände über das wilhelminische oder viktorianische Zeitalter
am Kaffeetisch –, die noch immer an der ritterlichen Gesellschaft von ehedem
Interesse fanden, weil man sie nachempfinden wollte. Die ausgedehnten Beschreibungen der höfischen Festlichkeiten waren dem Geschmack und der Nostal-
gie einer nachhöfischen Zeit gerecht.

So ausgedehnt waren die Festlichkeiten, daß Dietrich das Ziel des Ganzen zu
vergessen scheint und auf *der minne lôn* verzichtet. Er haut einfach ab und
läßt die Zwergenkönigin sitzen. Ungleich den Artushelden haben seine Erfahrungen ihn charakterlich kaum berührt: er kehrt unverändert nach Bern zurück.
Hildebrants Minnelehre ist an der festgeprägten Charakterisierung Dietrichs in
der Heldendichtung fehlgeschlagen!

Anhang I

Inhaltliche Verhältnisse der 'Virginal'-Versionen

h	w	d
c. 1440 aus Hagenau, 1097 Str.	c. 1480-90, aus Nürnberg, 866 Str.	1472 (Dresdener Heldenbuch), aus Nürnberg, 130 Str.

- Hildebrant erschlägt den Heiden Orkîse und rettet dabei ein Fräulein, das ihm als Tribut von der Zwergenkönigin Virginâl ausgesetzt worden ist. Danach erschlagen Dietrich und Hildebrant weitere Heiden. Die zwei Helden werden nach dem Sitz der Königin in Jeraspunt eingeladen.

- Hildebrant rettet den Ritter Rentwîn aus dem Rachen eines Drachen. Die zwei Helden erlegen weitere Drachen. Sie werden auf Burg Ârône von Rentwîns Eltern, Helferîch und Portalaphê, empfangen und bewirtet.

        - Libertîn fordert Dietrich zum Zweikampf heraus und wird besiegt, worauf sie Treueide schwören.

        - Die Helden streiten gegen Löwen und den Heiden Janapas und dessen Gefolge auf Burg Ortneck.

        - Dietrich erlegt einen großen Eber und nimmt den riesigen Besitzer des Jagdgeheges gefangen.

- Dietrich wird durch den Riesen Wîcram gefangengenommen, der im Dienst Herzog Nîtgêrs auf Burg Mûter steht. Er wird durch Nîtgêrs Schwester Ibelîn getröstet.

- Îmîân von Ungarn, Dietleip von Stîre und die Mannen Dietrichs werden aufgeboten. Nîtgêrs Riesen werden alle erschlagen. Nîtgêr bewirtet alle Helden auf Mûter.

- Unterwegs nach dem Gebiet der Zwergenkönigin töten die Helden weitere Riesen und Drachen.

- Die Zwergenkönigin Virginâl empfängt Dietrich und seine Mannen und stellt sich und ihr Reich Dietrich zur Verfügung.

- Dietrich kehrt mit seinen Mannen nach Bern zurück.
    - Dietrich feiert seine Hochzeit mit der Zwergenkönigin und kehrt mit ihr und seinen Mannen nach Bern zurück.

Anhang II

Virginal h

0 1 Beschreibung des Heiden Orkîse (1–16)
Hildebrant und Dietrich brechen von Bern auf, damit der junge Dietrich
die Bedeutung der *âventiure* erfährt. (17–19)

   1 Hildebrant erschlägt Orkîse und rettet ein Fräulein, das Orkîse als
     Tribut von der Zwergenkönigin ausgesetzt worden ist. Er und Dietrich
100   töten weitere Heiden. (20–118)
Virginâl lädt die Helden nach Jeraspunt ein und schickt den Boten
Bibunc aus, um sie zu suchen. (119–144)

    2 Hildebrant rettet Rentwîn aus dem Rachen eines Drachen. Er und
      Dietrich töten weitere Drachen. Sie werden auf Burg Ârône von
200   den Eltern Rentwîns, Helferîch und Portalaphê, empfangen und
      bewirtet. (145–243)

   1 Bibunc sucht die Helden auf und berichtet Virginâl, daß sie sich auf
300   den Weg nach Jeraspunt machen. (244–313)

    3 Dietrich verirrt sich und wird von Nîtgêrs Riesen auf Burg Mû-
      ter gefangengenommen. Ibelîn, die Schwester Nîtgêrs, tröstet
400   Dietrich im Gefängnis; sie schickt den Boten Beldelîn nach Je-
      raspunt, um Dietrichs Situation zu berichten. Dietrich tötet
      zwei Riesen. (314–531)

500

   1 Virginâl schickt Bibunc nach Ungarn, um König Imîân herbeizurufen,
    der seinerseits Dietleip von Stîre auffordert. Hildebrant fordert
600   Dietrichs Mannen, die Wülfinge, aus Bern auf; von dort werden Witege
    und Heime aus Rabene herbeigerufen. Unterwegs nach Jeraspunt tötet
    Wolfhart einen Drachen und wird von einem Zwerg bewirtet. Die Helden
700   werden in Jeraspunt festlich empfangen. (532–710)

    3 Die Wülfinge erschlagen die Riesen auf Mûter und Dietrich wird
      befreit; sie werden von Nîtgêr festlich empfangen. (711–791)
800 1 Die Helden machen sich auf den Weg nach Jeraspunt. Unterwegs er-
    schlagen sie weitere Riesen und Drachen. (792–948)

900 1 Virginâl begrüßt die Helden und stellt die eigene Person und ihr
    Reich Dietrich zur Verfügung. Es wird getanzt, gespeist und tur-
    niert. (949–1054)

1000 Dietrich wird nach Bern zurückberufen, das mit Belagerung bedroht wird.
     Er und seine Helden reiten mit Maultierladungen von Schätzen fort, die
     Virginâl ausgeteilt hat. In Bern wird Dietrich mit weiteren Festlichkei-
1097 ten und Festessen empfangen. (1055-1097)

Liebe als Teufelswerk
in der deutschen und lateinischen Chronistik des Mittelalters

von

FRANK SHAW (Bristol)

Als Paradebeispiel für die im Titel vertretene Auffassung gilt wohl die Astrolabiuslegende in der 'Kaiserchronik':[1]

(1) Zur Zeit des Kaisers Theodosius waren in Rom zwei Brüder, die nur für weltlichen Reichtum lebten und allen Bekehrungsversuchen zum Trotz hartnäckig den alten Göttern frönten. Der eine, Astrolabius, findet durch Zufall beim Ballspiel eine wunderschöne Statue, die ihn durch eine Geste heranlockt. Das Standbild ist, wie ihm ein Teufel erzählt, der darin haust, "in honore Veneris". Auf die Bitte der Venusstatue hin überreicht ihr Astrolabius seinen Ring und verliebt sich daraufhin so hoffnungslos in die Statue, daß er mit allen Zeichen der Minnekrankheit behaftet allmählich dahinsiecht und schließlich, da ihm anderweitig nicht zu helfen ist, beim Kaplan des Kaisers, Eusebius mit Namen, Rettung erfleht. Dieser, der schwarzen Künste mächtig, beschwört den Teufel herauf und zwingt ihn dazu, den Ring herauszurücken und ihm das Geheimnis des Liebeszaubers zu verraten, der in einem unter der Statue begrabenen Kraut liegt. Aus dem Zauberbann der Statue (d.h. von der Macht des Teufels) befreit, läßt sich Astrolabius zusammen mit anderen noch in Rom befindlichen Anhängern des alten Glaubens - zur großen Freude des Kaisers Theodosius - zum Christentum bekehren. Das Venusbild wird als Michaelsfigur umgeweiht, ohne daß auf die Schwierigkeit des damit verbundenen Geschlechtswechsels eingegangen wird, die ja im Hinblick auf den eingangs stark hervorgehobenen sexuellen Reiz des Venusbildes nicht ganz unerheblich gewesen sein dürfte.

MASSMANN[2] hatte bereits die Ähnlichkeit zwischen der Astrolabiuslegende und einer zuerst bei William of Malmesbury[3] nachzulesenden Erzählung bemerkt:

(2) Ein neuvermählter römischer Jüngling (sein Name wird nicht genannt[4]), der gedankenlos beim Ballspiel seinen Ehering an den Finger einer ehernen Statue steckt, kann diesen nachher nicht mehr finden. Dann muß er in der Brautnacht feststellen, daß er durch eine neblige Gestalt am Vollzug der Ehe verhindert wird. Diese neblige Gestalt gibt sich als die Göttin Venus zu erkennen und verkündet, der Jüngling sei fortan der ihrige. Verzweifelt geht dieser zu einem Priester Palumbus, der, wie sein Gegenstück Eusebius in

---

1 Kaiserchronik eines Regensburger Geistlichen, hg. v. E. SCHRÖDER, Berlin 1895 (MGH Dt. Chron. 1), Neudruck 1964, V.13086-13476.

2 Der keiser und der kunige buoch oder die sogenannte Kaiserchronik, hg. v. H.F. MASSMANN, 3. Teil, Quedlinburg/Leipzig 1854, S.924-929.

3 Willelmi Malmesbiriensis monachi de gestis rerum Anglorum libri quinque, ed. by W. STUBBS, 2 Bde. London 1887/89 (Rolls Series 90), Lib.II cap.205 (S.256-258).

4 In seiner Einleitung (S.1i) macht STUBBS (s. Anm.3) darauf aufmerksam, daß einige Handschriften Braut und Bräutigam Eugenia und Lucianus nennen.

der Astrolabiuslegende, mit der schwarzen Magie vertraut ist und dadurch den Teufel zur Rückgabe des Rings zwingt, allerdings nicht ohne vorher mit dem Jüngling ein beträchtliches Honorar ausbedungen zu haben. Die Art der Rückgabe ist in beiden Fassungen sehr verschieden. Während der 'Kaiserchronik'-Dichter (oder seine Vorlage) die nigromantischen Kenntnisse des Eusebius offensichtlich als ein Positivum ansieht, das ihm Macht über den Teufel verleiht und es ihm ermöglicht, diesem, seinen vielen Ausreden zum Trotz, bis in die Hölle zu folgen und von dort her den Ring heil wieder heraufzubringen, ist es um Palumbus ganz anders bestellt: Er gibt dem Jüngling einen Brief und schickt ihn damit zu einer Straßenkreuzung, wo er in der Nacht eine gespenstische Prozession erblickt, an deren Anführer er den Brief überreicht. Dieser - es handelt sich offensichtlich um den Teufel selbst - zwingt eine auf einem Maultier reitende, spärlich bekleidete und sich unanständig gebärdende weibliche Person, die der Chronist als Venus identifiziert, den Ring zurückzugeben, richtet aber gleichzeitig die Frage an Gott, wie lange dieser die Ausschreitungen seines angeblichen Priesters Palumbus zu erdulden gedenke. Die Geschichte endet mit der Sündenbekenntnis und buchstäblichen Selbstzerfleischung des Priesters, dessen Schicksal für William of Malmesbury offensichtlich von größerer Wichtigkeit ist als der Ehevollzug des römischen Jünglings.

Auf das Verhältnis der beiden Erzählungen zueinander will ich hier nicht näher eingehen, sondern mich lediglich mit einem Hinweis auf OHLY[5] begnügen, der sich unter Anführung der einschlägigen Literatur für die Priorität der William of Malmesbury-Fassung ausspricht, und zwar deshalb, weil die Unterschiede derart sind, daß sie auf vorsätzliche Änderung seitens des 'Kaiserchronik'-Dichters schließen lassen, der dadurch die Geschichte in seine Gesamtkonzeption besser einzuordnen gedachte. Hierbei denkt man nicht nur an Erzähleinzelheiten wie das Auffinden der Venusstatue in einem abgeschlossenen Ort, zu dem der Kaiser Constantin allen Christen den Zutritt verwehrt habe,[6] oder daran, daß es in der 'Kaiserchronik' andere Fälle von Statuen von römischen Gottheiten gibt, in denen Teufel hausen,[7] sondern eher an das Umgießen der Geschichte in die Form einer Bekehrungslegende (nicht die Nigromantie des Priesters ist es, was die Fabulierfreudigkeit des Dichters aktiviert, sondern das Seelenheil der noch heidnischen Römer), oder ihre Einordnung in das Schema der gerechten und ungerechten Kaiser (zeitlich ist die Erzählung bei William of Malmesbury nicht fixiert, während der 'Kaiserchronik'-Dichter seinen Astrolabius in die Zeit des Kaisers Theodosius verlegt, neben Constantin und Karl dem Großen einer der Hauptvertreter des Typus des *rex iustus*[8]).

---

5 E.F. OHLY: Sage und Legende in der Kaiserchronik. Münster 1940 (Neudruck Darmstadt 1968), S.203-210.
6 'Kaiserchronik' (s. Anm.1), V.13137-13140, mit Rückverweis auf V.8035.
7 Vgl. Merkursage und Mercuriuslegende, 'Kaiserchronik', V.10638-11129, und OHLY (s. Anm.5), S.171-174.
8 OHLY (s. Anm.5), S.203.

Was den Minnegehalt der Astrolabiuslegende angeht, begnüge ich mich hier
mit einem Hinweis auf einen frühen Artikel von mir, in dem ich mich mit der
Frage auseinandersetze, ob diese und andere Episoden seitens des 'Kaiserchronik'-Dichters Vertrautheit mit höfischem Gedankengut voraussetzen.[9] Sicher
ist, daß der Katalog von Minnesymptomen, die den armen Astrolabius befallen -
Schlaflosigkeit, Blässe, Körperschwäche, Appetitlosigkeit: alles Symptome, die
uns aus der Minnelyrik des hohen Mittelalters vertraut sind - zeitlich früher
liegt als die nach landläufiger Auffassung früheste Schilderung der Minnekrankheit in deutscher Sprache, die nämlich von Lavinias Mutter in Veldekes
'Eneide'.[10] Daß der 'Kaiserchronik'-Dichter - nicht umsonst von SCHRÖDER in
seiner Ausgabe als "Regensburger Geistlicher" angesprochen - die Minne unter
einem negativen Aspekt sehen mußte, braucht uns nicht zu wundern. So interessant jedoch diese Überlegungen sind, und so zentral sie auch zum diesjährigen
Tagungsthema sein mögen, lasse ich sie auf sich beruhen und gehe weiter auf
meiner Suche nach anderen Fällen von Venusverehrung und Teufelshörigkeit in
der Chronistik.

Es mag zunächst befremdend anmuten, wenn ich mich jetzt der Geschichte vom
Teufelspapst Gerbert/Silvester zuwende, hat doch die gängigere Form seiner Geschichte nichts mit Venus oder Minne zu tun. Diese gängigere Form ist selbstverständlich die in Enikels 'Weltchronik'[11] vertretene, die auch zwei Handschriften der 'Weltchronik' Heinrichs von München[12] übernehmen:

(3) Der Priester Gerbert frönt einem Laster, dem Würfelspiel, das ihn all seines Gutes und
     seiner Habe beraubt und ihm überdies den Aufstieg in Amt und Würden versperrt. So
     schließt er einen Pakt mit dem Teufel, wonach dieser ihm Glück beim Würfelspiel und
     überhaupt die Erfüllung eines jeden Wunsches verspricht, solange er nicht in Jerusalem
     eine Messe singt. Diese Bedingung scheint leicht erfüllbar zu sein, Gerbert ahnt aber
     nicht, daß es in Rom eine Kirche dieses Namens gibt, in der der Papst einmal im Jahr
     eine Messe singt. Gerbert erreicht mit der Hilfe des Teufels den Gipfel seines Ehrgei-
     zes und ersteigt den Papststuhl. Zu spät bemerkt er, daß er in "Jerusalem" die Messe
     singen muß. Sich seiner hoffnungslosen Lage bewußt, befiehlt er seinen Knappen, ihm vor
     versammelter Menge Füße und Hände abzuhacken, Ohren und Nase abzuschneiden und Augen
     auszureißen (alles Organe, die ihm zum Teufelspakt verholfen haben) und sie dem Teufel
     zuzuwerfen.

---

9 F. SHAW: Ovid in der 'Kaiserchronik'. ZfdPh 88 (1969), S.378-389.
10 Henric van Veldeken, 'Eneide' (I. Einleitung, Text), hg. v. G. SCHIEB und TH. FRINGS, Berlin
   1964 (DTM 58), V.9821-9851.
11 Jansen Enikels Weltchronik, hg. v. PH. STRAUCH, Berlin 1891-1900 (MGH Dt. Chron. 3), Neudruck
   1972, V.22321-22678.
12 Gotha chart. A, Nr.3, f.341rb51-342rc44, und cgm 7330, f.302va31-303vb42. Heinrich ordnet die
   Geschichte richtig unter Otto III. ein. Enikels zeitliche Zuordnung dieses Papstes - es handelt sich um Silvester II. (999-1003) - ist weniger genau.

Abgesehen von dieser fürchterlichen Zerstückelungsszene (man erinnere sich an
die Selbstzerfleischung des reuevollen Palumbus bei William of Malmesbury) ist
hier nichts, was einen Vergleich mit der Geschichte vom Jüngling, der sich in
eine Venusstatue verliebte, nahezulegen schiene. Nimmt man jedoch BEZOLDs immer noch recht aufschlußreiche kleine Schrift über das Fortleben der antiken
Götter im Mittelalter[13] zur Hand, so stößt man auf eine ganz andere Fassung
des Lebens von Papst Silvester, bei der sich ein Vergleich mit der Geschichte
des Jünglings und der Venusstatue keineswegs abwegig ausnimmt. Es handelt sich
um den Bericht in 'De nugis curialium' des Walter Map,[14] der nichts von Würfelspiel und Teufelspakt weiß, sondern eher von enttäuschter Liebe und Verführung durch ein überirdisches Wesen, wenn auch das Motiv der Geld- und Macht-
gier keineswegs fehlt:

(4) Gerbert, ein angesehener Gelehrter der Stadt Reims, verliebt sich hoffnungslos in die
    Tochter des Bürgermeisters, wird aber von dieser verstoßen, verfällt daraufhin in eine
    Art Liebeswahn, verliert sein Geld, sein Haus und führt ein menschenunwürdiges Leben.
    Eines Mittags begegnet er im Walde einer schönen Frau, Meridiana mit Namen, die ihm
    Reichtum verspricht, wenn er nur ihr statt der Bürgermeisterstochter seine Aufmerksam-
    keit zuwenden wolle. Er willigt ein, wird reich, gelangt zu Ansehen und genießt Liebes-
    nächte, die nicht nur voller uneingeschränkter Wollust sondern auch vorteilhafter Be-
    lehrung sind, denn in ihnen weist ihm Meridiana den Weg zum weltlichen Erfolg. Diese
    Wiederherstellung seines früheren Ansehens lenkt die Aufmerksamkeit der Bürgermeisters-
    tochter wieder auf ihn, die sich seiner einmal bemächtigt, als er mittags unter einem
    Baum schlaftrunken der Ruhe pflegt. Reuevoll gedenkt Gerbert seiner Meridiana, die ihm
    lange darauf ihre Mißgunst erweist. Danach aber verhilft sie ihm zu hohen Ämtern: er
    wird Erzbischof von Reims, Kardinal-Erzbischof von Ravenna und schließlich Papst. Meri-
    diana warnt ihn davor, in Jerusalem eine Messe zu feiern. Zu spät bemerkt er, daß eine
    Kirche, in der er gerade die Messe feiert, Jerusalem heißt, und in dem Augenblick sieht
    er Meridiana, die auf ihn wartet. Er ruft alle Kardinäle und das ganze Volk zusammen,
    beichtet seine Sünden und verbringt den Rest seines Lebens in Buße und Reue. Ein Wunder
    geschieht nach seinem Tode: sein Marmorsarg schwitzt und verkündet dadurch den Tod ei-
    nes Papstes oder einer anderen Notabilität. Walter schließt mit den Worten, daß der
    Teufel Gerbert wegen seines Geizes lange festgehalten habe, dieser aber ein guter Papst
    gewesen sei.

Diese Erzählung hat unverkennbare Affinitäten mit der Gerbert-Geschichte bei
Enikel: beiden ist das Motiv der Armut gemeinsam, in beiden ist der Protago-
nist von einem überirdischen Wesen abhängig, das ihm zur höchsten kirchlichen
Würde verhilft, beide Male stellt das überirdische Wesen eine Bedingung, auf

---

13 FR. v. BEZOLD: Das Fortleben der antiken Götter im mittelalterlichen Humanismus. Bonn/Leipzig
   1922, S.72ff. Für die Geschichte des Jünglings und der Venusstatue (sowohl in der 'Kaiserchronik' als auch bei William of Malmesbury), s.S.63ff.
14 Mir leider vorläufig nur noch in einer englischen Übersetzung zugänglich: Master Walter Map's
   Book de Nugis Curialium (Courtiers' Trifles), englished by F. TUPPER and M.B. OGLE, London
   1924, S.221ff.

die der Protagonist allzu leichtfertig eingeht. Die Unterschiede sind aber
ebenso unverkennbar: dort ein Teufel, der für Glück im Würfelspiel sorgt, hier
ein verführerisches weibliches Wesen, das zwar bei ihrem ersten Erscheinen von
Geld umgeben ist, in erster Linie aber eine sexuelle Funktion hat und wie die
Göttin in William of Malmesburys Erzählung vom Jüngling, der sich in eine Venusstatue verliebt, ihr Opfer von allen Beziehungen zu irdischen Frauen fern-
zuhalten weiß. Wer ist aber diese geheimnisvolle Meridiana? BEZOLD (S.104,
Anm.217) setzt sie wohl mit Recht mit dem *daemonium meridianum* (Ps.90:3-6) in
Verbindung, den Hieronymus (u.a.) mit Satan gleichsetzte.[15] Es ist dem Leser
wohl nicht entgangen, welch wichtige Rolle der Mittag in Walters Version der
Gerbert-Silvester-Geschichte spielt, auch nicht, welch starke Erotik ihr an-
haftet. Diese letzte Eigenschaft bildet eine Brücke zwischen der Gerbert-Silvester-Geschichte und der Geschichte der Statuenverlobung[16] und liefert eine
erste Berechtigung für mein Vorhaben, diese beiden Erzählkomplexe in unmittel-
bare Nachbarschaft zueinander zu rücken.

Es gibt noch eine dritte Version der Gerbert-Silvester-Geschichte, die
stark von der bei Walter Map erzählten abweicht, interessante Vergleiche jedoch sowohl mit der deutschen Weltchronik-Fassung dieser Geschichte als auch
mit beiden Varianten der Erzählung der Statuenverlobung erlaubt. Diese dritte
Version der Gerbert-Silvester-Geschichte befindet sich, wie die lateinische
Fassung der Geschichte der Statuenverlobung, in den 'Gesta regum Anglorum' des
William of Malmesbury[17] und ist also über ein halbes Jahrhundert früher als
die von Walter Map.[18] Sie ist außerordentlich weitschweifig und legt vor allem
Wert auf Gerberts Gelehrsamkeit. So wird in dieser Version des Hergangs der
Ereignisse Gerberts Teufelspakt (denn hier geht es wieder - wie bei Enikel und
Heinrich von München - um einen Teufel, nicht um eine verführerische überir-
dische Frau) gerade als Folge seines Wissensdrangs motiviert:

---

15 J.B. FRIEDMAN: Orpheus in the Middle Ages. Harvard University Press 1970, S.188-189. Leider
   konnte ich in der kurzen Zeit den bibliographischen Nachweisen, die FRIEDMAN in seinem Anmer-
   kungsteil (S.239) gibt, nicht nachgehen.
16 Fortan benutze ich anstelle von "Geschichte vom Jüngling, der sich in eine Venusstatue verliebte" der Kürze halber und in Anlehnung an E. FRENZEL: Stoffe der Weltliteratur. Stuttgart
   ³1970, die Formulierung "Statuenverlobung".
17 STUBBS (s. Anm.3), Lib.II, cap.167-172 (S.193-203).
18 Die ursprüngliche Fassung von Williams 'Gesta' wird auf 1125 datiert (STUBBS (s. Anm.3),
   S.xiv). Die Übersetzer von Walters 'De nugis curialium' zitieren (S.xxi) eine Quelle, die die
   Abfassungszeit jenes Teiles, in dem die Gerbert-Silvester-Geschichte vorkommt, um 1181 an-
   setzt.

(5) Gerbert zieht nach Spanien, um bei einem sarazenischen Philosophen zu lernen, stiehlt diesem aber ein Buch und, vom Besitzer verfolgt, erfleht Hilfe vom Teufel: er wolle diesem ewig untertan sein, wenn er ihn heil in die Heimat bringe. Wieder in Frankreich gelandet, gelangt er zu Ruhm, wird vom König zum Erzbischof von Reims und später von Kaiser Otto zum Papst befördert - alles mit Hilfe des Teufels, der immer dafür sorgt, daß nichts, was sich Gerbert zum Ziel setzt, ihm entgeht. So findet er zum Beispiel einen verborgenen Schatz, den sogenannten Oktaviansschatz - das Motiv der Geldgier ist nie ganz abwesend - durch die richtige Deutung eines wohl antiken Standbildes mit vorgestrecktem Zeigefinger. Eine Statue kommt auch gegen Ende seiner Geschichte vor: er gießt sich den Kopf einer Statue, der ihm alles voraussagt, wie z.B. daß er erst dann sterben kann, wenn er in Jerusalem eine Messe gesungen hat. Hierauf folgt der aus der deutschen Weltchronik-Tradition bekannte Schluß: Messe in der als Jerusalem bekannten römischen Kirche, Sündenbekenntnis und Selbstzerstückelung.

Ich fasse zusammen. Wir haben es hier mit fünf Erzählungen zu tun, die sich stoffmäßig in zwei Gruppen unterteilen lassen. Die eine Gruppe (die Astrolabiuslegende in der 'Kaiserchronik' und die Palumbusgeschichte bei William of Malmesbury) stellt Fassungen des Motivs der Statuenverlobung dar, das sogar bis in die Neuzeit literarisch fruchtbar geblieben ist.[19] Die drei übrigen Erzählungen sind alle Versionen der "Anti-Legende" des Papstes Silvester II., dessen Wissensdrang, Studienfleiß und technische Begabung in einem Zeitalter, das nicht gewohnt war, diese Eigenschaften in einem Inhaber des Heiligen Stuhles zu finden, ihm bald den Ruf eines Magiers einbrachten.[20] Oberflächlich betrachtet haben diese zwei Gruppen - außer des beiden gemeinsamen Motivs des Verfallenseins an eine überirdische und boshafte Macht - wenig gemeinsam. Ferner: nicht nur gehen die beiden Gruppen auseinander, sondern innerhalb einer jeden Gruppe weichen die einzelnen Versionen erheblich voneinander ab. Bei näherer Betrachtung jedoch ergeben sich überraschende Affinitäten. Um dies zu vergegenwärtigen, stelle ich alle fünf Erzählungen tabellarisch dar (siehe Tabelle folgende Seite).

---

19 FRENZEL (s. Anm.16), s.v. Statuenverlobung.
20 F. GREGOROVIUS: Geschichte der Stadt Rom im Mittelalter vom V. bis XVI. Jahrhundert, neu hg. v. W. KAMPF. Basel 1953-1957 (3 Bde.). Ich hebe zwei Stellen hervor: "Wenn die Römer ihren greisen Papst betrachteten, wie er auf einem Turm des Lateran, seinem Speculum, die Sterne beschaute, wie er in seinem Gemach, von Pergamenten umgeben, geometrische Figuren zog, mit eigener Hand eine Sonnenuhr entwarf oder an einem mit Pferdeleder bezogenen astronomischen Globus studierte, so mochten sie vielleicht schon damals glauben, daß er mit dem Teufel im Bunde stehe" (Bd.1, S.695); "Sein dritter Nachfolger setzte ihm ein Denkmal in St. Johann, und noch heute kann man dort das Lob des berühmten Papstes lesen und der vielen Legenden gedenken, womit das Mittelalter das Leben dieses "Magiers" auf dem Stuhl Petri ausgeschmückt hat" (Bd.2, S.3).

	Statuenverlobung		Teufelspapst Gerbert-Silvester		
	1	2	3	4	5
	Kaiserchronik (Astrolabius-legende)	Williams Gesta (Palumbus-geschichte)	Enikels Weltchronik	Walter Map De nugis curialium	Williams Gesta
A Ausgangssituation	Astrolabius widerstrebt allen Bekehrungsversuchen.		Gerbert verliert beim Würfelspiel.	Gerbert liebt eine Frau, die seine Liebe nicht erwidert.	Wissensgier zwingt Gerbert zum Diebstahl.
B Art der Verzauberung	Beim Ballspiel steckt er seinen Ring an den Finger einer Venusstatue und vermählt sich dadurch mit ihr.	Beim Ballspiel steckt ein Jüngling seinen Ring an den Finger einer (nicht sofort als solche gekennzeichneten) Venusstatue und vermählt sich dadurch mit ihr.	Er schließt einen Pakt mit dem Teufel.	Er begegnet zur Mittagszeit einer Frau (Meridiana), die ihm Reichtum und Liebe verspricht.	Er schließt einen Pakt mit dem Teufel.
C Folge der Verzauberung	Er unterliegt der Minnekrankheit.	Venus, in Form einer nebligen Gestalt, hindert ihn in der Brautnacht an der Erfüllung der Ehe.	Dieser verhilft ihm durch Glück im Würfelspiel zu Reichtum und zu hohen kirchlichen Würden, schließlich zum Papsttum.	Diese verhilft ihm zu Reichtum und zu hohen kirchlichen Würden, schließlich zum Papsttum, unterbindet gleichzeitig Beziehungen zur irdischen Geliebten.	Dieser verhilft ihm zu Reichtum und zu hohen kirchlichen Würden, schließlich zum Papsttum.

D	Weiterer Verlauf der Geschichte	Er wird vom Zauberbann mit Hilfe eines der schwarzen Magie kundigen Priesters (Eusebius) befreit, der den Teufel zur Rückgabe des Rings zwingt.	Er wird vom Zauberbann mit Hilfe eines der schwarzen Magie kundigen Priesters (Palumbus) befreit, der den Teufel zur Rückgabe des Rings zwingt.	Er verfällt der verfänglichen Bedingung des Teufels (Messe in "Jerusalem").	Er verfällt der verfänglichen Bedingung der Meridiana (Messe in "Jerusalem").	Er verfällt der verfänglichen Bedingung des Teufels (Messe in "Jerusalem").
E	Schluß	Er läßt sich taufen. Die Venusstatue wird umgeweiht.	Palumbus bereut seinen Rückfall in die schwarze Magie und zerfleischt sich.	Er zerfleischt sich und rettet dadurch seine Seele.	Er bereut und büßt seine Sündhaftigkeit: Leichenwunder.	Er zerfleischt sich und rettet dadurch seine Seele.
F	Zweck der Geschichte	Bekehrungslegende.	Bestrafung des Teufelsbündners Palumbus.	Bestrafung des Teufelsbündners Gerbert.	Rechtzeitige Reue und Buße bringen Vergebung.	Bestrafung des Teufelsbündners Gerbert.

Die horizontale Achse der Tabelle zählt die Erzählungen von 1 bis 5 auf, und zwar in der Reihenfolge ihres Vorkommens in meinen bisherigen Überlegungen. Die vertikale Achse hält den Hergang der Erzählungen in sechs Etappen (A bis F) fest. Aus dieser Tabelle werden zwei Querverbindungen ersichtlich:

1. Nur eine Version in der Kategorie "Statuenverlobung" hat einen versöhnlichen Ausgang, nämlich die Astrolabiuslegende. Die andere, Williams Palumbusgeschichte (d.h. vermutlich die ältere der beiden Versionen, wie wir bereits oben gesehen haben), hat den gleichen Ausgang wie zwei Versionen der Gerbert-Silvester-Geschichte, nämlich die Selbstzerstückelung des reuigen Priesters (2E, 3E, 4E).[21] Überhaupt geht es William offensichtlich eher um den Priester Palumbus als um den Jüngling, und die Ähnlichkeit der Lehre in den beiden Episoden (2F = 5F) könnte wohl zur Ähnlichkeit des Schlusses geführt haben - also zu einer Kontamination.

2. Die Gerbert-Silvester-Erzählungen sind sich untereinander sehr uneinig über den Anlaß, aus dem heraus Gerbert sich bemüßigt fühlt, magische, teuflische oder wie auch immer geartete überirdische Kräfte in Anspruch zu nehmen. Ist der Anlaß Angst vor der Entdeckung eines begangenen Verbrechens - was, da das Verbrechen zur Befriedigung seines Wissensdranges begangen wurde, mindestens annähernd aus den bekannten Fakten über Silvesters Leben zu erklären wäre (5A)? Oder geht es um Geldgier (3A) oder um unerfüllte Liebeslust (4A) - beides weniger faktisch anmutende Anlässe? Oder geht es gar um eine Mischung aus beiden letzteren; denn Meridiana bietet ihm nicht nur sexuelle Befriedigung sondern auch Reichtum an (4B)? Gäbe es die Walter Map-Fassung der Gerbert-Silvester-Geschichte nicht, so ließe sich eine Trennung zwischen den beiden Gruppen leichter durchführen: hier Venus, dort der Teufel; hier Eros, dort Geld und gesellschaftlicher Aufstieg (man darf wohl die Erlangung der Papstwürde unter diesem sehr diesseitigen Aspekt auffassen). Die Ähnlichkeiten zwischen der Palumbusgeschichte und Walter Maps Version der Gerbert-Silvester-Geschichte sind derart, daß man wieder an eine Kontamination denken könnte, d.h. an eine Übernahme des erotischen Momentes aus der Palumbusgeschichte in die Mapsche Version der Gerbert-Silvester-Ge-

---

21 Meine Wahl gerade dieser drei Vertreter der Gerbert-Silvester-Geschichte ist rein zufällig, hat aber den Vorteil, daß sie sehr unterschiedliche Fassungen zu Wort kommen läßt. Es ist interessant, daß Heinrich von München (s. Anm.12), der ansonsten in dieser Episode Enikel folgt, mit dem Leichenwunder endet - und zwar diesen versöhnlichen Ausgang an die Selbstzerstückelungsszene anhängt. Die Variationsmöglichkeit ist scheinbar endlos. Eine eingehende Studie der Gerbert-Silvester-Geschichte wäre vonnöten. Zeitdruck hinderte mich daran, den bibliographischen Hinweisen in STRAUCHs (s. Anm.11) Enikel-Ausgabe (S.434-435) nachzugehen.

schichte. Nur diese beiden Geschichten wissen überhaupt etwas von einer
weiblichen Gestalt, die überdies in beiden die Fähigkeit besitzt, "wirklichen" Geschlechtsverkehr zu verhindern (2C = 4C).

Ich hoffe also, die Möglichkeit einer doppelten Kontamination zwischen Geschichten der ersten Gruppe (Statuenverlobung) und Geschichten der zweiten
Gruppe (Gerbert-Silvester-Geschichte) mindestens plausibel gemacht zu haben.
Ob mir Plausibilität in meinen abschließenden Überlegugen gelingt, ist fraglich. Es ist mir immer rätselhaft vorgekommen, warum in den Gerbert-Silvester-
Geschichten immer wieder von Geld die Rede ist. Silvester wurde Papst - darin
sind alle Versionen seiner Geschichte einig, denn das entspricht den historischen Tatsachen. Aber nicht weniger einig sind sie alle darin, daß er reich
wurde, und das scheint keine Basis in der Realität zu haben. Enikels Gerbert
ist von Hause aus Spieler (3A), und wenn er einen Pakt mit dem Teufel
schließt, so ist es wohl, um größeres Glück beim Würfeln zu erzielen. Die Erlangung kirchlicher Würden scheint bei ihm überhaupt von der Anhäufung großer
Geldsummen abzuhängen. Im Falle von Walters und Williams Gerbertfiguren ist es
anders. In den Ausgangssituationen von deren Geschichten ist zwar von Geld
keine Rede, trotzdem verhilft ihnen ihr Bündnis mit Meridiana (Walter) oder
mit dem Teufel (William) nicht nur zu hohen Ämtern, sondern auch zu Geld. Einen Wink auf dem Weg zur Erklärung dieses geheimnisvollen Geldmotivs glaube
ich im Zeigefinger der Statue gefunden zu haben, der in der William of Malmesbury-Fassung der Gerbert-Silvester-Geschichte Gerbert auf einen verborgenen
Schatz aufmerksam macht. BEZOLD (S.68) hatte bereits auf die Ähnlichkeit zwischen dieser Statue und den Venusbildern der Statuenverlobungsgeschichten hingewiesen, deren vorgestreckte Finger Astrolabius und Williams namenlosen Jüngling zur Übergabe des Ringes verlocken, ohne jedoch eine Erklärung dafür geben
zu können. Eine vordergründige Erklärung könnte wiederum meine Kontaminie-
rungstheorie abgeben: Genauso wie das Motiv der Selbstzerstückelung von einer
Frühfassung der Gerbert-Silvester-Geschichte in die Palumbusgeschichte und die
erotische Komponente von dieser und der Astrolabiuslegende (oder von einer
Vorstufe dieser beiden) in die Mapsche Version der Gerbert-Silvester-Geschichte hinübergewandert sein könnte, so könnte ebenfalls das als Hinweisschild
dienende Standbild in Williams Version der gleichen Geschichte eine dunkle Er-
innerung an das Venusbild in seiner Palumbusgeschichte sein. Subtiler jedoch,
aber nicht beweisbar, ist folgende Überlegung. Es ist eine in der Antike gän-
gige Vorstellung, daß der höchste Wurf im Würfelspiel nach der Göttin Venus

iactus Veneris[22] hieß. Wenn mir also im Hinblick auf diese Tatsache erlaubt
wäre, überall dort in den zur Diskussion stehenden Erzählungen, wo von Geld
die Rede ist, an Venus zu denken, so wäre die erotische Komponente, die sowie-
so von der Geschichte der Statuenverlobung nicht wegzudenken ist, auch der
Gerbert-Silvester-Geschichte eigen. Der Teufel, der in Enikel und William Gerbert zu Reichtum verhilft, und der Teufel, der in der Astrolabiuslegende in
der Venusstatue haust, wären demnach wesensverwandt und fänden ihren höchsten
und deutlichsten Ausdruck in der Figur der Meridiana, des *daemonium meridianum*
in weiblicher Gestalt, die, auf einem Teppich sitzend und von Geld umgeben,
Gerbert reichlich mit diesem beschenkt, um seine Gunst zu erlangen, schon bevor sie ihn durch ihre sexuellen Reize an sich fesselt. Über die Relevanz dieser weiblichen Satansfigur für unser Verständnis anderer verführerischer Feen-
gestalten, z.B. der Venusfigur in der Tannhäusersage, der Laudine in Chrètiens
'Yvain' oder der Dame im 'Lanval' der Marie de France (die übrigens auch ihren
Geliebten mit *or e argent* beschenkt[23]), wäre vielleicht anderweitig zu refe-
rieren.

---

22 Zum "iactus Veneris" s. Paulys Real-Encyclopädie der classischen Altertumswissenschaft, Bd.II
   (Stuttgart 1896), col.1794, s.v. Astrágalos: "wenn alle 4 a[strágaloi] verschiedene Seiten
   zeigten". Weitere Belege ebd., Bd.VIII A1 [= 2. Reihe, 15. Halbband] (Stuttgart 1955),
   col.876, s.v. Venus. Für diesen Hinweis, wie auch für den Hinweis auf FRIEDMAN (s. Anm.15),
   sei an dieser Stelle nochmals meinem Bristoler Kollegen vom Department of Classics and Ar-
   chaeology, Dr. Richard Buxton, aufs herzlichste gedankt. Auf Eberhard Nellmanns Frage (Diskus-
   sionsbeitrag), ob dieser Begriff, der sich im Altertum wohl eher volkstümlicher als literarischer Verbreitung erfreute, überhaupt dem Mittelalter hätte bekannt sein können (was doch Voraussetzung für meine These einer Gedankenassoziation zwischen Eros und Spielglück ist), kann
   ich nur mit einem Hinweis auf BEZOLD (s. Anm.13, S.13) antworten, der von einer auf der römischen Synode vom Jahre 963 gegen Papst Johann XII. erhobenen Anklage zu berichten weiß, dieser
   habe "beim Würfeln die alten Götter angerufen", was BEZOLD auf "die antike Bezeichnung des
   glücklichen Wurfes mit dem Namen der Venus" in Beziehung setzt. Da BEZOLD nichts von der Weltchronik-Fassung der Gerbert-Silvester-Geschichte wußte, konnte er keine Verbindung zwischen
   Erotik und Würfelspiel in der "Antilegende" dieses Papstes herstellen.
23 Les Lais de Marie de France, hg. v. J. RYCHNER, Paris 1969, 'Lanval', V.142. Volker Mertens
   verdanke ich überhaupt die Kenntnis dieses Gedichts.

Fürstlicher Sex-Appeal.
Politisierung der Minne bei Tannhäuser und Jansen Enikel

von

JEFFREY ASHCROFT (St Andrews)

Das Bild Herzog Friedrichs II. von Österreich in den zeitgenössischen Quellen ist durchaus zwiespältig. Auch bei österreichischen Chronisten steht er im Ruf eines Tyrannen, dessen Streitsucht den eigenen Tod und damit den Fall der Babenbergerdynastie herbeiführte:

> *Iste Fridericus cum esset severus homo, magnanimus in preliis, in iudicio districtus et crudelis, in thesauris congregandis cupidus, terrorem suum sic fudit super indigenes et vicinos, ut non solum non diligeretur, set ab omnibus timeretur.*[1]

Die Dichter andererseits, die in den dreißiger und vierziger Jahren des dreizehnten Jahrhunderts seinen Hof aufsuchten, feiern ihn als Inbegriff fürstlicher *milte* und höfischer *vreude* und behaupten, er habe persönlich Minnelieder und Tanzreien bei Hoffesten aufgeführt.[2] Sein Tod in der Leitha-Schlacht 1246 gab Anlaß zu extravaganten Klagen volkssprachlicher Sänger – Bruder Wernher, Tannhäuser, Ulrich von Lichtenstein rühmen den *helt uz Oesterriche*[3] – und lateinischer Poeten, die ihn mit aufwendiger Rhetorik als neuen Hektor, Paris, Alexander, David, Salomon, Makkabäer u.ä. verherrlichen.[4]

Als Dokumentation der tatsächlichen Beurteilung Friedrichs durch seine Zeitgenossen haben viele dieser Quellen geringen Wert. Zwei Zeugnisse aber werfen ein schärferes Licht auf spektakuläre Begebenheiten der Regierungszeit

---

1 Hermann von Niederaltaich: Annales, MGH SS XVII, S.392. Vgl. Continuatio Garstensis, MGH SS IX, S.596-8; Continuatio Sancrucensis Secunda, ebd. S.638-41; Continuatio Praedicatorum Vindobonensium, ebd. S.727.
2 Die Lieder Neidharts. Hg. von SIEGFRIED BEYSCHLAG. Darmstadt 1975, L 53, iv=85, 33-7. Der Dichter Tannhäuser. Hg. von JOHANNES SIEBERT. Halle 1934, Leich I 69-72.
3 Bruder Wernher: SCHÖNBACH Nr.48, s. JOACHIM BUMKE: Mäzene im Mittelalter. Die Gönner und Auftraggeber der höfischen Literatur in Deutschland 1150-1300. München 1979, S.585. Tannhäuser: SIEBERT (wie Anm.2), XIV, 4. Ulrich von Lichtenstein: Frauendienst. Hg. von REINHOLD BECHSTEIN. Leipzig 1888, XLIV, 1659ff.
4 MGH SS XI, S.50-51. Vgl. ALPHONS LHOTSKY: Quellenkunde zur mittelalterlichen Geschichte Österreichs. Graz/Köln 1963 (MIÖG Ergänzungsbd. XIX), S.234-5.

Friedrichs und deren literarische Vermittlung. Tannhäusers erster Leich, 'Uns
kumt ein wunneclichiu zit', bezieht sich bekanntlich auf die vorgesehene Erhe-
bung Österreichs zum Königtum im Jahre 1245.[5] Seine eigenartige Verbindung von
Fürstenpreis und erotischem Tanzlied wirft immer noch kontroverse Fragen der
Intention und Wirkung auf. In Jansen Enikels 'Fürstenbuch'[6] tritt Herzog
Friedrich ebenfalls zugleich als Regent und Minneheld, bzw. -antiheld auf.
Meine Untersuchung gilt dieser Doppelrolle und der Auswertung von Liebesthema-
tik in politischer Propaganda und populärer Geschichtsschreibung.

Tannhäuser bezeugt selber seine enge Beziehung zum Babenberger Hof, und der
erste Leich wird allgemein als historisches Dokument anerkannt.[7] Die Glaubwür-
digkeit des 'Fürstenbuchs' ist allerdings sehr umstritten.[8] Doch bleibt Jansen
Enikels Schilderung Herzog Friedrichs die bei weitem ausführlichste eines un-
gefähren Zeitgenossen - sie macht gut die Hälfte des Fragments aus - und war
Ausgangspunkt für manche späteren Geschichtsschreiber.[9] Gerade das oft bemän-
gelte Schwanken der Erzählperspektive zwischen klischeehaftem Lob und implizi-
ter Kritik[10] scheint, wenn auch in recht bizarrer Weise, die Spannweite der-
zeitiger Urteile über Friedrich widerzuspiegeln. Eine Episode, Friedrichs Vertreibung und Absetzung 1236 (FB 2319-2418), fast durchweg als Schwank ohne historischen Stellenwert abgetan, weist ausgerechnet in der Übertragung erotischer Motive auf reale politische Angelegenheiten eine überraschende Parallele

---

5 OSWALD REDLICH: Die Pläne einer Erhebung Österreichs zum Königreich. Zeitschrift des historischen Vereins für Steiermark 26 (1931), S.87-99. EDMUND WIESSNER: Die Preislieder Neidharts
   und des Tannhäusers auf Herzog Friedrich II. von Babenberg. ZfdA 73 (1936), S.117-30 (S.128-
   9). J.W. THOMAS: Tannhäuser. Poet and Legend. Chapel Hill 1974 (Univ. of North Carolina
   Studies in the Germanic Languages and Literatures 77), S.5. FRIEDRICH HAUSMANN: Kaiser Friedrich II. und Österreich. In: Probleme um Friedrich II. Hg. von JOSEF FLECKENSTEIN. Sigmaringen
   1974 (Vorträge und Forschungen XVI), S.225-308 (S.274-85). ULRICH MÜLLER: Untersuchungen zur
   politischen Lyrik des deutschen Mittelalters. Göppingen 1974 (GAG 55/56), S.104-5. KARL LECH-
   NER: Die Babenberger. Markgrafen und Herzoge von Österreich 976-1246. Graz/Wien ³1985 (VIÖG
   XXIII), S.293-5.
6 Hg. von PHILIPP STRAUCH: MGH Deutsche Chroniken III,2.
7 Der Versuch RENA LUPPINs: Studien zur Lyrik des 13. Jahrhunderts. Tanhuser, Friedrich von Lei-
   ningen. Göppingen 1980 (GAG 306), S.14-15, Tannhäusers Lied XI, 'Gen disen wihennahten', als
   Beitrag zum Weihnachtsfest des Hofes in Wien 1239 zu deuten, ist verfehlt. In den Chroniken
   ist von einem solchen Hoffest nirgends die Rede. LUPPIN scheint sich vielmehr in der Sekundärliteratur verlesen zu haben.
8 Vgl. zuletzt KARL-ERNST GEITH: VL. Bd.II, ²1980, Sp.565-9.
9 STRAUCH (wie Anm.6), S.xcixf.
10 STRAUCH (wie Anm.6), S.lxxviif. HANS RUPPRICH: Das Wiener Schrifttum des ausgehenden Mittelalters. SB der Österr. Akademie der Wissenschaften, Phil.-hist. Klasse 228/5, 1954. S.25-6.
   HELMUT DE BOOR: Geschichte der deutschen Literatur. München 1962, Bd.III/1, S.192-3. Vgl. aber
   GEITH (wie Anm.8), Sp.568-9, und URSULA LIEBERTZ-GRÜN: Das andere Mittelalter. Erzählte
   Geschichte und Geschichtserkenntnis um 1300. München 1984 (Forschungen zur Geschichte der
   älteren deutschen Literatur 5), S.78-89.

zu der historischen Dokumentation dieser Vorgänge auf.[11] Darüber hinaus geben Tanzleich und 'Fürstenbuch' Aufschlüsse über die Funktion von Liebes- und Sexualthematik in fürstlicher Repräsentation und propagandistischer Kunst.

Die Babenberger zählen zu den ersten Mäzenen höfischer Liedkunst, deren Prestige durch Minnesang und aktuelle Lyrik gefördert und gelegentlich auch in Frage gestellt wurde. Walther von der Vogelweide bezeugt seine Abhängigkeit vom Wiener Hof sowohl durch Lob als auch durch Kritik der Herzöge.[12] Der vermeintlich "unpolitische" Reinmar aber war es, der den Durchbruch zur lyrischen Darstellung der politischen Auswertbarkeit der Minne leistete, indem er in seiner 'Witwenklage' die Herzogin Helene fiktiv auftreten läßt, um dem erschütterten Prestige ihres verstorbenen Gatten Leopold V. nach seiner skandalösen Gefangennahme König Richards von England, seiner Exkommunikation und seinem als Gottesurteil ausgelegten grausamen Tode aufzuhelfen.[13] Die Exkulpation nimmt gleichsam die Form eines politisierten Liebesliedes an. In euphemistisch-intimem Ton beweint Helene den jäh Hingerissenen, dessen Fürsten- und gar Seelenheil gefährdet ist, als exemplarischen Liebhaber. Sie bezeugt, *wie mîn heil an sînem lîbe lac [...] wan er vil saelic man, jô trôste er wol ze lebenne mich* (MF 168, 8 u. 25). Doch die Herzogin spricht nicht nur in propria persona von privaten Liebesfreuden, sondern verkörpert die verlorene Freude des Hofes, denn Leopold war sowohl *spiegel mîner vröuden* als auch *aller vröiden hêrre* (MF 168, 12 u. 1). Der Sex-Appeal des Fürsten wird somit zur rettenden Metapher seines politischen Charisma als Quelle und Verkörperung der kollektiven Hochstimmung seiner höfischen *familia*, die der Fürst als *saelic man* schafft und verbürgt. Zu den Korrelaten der literarischen Minne gehört offenbar schon für Reinmar die Gattenliebe dynastischer Ehepartner, deren *vröude* und *heil* die *felicitas* und *salus publica*[14] des Landes repräsentieren. Hinter

---

11 Auch LIEBERTZ-GRÜN (wie Anm.10) sieht die Episode lediglich als erfundene "Skandalgeschichte" und geht nicht auf die einschlägigen Geschichtsquellen ein: S.81-2.

12 Vgl. VERF.: Die Anfänge von Walthers politischer Lyrik. In: Minnesang in Österreich. Hg. von HELMUT BIRKHAN. Wien 1983 (Wiener Arbeiten zur germanischen Altertumskunde und Philologie 24), S.1-24.

13 Vgl. meinen Beitrag zur 6. Anglo-deutschen Arbeitstagung: Der Minnesänger und die Freude des Hofes. Zu Reinmars Kreuzliedern und Witwenklage. In: Poesie und Gebrauchsliteratur im deutschen Mittelalter. Hg. von VOLKER HONEMANN u.a. Tübingen 1979, S.219-38.

14 Zu den politischen Dimensionen von mhd. "vröude" und "saelde", vgl. HEINRICH FICHTENAU: Arenga. Spätantike und Mittelalter im Spiegel von Urkundenformeln. Graz/Köln 1957 (MIÖG Ergänzungsbd. XVIII), S.66-9. HERWIG WOLFRAM: Fortuna in mittelalterlichen Stammesgeschichten. MIÖG 72 (1964), S.1-33 (S.32-3). DERS.: Mittelalterliche Politik und adelige Staatssprache. MIÖG 76 (1968) S.1-22. BERND THUM: Literatur als politisches Handeln. Beispiele aus dem Umkreis der letzten Babenberger. In: Österreichische Literatur zur Zeit der Babenberger. Hg. von ALFRED EBENBAUER u.a. Wien 1977 (Wiener Arbeiten zur germanischen Altertumskunde und

dieser Vorstellung steht wohl nicht nur das "Erziehungsprogramm" des Minnesangs Reinmarscher Prägung sondern auch die Auffassung der Minne als Komponente seigneurialer Ehe in der frühen höfischen Erzählliteratur. Die frühe Pflege
des Minnesangs am Wiener Hof dürfte im Zusammenhang mit der Ehepolitik der Babenberger im 12. und 13. Jahrhundert gesehen werden; von Leopold III. 1105 bis
Friedrich II. 1245 diente dynastische Heirat konsequent dem Ausbau ihrer territorialen Macht. Eine der diversen Funktionen der poetischen Minne war die
Sanktionierung und Verklärung dieser zunächst aus politischer Räson entstandenen Ehen.[15] Daher vermag Reinmar das Liebesglück des Regentenpaares in einem
politischen Debakel zu zitieren, um das *gaudium populorum*, das bedrohte öffentliche Selbstbewußtsein, zu bestärken.

In der Aneignung höfischer Liebesthematik durch deutschsprachige Chronisten
im 13. Jahrhundert werden die politischen Dimensionen fürstlicher Minne erst
recht transparent. In der einleitenden Panegyrik Leopolds VI. im 'Fürstenbuch'
schildert Jansen Enikel den Herzog als Stifter höfischer Feste und charmanten
Frauenhelden (FB 1583ff.); seine politischen Verdienste und sein friedebrin-
gendes Regiment werden in ritterlicher und bürgerlicher Freude veranschaulicht.[16] Vollends in den Todesklagen über Leopold (FB 2001ff.) greifen politische, wirtschaftliche und gesellschaftlich-repräsentative Funktionen und Leistungen des Herzogs scheinbar naiv ineinander. Die Wiener Bürger verdanken ihm
undifferenziert Rechtsprivilegien, ökonomische Vergünstigungen und das Fest-
treiben, das diesen Wohlstand zelebriert. Dabei tanzt und singt der Fürst mit,
und sein Prestige wirkt *meienbaere* auf die *schoenen vrouwen*:

> *wen siht man buhurdieren*
> *und ritterlîch justieren?*
> *wer singet uns nû niuwe reien?*
> *wer ziert uns nû die meien?*
> *wer ist nû schoenen vrouwen holt?*
> *wer lîht uns silber unde golt?*
> *wer vrîet uns die strâze?*
> *wer schaft uns frid ân mâze?*   (FB 2047-54)

Hier verarbeitet Jansen Enikel Elemente des hyperbolischen Fürstenlobs, die
schon Walther weniger kraß auswertet, wenn er den *milten* Leopold als *schoene
wol gezieret heide* (L 21,3), als *locus amoenus*, beschreibt, oder ihm bei der
Rückkehr aus dem Kreuzzug verspricht:

Philologie 10), S.256-77.
15 Vgl. den Beitrag URSULA PETERS' zu diesem Band.
16 THUM (wie Anm.14), S.261-2.

> *ir komet uns beide sünden unde schanden frî:*
> *des suln wir man iuch loben, und die frowen*
> *suln iuch triuten.*
>
> (L 28,16f.)

Den literarischen Ruf eines beispielhaften Stifters höfischer Freude genießt auch Leopolds Sohn Friedrich II. Neidhart bietet der vertriebenen Frau
Vromuot den Wiener Hof als Zuflucht an:

> *Vrômuot vert in trûren nû von lande hin ze lande,*
> *ob sie iemen vinde, der in ganzen vröuden sî.*
> *wer ist nû sô sicher, der ir irren boten sande,*
> *dem sî künde, sî sî alles ungemaches vrî?*
> *wer ist nû sô vreuden rîch,*
> *dâ si sî gesinde,*
> *wan der vürste Vriderîch?*
> *kom, dâ sî den vinde!*
>
> (L 53,II = 85,14-21)

Den *hoveherren* läßt er *niuwiu minneliet* vortragen; auch Tannhäuser teilt
Friedrich die Rolle des Tanzmeisters und -sängers zu:

> *Truric herze fro*
> *wirt von im, swann er singet den frouwen den reien.*
> *so hilf ich im so,*
> *daz ich singe mit im zaller zit gern den meien.*
>
> (I,69-72)

Der Schweizer Dichter Pfeffel mag auf Neidharts Lied anspielen, wenn er *vrô
Saelde* beim Babenberger sucht:

> *Vreude diust erwachet,*
> *diu ê verborgen lac*
> *sô lange in Osterlant:*
> *die hât uns ûf erhaben*
> *der fürste Friderîch.*[17]

Jansen Enikel scheint Tannhäusers Preislied auf Friedrich zu kennen und zu zitieren; stellenweise trägt auch er zur poetischen Verklärung des *tugenthaften
fürsten* (z.B. FB 2104-30) bei. Doch kennt er auch das überwiegend negative
Verdikt der Historiographen, vor allem über die Vorgänge, die zur Vertreibung
und Absetzung des Herzogs in den Jahren 1235-39 führten. Friedrichs Mißachtung
der kaiserlichen Autorität löste den Reichsprozeß gegen ihn aus und provozier-
te den Einmarsch Kaiser Friedrichs II. Das sogenannte "Manifest" des Kaisers
vom Jahre 1236 versucht, die öffentliche Meinung gegen den Herzog aufzubrin-
gen, indem es in erster Linie die verfassungsrechtlichen Gründe für den

---

17 Die Schweizer Minnesänger. Hg. von KARL BARTSCH. Frauenfeld 1886, V 1-5, S.71.

Reichsbann - Friedrichs *contumacia* und gar *reatus maiestatis* - heraus-
streicht.[18] Es appelliert aber auch an die Entfremdung im Lande selbst: tatsächlich werden Friedrichs Unrecht gegen die *homines terre sue* und seine Verfolgung der *ministeriales et alii impheudati* in den österreichischen Chroniken
bestätigt, wo auch die Bürger als Opfer seiner Willkür erscheinen und, *propter
multas insolentias et enormitates suas* zum Aufstand provoziert, den Kaiser als
Retter begrüßen.[19] Dazu kommen im Manifest und in den Annalen vermeintliche
Charakterschwächen des jungen Fürsten, der *pueriliter* und *stulte egerat*,[20]
aber auch die *fama publica* durch Gewalttaten und eine "zu wüsten Ausschreitungen neigende rohe Sinnlichkeit"[21] entrüstet hatte. Während die monastischen
Chronisten diese *enormitates* nicht näher beschreiben, ergeht sich das kaiser-
liche Manifest in sensationslüsternen Horrorgeschichten: Friedrich habe seiner
Mutter gedroht, ihr die Brüste abzuschneiden; er soll seine Schwester in der
Hochzeitsnacht überfallen und seinen Schwager, den Markgrafen Heinrich von
Meißen, nackt aus dem Bett geschleppt haben, um ihn zu zwingen, die Mitgift
wieder herauszurücken. Ferner werden ihm geradezu pathologisch anmutende sexuelle Delikte angekreidet: *deflorat virgines et fecit a suis complicibus
deflorari, matronas honorabiles dehonestat, auferens filias patribus et viris
per violenciam coniugatas.*[22]

Diese Anklagen von Sittlichkeitsverbrechen im kaiserlichen Manifest werden
von modernen Historikern gern als "rhetorisch-topisches Füllmaterial verschiedenen Grades der Phantastik"[23] bagatellisiert. Auch wenn sie lediglich üble
Verfemung sind, lassen sie aber doch durchblicken, daß die Gleichsetzung: politisches Fürstenheil - fürstlicher Sex-Appeal sich in einem polemisch-publi-
zistischen Angriff negieren ließ: tyrannische Bedrückung wird als Gewalttat
gegen die eigene Familie und als Frauenschändung propagandistisch ausgemalt.
Somit tritt das Manifest bei aller tendenziös-polemischen Übertreibung in
überraschenden Zusammenhang mit der Schilderung des Aufstands der Wiener Bürger gegen Herzog Friedrich in Jansen Enikels 'Fürstenbuch'. Diese immer wieder

---

18 Encyclica Imperatoris, MGH LL II, Nr.201, S.269-72. Dazu KARL BRUNNER: Zum Prozeß gegen Herzog
   Friedrich II. von 1236. MIÖG 78 (1970), S.260-73. ADOLF FICKER: Herzog Friedrich II. der letzte Babenberger. Innsbruck 1884, S.47-51. HAUSMANN (wie Anm.5), S.242-62. LECHNER (wie Anm.5),
   S.276-87.
19 Continuatio Sancrucensis Secunda (wie Anm.1), S.638-9. Vgl. Hermann von Niederaltaich (wie
   Anm.1), S.392. Annales Colonienses Maximi. MGH SS XVII, S.845.
20 Encyclica (wie Anm.18), S.270. Continuatio Praedicatorum Vindobonensium (wie Anm.1), S.727.
21 HUGO HANTSCH: Die Geschichte Österreichs. Graz/Köln ⁵1969, Bd.I, S.94.
22 Encyclica (wie Anm.18), S.271.
23 BRUNNER (wie Anm.18), S.266. Vgl. HAUSMANN (wie Anm.5), S.249-51.

als schwankhaft-unhistorisch abgetane Episode rückt nun ihrerseits in ein anderes Licht. Jansen Enikel erzählt, wie Herzog Friedrich sich in eine Wiener Bürgersfrau, *ver Priunel*, verliebt. Als sie sich seinen Annäherungsversuchen widersetzt, ruft er die Bürger zu einem Hoffest auf - unter Strafandrohung, falls sie nicht erscheinen. Sobald er im Tanz Frau Priunel zur Partnerin bekommt, führt er sie *heim in sin gemach* (FB 2369) und vergewaltigt sie. Die empörten Bürger geben Friedrich die Wahl zwischen Tod und Flucht. Auch die Ministerialen verstoßen ihn. Der Kaiser besetzt nun das herrenlose Land.

Damit reduziert Jansen Enikel die gravierende Krise von 1236 in eine scheinbar banale "despektierliche Anekdote". Das sollte uns aber nicht zum Kurzschluß verleiten, er habe einfach "die historischen Ereignisse stark verzeichnet", sei es aus purer Inkompetenz, sei es gar aus "subtiler Ironie", die "die traditionelle Idealisierungstechnik der höfischen Literatur [...] als verlogen und phrasenhaft entlarvt".[24] Eine "durch Geschichten bestimmte Geschichtsschreibung"[25] büßt nicht von vornherein jeden Wirklichkeitsanspruch (den die Chronik-Form ohnehin erhebt) oder jeden Realitätsbezug dadurch ein, daß sie sich an fiktionale Erzählformen und -schemen anlehnt: auch die skurrile Posse ist eine Art Vergangenheits- und Gegenwartsbewältigung! Bestens informiert über die Begebenheiten um Friedrich II. war Jansen Enikel freilich nicht. Jedoch, was er im Priunel-Schwank als Skandalgeschichte zu kolportieren scheint, deckt sich im wesentlichen überraschend genau mit den ihrerseits auch partiellen und lückenhaften Angaben der ihm zugänglichen monastischen Annalen sowie des ihm vermutlich unbekannten kaiserlichen Manifests. Wie kurz zuvor im 'Fürstenbuch' die possenhafte Episode, in der der Herzog von den Wiener Bürgern Steuern erpreßt (FB 2179-2290), veranschaulicht die Vergewaltigungsszene jene Anklagen der *iniquitas* gegen Friedrich: *degenerans* [...] *oblitus devotionis et fidei civium*[26] [...] *divites opprimens* [...] *persecutor et tyrannus*.[27] Die Notzucht stellt hier wie im Manifest den Beweis des tyrannischen Mißbrauchs der Macht und der sittlichen Verdorbenheit des *vir impius* Friedrich dar. Was die Annalen mit allgemeinen Moralbegriffen wie *excessus et facinora*[28] eher trocken registrieren, erscheint bei Jansen Enikel in einer Realisierung, deren fingierter Charakter die historische Wahrheit vielleicht nur in dem Maße

---

24 LIEBERTZ-GRÜN (wie Anm.10), S.86-9.

25 Vgl. GEITH (wie Anm.8), Sp.568-9.

26 Wiener Stadtrecht Kaiser Friedrichs II. In: Regesta Imperii. Hg. von J.F. BÖHMER u. JULIUS FICKER. Innsbruck 1881-82, Bd.I, S.446-7.

27 Encyclica (wie Anm.18), S.271.

28 Annales Colonienses Maximi (wie Anm.19), S.845.

verfälscht, wie überhaupt die Vermittlung des Wissens um historische Ereignisse und Gestalten in den jeweils vorhandenen Formen der Propaganda, der Publizistik oder der Historiographie perspektivisch verschoben wird.

Die übliche Kritik der Lücken und Ungereimtheiten im 'Fürstenbuch' trifft allerdings weitgehend auch auf die für Jansen Enikel verfügbaren Geschichtsquellen zu. Auch dort sind die politischen und wirtschaftlichen Hintergründe des Aufstands der Ministerialen stark vereinfacht; auch etwa in den Annalen von Heiligenkreuz erscheint der Kaiser keineswegs als Retter des tyrannisierten Landes. Wenn Jansen Enikel lakonisch feststellt, Kaiser Friedrich *was in dem lande. / mit laster und mit schande / muost er daz lant rûmen* (FB 2402-4), so dürfte er sich auf die sarkastische Bemerkung des Chronisten berufen: *Imperator intravit Austriam, ibique cum magno honore susceptus est ... ibique per tres menses latitantes, comedentes et bibentes que apud ipsos erant, et nihil aliud utilitatis operantes.*[29] Daß Jansen Enikel die Erhebung Wiens zur Reichsstadt und die Verleihung des Stadtrechts im April 1237 nicht erwähnenswert findet, bzw. eventuell nichts davon weiß, bezeugt auch nicht unbedingt seine Inkompetenz. Die Reichsunmittelbarkeit Wiens hörte gleich mit der Rückeroberung der Stadt durch Herzog Friedrich 1239 wieder auf, während das Privileg lediglich das geltende Stadtrecht von 1221 ergänzte.[30] Gerade die oft konstatierte städtisch-bürgerliche Orientierung des 'Fürstenbuchs' beruht auf der - sei es nur quasi-bewußten - Erkenntnis, daß der Aufstieg der Stadt im 13. Jahrhundert eng mit der Machtentfaltung der Babenbergerherzöge einherging.[31] In der längeren Perspektive dieses Zusammenwirkens der im Grunde gemeinsamen Interessen von Stadt und Fürsten waren die Mißwirtschaft Friedrichs II. und der Einmarsch des Kaisers tatsächlich eine störende Episode, die Friedrich mit der Erneuerung des Stadtrechts im April 1244 ohnehin wiedergutmachte.

Gemeinsam haben 'Fürstenbuch' und kaiserliches Manifest die reduktive Konkretisierung der politischen Gewalttätigkeit und der psychologischen Unreife Herzog Friedrichs als Sexualdelikt. Das Manifest erzielt damit die Verurteilung und Diskreditierung des Herzogs. Die eher triviale Behandlung der Abset-

---

29 Continuatio Sancrucensis Secunda (wie Anm.1), S.639.
30 LECHNER (wie Anm.5), S.286, 290.
31 LECHNER (wie Anm.5), Kap.15 (S.240-51). OTTO BRUNNER: Land und Herrschaft. Grundfragen der territorialen Verfassungsgeschichte Österreichs im Mittelalter. Wien/Wiesbaden ⁴1959, S.360-77. DERS.: Das Wiener Bürgertum in Jans Enikels 'Fürstenbuch'. In: Neue Wege der Verfassungs- und Sozialgeschichte. Göttingen ²1968, S.242-65. RICHARD PERGER: Herzog Leopold VI. von Österreich und die Stadt Wien. Wiener Geschichtsblätter 26 (1971), S.271-85. HORST WENZEL: Höfische Geschichte. Literarische Tradition und Gegenwartsdeutung in den volkssprachigen Chroniken des hohen und späten Mittelalters. Bern/Frankfurt 1980, S.100-102.

zung Friedrichs durch Jansen Enikel, die keineswegs eine Parteinahme für den
Kaiser impliziert, ist eine bewußte Bagatellisierung dieses kurzen Bruchs in
der engen Allianz zwischen den Babenbergern und den Wiener Stadtbürgern. Auch
hier ist die Notzuchtepisode Metapher pervertierter Macht, die Umkehrung der
Vorstellung, daß sich *salus publica* in der Freude des Hofes und im Liebesglück
des Fürsten repräsentativ offenbart. Reinmar nennt den vorbildlichen Ehemann
und heilspendenden Regenten Leopold V. *saelic man*; dem babenbergischen Fürsten
verleiht Jansen Enikel mit Vorliebe das Epitheton *tugenthafter man*. Im kaiserlichen Manifest heißt der widernatürliche Sohn und Sexualverbrecher Friedrich
II. dagegen *infelix homo*.[32] Leitwörter der höfischen Literatursprache wie
fröude, saelde, gelücke, heil, tugent weisen in diesen Kontexten Überschneidungen mit der lateinischen Staatssprache auf,[33] die nicht minder suggestiv
sind als die *dienst-* und *lôn*-Terminologie des Minnesangs. Die Verkehrung des
fürstlichen Frauenhelden in den fürstlichen Frauenschänder deutet auf eine im
Grunde konsequente Auffassung und Schilderung herzoglicher Verpflichtungen im
'Fürstenbuch'. Die reduktive Form der Schwankanekdote ist insofern zutreffend,
als sich Friedrich der Bedingungen seines Handelns nicht bewußt ist, nicht zum
einzigen Mal aus der fürstlichen Art der Babenberger schlägt und grotesk aus
der Rolle des vorbildlichen Herrschers fällt, die ihm als Sohn des exemplarischen Leopold VI. zukommt – und die er im übrigen, wenn auch ebenso episoden-
haft, abzugeben vermag, wie etwa bei der aufwendigen Schwertleite, die dem
Priunel-Schwank unmittelbar vorausgeht (FB 2291-2314). Das 'Fürstenbuch' ist
kein höfischer Roman, strebt keine von vornherein festgelegte moralische
Struktur an; die Instabilität der Erzählperspektive, die schwankende Beurteilung des Herzogs, entspricht dem von der *varia Fortuna* beherrschten, instabi-
len Charakter Friedrichs.[34]

Nicht einmal das Notzuchtverbrechen an sich trägt unbedingt ein negatives
Vorzeichen. In der ersten längeren Episode des 'Fürstenbuchs' treten gleich
zwei der Babenberger Vorfahren Friedrichs als Frauenschänder auf (FB 177ff.).
Ein nicht genannter Kaiser sucht einen Bräutigam für seine Tochter; ein Spiel-
mann empfiehlt ihm den Markgrafen Leopold von Gors:

32 Encyclica (wie Anm.18), S.272.
33 Vgl. THUM, passim, sowie die Arbeiten von FICHTENAU und WOLFRAM (s. Anm.14).
34 HANTSCH (wie Anm.21), S.94. Vgl. THUM (wie Anm.14), S.258-9, der auf soziale und kulturelle
   Faktoren hinweist, die ihn vermuten lassen: "Die meisten der politischen Akteure des Zeitalters müssen Menschen von einer seltsam labilen Identität gewesen sein".

> *er ist rittern und schoenen vrouwen holt.*
> [...]
> *er hât noch nicht ein êlîch wîp.*
> *sô schoenes menschen nie ouge gesach.*   (FB 244, 248-9)

Der Kaiser und seine Tochter verfallen dem fürstlichen Sex-Appeal Leopolds,
der seine Braut in die Ostmark heimführt. Sein Bruder, Markgraf Albrecht von
Pernegg, findet die neue Schwägerin unwiderstehlich und vergewaltigt sie. Leopold verhält sich, als ob er die Schande ignoriere, bis Albrecht ihn seinerseits zum Hochzeitsfest einlädt; dort nimmt er Rache, indem er Albrechts Braut
vergewaltigt. Vor dem kaiserlichen Gericht steht Leopold zu seinem Vergel-
tungsakt:

> *er slief bî der vrouwen mîn.*
> *daz muoz nû wol gerochen sîn,*
> *wan ichz nû widertân hân*
> *an sînem wîbe wolgetân.*
> *ditz geschach gar ân alle schulde.*
> *ich hiet ê gotes hulde*
> *verlorn, ich hiet ez gerochen.*   (FB 845-51)

Die Schiedsleute fällen ein zunächst überraschendes Urteil: Albrecht werden
die Hoheitsrechte abgesprochen, Leopold empfängt die ganze Ostmark als Fahnen-
lehen. Seiner dynastischen Chronik stellt Jansen Enikel somit eine Art Grün-
dungsmythos voran, der wiederum den Realitätsbezug hinter schwankhafter Ca-
mouflage verhüllt. Denn das Märchenschema des attraktiven Helden, der eine
Kaiserstochter geschenkt bekommt, erinnert in historischer Wirklichkeit an die
dynastische Ehepolitik der Babenberger, die im 12. und 13. Jahrhundert den
Machtausbau durch Heiratsallianzen mit den Kaiserhäusern im Westen und Osten
untermauerten.[35] Die sexuelle Rivalität der Brüder liefert eine Metapher für
das Ringen um eine ungeteilte territoriale Macht und für den Übergang von älteren Erbschaftsformen zur Primogenitur, die fortan im 'Fürstenbuch' gilt und
tatsächlich eine wesentliche Voraussetzung für die Entstehung hochmittelal-
terlicher Staatsgebilde war.[36] Jansen Enikel läßt die Gewalttat Leopolds von
Gors in ihren politischen Auswirkungen gelten: sie ist keine blinde Affekt-

---

35 Vgl. die Stammtafel der Babenberger bei LECHNER (wie Anm. 5), S.479-80. HEIDE DIENST: Die Dy-
nastie der Babenberger und ihre Anfänge in Österreich. In: Das babenbergische Österreich 976-
1246. Hg. von ERICH ZÖLLNER. Wien 1978 (Schriften des Instituts für Österreichkunde 33), S.18-
42 (S.18 u. 30).

36 Die im Privilegium minus gewährte "libertas affectandi" gab den Babenbergern seit 1156 eine
einmalig günstige Erbschaftsfreiheit. Vgl. LECHNER (wie Anm.5), S.155-7, und die dort ange-
führte Literatur.

handlung sondern wird *offenlîche / vor so manigem fürsten rîche* (FB 841-2)
ausgetragen als bewußte Behauptung persönlicher Ehre und politischer Zielstre-
bigkeit. Aus den Schwankgeschichten des 'Fürstenbuchs' geht hervor, daß Jansen
Enikel die moralische Indifferenz politischen Handelns erkannte. Gerade dadurch, daß er Geschichte in verfängliche Geschichten aufzulösen scheint, gelingt es ihm, durch erotische Märchen- und Schwankmotive die Ambivalenz und
die Faszination fürstlicher Machtansprüche mit einem hohen Maß an Suggestiv-
kraft zu veranschaulichen.

Die raffinierte Liedkunst Neidharts und Tannhäusers, die nachweisbar für
Friedrich II. am Wiener Hof geschaffen und vorgetragen wurde, zeigt auf ganz
anderem Niveau eine vergleichbare Kombination erotischer Eskapaden und zeitge-
schichtlicher Aussage. Die Annahme, daß "der besondere literarische Geschmack
des Wiener Hofes [...] wesentlich vom Herzog selbst bestimmt" wurde,[37] wird
von beiden Dichtern dadurch bestätigt, daß sie dem *hoveherren* die Sängerrolle
zuteilen. Das ist schon ein weiter Schritt von Reinmars Witwenklage her: vom
fürstlichen Mäzen, *aller vröiden hêrre*, dessen *milte* und *tugent* im höfischen
Fest zelebriert und repräsentiert werden, zum ausgelassenen Anstifter manchmal
lasziver, die Normen des Minnesangs travestierender Tanzorgien (man denke an
Tannhäusers Leich III 'Der winter ist zergangen' oder sein Lied XI 'Gen disen
wihennahten'). Als repräsentativer Ausdruck des Ethos und kollektiven Selbst-
bildes des Babenbergerhofes stehen die Lieder Neidharts und Tannhäusers in
einer kaum näher zu bestimmenden Beziehung sowohl zum intendierten öffentlichen Image des Fürsten und zu den Normen gesellschaftlichen Verhaltens und
sexueller Praxis unter der höfischen Elite. Darüber können wir nur spekulie-
ren. Das Porträt eines geradezu pathologisch Degenerierten im kaiserlichen Manifest ist sicher tendenziös überzeichnet, doch den Ruf eines Vergewaltigers
bei Jansen Enikel und vermutlich im historischen Gedächtnis der Wiener verdankt Friedrich wohl nicht allein der staufischen Propaganda. Für seine Hofgesellschaft übte die fürstliche Ehebindung sicher nicht jene sozialisierende,
ethisch integrierende Funktion aus, die Reinmar der Gattenliebe zwischen Leopold V. und Helene zuschreibt. Schon 1229 ließ Friedrich II. die erste Ehe mit
der byzantinischen Prinzessin Sophie lösen; auch seine zweite Ehe mit Agnes
von Meran ging früh in die Brüche. In der Krisenzeit 1236-1240 waren sie voneinander getrennt. Schon 1241 leitete Friedrich auch die Auflösung dieser Ehe

---

37 JOACHIM HEINZLE: Geschichte der deutschen Literatur von den Anfängen bis zum Beginn der Neuzeit. Bd.II: Vom hohen zum späten Mittelalter. Teil 2: Wandlungen und Neuansätze im 13. Jahrhundert (1220/30-1280/90). Königstein/Ts. 1984, S.28.

ein.[38] Die Ursache der Kinderlosigkeit beider Ehen scheint bei ihm gelegen zu haben, denn Agnes hat ihrem zweiten Gemahl zwei Kinder geboren. Außerdem erzählen Wiener und Heiligenkreuzer Annalen eine eigenartige Geschichte,[39] die ein für damalige Begriffe betont dubioses Licht auf Friedrichs Sexualität wirft. Es handelt sich um zwei Favoriten, *adolescentes, quos a iuventute nutrierat in curia sua satis delicate, quos etiam tenero amore amavit.* Die beiden wurden in einem Raufhandel lebensgefährlich verwundet. Friedrich bot alles zu ihrer Rettung auf: Ärzte, Gebet vom ganzen Klerus im Lande, das Gelöbnis eines Karnerbaus in Heiligenkreuz, eine Kreuzfahrt gegen die Preußen, schließlich Wiedergutmachung für alle von ihm Geschädigten. Das *magnum miraculum*[40] geschah, die beiden so geliebten Jünglinge blieben am Leben, worauf der Herzog reichliche Spenden an die Kirche leistete. Neuere Historiker vermuten eine homosexuelle Veranlagung Friedrichs. Die Feststellung des Heiligenkreuzer Chronisten: *fecit enim per suam audaciam mirabilia in vita sua,*[41] dürfte sich jedenfalls nicht allein auf Friedrichs militärische Leistungen beziehen.

Tannhäusers erstem Leich, 'Uns kumt ein wunneclichiu zit', verdanken wir die dokumentarische Bestätigung des wohl größten politischen Erfolgserlebnisses Friedrichs, der projizierten Erhebung Österreichs zum Königreich im Jahre 1245, die nur spärlich in den historiographischen Quellen belegt ist.[42] Allerdings scheiterte der Plan, weil es dem Herzog nicht gelang, seine Gegenleistung an Kaiser Friedrich II. zu erfüllen: seine Nichte Gertrud weigerte sich, den 32 Jahre älteren Mann zu heiraten, weil er unter Kirchenbann stand, und weil sie entschlossen war, ihrem langjährigen Verlobten Vladislav von Mähren treu zu bleiben.[43] Anlaß zu Tannhäusers Loblied auf Herzog Friedrich gab das Fest am Georgstag 1245, bei dem der Bischof von Bamberg im Auftrag des Kaisers dem Herzog *in signum recipiendi regni* einen Ring übergab.[44] Tannhäuser bezieht sich ausdrücklich auf den symbolischen Akt:

---

38 LECHNER (wie Anm.5), S.213, 276, 282, 292.
39 Continuatio Sancrucensis Secunda (wie Anm.1), S.641. Vgl. Auctarium Vindobonense, MGH SS IX, S.724.
40 Continuatio Sancrucensis Secunda (wie Anm.1), ebd.
41 Auctarium Sancrucense, MGH SS IX, S.732.
42 Vgl. REDLICH, WIESSNER, HAUSMANN (wie Anm.5) und HERWIG WOLFRAM: Meinungsbildung und Propaganda im österreichischen Mittelalter. In: Öffentliche Meinung in der Geschichte Österreichs. Hg. von ERICH ZÖLLNER. Wien 1979 (Schriften des Instituts für Österreichkunde 34). S.13-26 (S.14-15).
43 HAUSMANN (wie Anm.5), S.277-8.
44 Continuatio Garstensis (wie Anm.1), S.597.

Er mac wol heizen Friderich,
ez wirt abr niemer sin gelich.

In kurzen ziten daz geschiht,
daz man wol eine krone
schone uf sinem houpte siht;
so vert der fürste schone.   (I 53-8)

Diese Verkündigung der bevorstehenden Königswürde bildet den Höhepunkt eines
sehr bewußt aufgebauten, komplexen Herrscherbilds, das für das Selbstbewußtsein des Babenbergers und dessen Repräsentation aufschlußreich ist. Schon der
kurze Natureingang (Strophen 1-2) sieht die *wunneclichiu zit* des Maifests als
Ausdruck und Abspiegelung fürstlichen Heils. Zunächst wird Friedrich nach kon-
ventionellem Muster als exemplarischer Prinz dargestellt (Strophen 3-7): die
Leitwörter *pris, wirde, ere* fallen fast zwangsläufig. Doch scheint es Tannhäuser um ein profilierteres Bild zu gehen, das auch der kontroversen Seite der
Unvergleichbarkeit Friedrichs Rechnung trägt. Rivalen und Feinde werden nun in
überheblich-aggressivem Ton eingeschüchtert (Strophen 8-10):

Si slafent noch, er wecket si, des dunket mich.
ez was ein spil gar unz an her; nu hüeten sich,

Daz si den helt erzürnen niht!   (I 25-7)

Aber der "streitbare" Friedrich[45] wird gleich wieder verklärend als Artusrit-
ter stilisiert, *der stolze Waleis unverzaget.* Das Zitat aus Walthers Lobspruch
auf Leopold VI. (Strophe 12): *er hat und mac und tar getuon* (vgl. L 35,3)[46]
beansprucht auch für Friedrich den literarischen Glanz seines Vaters. Der Hinweis (Strophe 14) auf die exotisch-kosmopolitische Gefolgschaft des Herzogs –
Unger, Polan, Riuzen, Beheim - soll vordergründig seine Treue und *milte* exem-
plifizieren. Dabei wird wiederum politisch Kontroverses durch höfische Stilisierung entschärft: immer wieder versuchte Friedrich durch Aggressionen gegen
die Nachbarstaaten territoriale Ansprüche geltend zu machen. Tannhäusers konsequente Beschönigung politischer Realitäten gipfelt nun in der Behauptung
(Strophen 16 und 19), Friedrich sei seinem Namen gemäß der Friedensreiche:

Da bi schaffet er den besten fride übr elliu siniu lant,
guoten kouf umb allez dinc, er wendet roup, mort unde brant.

---

45 Die geläufigen Beinamen der Babenberger stammen von Ladislaus Sunthayms 'Klosterneuburger Ta-
feln' (1491). Vgl. LECHNER (wie Anm.5), S.140, und FRITZ EHEIM: Zur Geschichte der Beinamen
der Babenberger. Unsere Heimat 26 (1955), S.155-60 (S.159).
46 SIEBERT (wie Anm.2), S.127.

[...]
Er mac wol heizen Friderich ...   (I 45-6, 53)

Aus dem "Streitbaren", dem *strenuus bellator*[47] zeitgenössischer Geschichtsschreiber und späterer Historie, ist der Friedensfürst geworden. Phantasieren-
de Panegyrik spinnt sich fort: Friedrich ist der Maikönig, *der zallen ziten
fröude birt* (Strophe 17), er strahlt gar die Heilkraft des Grals aus (Strophe
18):[48]

> *Min geloube ist daz, swer in zer wochen eines mac gesehen,*
> *daz dem ungelückes niht enkeiner slahte mac geschehen.*   (I 51-2)

Doch die absurd anmutende Hyperbolik vermag Tannhäuser, den Trumpf ausspie-
lend, durch politisches Faktum zu erhärten: *in kurzen ziten* wird Friedrich
tatsächlich eine Krone tragen (Strophe 20). Damit rechtfertigen sich die Phantasien - Maikönig, Gralkönig - als metaphorische Vorwegnahme des realen Kö-
nigsheils. Auch der Jubelruf: *er ist unser wunne, / glanz alsam diu sunne,*
nimmt die extravagante Symbolik vorweg, die im Diplomentwurf der kaiserlichen
Kanzlei, der in Vorbereitung auf die geplante Krönung verfaßt, jedoch nie
promulgiert wurde, den Ausgang aller Würden vom kaiserlichen Thron mit dem
Herausstrahlen des Lichts der Sonne vergleicht.[49]

Das derart überhöhte Charisma Friedrichs wird im weiteren Verlauf des
Leichs aber vornehmlich in der Bildsprache fürstlichen Sex-Appeals vermittelt:

> *Sost sin tugenthafter lip*
> *milt und erebaere;*
> *elliu wolgetanen wip*
> *fragent von im maere.*
> [...]
> *Truric herze fro*
> *wirt von im, swann er singet den frouwen den reien.*
> [...]
> *Er ist zallen ziten fro,*
> *im zimt wol daz lachen,*
> *daz kan er vil suoze also*
> *wol mit fröuden machen.*   (I 61-4, 69-70, 77-80)

47 Vgl. Continuatio Garstensis (wie Anm.1), S.596-8. Chronicon Magni Presbiteri, Continuatio A,
   MGH SS XVII, S.528, und oben Anm.45.
48 SIEBERT (wie Anm.2), S.128.
49 Constitutio Regni Austriae. MGH LL IV, Const. II, S.358-60 (S.359). Vgl. HAUSMANN (wie Anm.5),
   S.279-80.

Die Freude des babenbergischen Hofes stellt sich erotisch-glamourös in *schimpf* und *lachen* dar,[50] während Sänger und Herzog zusammen den Maitanz inszenieren und im Duett begleiten. Das *froeliche springen* auf dem Anger mit *schoenen kinden* und *sumertocken* präsentiert sich im ausgelassenen, rustikal verbauerten, erotisch geladenen Stil.

Tannhäusers Leich schafft eine merkwürdige Verbindung von literarischem Klischee, politischem Kalkül, eklatanter Übertreibung, Machismo und Erotik. Eklektik und Hyperbolik, die sonst Tannhäusers parodistische Reaktion zur Minnesangtradition markieren,[51] sind hier eher Merkmale des extravaganten Versuchs, die ambivalente, dubiose politische Persona Friedrichs II. zu repräsentieren. Zumindest vor dem Kreise des Hofpublikums gelingt es ihm, den in der weiteren öffentlichen Meinung notorischen Fürsten "tugenthaft" erscheinen zu lassen: *Wer lebt, von dem man nu so vil der wunderlichen dinge saget?* (I 38). Die Hochstimmung des Hofes über den erwarteten Triumph der Erhebung Friedrichs zum König wirkt sich im Leich als verwegener, uns geradezu zynisch anmutender Humor aus. Allerdings haftet dem Lied im nachhinein schon eine gewisse Ironie an: der Plan der Königserhebung schlug fehl – und wäre ohnehin eher ein Triumph für den Kaiser als für den Herzog gewesen. Die Krönung hätte, dem überlieferten Diplomentwurf zufolge, das Privilegium minus und dessen für die Babenberger ungewöhnlich günstiges Erbrecht außer Kraft gesetzt; da Friedrich keinen Erben hatte, wäre Österreich bei seinem Tod als erledigtes Reichslehen an den Kaiser zurückgegangen, um fortan staufisches Königtum zu sein. Was Tannhäuser als Apotheose des Babenbergers präsentiert, bedeutete in der politischen Wirklichkeit den beinahe gelungenen Plan, aus dem babenbergischen Territorium eine staufische Hausmacht zu schaffen.[52]

Die scheinbar fiktiv überzeichnete Schilderung wichtiger Episoden im Leben Friedrichs II. bei Jansen Enikel und Tannhäuser bietet aufschlußreiche Dokumentation von Aspekten der Mentalität babenbergischer Herrschaft und deren Repräsentation und Rezeption in höfischer und bürgerlicher Literatur. Zum Verständnis mittelalterlicher Geschichte tragen diese Werke Perspektiven und Bewußtseinsinhalte bei, die die eigentlichen Geschichtsquellen nicht vermitteln. Gerade der metaphorische Ausdruck der Anziehungskraft und Faszination fürstli-

---

50 Vgl. THUM (wie Anm.14), S.261 u. 266-7: "'schimph' war in der Babenbergerzeit nicht einfach gleichzusetzen mit der desintegrierenden Kraft des Spotts, sondern war durchaus auch Teil der Sphäre von 'freude' und 'hôhem muot'".
51 HEINZLE (wie Anm.37), S.27. THOMAS (wie Anm.5), S.5-6. Anders HELMUT TERVOOREN: Zu Tannhäusers II. Leich. ZfdPh 97 (1978), S.24-42.
52 So HAUSMANN (wie Anm.5), S.284. REDLICH (wie Anm.5), S.88-91.

cher Macht in Bildern der Erotik und Sexualität macht die Ambivalenz der politischen Ansprüche der Babenbergerherzöge evident. Die literarische Liebesthematik bot sich schon Reinmar und Walther, noch viel transparenter aber dem
Hofdichter und dem Chronisten in folgenden Generationen, nicht nur, oder nicht
in erster Linie, als Vehikel eines ethischen Erziehungsprogramms, sondern auch
als Mittel einer raffinierten und weitgehend säkularen politischen Verständigung, sei es im Sinne der Repräsentation oder der kritischen Darstellung der
politischen Wirklichkeit.

Minne oder *amor carnalis?*
Zur Funktion der Minnesklaven-Darstellungen in mittelalterlicher Kunst

von

NORBERT H. OTT (München)

Nach der Definition eines gängigen Architekturwörterbuchs ist eine Misericordie ein "konsolartiger Unterbau am Klappsitz eines Chorgestühls, der den stehenden Mönchen als Gesäßstütze dient".[1] An einer Vielzahl solcher Objekte sind
- vor allem in englischen Kirchen und Kathedralen - Darstellungen angebracht,
die zum Motivkreis der sogenannten Minnesklaven gezählt werden. Eingebettet in
ein Programm aus Grotesken und Drôlerien, Vögeln, die mit Schlangen kämpfen,
Drachen, die sich in den Schwanz beißen - Bildmuster, die auch in der Initial-
ornamentik der Handschriften zuhause sind -, finden sich Beispiele der Verführungskunst der Frauen und des exemplarischen Verfallenseins der Männer an die
Liebe, meist antiker und biblischer Tradition entnommen: Samson, dem Dalilah
das Haupthaar schert; Judith und Holofernes; David und Bathseba; Aristoteles,
von Phyllis geritten; Vergil im Korb. Auch zwei Szenen aus mittelalterlichen
Stoffen werden in diese bildlichen Beispielketten integriert: Tristan und
Isolde im Baumgarten und Iwein unter dem Falltor. Die kombinatorische Verknüp-
fung der Einzelszenen ist dabei sehr offen und variabel; an einen Kernbestand,
bei dem die Aristoteles-und-Phyllis-Gruppe selten fehlt, kann etwa der Sünden-
fall sich anfügen - Adam als der erste Minnesklave, den *wîbes meisterschaft*
[...] *twanc*, wie Hugo von Trimberg im 'Renner' sagt[2] -, oder der Traum des Paris, aber auch Alexanders Himmelfahrt als *exemplum* der *superbia*.

An jene plastischen Bilddarstellungen, die bei heruntergeklapptem Zustand
des Chorstuhlsitzes nicht sichtbar sind - sitzt der Benutzer auf dem Chor-
stuhl, so befindet sich die Bilddarstellung an der Unterseite der Sitzfläche
-, lehnen sich Mönche und Chorherren während bestimmter, im Stehen auszuüben-

---

1 HANS KOEPF: Bildwörterbuch der Architektur. Stuttgart 1968 (Kröners Taschenausgabe 194),
  S.267.
2 Der Renner von Hugo von Trimberg, hg. von GUSTAV EHRISMANN. Mit einem Nachwort und Ergänzungen
  von GÜNTHER SCHWEIKLE. Bd.2. Berlin 1970 (Deutsche Neudrucke. Reihe: Texte des Mittelalters),
  V.12952.

der liturgischer Handlungen. Angesichts dieser Gebrauchsfunktion der Misericordien scheint eine Interpretation doch etwas zu einschichtig, die die darauf
dargestellten Motivreihen allzu deutlich als ernsthafte Warnung vor dem *amor*
carnalis auffaßt – nur weil sie innerhalb des Vollzugsraums Kirche angebracht
sind. Minnesklavenreihen, aber auch Einzeldarstellungen von Weiberlisten, gibt
es bis ins späteste Mittelalter hinein an vielen Orten und in unterschiedlichsten Werkstoffen, im profanen wie im kirchlichen Bereich, in der Großplastik
und in der Kleinkunst, auf Fresken und Teppichen, auf Kapitellen und auf Gegenständen höfischen Luxus-Gebrauchs. Ihre Funktion lag kaum ein für alle Mal
fest, sie konnte wohl auch unterschiedlich sein; ableitbar ist sie nur aus den
Darstellungsorten, an denen diese Motive angebracht sind, aus ihrer bildlichen
Inszenierung und dem Kontext anderer Bilddarstellungen, in den sie eingefügt
wurden.

Eines der bekanntesten bildlichen Zeugnisse des Minnesklaventhemas ist der
sogenannte 'Malterer-Teppich' aus dem Freiburger Augustinermuseum. FRIEDRICH
MAURER hat seine Interpretation dieses Objekts ganz auf das Gegensatzpaar *êre*
– *leit* gestellt.[3] Der aus der ersten Hälfte des 14. Jahrhunderts stammende
Teppich[4] ist, neben den um einige Jahre älteren, nicht mehr erhaltenen Fresken
im Konstanzer 'Haus zur Kunkel', das älteste zyklische Zeugnis des Minneli-
sten-Themas. Der fast fünf Meter lange und 68 Zentimeter hohe Teppich enthält,
von Ranken- und Blumenornamenten eingefaßt, elf Vierpaß-Medaillons; die beiden
äußeren, die das Wappen der Freiburger Patrizierfamilie Malterer zeigen, links
mit dem Namen Anna, rechts mit Johannes versehen, gaben der Stickerei, die gewöhnlich als "Hochzeitsteppich" des Johannes und der (urkundlich nicht bezeug-
ten) Anna Malterer[5] bezeichnet wird, ihren Namen. Acht Medaillons gehören
paarweise zusammen: die beiden ersten, auf das Wappen folgenden, mit Samsons
Löwenkampf und Samson, dem Dalilah das Haupthaar schneidet; die zwei nächsten
mit dem bei seinen Büchern sitzenden, von Phyllis umschmeichelten Aristoteles
(Abb.1), und mit dem von Phyllis gerittenen Philosophen; das dritte Paar mit
Vergil, um die Tocher des römischen Kaisers werbend und im Korb hängend; und
schließlich das letzte mit zwei Szenen aus dem 'Iwein': Iweins Kampf mit Aska-
lon am Zauberbrunnen im ersten Vierpaß, Lunete und Iwein mit dem Zauberring

3 FRIEDRICH MAURER: Der Topos von den "Minnesklaven". In: F.M., Dichtung und Sprache des Mittelalters. Gesammelte Aufsätze. Bern/München ²1971 (Bibliotheca Germanica 10), S.224-248. (Urspr.
   in DVjs 27 (1953), S.182-206).
4 MARIE SCHUETTE - SIGRID MÜLLER-CHRISTENSEN: Das Stickereiwerk. Tübingen 1963, S.37, datieren
   auf 1310/20.
5 MAURER (s. Anm.3), S.225.

vor Laudine auf dem Thron im zweiten (Abb.2) - offensichtlich die gleiche Szene, mit der der 'Iwein'-Freskenzyklus auf Burg Rodeneck in Südtirol schließt.
Das abschließende Medaillon vor dem zweiten Wappen, eine Einzeldarstellung,
zeigt eine Dame mit Einhorn.

Abb.1: Aristoteles von Phyllis umschmeichelt. Freiburg, Augustinermuseum,
       Malterer-Teppich.

MAURERs Interpretation des Teppichs läuft auf eine doppelte Kontrastierung
hinaus: Einmal seien die vier Bildpaare so angelegt, daß das jeweils erste Medaillon den Helden "im Zustand seiner höchsten und vollkommenen Ehre" zeige,
das zweite "ebenso im tiefsten Leid".[6] Mag dieser Gegensatz noch auf die Sam-
son-Szenen zutreffen, so ist schon die erste Aristoteles-Szene nicht ohne Mühe
als Darstellung der höchsten Ehre des Gelehrten zu lesen (Abb.1), eher schon
als Vorausdeutung auf die zweite Szene, den gerittenen Aristoteles. MAURER jedoch sieht als Programm des Teppichs verwirklicht, wie "die weltliche Liebe
[...] den Mann in die Situation führt, daß ihn die Frau entehren, in Schmach

---

6 Ebd.

Abb.2: Iwein mit Lunete vor Laudine. Freiburg, Augustinermuseum, Malterer-
       Teppich

und Schande stürzen kann".[7] Diese Deutung werde, so MAURER, durch die zweite
Opposition unterstrichen: alle vier Medaillonpaare seien deutlich gegentypisch
auf das eine Einhorn-Medaillon bezogen. "Die Jungfrau mit dem Einhorn im Schoß
ist das Symbol der reinen und der wahren Minne, der Gottesminne", dem gegenüber stünden die *exempla* verderblicher weltlicher Minne. "So würde sich uns
[...] als der Gesamtsinn des Teppichs der Gegensatz zwischen Frauenminne und
Gottesminne ergeben: die falsche Weltminne, die Liebe zur Frau, die in Schande
und Leid führt; die wahre Gottesminne, die zur höchsten Freude und zur ewigen
Seligkeit geleitet."[8] MAURER führt zur Stützung dieser These zahlreiche Beispiele aus der Literatur an, die den Gegensatz Frauenminne-Gottesminne thema-

---

7 Ebd. S.226.
8 Ebd. S.226f.

tisieren, auch solche, die die Minnesklaven-Thematik direkt einbringen. In der Tat sind Exkurse über Weiberlisten - biblische und antike, aber auch solche aus höfischer Literatur - überaus zahlreich. Zu nennen wären u.a. Hugos von Trimberg 'Renner',[9] Lamprechts von Regensburg 'Tochter Syon',[10] eine Predigt Bertholds von Regensburg,[11] Herborts von Fritzlar 'Liet von Troye',[12] Heinrichs von dem Türlin 'Crône',[13] Hartmanns 'Erec',[14] Wolframs 'Parzival',[15] Herrand von Wildonie,[16] 'Lucidarius',[17] Meister Altswerts 'Schleiertüchlein',[18] Rudolfs von Ems 'Weltchronik',[19] Hugo von Montfort,[20] die Winsbekkin,[21] ein Lied Heinrichs von Veldeke,[22] das Liederbuch der Klara Hätzlerin,[23] Reinmar von Zweter,[24] Freidank,[25] Oswald von Wolkenstein.[26] Doch ist Vorsicht angebracht, wenn Textstellen aus den unterschiedlichsten Gattungen - Lied und Spruch, höfische Epik, Antikenroman und Chronistik, Predigt und Didaktik - un-

---

9 G. EHRISMANN (s. Anm.2) V.12942-12954. 15758-15773. 21010-21024.

10 Lamprecht von Regensburg, Tochter Syon. Hg. von KARL WEINHOLD. Paderborn 1880, V.349-370.

11 Berthold von Regensburg. Bd.1. Hg. von FRANZ PFEIFFER. Mit einem Nachwort von KURT RUH. Berlin 1965 (Deutsche Neudrucke. Reihe: Texte des Mittelalters), Predigt XVII, S.245,39-246,24.

12 Herbort's von Fritslâr liet von Troye, hg. von GE. KARL FROMMANN. Quedlinburg/Leipzig 1837 (Bibliothek der ges. dt. Nat.-Lit. 5). Nachdr. Amsterdam 1966, V.11225-11245.

13 Diu Crône von Heinrîch von dem Türlîn. Zum ersten Male hg. von GOTTLOB HEINRICH FRIEDRICH SCHOLL. Stuttgart 1852 (BLV 27). Nachdr. Amsterdam 1966, V.549-607.

14 Erec von Hartmann von Aue. Hg. von ALBERT LEITZMANN, fortgeführt von LUDWIG WOLFF. 6. Aufl. besorgt von CHRISTOPH CORMEAU und KURT GÄRTNER. Tübingen 1985 (ATB 39), V.2811-2821.

15 Wolfram von Eschenbach. Sechste Ausgabe von KARL LACHMANN. Berlin/Leipzig 1926. 'Parzival' V.289,14-19. 586,12-587,1.

16 Herrand von Wildonie, Vier Erzählungen. Hg. von HANNS FISCHER. Tübingen 1959 (ATB 51): 'Die treue Gattin' V.49-52.

17 Lucidarius. Aus der Berliner Handschrift hg. von FELIX HEIDLAUF. Dublin/Zürich ²1970 (DTM 28), S.73,18-74,6.

18 Meister Altswert. Hg. von W. HOLLAND und A. KELLER. Stuttgart 1850 (BLV 21), S.203 V.10-S.204 V.7.

19 Rudolfs von Ems Weltchronik. Aus der Wernigeroder Handschrift hg. von GUSTAV EHRISMANN. Berlin 1915. 2. Aufl. Dublin/Leipzig 1967 (DTM 20); Adam und Eva: 339ff.; Absalon: 29283ff., 29688ff., 30056ff.; David und Bethsabe: 28631ff.; Samson und Dalilah: 20947ff.; Salomons Götzendienst: 33347ff.; Azahels Tod: 27163ff.

20 Hugo von Montfort. Mit Abhandlungen zur Geschichte der deutschen Literatur, Sprache und Metrik im XIV. und XV. Jahrhundert hg. von J.E. WACKERNELL. Innsbruck 1881 (Aeltere Tirolische Dichter 3), Lied 11, V.16-26; Lied 24, V.17-68; Lied 33, V.21-36; Lied 38, V.45-52.

21 Winsbeckische Gedichte nebst Tirol und Fridebrant. Hg. von ALBERT LEITZMANN. Dritte, neubearb. Aufl. von INGO REIFFENSTEIN. Tübingen 1962 (ATB 9); Winsbeckin 23, 1-10.

22 MF 66,16.

23 Liederbuch der Clara Hätzlerin. Hg. von CARL HALTAUS. Mit einem Nachwort von HANNS FISCHER. Berlin 1966 (Deutsche Neudrucke. Reihe: Texte des Mittelalters), Lied 119, 199-233.

24 Die Gedichte Reinmars von Zweter. Hg. von GUSTAV ROETHE. Leipzig 1887. Nachdr. Amsterdam 1967, Spruch 103.

25 Fridankes Bescheidenheit von H.E. BEZZENBERGER. 1872. Neudr. Aalen 1962, 104,20-27.

26 Die Lieder Oswalds von Wolkenstein. Hg. von KARL KURT KLEIN. Tübingen ²1975 (ATB 55), Lied 3 V.25-54.

differenziert zu Belegketten gereiht werden[27] und noch dazu – ohne die verschiedenen Gebrauchszusammenhänge der jeweiligen Darstellungsmedien zu berücksichtigen – zwischen literarischer und bildlicher Realisierung des Themas
kurzgeschlossen wird.

Ein Minnesklaven-Zeugnis jedoch, das den Bilddarstellungen Textzeilen hin-
zufügt, ist wohl tatsächlich als direkter Reflex der Bildkunst auf die literarische Verarbeitung des Themenbereichs Weiberlisten zu verstehen: die Minne-
sklaven-Fresken im Konstanzer 'Haus zur Kunkel', denen Verse aus einem Pseudo-
Frauenlob-Spruch[28] hinzugefügt sind. Die zwölf in vier Reihen angeordneten Me-
daillons wurden zwischen 1306 und 1316 im Auftrag eines Magisters Konrad von
Überlingen, Arzt und Domherr in Konstanz, gemalt und sind heute nur noch in
Nachzeichnungen erhalten. Die Umschriften um die Bildnisse Adams, Samsons, Sa-
lomons, Alexanders, Vergils, des Holofernes, Aristotelis, Achills, Artus',
Azahels und – vielleicht – Parzivals – stimmen ziemlich genau mit dem Text des
Pseudo-Frauenlob überein. Nicht auszuschließen ist, daß der rechte Rand des
Freskos verlorenging und auch die übrigen, im Text angesprochenen *exempla* ur-
sprünglich enthalten waren: Absalon, Paris, vielleicht auch die *reinen wîp* der
letzten Zeile. Die gleiche Passage wird in einer im frühen 15. Jahrhundert in
Süddeutschland entstandenen deutsch-lateinischen Bilderenzyklopädie der Wa-
shingtoner Kongreßbibliothek[29] zu einfachen linearen Federzeichnungen von Minnesklaven gestellt (Abb.3).

MAURER schätzt die Fresken im 'Haus zur Kunkel' geringer als das Programm
des Maltererteppichs. Die Konstanzer Medaillons, so stellt er fest, "erschöpfen sich im Negativen",[30] es fehle jene entscheidende Kontrastierung von je
zwei Szenen, fehle vor allem der Gegensatz von Frauenminne und Gottesminne,

---

27 So auch RÜDIGER SCHNELL: Causa amoris. Liebeskonzeption und Liebesdarstellung in der mittelalterlichen Literatur. Bern/München 1985 (Bibliotheca Germanica 27), der unter den Stichworten
"Abstrahierung (Minne)" und "Konkretisierung (Frau)" streng scheidet zwischen dem negativ besetzten, christlich-theologischer Genesisexegese entstammenden, mit klerikal-misogynen Vorstellungen verbundenen Frauensklaventopos und dem eher positiv gewerteten, höfisch idealisier-
ten Minnesklaventopos; siehe v.a. S.475-505.

28 Heinrichs von Meissen des Frauenlobes Leiche, Sprüche, Streitgedichte und Lieder. Erläutert
und hg. von LUDWIG ETTMÜLLER. Quedlinburg/Leipzig 1843 (Bibliothek d. ges. dt. Nat.-Lit. 16).
Neudr. Amsterdam 1966, Nr.141. - Zum 'Haus zur Kunkel' siehe: LUDWIG ETTMÜLLER in: Mitt. der
Antiquar. Gesellschaft Zürich 15 (1866), S.227ff.; Konstanzer Häuserbuch, Bd.2, bearb. von
KONRAD BEYERLE und ANTON MAURER, 1. Hälfte. 1908, S.422ff.; HERTHA WIENECKE: Konstanzer Male-
reien des 14. Jahrhunderts. Diss. Halle 1912, S.34f.; ALBERT KNOEPFLI: Kunstgeschichte des Bo-
denseeraumes. Bd.1: Von der Karolingerzeit bis zur Mitte des 14. Jahrhunderts. Konstanz/Lindau
1961 (Bodensee-Bibliothek 6), S.129-131.

29 Washington, Library of Congress, Rosenwald Collection ms. no. 3.

30 MAURER (s. Anm.3), S.240.

Abb.3: Minnesklaven. Washington, The Library of Congress, Rosenwald Collection ms. no. 3, fol.8[r]

der, wie er meint, gerade den Teppich strukturiere. Das Fehlen einer solchen Antitypik aber bestimmt ganz entscheidend die Mehrzahl aller Bildzeugnisse des Minnesklaven-Themas. Ehe vorschnell auf der schmalen Basis von nur wenigen Zeugnissen die intendierte Programmatik jener Beispielreihen festgeschrieben wird, sollten doch noch einige weitere Objekte in den Blick geraten – erst dann wird man Deutungsangebot und Gebrauchssituation dieses Motivkomplexes deutlicher umgrenzen können.

Minnesklaven- und Weiberlisten-Darstellungen waren vor allem in der Textilkunst beliebt. Ein gestickter Teppich aus der Schweiz von 1522, der in Zürich aufbewahrt wird, zeigt in fünf Medaillons David und Bathseba, Samson und Dali-

lah, Judith und Holofernes, Salomons Idolatrie und Vergil im Korb.[31] Szenisch
in einen Laubwald integriert und mit Spruchbändern versehen sind Aristoteles
und Phyllis sowie Samson und Dalilah auf einem anderen Schweizer Teppich vom
Ende des 15. Jahrhunderts in Basel.[32] Die italienische Cassoni- und Desco-Ma-
lerei des 15. Jahrhunderts hat in immer wechselnden Kombinationen, oft um
trionfi d'amore gruppiert, die klassischen Minnesklaven - Samson und Dalilah,
die Enthauptung des Holofernes, Salomons Götzendienst, Vergil im Korb, Aristoteles und Phyllis - dargestellt.[33] Vor allem im 16. Jahrhundert hat sich die
Druckgraphik des Themas angenommen: Von Peter Flötner etwa' stammt ein Holzschnitt, der vier *exempla* unter Architekturbögen zusammenfaßt: den geschorenen
Samson, David und Bathseba, Salomon, die Götzenbilder anbetend, und den gerittenen Aristoteles.[34]

Neben solchen Minnesklaven-Reihen sind auch zahlreiche Darstellungen nur
eines Exempels überliefert. Um 1330 entstand eine Skulptur des Samson-und-Da-
lilah-Themas am Chorgestühl des Kölner Doms, die Nachahmung in der Kathedrale
von Amiens und in der Kirche von Hoogstraeten gefunden hat.[35] Das Kunstgewerbemuseum in Basel besitzt ein Samson-Relief aus dem 15. Jahrhundert.[36] Die In-
ventarliste Philipps II. von Savoyen von 1498 führt einen Samson-und-Dalilah-
Teppich auf.[37] Mehrere italienische Tafelbilder des 15. Jahrhunderts, darunter
auch ein Wöchnerinnentablett aus Florenz, das sich im Londoner Victoria & Albert Museum befindet,[38] bringen die Szene. Äußerst beliebt war das Thema in
der Druckgraphik, wie zahlreiche Holzschnitte und Kupferstiche von Samsons
"Kastration" deutlich machen.[39]

---

31 RAYMOND VAN MARLE: Iconographie de l'Art profane au Moyen Age et à la Renaissance. Vol.2. La
   Haye 1932, S.481 u. Abb.495; OTTO VON FALKE: Gestickte Bildteppiche der Ostschweiz. Pantheon 5
   (1952), S.23.
32 VAN MARLE II, S.480 u. Abb.494. - Zu weiteren, v.a. Schweizer textilen Zeugnissen vgl. auch
   JENNY SCHNEIDER: Die Weiberlisten. Zs. f. schweizerische Archäologie u. Kunstgesch. 20 (1960),
   S.147-157.
33 Siehe dazu PAUL SCHUBRING: Cassoni. Truhen und Truhenbilder der italienischen Frührenaissance.
   Ein Beitrag zur Profanmalerei des Quattrocento. Leipzig 1915.
34 VAN MARLE II (s. Anm.31), S.480 u. Abb.493. - Zu erwähnen sind außerdem ein geschnitzter Kamm
   aus der ehem. Sammlung Figdor in Wien mit Vergil im Korb und Aristoteles und Phyllis (VAN MAR-
   LE II S.495), sowie ein elfenbeinernes Kämme-Paar, frühes 16. Jahrhundert, jeweils mit dem
   Traum des Paris und David und Bathseba. Vgl. im übrigen auch A. VIZKELETY: Minnesklaven. In:
   LCI 3, Sp.269f.
35 VAN MARLE II (s. Anm.31), S.491 u. Abb.504.
36 Ebd. S.491.
37 Ebd.
38 Ebd. S.480.
39 So vom flämischen "Meister von 1480", von Cornelis Matsys, dem deutschen "Meister von 1465",
   Woensam, Mair von Landshut, Aldegrever, Brosamer, Burgkmair, dem Meister E.S. und dem Mono-

Zu den ältesten Bildzeugnissen des Vergil im Korb zählt bezeichnenderweise
eine Darstellung, die den ikonographischen Typ auf einen anderen Bildinhalt
umakzentuiert: es ist die Miniatur des Kristan von Hamle in der Manesse-Hand-
schrift.[40] Diese und eine weitere Illustration der Großen Heidelberger Liederhandschrift zeigen, wie die Minnesklaven-Ikonographie schon früh zur freien
Benutzung bereitstand und als Lieferant von Zitaten, Allusionen und augenzwin-
kernden Anspielungen dienen konnte. Für das Dichterporträt des Rost von Sarnen
kontaminierte der Nachtragsmaler des Codex das Motiv des geschorenen Samson
mit einem Weberbild. Das ursprüngliche Deutungsangebot der traditionellen Min-
nesklavenszene ist unter den verschiedenen Schichten der Bildaussage nur noch
schwer auszumachen, und es ist kaum nachzuvollziehen, ob hier ein Mißverständnis des Illustrators vorliegt oder ein sehr bewußtes Spiel mit mehreren Bedeu-
tungsebenen.[41]

Das Inventar des Schlosses von Cornillon von 1380 nennt einen Teppich *cum
istoriis Virgilis;*[42] ein gesticktes Kissen von Ende des 16. Jahrhunderts aus
der ehemaligen Sammlung Figdor in Wien stellte die Szene dar.[43] In der Großplastik wird das Thema vom 14. bis ins 16. Jahrhundert häufiger bearbeitet,
u.a. an einer Säule im Kloster von Cadouin (Dordogne), als Kämpferfigur an einem Haus im flandrischen Oudenaarte, in den Kirchen von Courtrai und Hoogstraeten.[44] Auch die Druckgraphik tradierte die Szene gerne; allein von Lucas
van Leyden sind mehrere Holzschnitte des im Korb sitzenden, dem Gespött der
Menge ausgelieferten Vergil bekannt.[45]

Das wohl am häufigsten und in nahezu allen Werkstoffen dargestellte Minne-
Exempel ist der von Phyllis gerittene Aristoteles. Die - unter Einschluß der
spätmittelalterlichen Druckgraphik - gut 120 in der Literatur erwähnten Objekte sind bei weitem nicht alle erhaltenen Darstellungen. Die Aristoteles-und-

---

grammisten P.W.; s. VAN MARLE II (s. Anm.31), S.491 u. Abb.505-507.

40 HELLA FRÜHMORGEN-VOSS: Bildtypen in der Manessischen Liederhandschrift. In: H. F.-V., Text und
Illustration im Mittelalter. Aufsätze zu den Wechselbeziehungen zwischen Literatur und bildender Kunst. Hg. und eingeleitet von NORBERT H. OTT. München 1975 (MTU 50), S.57-88, hier S.72.
- Vgl. auch: GEORG FRIEDRICH KOCH: Vergil im Korbe. In: Fs. Erich Meyer. Hamburg 1957, S.105-
121.

41 FRÜHMORGEN-VOSS (s. Anm.40), S.73. Vgl. auch: RICHARD STETTINER: Das Webebild in der Manesse-
Handschrift und seine angebliche Vorlage. Berlin/Stuttgart 1911.

42 VAN MARLE II (s. Anm.31), S.495.

43 Ebd. S.496.

44 Ebd.

45 Außerdem u.a. ein florentinischer Druck im Dresdener Kupferstichkabinett vom Ende des 15.
Jahrhunderts, zwei deutsche anonyme Holzschnitte, zwei Stiche von Georg Pencz; vgl. VAN MARLE
II (s. Anm.31), S.496 u. Abb.523. 524 (Kupferstich und Holzschnitt von Lucas van Leyden).

Phyllis-Gruppe kann als Einzelzeugnis oder eingefügt in Minnesklavenreihen
auftreten; etwa ein Viertel sind Graphiken - Zeichnungen, Kupferstiche, Holzschnitte. Ein gutes Dutzend gehört der italienischen Cassoni-Malerei an; zehn
Fresken, hauptsächlich aus dem 14. Jahrhundert, sind überliefert, ebenso viele
Plastiken, vor allem Kapitelle und Kämpferfiguren, und nicht weniger textile
Objekte. Auf zwölf meist elfenbeinernen Kästchen ist die Szene - neben anderen
- dargestellt; 17 Chorgestühlschnitzereien und Misericordien tragen sie. Die
übrigen Zeugnisse verteilen sich auf Luxus-Gebrauchsartikel, wie Kämme, Haar-
teiler oder Messergriffe, Brettsteine, Kleinplastiken, Ofenkacheln und Glasge-
mälde.[46]

Vom Ende des 13. Jahrhunderts datiert eine Skulptur des gerittenen Aristoteles am Portal de la Calende der Kathedrale von Rouen, etwa ein Jahrhundert
später wird die Szene in einem Fassadenrelief an der Kathedrale von Lyon, kor-
respondierend mit Vergil im Korb, dargestellt.[47] Ein Teppich von 1330, dessen
wohl als Kissenbezüge verwendete Reste heute in Basel und Freiburg aufbewahrt
werden, enthält das Motiv.[48] Frühestes druckgraphisches Beispiel ist ein ano-
nymer florentinischer Stich vom Ende des 15. Jahrhunderts.[49] Speziell die
deutschen Graphiker des späten Mittelalters und der frühen Neuzeit haben Aristoteles und Phyllis oft dargestellt, so der Meister des Hausbuchs, der Augsburger Meister von 1477, Hans Schäufelein, Hans Brosamer, Hans Baldung Grien,

---

46 Grundlegend dazu noch immer der Beitrag von WOLFGANG STAMMLER: Der Philosoph als Liebhaber.
   In: W.S., Wort und Bild. Studien zu den Wechselbeziehungen zwischen Schrifttum und Bildkunst
   im Mittelalter. Berlin 1962, S.12-44, der aus dem 'Aristoteles'-Artikel für das RDK I,
   Sp.1027-1040 hervorgegangen ist. Einen wertvollen ikonographischen Appendix lieferte R. DI
   CESARE in: Miscellanea del Centro di Studi Medievali. Pubblicazioni dell'Università Cattolica
   del S. Cuore. N.S. 58. Milano 1956, S.181-247. Für die Elfenbeinzeugnisse s. RAYMOND KOECHLIN:
   Les ivoires gothiques français. 2 Bde. u. 1 Tafelbd. Paris 1924. Nachdr. Paris 1968; im übri-
   gen VAN MARLE II (s. Anm.31), v.a. S.492-495.
47 Siehe dazu VAN MARLE II (s. Anm.31), S.492 u. Abb.509; STAMMLER, RDK I (s. Anm.46) Sp.1031.
   Zudem verdienen Erwähnung ein Schlußstein im Kreuzgang von Cadouin (s. F. MOTH: Aristoteles-
   sagnet eller Elskovs magt. Et bidrag til sammenlignende novelleforskning. København/Oslo 1916,
   Abb. S.182); ein Relief am westlichen Mittelportal der Kathedrale von Auxerre, Anfang 14.
   Jahrhundert; ein Kämpfer von der rechten Schmalseite eines Sandsteinkamins aus dem Supersaxo-
   Haus in Glis, Wallis, 2. Hälfte 15. Jahrhundert, jetzt Zürich, Schweizerisches Landesmuseum
   (s. SCHNEIDER (s. Anm.32), S.148 u. Abb.2). - Unter den Fresken sind hervorzuheben: Reichenau-
   Mittelzell, 14. Jahrhundert (s. SCHNEIDER, S.148); San Gimignano, Palazzo Publico, Sieneser
   Schule, Mitte 14. Jahrhundert (VAN MARLE II S.494).
48 Der aus Adelshausen stammende Teppich hatte das Format 180 x 94 cm; auf dem Basler Stück (Historisches Museum): Herkules im Kampf mit dem Eber; auf den Freiburger Stücken (Augustinermuseum): Samsons Löwenkampf, Aristoteles und Phyllis, Kandace (?). Siehe HERMANN SCHWEIZER:
   Bildteppiche und Stickereien in den Städt. Altertumssammlungen in Freiburg i.Br. Schauinsland
   31 (1904); SCHUETTE - MÜLLER-CHRISTENSEN (s. Anm.4), S.37 u. Abb.187. 188.
49 VAN MARLE II (s. Anm.31), S.494 u. Abb.514; STAMMLER, RDK I (s. Anm.46), Sp.1036.

Melchior Lorch, Georg Pencz, der Monogrammist P.W., Peter Flötner, Holbein, Burgkmair, Martin Zasinger, Johann Sadeler.[50]

Fast nie fehlt die Aristoteles-und-Phyllis-Gruppe in den Misericordienprogrammen englischer und französischer Kirchen und Kathedralen, ja selbst am Chorgestühl der Lübecker Katharinenkirche und des Magdeburger Doms und am Ratsgestühl des Rathauses von Tallinn findet (oder fand) sich die Szene.[51] Was die Misericordien aber für die Literaturwissenschaft so interessant macht, ist die "literarische" Erweiterung der klassischen Minnesklavenreihe, vergleichbar der Ausweitung der traditionellen Neuf-Preux-Triaden an der Außenwand des Runkelsteiner Sommerhauses. Gänzlich losgelöst von ihrem ursprünglichen Textzusammenhang werden bildliche "Zitate" aus zwei höfischen Stoffkreisen - dem 'Iwein' und dem 'Tristan' - in die antike und biblische Minnehelden-Reihe integriert. Wenigstens fünf Misericordien aus dem 14. und 15. Jahrhundert stellen jene Szene aus dem ersten Handlungsstrang des 'Iwein' dar, die schildert, wie das Burgtor Iweins Pferd bei der Verfolgung Askalons durchschneidet und den Helden selbst zwischen beiden Toren gefangensetzt.[52] Um 1380 entstanden die Schnitzereien in Chester und Lincoln; im 15. Jahrhundert taucht das Motiv, leicht variiert, in der Kirche von Boston auf, war einst auch in der St. Peter per Mountergate Church in Norwich enthalten und schmückt noch heute einen Klappsitz des Chorgestühls der Kapelle des New College in Oxford.[53]

Zwei dieser Misericordienreihen - Chester und Lincoln - enthalten zudem die Baumgartenszene des 'Tristan'. Die voneinander abhängigen Schnitzereien - die Stücke in Lincoln sind möglicherweise Kopien derer von Chester - haben die Szene leicht mißverstanden: Tristan bietet in beiden Fällen Isolde einen Ring. Assistenzfiguren stehen zu beiden Seiten der Zweiergruppe mit dem Baum: in

---

50 Zudem noch Martin Schongauer, Virgil Solis, Urs Graf, Lucas van Leyden, Wenzel von Olmütz; s. VAN MARLE II (s. Anm.31), S.494f.; STAMMLER, RDK I (s. Anm.46), Sp.1034f.

51 Das Gestühl der Ratsstube von Tallinn (Reval), um 1480-1500, wurde im Krieg zerstört; s. zu den Schnitzereien NORBERT H. OTT: Katalog der Tristan-Bildzeugnisse. In: FRÜHMORGEN-VOSS (s. Anm.40), S.140-171, hier Nr.53. - Weitere Misericordien und Chorgestühlschnitzereien mit dem Aristoteles-und-Phyllis-Thema: Chichester, Exeter, Rouen, Paris (Musée de Cluny, Misericordie aus Beauvais), Montbénoit, Issoudun, Ile d'Adam, Amiens, Dordrecht, Boos, Aerschot, Hoogstraeten, Straelen, Walcourt; vgl. STAMMLER, RDK I (s. Anm.46).

52 Der erste, bis zur Begegnung Iwein-Laudine reichende Handlungsstrang bestimmt auch die zyklischen Bildzeugnisse des Iwein-Stoffs in Rodeneck und Schmalkalden. - Schon Chrétien reißt, anders als Hartmann, bei der Falltorszene das Thema der Minnegefangenschaft an.

53 Siehe FRANCIS BOND: Woodcarvings in English Churches. Misericords. Oxford 1910, S.76f. 226f.; ROGER SHERMAN LOOMIS - LAURA HIBBARD LOOMIS: Arthurian Legends in Medieval Art. London/New York 1938 (The Modern Language Association of America. Monograph Series 9), S.79 u. Abb.168-170. Auf eine bislang nicht beachtete Iwein-Misericordie macht JAMES RUSHING im Bulletin of the Arthurian Society 1986 aufmerksam.

Chester trägt ein Ritter links Schwert und Rundschild, ein Diener rechts Mantel und Hündchen der Königin; die beiden Begleiter in Lincoln sind ohne Attribute. Etwa hundert Jahre später wird das Motiv am Seitenteil einer geschnitz-
ten Bankbekrönung am Gestühl der Ratsstube von Tallinn dargestellt – neben
Samsons Löwenkampf und dem von Dalilah geschorenen Samson, neben David und Go-
liath und dem von Phyllis gerittenen Aristoteles.[54]

Die Baumgartenszene des 'Tristan', in die das Deutungsangebot des Stoffes
in zahlreichen bildlichen Zeugnissen gerinnt und die wohl nicht zuletzt wegen
ihrer kompositorischen Ableitung aus dem Sündenfall-Bildtyp eine große ikono-
graphische Durchsetzungskraft hatte, ist auf vielen höfischen Luxus-Gebrauchs-
gegenständen dargestellt: auf elfenbeinernen Kämmen, Haarteilern und Spiegel-
kapseln, auf dem Emailfuß eines Turnierbechers, auf ledernen Schreibtafeletuis
und auf Minnekästchen aus Holz oder Elfenbein. Allein sieben aus einer Pariser
Werkstatt der 1. Hälfte des 14. Jahrhunderts stammende elfenbeinerne Kästchen[55] bringen auf dem linken Seitenteil die Baumgartenszene zusammen mit einer Einhornjagd. Die offenbar in größerer Auflage produzierten Objekte stellen
in wechselnden Kombinationen Minneszenen verschiedener Quellenbereiche zusammen: Der Deckel zeigt meist ein Minneturnier vor Damen auf einer Galerie und/
oder die Erstürmung einer Minneburg sowie die Wappnung eines Ritters zum Turnier, zuweilen auch die Entführung einer Dame und eine Bootsfahrt zu zweit.
Die Vorderseiten bringen Szenen aus antiker Tradition: Aristoteles als Lehrer
Alexanders im ersten Bildfeld, im zweiten den von Phyllis gerittenen Philosophen,[56] in den beiden letzten Bildfeldern Pyramus und Thisbe oder einen Jungbrunnen. Die Kästchenrückseiten bezogen ihre Bildformeln aus dem höfischen Roman: das erste, dritte und vierte Feld führen Gawans Abenteuer auf Château
Merveil vor – Löwenkampf, gefährliches Bett und Begrüßung durch die Jungfrauen
–, das zweite enthält Lancelot auf der Schwertbrücke, mit Gawans Wunderbett-
szene kompositorisch eng verschränkt (Abb.4). Auf dem rechten Seitenteil ist
entweder ein Wildmann mit Ritter und Dame dargestellt oder Galahad, der den
Schlüssel zum Schloß der Jungfrauen erhält, aber auch beide Motive gemeinsam.

---

54 Siehe Anm.51 und V.C. HABICHT: Das Ratsgestühl in Tallinn und das Chorgestühl in Nordhausen.
   Sb. d. Gelehrten Estnischen Gesellschaft 1937, II, S.45-60.
55 Baltimore, The Walters Art Gallery; Birmingham, Barber Institute of Fine Arts; Florenz, Museo
   Nazionale Bargello; Krakau, Skarbiec katedralny; London, The British Museum; London, Victoria
   & Albert Museum; New York, The Metropolitan Museum of Art; s. OTT (s. Anm.51), Nr.38-44, dort
   weitere Literatur.
56 Dies ist eher als bei den Doppelmedaillons des Malterer-Teppichs eine antitypische Kombination.

Abb.4: Gawans Löwenkampf, Lancelot auf der Schwertbrücke, Gawan auf dem Wunderbett, Begrüßung durch die Jungfrauen. Baltimore, The Walters Art Gallery, Elfenbeinkästchen.

Dieser Szenenbestand, der, obgleich variabel kombiniert, im Kern stets gleich blieb - allein elf Kästchen oder Kästchenfragmente mit der Aristoteles-und-Phyllis-Gruppe sind bekannt[57] -, signalisiert ein Programm, das sich unter dem Motto "Minne, Minneschwank, gefährliches Minneabenteuer" fassen ließe. Mit den Gawan-Szenen aus dem 'Parzival' - Sinnzentrum auch der Gawan-Orgeluse-Handlungskette, die der Braunschweiger Gawan-Teppich verbildlicht[58] - wurden noch weitere elfenbeinerne Gegenstände geschmückt: eine Spiegelkapsel, ein Schreibtafel-Etui und zwei wohl von Kästchen stammende Fragmente.[59]

In der Misericordien-Ikonographie kommt die Wunderbett-Szene aus dem 'Parzival' nicht vor, auch nicht Lancelots häufig damit kombiniertes Schwertbrücken-Abenteuer. Wohl aber ein anderes Zeugnis kirchlicher Skulptur, das möglicherweise von den Kästchen-Programmen auch bildtypisch beeinflußt ist, bringt beide Szenen aus dem höfischen Roman zusammen mit klassischen Minnesklaven-Darstellungen. Auf Kapitellen in Saint-Pierre in Caen aus der Mitte des 14. Jahrhunderts ist ein Programm verwirklicht, das mit Vergil im Korb, Aristoteles und Phyllis, mit Samsons Löwenkampf und einer Einhornjagd, mit Lancelot auf der Schwertbrücke (Abb.5) und Gawan auf dem gefährlichen Bett[60] Weiberli-

---

57 Außer den Anm.55 genannten: Seitenteile von französischen Elfenbeinkästchen in Florenz, Museo Nazionale Bargello (VAN MARLE II (s. Anm.31), S.492 u. Abb.512); Köln, St. Ursula (VAN MARLE II, S.492 u. Abb.511); New York, The Metropolitan Museum of Art, Coll. Pierpont Morgan (KOECHLIN (s. Anm.46), Nr.1297); ein elsässisches Holzkästchen, Ende 14. Jahrhundert, Frankfurt a.M., Museum für Kunsthandwerk, Inv.-Nr.6799 (HEINRICH KOHLHAUSEN: Minnekästchen im Mittelalter. Berlin 1928, Nr.56 u. Taf.41; JÜRGEN W. EINHORN: Spiritalis unicornis. Das Einhorn als Bedeutungsträger in Literatur und Kunst des Mittelalters. München 1976 (Münstersche Mittelalter-Schriften 13), Nr.290); sowie ein ebenfalls hölzernes Kästchen aus dem Elsaß, um 1400, Berlin, Kunstgewerbemuseum, auf dem der Bildtyp umakzentuiert ist: die geflügelte Frau Minne reitet auf einem Mann (KOHLHAUSEN, Nr.54 u. Taf.40).

58 Braunschweig, Herzog-Anton-Ulrich-Museum, Mitte 14. Jahrhundert; s. MARIE SCHUETTE: Gestickte Bildteppiche und Decken des Mittelalters. Bd.2. Leipzig 1930, S.8-10, Taf.3. 4; NORBERT H. OTT: Geglückte Minne-Aventiure. Zur Szenenauswahl literarischer Bildzeugnisse im Mittelalter. In: Jb. d. Oswald-von-Wolkenstein-Gesellschaft 2 (1982/83), S.1-32, hier S.12-14.

59 Spiegelkapsel: Bologna, Museo Civico, 1. Hälfte 14. Jahrhundert, Wunderbett (s. KOECHLIN (s. Anm.46), Nr.1061; LOOMIS (s. Anm.53), S.72 u. Abb.140); Schreibtafeletui: Niort, Museum, Wunderbett (DAVID J.A. ROSS: Allegory and Romance on a Mediaeval French Marriage Casket. Journal of the Warburg and Courtauld Institutes 11 (1948), S.112-142, hier S.133 u. Abb.30); Kästchen-fragmente: ehem. Paris, Sammlung Manzi, Wunderbett (KOECHLIN Nr.1297/II; LOOMIS S.72); Cleveland, The Cleveland Museum of Art, John L. Severance Fund (ehem. Sammlung Hirsch, ehem. Sammlung Trivulzio), Deckel, Vorder- und Rückseite, auf der Vorderseite Galahad (?), Gawans Löwenkampf, Lancelot auf der Schwertbrücke in zwei Feldern (KOECHLIN Nr.1288; LOOMIS S.72; Meisterwerke aus der Sammlung Robert von Hirsch. (Ausstellungskatalog). Frankfurt a.M. Städelsches Kunstinstitut. 1978, Nr.88 mit Abb.).

60 Siehe JOHANN VON ANTONIEWICZ: Ikonographisches zu Chrestien de Troyes. Roman. Forschungen 5 (1890), S.241-268, hier S.266; VAN MARLE II (s. Anm.31), S.492 u. Abb.510; LOOMIS (s. Anm.53), S.71. 72 u. Abb.138. 139; STAMMLER, RDK I (s. Anm.46), Sp.1031; EINHORN (s. Anm.57), Nr.273.

Abb.5: Lancelot auf der Schwertbrücke. Caen, Saint-Pierre, Kapitell.

sten und Minneaventiuren in einer Reihung zusammengestellt, die dem höfisch-
literarisch erweiterten Szenenbestand der (Minne-)Kästchen sehr nahe kommt.

Angesichts der unterschiedlichen Orte, an denen Minnesklaven und Weiberlisten dargestellt, und der Verschiedenartigkeit der Gebrauchsgegenstände, die
damit geschmückt wurden, stellt sich die Frage nach Gebrauchssituation und Appellcharakter des in Literatur wie bildender Kunst realisierten Themas neu.
Bei Objekten wie den Kapitellen in Caen, den Blicken der Öffentlichkeit zugänglich, scheint am ehesten eine Warnung vor dem *amor carnalis* intendiert zu
sein; die Minneaventiuren der klassischen und höfischen Liebhaber konnten hier
durchaus als negative Beispiele verstanden werden. Doch eindeutig ist auch das
nicht: Es fehlt der Antityp, wenn nicht die Einhornjagd - wie MAURER das für
den Malterer-Teppich will - auf Gottesminne hinweisen soll. Von der Geschichte
Samsons ist nicht dessen Überwindung durch Dalilah geschildert, sondern sein
Löwenkampf, der ihn als Helden attribuiert. War innerhalb einer solchen Reihe

Abb.6: Aristoteles von Phyllis geritten. Bamberg, Karmelitenkreuzgang, Ka-
       pitell.

die zweite Szene nicht nötig, spielte der hier gewählte Bildtyp bereits auf
den Minnesklaven Samson an? So deutlich akzentuiert wie im Kreuzgang des Bamberger Karmelitenklosters, wo sich zu einem Aristoteles-und-Phyllis-Kapitell
(Abb.6) des 14. Jahrhunderts Christus mit der *sponsa* als positiver Gegentyp
stellt,[61] ist jedenfalls in Caen die didaktische Appellfunktion der Minneli-

61 BRUNO MÜLLER: Aristoteles und Phyllis im Karmelitenkreuzgang zu Bamberg. Fränkische Blätter 8
   (1956), S.50-52; DERS., Der Kreuzgang des Karmelitenklosters in Bamberg. Bestimmung und Deutung der Bildinhalte seiner Kapitelle. 97. Bericht d. Hist. Vereins in Bamberg (1961),
   S.1-124; DERS., Der Bamberger Karmelitenkreuzgang. Königstein i. Ts. 1970; TILMANN BREUER: Der
   Bamberger Karmelitenkreuzgang und die retrospektiven Tendenzen des 14. Jahrhunderts. 26. Bericht d. Bayer. Landesamts f. Denkmalpflege (1967), S.67-82.

sten nicht - wenn auch noch am ehesten im Gebrauchszusammenhang des kirchlichen Vollzugsraums Minnesklavenszenen als negativ besetzte *exempla* verstanden
werden sollten. Das Bild der Frau als Verführerin war hier wohl stärker misogynen Deutungsmustern unterworfen.

So liegt es nahe, auch die Minnesklaven-Reihen der Misericordien als war-
nende Beispiele vor dem *amor carnalis* zu lesen. Aber ist ein solch ernsthaft
gemeintes Programm wirklich an einem Ort denkbar, der erstens den Blicken der
Öffentlichkeit entzogen war - dessen didaktische Wirkung also ins Leere ging
-, und der zweitens, nach der Handbuch-Definition, "den stehenden Mönchen als
Gesäßstütze dient"[62]? Eine Funktion wie diese deutet doch wohl eher auf ein
spielerisches Umgehen mit den zitierten Motiven, auf Travestie und ironische
Brechung, auf parodistisches Anspielen des exemplarischen Sinnpotentials. Damit wäre der Appellcharakter der Misericordien kaum viel anders als der profa-
ner Zeugnisse, der Minnekästchen und Stickereien, auf denen höfische Handlungsmuster auf Wildleute übertragen wurden, der Liebespaar-Teppiche mit Darstellungen von Minnenden, von Tanz und Spiel - auch des ziemlich obszönen,
ikonographisch an den Phyllis-Ritt erinnernden Quintaine-Spiels.[63] Wie es
scheint, gingen auch die geistlichen Auftraggeber der Misericordien mit den
exemplarischen Minnesklaven und -helden eher spielerisch und zitathaft um, weniger ernsthaft-programmatisch. In den vierziger Jahren des 16. Jahrhunderts
hat der Abt Johann von Zell im sog. "Stadthof Fetzenreich" in Trier, seit 1408
im Besitz der Benediktinerabtei St. Maximin und über Jahre als Abteigebäude
genutzt, die Pfosten zwischen den Fenstern eines Erdgeschoßraumes mit farbig
gefaßten Holzskulpturen zieren lassen: Neben einem Mann, der auf einem Faß
hockt, einem anderen, der mit bloßem Gesäß in einem Korb sitzt und eine Rübe
in der Hand hält, einer Frau, die auf einem knienden Mann reitet und dessen
blanken Hintern mit einem Kochlöffel traktiert - sicher eine ins Groteske ge-
steigerte Weiterführung des Aristoteles-und-Phyllis-Bildtyps -, finden sich
auch Vergil im Korb und Dalilah, Samson das Haupthaar scherend.[64] Diese Darstellungen der Umkehrung des Gewohnten, der "Verkehrten Welt", in die die Wei-

---

62 Siehe Anm.1.

63 Zum Umkreis höfischer Bildthemen im Spätmittelalter s. den auch methodisch grundlegenden Beitrag von KEITH P.F. MOXEY: Das Ritterideal und der Hausbuchmeister (Meister des Amsterdamer
   Kabinetts). In: Vom Leben im späten Mittelalter. Der Hausbuchmeister oder Meister des Amsterdamer Kabinetts. (Ausstellungskatalog). Rijksmuseum Amsterdam - Städtische Galerie im Städel-
   schen Kunstinstitut Frankfurt a.M. 1985, S.39-51.

64 EBERHARD ZAHN: Stadthof Fetzenreich in Trier. Trier 1975. Herrn Christoph Gerhardt, Trier,
   gilt mein herzlicher Dank für den Hinweis auf dieses Denkmal.

berlisten schließlich gehören,[65] sind von ihren Benutzern wohl kaum als Warnung vor fleischlicher Liebe und der Verführungskunst der Frauen verstanden
worden, sondern fungieren als ironische Zitate lange tradierter, einst negativ
besetzter Muster, ja als bewußtes, freizügiges Spiel mit ihrem misogynen Exem-
pelcharakter.

Auch die - nach MAURER - so eindeutige Appellfunktion des Malterer-Teppichs
steht und fällt mit der kontrastiven Programmatik der Medaillonpaare, und sie
hängt vor allem von der Deutung der Einhornjagd als fragloses Beispiel keu-
scher Liebe, ja der Gottesminne, ab. Gerade dieser Sinngehalt des Einhorn-
Bildtyps aber ist sekundär,[66] und der ursprünglich erotische Gehalt der Fang-
geschichte, auf den literarische Passagen mehr oder minder deutlich anspielen
und den der Kontext bildlicher Darstellungen häufig genug nahelegt, ist auch
in der Bildsymbolik selbst unübersehbar. Die Einhornjagd des Malterer-Teppichs
wäre demnach auch Beispiel einer Weiberlist, und das Raffinement des Teppichs
bestünde darin, daß das eine Einhorn-Medaillon den positiven wie den negativen
Aspekt des Minne-Exempels - das Oszillieren zwischen beidem - selbst in sich
trägt.

So programmatisch streng, ernsthaft vor dem *amor carnalis* warnend jedenfalls scheint der Appellcharakter der Minnesklaven-Darstellungen weder im pro-
fan-höfischen noch im kirchlich-klösterlichen Gebrauchsumkreis gewesen zu
sein.[67] Vielmehr war Travestie angezeigt, ist es das Sowohl-Als-auch, der
spielerische Umgang mit Zitaten und signalhaft verwendeten, mehrdeutigen Moti-

---

65 Unter dem Motto "Verkehrte Welt" steht sicher auch der sog. "Regensburger Medaillonteppich",
   Bayern, um 1360, Museum der Stadt Regensburg, auf dem neben Aristoteles und Phyllis und der
   Baumgartenszene des 'Tristan' in 24 Medaillons und in der Teppichumrandung insgesamt 50 Lie-
   bespaare und Weiberlisten dargestellt sind, darunter z.B. ein Jüngling, der an einem "radele",
   einem Kleinkindergestell, geht, und sich in der Bildumschrift als das "nerlein" seiner
   Liebsten bezeichnet. Siehe OTT (s. Anm.51) Nr.19, dort weitere Literatur. - Zum Thema "Verkehrte Welt" in der Bildkunst vgl. auch DAVID KUNZLE: World Upside Down: The Iconography of a
   European Broadsheet Type. In: The Reversible World. Symbolic Inversion in Art and Society. Ed.
   by BARBARA A. BABCOCK. Ithaca/London 1978, S.39-94; KEITH P.F. MOXEY: Master E.S. and the fol-
   ly of love. Simiolus 11 (1980), S.125-148.
66 Den religiösen Aspekt betont besonders EINHORN (s. Anm.57). Vgl. aber auch LISELOTTE WEHRHAHN-
   STRAUCH: Einhorn. In: RDK IV, Sp.1504-1544, wo der ursprünglich erotische Gehalt des Motivs
   mehrfach angesprochen wird, bes. Sp.1510f.
67 Schon die Auswahl der biblischen Paare in Minnesklaven-Reihen verweist auf ein keineswegs ein-
   liniges Deutungsangebot, ja vermittelt eine merkwürdige Zwiespältigkeit: Während Dalilah in
   der Samson-Dalilah-Geschichte der Bibel schon negativ gewertet wird, ist Judith dort eine eindeutig positive Gestalt, die ihr Volk vor der Vernichtung durch Holofernes rettet - beide Paare tauchen jedoch gemeinsam in literarischen wie bildlichen Reihen auf. Vgl. besonders zu
   diesem Aspekt: JUTTA HELD: Die "Weibermacht" in Bildern der Kunst von der frühen Neuzeit bis
   zum Beginn des 20. Jahrhunderts. Tendenzen. Zs. f. engagierte Kunst 152 (Okt.-Dez. 1985)
   S.45-56.

ven, auf die das Publikum sich bezieht. Auf welch souveräne Weise das Thema
anzitiert und benutzt werden konnte, wie raffiniert dabei mit literarischen
Inhalten – ohne sie selbst darzustellen – und ihrer als selbstverständlich
vorausgesetzten Kenntnis umgegangen wurde, demonstriert ein oberitalienisches
Wöchnerinnentablett[68] vom Anfang des 15. Jahrhunderts, das, in einem Halbkreis
am Boden kniend, sechs klassische Minnesklaven und -helden – beides zugleich
wohl – zeigt: Achill, Tristan, Lancelot, Samson, Paris und Troilus, die eine
am Himmel schwebende Venus anbeten. Für die Darstellung der nackten Venus ist
ein ikonographischer Typ gewählt, der traditionell eigentlich Maria vorbehalten war: Mandorla und Strahlenglorie umgeben die Figur, die von zwei Amorn –
den Engeln des umakzentuierten Bildtyps – flankiert wird. Wenn man sich verge-
genwärtigt, daß der Gegenstand, den diese Kontrafaktur schmückt, der Wöchnerin
während der Zeit des Wochenbetts als Speisetablett diente, dann hat man eine
leise Vorstellung davon, auf welch spielerisch-souveräne, vieldeutige, auch
anzügliche, jedenfalls aber sehr freie Weise mit dem Thema Minne umgegangen
wurde.

---

68 Paris, Musée du Louvre; s. OTT (s. Anm.51) Nr.57, dort weitere Literatur.

Die Erotisierung des Handwerks

von

CYRIL W. EDWARDS (London)

> "What is pornography to one man is the laughter of genius to another"
> — D.H. LAWRENCE, *Pornography and Obscenity* (1929)

Bei der politischen oder Gelegenheitsdichtung ist der Versuch einer soziohistorischen Kontextualisierung eine selbstverständliche, wenn auch keine leicht zu bewältigende literaturwissenschaftliche Aufgabe. Bei der mittelalterlichen Liebesdichtung steht man auf keineswegs so festem Boden. Selbst wenn man das Gesamtphänomen Minnesang als "Ausdruck einer konservativ aristokratischen Haltung",[1] als konsolidierende Selbstbehauptung der höfischen Feudalhierarchie aufzufassen neigt, so wird vom einzelnen Minnesänger nur selten eine politische Aussage erzielt.[2] Andererseits ist die mittelhochdeutsche Liebeslyrik bekanntlich keine Erlebnisdichtung im postromantischen Sinne: sie arbeitet großteils innerhalb einer relativ schnell eingebürgerten, engen Thematik und mit tradierten Situationen, Motiven, Gattungen. Wenn hier also trotzdem der Versuch unternommen wird, eine Wandlung in der Bilderwelt der mittelalterlichen Lyrik mit zeitgenössischen gesellschaftlichen Entwicklungen in Zusammenhang zu bringen, so geht es um keine einfache Gleichsetzung von literarischer Tendenz und sozialem Wandel. Ich gehe von einer schon vor zwanzig Jahren von PETER WAPNEWSKI als "Gemeinplatz" anerkannten Formulierung aus: "Die Dichtung des Mittelalters war Gesellschaftskultur".[3] Als solche mußte sie selbst in ihren scheinbar unpolitischen Formen notgedrungen das herrschende soziale Klima widerspiegeln.

---

1 JOACHIM HEINZLE: Geschichte der deutschen Literatur von den Anfängen bis zum Beginn der Neuzeit. Bd.2: Vom hohen zum späten Mittelalter. Teil 2: Wandlungen und Neuansätze im 13. Jahrhundert (1220/30-1280/90). Frankfurt/M. 1984, S.115.
2 Eine Einzelausnahme wird in dem Beitrag zu diesem Band von JEFFREY ASHCROFT untersucht.
3 PETER WAPNEWSKI: Reinmars Rechtfertigung. Zu MF 196,35 und 155,10. In: Medieval German Studies, Presented to Frederick S. Norman. London 1965, S.71-83. Wieder abgedruckt in: "Waz ist minne". Studien zur mittelalterlichen Lyrik. München 1975, 2. Auflage 1979, S.181-194 (S.181).

Die Bilderwelt des Minnesangs bleibt bis in das 13. Jahrhundert sehr begrenzt, wenn man sie auch nicht mit EDUARD KOHNLE als "bekanntlich reichlich abgegriffen" abtun möchte.[4] Es dominiert das zeitgenössische Herrschaftsmodell, das Verhältnis zwischen Herrn und Vasallen, von der Dichtung in das Verhältnis zwischen Minnedame und dienendem Ritter umgewandelt - die "Feudalisierung der Liebe", wie es bei EDUARD WECHSSLER heißt.[5] Diese Umwandlung bringt mit sich, daß wir vom beruflichen Dasein des Ritters recht wenig sehen; sein *dienst* nimmt zumeist die Form des Singens an. Die Freizeitbeschäftigungen der ritterlichen Gesellschaft bilden dafür öfter die allegorische und erotische Grundlage eines Liedes: die Falkenjagd, das Sammeln und Schenken von Blumenkränzen, der Tanz, das Spielen mit dem Ball, das Schachspiel.

Unter den wenigen frühen Ausnahmen beschreibt Hartmann von Aue die selbstzerstörerische Wirkung der Hohen Minne in Metaphern, die aus dem ritterlichen Kampfesleben stammen. Er trägt *des winters wâpen* (MF 205,3) und klagt: *michn sleht niht anders wan mîn selbes swert* (MF 206,9). In zwei Strophen des Kürenbergers (MF 8,1; 9,29) wird der Ritter von der Minnedame zuerst bedroht, dann tatsächlich angegriffen, so daß er ihr *diu lant rûmen* muß; mit Roß und Panzer will er ihrer Herrschaft fliehen. Mit Heinrich von Morungen tritt das kriegerische Element des ritterlichen Daseins stärker in Erscheinung. Unter dem Einfluß altfranzösischer Vorgänger wie Bernart von Ventadour wird bei Morungen die *militia amoris* zum Leitmotiv.[6] So wird zum Beispiel im Lied der 'Räuberin' (MF 130,9) der Ritter ohne *widersagen* von der feindlich gesinnten Minnedame verwundet und gefangengenommen.

Die Feudalisierung der Liebe bringt es mit sich, daß es fast immer die Dame ist, die den ritterlichen Beruf ausübt. Der Ritter kann nur wie Walther von der Vogelweide drohen, den Kampfesplatz zu verlassen: *sô lâz ich den strît, / unde wirde ein ledic man* (L.69,19). Den aktiv kämpfenden Ritter sehen wir selten. In einem makkaronischen Lied aus dem Codex Buranus werden konkrete Details des Soldatenlebens (neben Motiven aus der Jagd) wohl zum ersten Mal in der deutschsprachigen Lyrik erotisiert:

---

4 EDUARD KOHNLE: Studien zu den Ordnungsgrundsätzen mittelhochdeutscher Liederhandschriften. Stuttgart 1934, S.135.
5 EDUARD WECHSSLER: Das Kulturproblem des Minnesangs. Studien zur Vorgeschichte der Renaissance, I: Minnesang und Christentum. Halle 1909, S.177.
6 Siehe ERIKA KOHLER: Liebeskrieg. Zur Bildersprache der höfischen Dichtung des Mittelalters. Stuttgart/Berlin 1935 (Tübinger Germanistische Arbeiten 21), S.58-67.

Er warf mir uf daz hemdelin,
    corpore detecta,
er rante mir in daz purgelin
    cuspide erecta.

Er nam den chocher unde den bogen,
    bene venabatur!
der selbe hete mich betrogen.
    "ludus compleatur!"   (CB 185)

Während hier die Metaphorik als erotischer Höhepunkt der Pastourelle dient, kann das Ritterleben auch in dieser konkretisierten Form zur tragenden Idee eines Liedes werden. In einem von der Manessischen Handschrift Neidhart zugeschriebenen Lied (HAUPT XLIV,1 = C 195) beklagt sich ein Ritter bei einer Ehefrau über den Verlust seiner Scheide, worauf sie ihm die ihrige anbietet, die ihren Mann nicht mehr interessiert und glücklicherweise *niuwan an der einen stet / dâ ze dem hengelriemen* verschlissen ist. Dasselbe Motiv findet sich im Volkslied 'Mönch und Nonne' aus dem 17. Jahrhundert:

Ach, Herr, was ist das lange Ding,
das unter euer Kutten hing?

Ach, Nonn, es ist mein Messerlein,
die Scheide habe ich daheim.

Ach, Mönch, ach willtu schweigen mir,
die Scheide will ich leihen dir.[7]

Bei (Pseudo-)Neidhart wird die Allegorie bis in die letzte Strophe durchgeführt, bis der Ritter *wider gezogen* hat. Für die Pointe springt das Lied in einen anderen Bildbereich, die Kochkunst, um. Die Ehefrau sagt: *zieht wieder: diu würze ist noch niht gebrûwen.* Der Kommentar HAUPTs weist eine für das 19. Jahrhundert typische Reaktion auf: "dass dieses lied und das folgende unter die neidhartischen gekommen sind hat nur ihr schmuz verschuldet". Dies scheint mir ein fragwürdiges Echtheitskriterium. Das Lied ist allerdings weder Sommernoch Winterlied; dafür hat die Handhabung der Metaphorik vieles mit anderen "echten" Neidhart-Liedern gemeinsam. Die epische Ausdehnung der Metapher bleibt zwar bei Neidhart meist auf eine Strophe beschränkt, aber wie in der letzten Strophe des Scheide-Lieds finden wir oft bei ihm eine Häufung von erotischen Bildern aus verschiedenen Arbeitssphären.

---

7 Entnommen der Schallplatte: Zupfgeigenhansel Volkslieder I. Pläne S19.F901. Dortmund 1976. Quelle: "Liederhandschrift des Studenten Clodius (1669) und des Fräuleins von Crailsheim (1747/49)."

Die Konkretisierung der ritterlichen Bilderwelt läßt sich als Vorstufe zur Heranziehung von außerritterlichen Arbeitssphären interpretieren.[8] Beispielhaft zeigt ein einstrophiges Lied von dem Kol von Niunzen, wie neben der *militia amoris* auch die ökonomische Grundlage für das ritterliche Dasein, die Bewirtschaftung des Lehens, allegorisch behandelt werden kann:

> *Daz sî mir dicke strîteclîche hât verseit,*
> *daz ist ein lêhen kûme als ein hant sô breit.*
> *môht ich daz selbe lêhen ir verdienen an,*
> *sô geswüere ich wol daz niemer mêre man*
> *mit mînem willen herbergt ûf daz selbe guot:*
> *swenn allez velt mit snêwe lît, sost doch der selbe acker fruot.*
>
> (KLD 29, II (3C))

Hier begegnet uns das Motiv des Feldes oder Gartens der Liebe, welches schon im Hohelied Salomos vorkommt und auch bei den lateinischen Dichtern beliebt ist. J.N. ADAMS erklärt die Häufigkeit dieser Metapher dadurch, daß das Bild "reflects in part the external appearance of the organ, and in part the association felt between the fertility of the field and that of females. The metaphor complements the verbal metaphors of sowing and ploughing used of the male role in sexual intercourse".[9] In der mittelhochdeutschen Lyrik ist die Anspielung meist etwas versteckt, indem der Garten oder das Feld als *locus amoenus*, als Hintergrund zur Begegnung zwischen dem Ritter und der Gärtnerin bzw. Bäuerin dient, zum Beispiel bei Burghart von Hohenfels (KLD 6, XIV); bei Steinmar (BSM 7); bei Neidhart (WL 5; WL 6; SL 16). Selten ist die Allegorie so durchsichtig wie in der didaktischen Verwendung des Motivs in Meister Ottes 'Eraclius':

> *ir boumgarte was ze mâzen vast,*
> *der huote hete si sich verzigen:*
> *dâ wâren liute în gestigen*
> *und wâren alsô verre komen,*
> *des obezes heten si genomen*
> *von dem niuwen boume.*
>
> (2022ff.)[10]

---

8 Zu dieser Erweiterung des "literarischen Typenarsenals" vgl. den vielseitigen Aufsatz von THOMAS CRAMER: "Sô sint doch gedanke frî". Zur Lieddichtung Burgharts von Hohenfels und Gottfrieds von Neifen. In: Liebe als Literatur: Aufsätze zur erotischen Dichtung in Deutschland. Hg. von RÜDIGER KROHN. Festgabe Peter Wapnewski 1982. München 1983, S.47-61.

9 J.N. ADAMS: The Latin Sexual Vocabulary. London 1982, S.83. Zu "lavorare l'orto", wie es bei Boccaccio, 'Decamerone' III,1 heißt, vgl. WOLF-DIETER STEMPEL: Mittelalterliche Obszönität als literarästhetisches Problem. In: Die nicht mehr schönen Künste. Grenzprobleme des Ästhetischen. Hg. von HANS ROBERT JAUSS. München 1968, S.187-205 (S.204).

10 HARALD GRAEF: Eraclius. Deutsches Gedicht des dreizehnten Jahrhunderts. Straßburg 1883 (Quellen und Forschungen 50).

Nur ein Oswald von Wolkenstein konnte sich die Kühnheit erlauben, das vertrau-
te erotische Motiv in eine Hymne an die Jungfrau Maria einzubauen:

> *Zwar ich gewunn sein kain verdries,*
> *möcht ich irs aberkosen,*
> *das si mich in iern garten liess,*
> *do si swanzt durch die rosen,*
> *und wurd mir do ain krenzlin grün*
> *von irem gunst, so wēr ich freuden kün.*
>
> (K.12, 31-36)

Die enge Bilderwelt des frühen und klassischen Minnesangs hängt mit dem auf
den Ritterstand beschränkten Personal kausal zusammen und erklärt den nur zö-
gernden Eintritt der Pastourelle in die dem mhd. Dichter zur Verfügung stehende Gattungsauswahl. Die typische Pastourelle beschreibt eine Begegnung zwischen einem Mann oberen Ranges, der seine Freizeit genießt, und einem Mädchen,
das sich zumindest anfangs ihren landwirtschaftlichen Aufgaben widmet. Der
Ritter - oder seltener *scholaris* - übt eine zerstörerische Wirkung auf die Arbeit des Mädchens aus:

> *Exiit diluculo*
> *rustica puella*
> *cum grege, cum baculo,*
> *cum lana novella ...*
>
> *Conspexit in cespite*
> *scolarem sedere:*
> *"quid tu facis, domine?*
> *veni mecum ludere!"*
>
> (CB 90)

Die *lana novella* könnte hier der Stoff sein, der von dem Mädchen verarbeitet
wird, "fresh wool to spin" (CLARE RUSSELL), oder aber ein aus dem Stoff ge-
machtes Kleid, "ein neues Röcklein" (CARL FISCHER).[11] Wenn erstere Deutung
stimmt, so handelt es sich wohl um eine erotische Anspielung wie das unten zu
behandelnde Garnwinden und Flachsschwingen bei Neidhart und Gottfried von
Neifen.

Sowohl der Rang der an der Begegnung beteiligten Personen als auch die Art
der weiblichen Arbeit lassen sich in der Gattung der Pastourelle variieren;
die dritte Variable ist die Initiative, die zur Unterbrechung der Arbeit
führt. Eine der makkaronischen Pastourellen im Codex Buranus (CB 184) stellt

---

11 Carmina burana. Translated and edited by CLARE RUSSELL and PHILIP PICKETT. Rye 1978, S.39;
  Carmina Burana. Die Lieder der Benediktbeurer Handschrift. Zweisprachige Ausgabe. Hg. von CARL
  FISCHER und HUGO KUHN. München 1979, 2. Auflage 1983, S.303.

eine *virgo ... nobilis* vor, die Holz sammelt. Die Arbeit wird von einem *iuve-nis pulcher et amabilis* unterbrochen. Die *vincula*, die er bricht, sind in er-ster Linie die Fesseln um das Bündel des Mädchens. Es läßt sich aber auch an ihren Gürtel, und an ihre Jungfräulichkeit als Unterbedeutung denken. Bei *brîs* herrscht eine entsprechende Dreideutigkeit: *brîse* oder *brîsem* (BMZ I 255a-b), "Einschnürung" des Bündels oder des Mantels, wohl auch der *prîs*, der Ruf des Mädchens. Die unterliegende Bedeutung des Verführens oder eher Vergewaltigens wird immer deutlicher, da die Arbeitsmetapher nach den zwei ersten Strophen wegfällt und andere Bilder die Gewalttat verkörpern. *vogelsanch* scheint nur hier die Bedeutung eines *locus* anstatt eines konstituierenden Elements des *locus amoenus* anzunehmen.

Das von der Jungfrau gesammelte *rîs* ist in aller Wahrscheinlichkeit Besen-holz. Schon bei der Comtesse de Dia ist diese Tätigkeit zu einem sprichwörtli-chen Ausdruck für den Geschlechtsverkehr geworden:

> *e qui que mal l'en retraia,*
> *no.l creza, fors cels que retrais*
> *c'om cuoill maintas vetz los balais*
> *ab qu'el mezeis se balaia*[12]

Das Motiv lebt im anglo-irischen Volkslied fort. In einer kanadischen Fas-sung wird Mary bei ihrer täglichen Arbeit von ihrem Liebhaber entdeckt. Sie bittet ihn um Schonung:

> *She says, 'Young man, be easy,*
> *Don't tease me, but let me be.*
> *Don't you toss my rushes careless,*
> *Great labour have they been to me.*

Er verspricht ihr: *A bonny bunch I'll reap for you.*[13] Häufiger kommt es vor, daß ein fahrender Besenverkäufer den Damen wegen seiner *green besoms* oder *green broom* gefällt. Mehrere Varianten wurden im Südwesten Englands in den letzten Jahrzehnten des 19. Jahrhunderts gesammelt. JAMES REEVES schreibt über eine im November 1888 von Will Huggins, einem Maurer aus Lydford, gesammelte

---

12 MEG BOGIN: The Female Troubadours. New York 1976, S.82. BOGIN übersetzt: "If anyone should disagree, / pay him no heed; listen only / to the one who knows one often picks the blooms / from which one's own broom's made" und bemerkt dazu: "Probably a proverb. Literally, 'For one often picks the brooms with which one sweeps oneself'; i.e. 'one is often responsible for one's own undoing'".

13 'Bonny Bunch of Rushes Green', entnommen der Schallplatte: The Amorous Muse. Sung by Peggy Seeger and Ewan MacColl. argo stereo ZFB 66. London 1966. Quelle: "From the singing of O.J. Abbott, Ontario, Canada".

Fassung: "Of the significance of broom gathering the final stanza leaves no doubt":

> *O when the yellow broom is ripe*
> *Upon its native soil*
> *It's like a pretty baby bright*
> *With sweet and wavily smile.*
> *My cuts that make the besom*
> *I bundle tight and spare*
> *All honest folks to please 'em*
> *I'm the darling of the fair.*

Die Symbolik wurzelt in der phallischen Form des Besens, wie eine Variante aus Hampshire klarlegt:

> *And as Jack was a-walking along the highway*
> *He came to the town of Perfume, Perfume,*
> *And a lady looked out of her window so high,*
> *A-bidding her servants to come, to come,*
> *A-bidding her servants to come.*
>
> *Go down, says she, and let the lad in,*
> *For I fancy both him and his broom, green broom,*
> *For I fancy both him and his broom.*[14]

Die Assoziierung von Besen und männlichem Glied lebt in der süd- und ostenglischen Tradition des Broom Dance fort, und in Amerika in dem durch Robert Johnson und Elmore James bekanntgewordenen Blues 'Dust my Broom'.

In einem Lied Gottfrieds von Neifen (KLD XXX) wird die Pastourelle mit der Neidhartschen Gattung des Winterlieds kombiniert. Im Gegensatz zu den makkaronischen Pastourellen aus dem Codex Buranus wird die Arbeitsmetapher hier zur tragenden Idee des Liedes. Der Natureingang führt in die Beschreibung einer Begegnung zwischen einem Ritter und einer Wasserträgerin. Der Standesunterschied ergibt sich sowohl aus der Art der Arbeit als auch aus der konsequenten Verwendung des *ir* und *du*. In der ersten Strophe scheinen wir jedoch im Bereich der Hohen Minne bleiben zu wollen, der Ritter beklagt sein *herzeleit*, er liebt sie von fern: *nâch der stêt mîn gedanc*. Ganz anders die Stimmung in der zweiten Strophe, in der er über seinen Erfolg jubelt. Dem Umschwung liegt eine Handlung zugrunde, die aus Tabugründen nur metaphorisch beschrieben werden

---

14 JAMES REEVES: The Everlasting Circle. English Traditional Verse from the MSS of S. Baring-Gould, H.E.D. Hammond and George B. Gardiner. London 1960, S.23, 129-132. Eine Variante von 'Green Brooms' wird von Sean McDonagh aus Glinsk, Connemara gesungen: The Folk Songs of Britain Volume 3. Jack of All Trades. Topic 12T159. London 1961.

kann; wie in CB 184 übt der Ritter eine zerstörerische Wirkung auf die Arbeit
des Mädchens aus:

> *Ich brach ir den kruoc,*
> *dô si gienc von dem brunnen.*
> *ich wart fröidenrîch*
> *dô ich die lieben sach.*
> *dô si daz vertruoc,*
> *was sorge mir zerunnen.*[15]

Wie beim Besen, wie bei *purgelin* und *cuspis*, hat auch hier die Form des Krugs,
vielleicht sogar des Brunnens, die Wahl der Wasserträgerin als Sexobjekt bestimmt. In dieser Hinsicht ist das Volkslied fast immer expliziter als die höfische Pastourelle:

> *And if ever I meet*
> *with that old shepherd's daughter,*
> *I shall block up the hole,*
> *Where she do draw water.*[16]

Es ist sowohl über das parodistische Wesen von Neifens Wasserträgerin-Pa-
stourelle als auch über ihre Echtheit gestritten worden.[17] Nicht weniger umstritten sind die anderen von der Manessischen Handschrift Neifen zugeschriebenen Lieder, die in unser Schema passen. In KLD XXXIX tritt zum ersten Mal in
der deutschen Lyrik der fahrende Handwerker auf:

> *Ez fuor ein büttenaere*
> *vil verre in frömdiu lant ...*

Vor dem 13. Jahrhundert dürfte ein fahrender Böttcher eine Seltenheit in
Deutschland gewesen sein: der Abbau der Großgrundherrschaft, der Übergang zur
Marktwirtschaft, die wachsende Bedeutung des Geldes waren die Vorbedingungen
für seine Existenz. Während in der Pastourelle der Ritter die weibliche Arbeit
stört, ist es in dieser verwandten, als Volkslied weit verbreiteten Gattung,
der Fall, daß der Handwerker und eine Hausfrau - oder manchmal die Tochter des

---

15 Das Motiv des zerbrochenen Krugs findet sich auch in einem anonymen altfranzösischen Lied, in
dem zwei Bauern, Godefroi und Robin, sich um die Gunst einer Bäuerin streiten. Godefroi wird
von ihr verachtet, weil er ihr den Krug gebrochen hat. KARL BARTSCH: Romances et Pastourelles
des XIIe et XIIIe siècles. Leipzig 1870, II, 57.

16 'Twankydillo' nach The Watersons. Topic 12T142. London 1966. Dem von Hammond 1906 in Dorset
gesammelten Text fehlt diese Strophe: "Final verse too indecent to write down" (REEVES: The
Everlasting Circle, S.270-271).

17 Vgl. CORNELIA MARIA DE JONG: Gottfried von Neifen. Amsterdam 1923, S.89-90; THOMAS CRAMER
(Anm.8), S.59, Anm.16.

Hauses – konstruktiv zusammenarbeiten, um den Ehemann – oder den Vater – zu betrügen.[18] Typisch für diese Gattung ist, daß die Werkzeuge des Handwerkers erotisiert werden. Beim Mangel an vergleichbarem Wortschatz läßt sich schwerlich sagen, ob Wörter wie *tribelwegge* oder *tribelslagen* echte *termini technici* sind, oder ob es sich um fingierte Pseudobegriffe handelt. Für *geschirre* ist die Bedeutung "Werkzeug" belegt, auch die Nebenbedeutung "das männliche Glied" (BMZ II,ii,164a). Wie *umbesweif* und *egge* gehört es zu keinem bestimmten Handwerk, hat aber einen angemessenen technischen Beiklang. Weitere charakteristische Züge, die dazu dienen, die Allegorie durchsichtig zu halten, sind das Stichwort *hant*, die hochwertenden Adjektive *guot* und *sleht* und der Superlativ der Schlußpointe:

> *si sprach 'ir sint niht laz.*
> *mir wart nie gbunden baz.'*

Auch hier wird die Wahl des zu erotisierenden Berufs durch die äußere Form der mit der Arbeit verbundenen Gegenstände bestimmt. Beim Böttcher denkt man vor allem an die Egge und die damit verbundene Hammersymbolik:

> *Here's a health to that pretty girl the one I love best*
> *Who kindles her fire all in her own breast,*
> *Which makes my bright hammer to rise and to fall ...* [19]

In der letzten Strophe von Neifens Lied identifiziert sich die Dame mit dem Faß. In einer "Obszönrede", die HANNS FISCHER nach der Weimarer Handschrift Q 565 herausgegeben hat, unterhalten sich *drey rockenmayd:*

---

18 DE JONG (Anm.17) S.91, führt Parallelen mit späteren deutschen Volksliedern an. Es handelt sich um die auch auf den britischen Inseln beliebte Ballade des Bettelmanns; eine niederbairische Fassung neuerdings auf der Schallplatte Frauenhofer Saitenmusi: Volksmusik in schwierigen Zeiten. Trikont-Unsere Stimme US-0107. München 1983. Außer der Ehebruchssituation hat Neifens Böttcherlied wenig mit den Bettelmannsliedern gemeinsam. DE JONGs Behauptung, "daß in allen diesen Liedern der Pilger oder der Bettler ein verkleideter Edelmann ist," hält einer näheren Prüfung nicht stand.

19 Aus einer Variante von 'Twankydillo' aus Sussex, die sich im Repertoire der Familie Copper befindet. BOB COPPER: A Song for Every Season. A Hundred Years of a Sussex Farming Family. London 1971, S.262. Vgl. 'The Blacksmith', 1909 von Mrs. Powell aus Herefordshire gesammelt, in: RALPH VAUGHAN WILLIAMS und ALBERT LANCASTER LLOYD: The Penguin Book of English Folk Songs. London 1969, S.22. Schon in einem Lied Marcabrus scheint das Bild zu einem sprichwortähnlichen Ausdruck geworden zu sein: "lo clau colpar". Siehe RUTH HARVEY: The harlot and the chimera in the songs of the troubadour Marcabru. Reading Medieval Studies 10 (1984) S.39-77 (S.40). Zur Hammersymbolik in einem religiösen Kontext vgl. CHRISTOPH GERHARDT: Kröte und Igel in schwankhafter Literatur des späten Mittelalters. Medizinhistorisches Journal 16 (1981), S.340-357 (S.343 und Anm.25).

> *Die annder sprach: "liebe schwester,*
> *Eins dings wunder<t> mich noch vester:*
> *Das ein votz kainen poden hat*
> *Und tag und nacht voll wasser stat*
> *Und wasser helt und nit rint*
> *Und sie doch niemant mit raiffen pint."*[20]

Hier spielt offensichtlich das Wortspiel *vaz : votz* neben dem körperlichen Vergleich eine Rolle. Daß es ausgerechnet Rockenmädchen sind, die diesen Dialog führen, ist auch kein Zufall, wie unten gezeigt wird.

Es folgt in C ein unvollständiges Lied (KLD XL), in welchem ein Pilger bei einer Dame um *hereberge* bittet. Hier spielt der Dichter wieder mit den ambivalenten Möglichkeiten der beruflichen *termini technici: kötzelîn, metti gân, venjen suochen*. HAUPT und KRAUS retten auch die Zweideutigkeit der letzten Zeile: *"in der minne* gebildet nach der geistlichen Formel *'in caritate'"* (KLD II, S.146). HAUPT vergleicht Heinrich von Veldeke MF 57,5: *ich bat sî in der kartâten, / daz sî mich müese al umbevân.*

Die Wiederholung der letzten Strophenzeile deutet auf das Volkslied hin, aber Neifens Pilgerlied hat zumindest einen aristokratischen Vorgänger. In einem Lied von Guillaume d'Aquitaine beschreibt der Troubadour, wie er als Pilger zwei Ehefrauen begegnet, die sofort ein sexuelles Interesse an ihm zeigen. Wie der Gärtner Boccaccios, aber aus entgegengesetzten Gründen stellt sich Guillaume dumm, lallt ihnen Unsinn vor, muß aber doch die Damen nach Hause begleiten und ihnen den ganzen Tag zur Verfügung stehen. Das Pilgerbild weicht sodann einem allegorischen Kampf zwischen Guillaume und einer enormen roten Katze. Wie in Neifens Pilgerlied scheint Guillaume mit den suggestiven Möglichkeiten von der Ausrüstung des Pilgers zu spielen. Dem *kötzelin* entsprechend trägt Guillaume ein *tapis* (III,2). Am Ende ist er so erschöpft *que a pauc no.i rompei mos corretz / e mos arnes* (XIV,3-4). PAUL BLACKBURN übersetzt: "until I nearly broke my strap / and the baggage with it".[21]

---

20 HANNS FISCHER: Studien zur deutschen Märendichtung. Tübingen 1968, S.46-47. Ich danke Peter Strohschneider für den Hinweis.
21 NICOLO PASERO: Guglielmo d'Aquitania: Poesie. Modena 1973, Nr.5; PAUL BLACKBURN: Proensa. An Anthology of Troubadour Poetry. Berkeley and Los Angeles 1978, S.9-10. Die in Frage kommenden Stellen sind problematisch. Siehe F.R.P. AKEHURST: William IX and (Un)bridled Passion: did William have the Pox? In: The Spirit of the Court. Selected Proceedings of the Fourth Congress of the International Courtly Society (Toronto 1983). Hg. von GLYN S. BURGESS und ROBERT A. TAYLOR. Cambridge 1985, S.23-30. AKEHURST sieht "corretz" und "arnes" als Bestandteile der ritterlichen Ausrüstung. Die Formel "ni fer ni fust" (V,3) übersetzt BLACKBURN mit "not mentioned either staff or tool".

Für KRAUS ist die Unechtheit von Neifens Pilgerlied unter anderem durch das
einmalige Verkleinerungswort *kötzeltn* bewiesen. Das Diminutivsuffix verleiht
dem Wort einen erotischen Nebensinn, wie beim *Messerlein* im Volkslied 'Mönch
und Nonne'. Es handelt sich um "Anti-Brag", das Gegenteil der phallischen An-
geberei.[22] Der Wortgebrauch Neifens steht hier demjenigen Neidharts sehr nahe.
Im Sommerlied 25 hat Wendelmuot den Heiratsantrag eines Bauern abgelehnt:

> *Swanne er wânte, deich dâ heime laege*
> *unde im sînes dingeltnes phlaege,*
> *würf ich den bal*
> *in des hant von Riuwental*
> *an der strâze:*
> *der kumt mir wol ze mâze.*   (SL 25,V)[23]

Sie zieht die höfische Freizeitbeschäftigung der hausfraulichen Arbeit vor.
Beiden Tätigkeiten wird durch die hypothetische Ehebruchssituation und die
Stichwörter *hant* und *ligen* eine pikante Ambivalenz verliehen. Die Schwierigkeiten, welche diese kaum übersehbare Erotik der älteren Forschung bereitete,
bezeugt die Diskussion um das Diminutiv *dingeltn*, das im Blues von Chuck Berry
eine akustische Parallele findet: *I want you to play with my dingaling*. WIESS-
NER hält an der Interpretation "Haushaltsangelegenheiten" fest und verweist
auf LEXER, Nachträge 123a: "NEIDH. 29,22 bedeutet es: bäuerliche wirtschaft,
haushaltung". Die Möglichkeit "penis" (LEXER I,437a) hält er für "verfehlt".[24]
Die Belege bei GRIMM bestätigen die von Neidhart gewollte Zweideutigkeit. So
heißt es bei Wickram: *kaufet ein haus in einem andern flecken und macht sein*
dinglin zusammen und lud das auf karren ('Rollwagen' 90; GRIMM 2,1174); bei
Fischart aber: *hawet ir den kindern also die dinglin ab, so wird er junkher*
von Degenblosz und Waddellosz werden ('Garg.' 131b; GRIMM ebd.).

In nicht weniger als vier Liedern Neifens wird eine weitere Arbeitssphäre
herangezogen: die weibliche Textilarbeit, das Flachsschwingen und das Garnwinden. In der Pastourelle KLD XXVII wirbt ein Ritter um ein Mädchen niederen
Ranges, wie aus den Anredeformen hervorgeht. Erst in der letzten Strophe,
nachdem *der kriec gescheiden* ist, duzen sich beide. Der *kriec* besteht in einem
vom Ritter beabsichtigten *ringen ûf der louben* (2,2). "Daß der Dichter uns

---

22 G. LEGMAN: The Rationale of the Dirty Joke. London 1969, S.302-307.
23 EDMUND WIESSNER: Die Lieder Neidharts. Tübingen 1955, 4. Auflage 1984 (ATB 44). Das erotische
    Ballwerfen auch SL 21,VII; Carmina Burana 103a; Der Tannhäuser I,37 nach der Ausgabe von J.
    SIEBERT (Halle 1934). Ob das Motiv auch bei Walther L.39,4-5 diesen Nebensinn hat?
24 EDMUND WIESSNER: Vollständiges Wörterbuch zu Neidharts Liedern. Leipzig 1954, S.54; Kommentar
    zu Neidharts Liedern. Leipzig 1954, zu 29,22.

eine Darstellung des *ringens* erspart hat," findet KRAUS "nur geschmackvoll."
(KLD II,124). Er übersieht die in der ersten Strophe versteckte erotische
Anspielung:

> *ich wolt überwinden*
> *ein maget sach ich winden,*
> *wol si gårn wånt.*

Das Lob des Garnwindens bezieht sich auf das Vergnügen, das der Ritter sich
von der Begegnung verspricht, wie das englische Volkslied 'Ball of Yarn'
verdeutlicht:

> *In the merry month of May*
> *When the birds begin to play,*
> *I took a walk quite early in the morning,*
> *There I met a pretty maid,*
> *She was knitting all of her trade,*
> *And I asked her: Could I wind her ball of yarn? ...*
>
> *I put me arm around her waist*
> *And I gently laid her down,*
> *I meant to do this fair maid no harm.*
> *In the middle of the green,*
> *Where I knew I wouldn't be seen,*
> *It was there I winded up her ball of yarn.*[25]

   Neifens Pastourelle KLD XLI liest sich wie eine parodistische Antwort auf
das ebenfalls dreistrophige Proto-Mädchenlied Hartmanns von Aue (MF 216,29).
Hartmann setzt sich mit den Schwierigkeiten der Lieblingsbeschäftigung des
Ritters auseinander, der Unterhaltung mit *ritterlîchen vrouwen*. Er folgert:
wand ich mac baz vertrîben / die zît mit armen wîben. In der dritten Strophe
beschreibt er eine Begegnung mit einer edlen Dame, die ihn *twerhes an gesehen*
hat. Die ersten Zeilen bei Neifen setzen eine Bekanntschaft mit dieser Problematik voraus. Der Neifensche Liebhaber geht aber sofort zu *armen wîben*, die er
höfisch schmeichelnd mit *ir* anredet. KRAUS ist mit der Überlieferung unzufrieden. In C wird der junge Mann am Ende der zweiten Strophe in die Hütte der
Flachsschwingerin eingelockt: *dar in so mvost ich keren,* während KRAUS ihn
allzu früh aufgeben und fortgehen läßt: *von dannen muoste ich kêren.* Erst die
dritte Strophe bringt die Enttäuschung und auch ein weiteres Textproblem mit
sich. KRAUS entnimmt *rîben* einer Strophe Neidharts, in welcher er eine *lôsiu*

---

25 Nach einer Tonbandaufnahme von Martin Carthy, der das Lied aus der Sammlung von Cyril Tawney,
   Dorset, ca. 1966, kennt.

hovertbe im Gegensatz zu *vrouwen und guotiu wîp* (WL 28,II) angreift. Das Mädchen Neifens kennt sich aber besser in der Hartmannschen Terminologie aus;
ihrer Meinung nach ist sie eine *frouwe* und kein so leicht zu verführendes *wîp*.
Daher antwortet sie: *hie en ist der wibe. niht*[26]. Die von KRAUS vorgeschlagene
lectio difficilior (im mhd. nur bei Neidhart belegt BMZ II,681a) bringt das
Lied um die Subtilität seiner Schlußpointe. Der Refrain betont das erotische
Element, indem die Wiederholung die Erwartungen sowohl des werbenden Ritters
als auch des Zuhörers wachhält und zum Schluß als ironische Antiklimax dient.

In Neifens Winterlied KLD I und im Sommerlied XXIV beschränkt sich die Beschreibung des Flachsschwingens auf eine Zeile:

> *si kan dehsen swingen in der mâze*   (I,4,9)
>
> [*si kan dehsen swingen beide als si sol*]   (XXIV,4,5)

In beiden Liedern handelt es sich um ein konventionelles Hohe-Minne-Verhält-
nis. Als höchstes Ziel erhofft sich der Ritter eine Begegnung unter vier
Augen:

> *in kan niht gewerben*
> *daz ir wol stênden ougen klâr*
> *iht wellen ruochen mîn*   (I,5,6-8)

Das Arbeitsbild hebt in diesen Liedern die parodistische Absicht Neifens hervor. Das Lob des *dehsens* senkt den Rang der verehrten *frouwe*, so daß sie als
Minneobjekt kaum mehr ernstgenommen werden kann. Zugleich bringt das Motiv das
erotische Element ins Spiel, indem es auf die Verführungsversuche in den
"volksmäßigen Liedern" (so DE JONG, S.91) wie KLD XLI verweist. Die Nuancen
setzen eine Bekanntschaft des gesamten Korpus beim Zuhörerkreis voraus.

Die Wahl des Flachsbrechens als erotisches Bild hat wohl ihren Ursprung im
rhythmischen Tempo des Peitschens, vielleicht aber auch in der phallischen
Form des Flachses oder des Rockens.[27] Shakespeare läßt sich die erotische Potenz des Bildes nicht entgehen:

> *Sir Andrew Aguecheek: But [my hair] becomes me well enough, does't*
> *not?*

---

26 C, fol. 40rb. Der Text wird im Apparat zu KLD (I, S.121) etwas irreführend wiedergegeben. Der
   Reimpunkt ist allerdings an falscher Stelle in der Handschrift, aber "niht" hat keine Majus-
   kel.

27 Siehe die Abbildungen bei SALLY FOX: Frauenfleiß. Ein immerwährendes Tagebuch. München und
   Hamburg 1985, zum 7. Mai, 1. September und 1. November.

> *Sir Toby Belch: Excellent; it hangs like flax on a distaff, and I*
> *hope to see a housewife take thee between her legs, and spin it*
> *off.*   ('Twelfth Night', I,iii.)

In Neidharts Winterlied 8 wird wie in Neifen KLD XLI eine Begegnung zwischen einem jungen Mann und einer Flachsschwingerin geschildert. Beide Lieder scheinen von einem typischen, allen *jungen mannen* gemeinsamen Erlebnis ausgehen zu wollen:

> *Uns jungen mannen sanfte mac*
> *an frouwen misselingen ...*   (Neifen KLD,XLI 1,1-2)
>
> *Mîne friunde, râtet, wiech gebâre*
> *umbe ein wîp, diu wert sich mîn!*   (Neidhart WL 8,II,1-2)

Die Neidhartsche Parodie ist jedoch von robusterer Art; von nun an geht es alles andere als *sanfte* zu:

> *die begreif ich, dâ si flahs ir meisterinne swanc.*
> *diu wert sich des êrsten vil undâre;*
> *doch tet sî ze jungist schîn,*
> *daz si mir ze starec was und ich ir gar ze kranc.*
> *leider lützel half mich dô mîn ringen;*
> *doch versuochte ich sîn genuoc,*
> *mangen ungevüegen bûz, den sî mir sluoc.*
> *sî sprach: "liupper, sitzet, lât mich swingen!"*   (WL 8,II,3-10)

In dieser und den darauffolgenden Strophen Neidharts geht es wieder um die männliche Störung der weiblichen Arbeit. Das Flachsschwingen kann aber auch so erotisiert werden, daß die Möglichkeit einer gemeinsamen Zusammenarbeit erwogen wird. Am eindeutigsten und ausführlichsten geschieht dies in Lied 42 des Lochamer Liederbuchs.[28] Die männliche Ich-Person *rait durch fremde lande*, wie Neifens Böttcher und Pilger, und vergleicht dabei die *frewelein* von Franken, Schwaben, vom Rheinland, von Sachsen und von Bayern in bezug auf ihre Textil- und Kochkünste. Den fränkischen Mädchen möchte er beim Garnwinden und Spinnen helfen: *wolt got, solt ich in zwirnen: / spinnen wolt ich lern(en)*; den Schwäbinnen beim Flachsschwingen: *der in den flachs will swingen, / der muß sein geringe*. Die Sächsinnen *haben schewern weit*, was den männlichen Mitarbeiter stark in Anspruch nimmt: *der in den flachs will possen, / muß hab(e)n ein sle-*

---

28 Das Lochamer Liederbuch. Hg. von WALTER SALMEN und CHRISTOPH PETZSCH. Wiesbaden 1972 (Denkmäler der Tonkunst in Bayern. Neue Folge. Sonderband 2), S.118-121.

gel große, / dreschend (zu) aller zeit. Die Bayerinnen sind wegen ihrer Kochkunst berühmt: in ihre breiten Pfannen passen viel Käse und Eier.[29]

Neidhart schöpft so oft und so variationsreich aus dem bäuerlichen Arbeits-
leben, daß es sich erübrigt, seine Lieder einzeln nach erotischen Bildern
durchzugehen.[30] Das schon angesprochene Winterlied 8 darf als Beispiel für seine
Technik gelten. Nachdem er einmal die Potenz der Flachsmetapher erschöpft hat,
geht er in der IV. Strophe in ein anderes Bild hinüber:

> *sehse biren briet si in dem viuwer:*
> *der gap mir diu vrowe zwô;*
> *viere az si selbe: dâ labt si daz herze mite.*
> *heten wir des obezes niht vunden,*
> *ich waer in mîn ouge tôt.*
>
> (WL 8,IV,4-8)

WIESSNER möchte die Erotik wieder abstreiten: "Bei Neidhart kann aber das Bir-
nenmotiv nicht die Liebesvereinigung bedeuten, da diese nach Str.5 erst bei
einer späteren Zusammenkunft erfolgte" (Kommentar zu 47,23-25). WIESSNER erwartet eine allzu streng logische allegorische Reihenfolge, während es bei
Neidhart auf die Anspielungsmöglichkeiten der verschiedenen Motive ankommt.
Eine Parallele aus einem von HAUPT Neidhart abgesprochenen Lied läßt über den
erotischen Nebensinn keinen Zweifel:

> *'brinc uns aber einen vollen kruoc,*
> *daz wir den tac mit fröiden hie versîtzen,*
> *die brûnen nüzze mit ein ander bîzen.'*
> *dô sprach diu dirn*
> *'dar zuo schenk ich mîner teigen birn'.*[31]

---

29 Zur Eiersymbolik vgl. Neidhart WL 3,V; Oswald von Wolkenstein K.54,3; vielleicht auch Hadlaub
  BSM XXVII 15,27. Das Flachsschwingen ebenfalls bei Oswald K.76,III,7.
30 Ein keineswegs vollständiger Katalog bei BRUNO FRITSCH: Die erotischen Motive in den Liedern
  Neidharts. Göppingen 1976 (GAG 189).
31 Die Lieder Neidharts. Hg. von MORIZ HAUPT. Leipzig 1858, 2. Auflage bearbeitet von EDMUND
  WIESSNER 1923, L,5-9. Zu den Birnen vgl. RICHARD BRILL: Die Schule Neidharts. Eine Untersu-
  chung. Berlin 1908 (Palaestra XXXVII), S.212; SAMUEL SINGER: Neidhart-Studien. Tübingen 1920,
  S.18. Die Gleichsetzung von Birnen und Brüsten auch bei Oswald von Wolkenstein K.46,II; 58,II;
  66,III; im Liederbuch der Clara Hätzlerin. Hg. von CARL HALTAUS. Quedlinburg und Leipzig 1840
  (Bibl. der ges. dt. Nat.-Lit. 8), S.LXXIII, 42. Das Sammeln von Nüssen ist ein häufiges Motiv
  im europäischen Volkslied; so lautet zum Beispiel der Refrain des Tanzliedes 'The Nutting
  Girl': "And what few nuts she had, poor girl, she threw them all away". Cyril Poacher. 'The
  Broomfield Wager.' Topic 12TS252. London 1975. Selbst bei Jane Austen kommt das Motiv in
  allerdings sublimierter Form vor: 'Persuasion'. Collins-Ausgabe, London 1966, S.256-257;
  'Emma'. Everyman-Ausgabe. London 1968, S.29. Zu "brûn" siehe GEORGE FENWICK JONES: Oswald von
  Wolkenstein - Vogelsteller und Jäger. In: "Et multa et multum". Beiträge zur Literatur,
  Geschichte und Kultur der Jagd. Festschrift Kurt Lindner. Hg. von SIGRID SCHWENK. Berlin 1971,
  S.133-144 (S.135 und Anmerkungen 9-11).

Die Neidhartsche Technik bringt mit sich, daß ein scheinbar unschuldiges Motiv durch Assoziierung erotisiert wird, wie das Rübengraben: *wîten garten tuot si rüeben laere* (WL 5,II,8; vgl. WL 6,I,9-10), oder das Heutreten:

> *hei, sold ich daz heu mit ir hin hinder tragen,*
> *als wir hie bevor in unser gämelîche täten!*
> *vaste wir ez mit den vüezen zuo dem zûne trâten*
> *mangen morgen vruo und âbent spâte.*   (WL 9,V,4-7)

Die *vrouwe* in diesem Winterlied hat Neidharts Werben immer abgewiesen. Seinen Wunsch, zu ihrem *vriedel* zu werden, drückt Neidhart durch das Bild der ersehnten Zusammenarbeit aus. Das Adverbium *vaste* und das Motiv der Wiederholung unterstreichen das Erotische des Bildes. Das Wiederholungsmotiv kommt oft am Ende der Pastourelle vor, wo der Wunsch geäußert wird, daß die Begegnung am folgenden Tag nochmals stattfinde. Im Volkslied 'The Bonny Black Hare' sagt zum Schluß der erschöpfte Jäger, der nicht mehr schießen kann:

> *Oh, me powder is wasted and me bullets all gone,*
> *Me ramrod is limber and I cannot fire on,*
> *But I'll be back in the morning and if you are still there,*
> *We'll both go again shoot the bonny black hare.*[32]

Der Hinweis auf eine wiederholte Tätigkeit kann auch innerhalb eines Liedes eine erotische Funktion haben, vor allem im Refrain: *wan si dahs / wan si dahs, si dahs, si dahs* (Neifen KLD XLI). Hier steht der suggestive Rhythmus der Arbeit im Gegensatz zur abweisenden Haltung der *frouwe*. In einem Lied, welches der schottische Volkssänger Ewan MacColl von seiner Mutter lernte, wirbt ein schöner junger Mann um eine Spinnerin, die ihn anfangs abweist: *But aye she turned her spinning wheel.* Schließlich läßt sie sich doch überreden, und der Refrain ändert sich:

> *'Unto the corn-rigs I'll tak' you,*
> *And learn ye better work to do.'*
> *And what I learned I liked it weel*
> *And clean forgot my spinning-wheel.*[33]

Im Gegensatz zu Neifen verzichtet Neidhart mit Ausnahme des *traranuretun traranuriruntundeie* im Sommerlied 1 auf den wohl vom Volkslied herstammenden

---

32 'The Bonny Black Hare' nach 'This is ... Martin Carthy. The Bonny Black Hare and other Songs'. Philips International Series 6382022. London 1968.
33 'The Spinning Wheel' nach 'The Amorous Muse'. Ewan MacColl und Peggy Seeger. argo stereo ZFB 66. London 1966.

Refrain. Sommerlied 8 benutzt aber eine refrainanaloge Technik, indem durch die Wiederholung an der Schlüsselstelle der letzten Strophenzeile dem Nähen des Ärmels ein erotischer Nebensinn verliehen wird. Am Ende der dritten Strophe befiehlt die Mutter: *sitze und beste   mir den ermel wider in!* Die freche Tochter weigert sich in der vierten Strophe: *ir sît tôt   vil kleiner nôt, ist iu der ermel abe gezart.* Die Mutter schimpft auf die ungehorsame Tochter, die aber an ihrer Absicht festhält, zum Anger zu gehen: *"muoter, ich lebe iedoch, / swie iu troume;   bî dem soume   durch den ermel gât daz loch."* (SL 8,V,5-6). Wie BRUNO FRITSCH erkennt, dient das Wort *loch* hier als Schlüsselwort.[34]

Der Beschreibung der weiblichen Arbeit stehen in Neidharts Liedern mehrere Wörter gegenüber, die aus der bäuerlichen Arbeitssphäre zu stammen scheinen und offensichtlich phallische Bedeutung haben. Hier läßt sich wie beim Böttcherlied Neifens schwerlich sagen, ob es sich um echte, sonst unbelegte *termini technici* handelt, oder um vom Dichter erfundene "nonsense words".[35] Die handschriftlichen Varianten sprechen für den fingierten Pseudo-Begriff bei *vüdestecke* (WL 8,III,7 und Va,4). Im Winterlied 3 konkurrieren der *drischelstap* von Eppe und die *riutel* von Adelber *umbe ein ei, daz Ruopreht vant* (V, 1-4). Die langen Schwerter von den Bauern werden mit *weibelruoten* (WL 18,VI) oder mit *hanifswingen* (WL 16,III) verglichen.[36]

Die sogenannten "Neidhartianer" spezialisieren sich auf die Ernte als erotischen Arbeitsplatz. Man spürt hier die bukolische Stimmung des traditionellen Erntefestes in möglichst starkem Gegensatz zu den Konventionen der Hohen Minne:

> *In der erne*
> *pfligt man gerne*
> *fröide und wilder sinne,*
> *wan dâ huote ist nicht ze vil.*   (HADLAUB, BSM 43,15ff.)

Während Neidhart das Heu eintragen und niedertreten ließ, sieht man es bei Steinmar *ûf fliegen in den tac.*[37] Hadlaub läßt *spel...ûf strô* stattfinden (BSM 22). Der Taler lobt den *Nîfer* als seinen literarischen Vorgänger und wünscht:

---

34 BRUNO FRITSCH (Anm.30), S.110-112.
35 Zur Möglichkeit eines solchen "nonsense word" im Lateinischen siehe J.N.ADAMS (Anm.9), S.65.
36 Die phallischen Schwerter auch WL 24, Xb; WL 31, IV und V; DIETRICH BOUECKE: Materialien zur Neidhart-Überlieferung. München 1967 (MTU 16), Texte I 'Der widerdries', Str.6.
37 Zu einer möglichen altfranzösischen Quelle für Steinmars Erntelied siehe HEINZLE (Anm.1), S.117-118.

wolt si sam mir in schochen gân (BSM 2). Hadlaub empfiehlt allen jungen
Männern: *wol ûf in d'ern, diu hoehet muot* (BSM 22,33). Daß die Erntezeit vor
allem das junge Herz erfreut, bedauert CB 93a:

> *In tritura virginum   debetur seniori*
> *pro mercede palea,   frumentum iuniori;*
> *inde senex aream   relinquo successori.*

Eine ähnliche Stimmung der Resignation herrscht am Ende des schon zitierten
Lochamer Liedes:

> *Den frewlein sol man hofieren*
> *alzeit und weil man mag:*
> *die zeit die kummet schire,*
> *es wir<r>t sich alle tag.*

> *he - !*
> *Nu pin ich worden alde,*
> *zum wein muß ich mich halden*
> *all dy weil ich mag.*   (Lochamer Liederbuch 42,VII)

Die Assoziierung von Ernte und *bettespil* (Steinmar, BSM 8,17) ist so fest ein-
gebürgert, daß Ulrich von Winterstetten sich auf eine einzeilige Anspielung
als Schlußpointe beschränken kann. Mutter und Tochter streiten sich über die
verführerische Wirkung *des der schenke singet:*

> *"... schenken lieder hânt dich ûz dien sinnen brâht:*
> *du wilt endrinnen."*
> *si sprach "muoter, jâ,*
> *ich wil in die erne oder anderswâ."*   (KLD IV,5,11ff.)

Die Anreicherung der lyrischen Bilderwelt durch das Heranziehen von Bauern-
arbeit und Handwerk erreicht seinen Höhepunkt zweihundert Jahre nach Neidhart
in den Liedern Oswalds von Wolkenstein. Es seien einige seiner originelleren
Motive kurz erwähnt: das Kochen von *krawt* und *brei* (K.84); das Bohren (K.72);
das Zählen von Eiern (K.54); das Herstellen von Zäunen (K.76; vielleicht auch
schon Pseudo-Neidhart HAUPT XVI, Str.III-IV); das Jäten oder Mähen mit der
Sense (K.76 und 83); das Sammeln von Pilzen, sei es von Pfifferlingen (K.47)
oder anderen Schwammerln:

> *Vil swammen, swemmelein, die wachsen hie in disem strauch*
> *darzu vil junger vöglin rauch.*
> *kämstu zu mir, ich gäb dir ouch.*   (K.92,19-21)

- oder, falls auch dies nicht verführerisch genug klingt, das Rattenfangen:
leicht vach ich dir das rĕtzli (K.75,39).

Eine literarische Entwicklung wie die hier skizzierte auf eine einzige Ursache zurückführen zu wollen, hieße der Vielschichtigkeit des mittelalterlichen Geistes keineswegs gerecht werden. Es liegt nahe, sowohl literarische als
auch außerliterarische Faktoren in Erwägung zu ziehen. Ein möglicher literarischer Ansatzpunkt ist schon erwähnt worden: die Armut an Bildern im klassischen Minnesang. Eine Bereicherung, egal woher, war schlechthin notwendig.[38]
Und die Gattung der Pastourelle, die in der altfranzösischen und mittellatei-
nischen Lyrik so häufig ist und in der deutschen vor Walther und Neidhart so
selten, bot einen zweiten Ansatzpunkt. Zum Personal der Pastourelle gehört die
Schäferin oder Bäuerin; daß ihre Arbeit erwähnt wird, versteht sich von
selbst; daß die Arbeit erotisiert wird, ergibt sich ebenso zwanglos.

Die Parallelen mit der altfranzösischen und lateinischen Lyrik, vor allem
mit der sogenannten Vagantendichtung, liefern jedoch keine ausreichende Erklärung für die Neidhartsche Richtung, um sie nach ihrem im Urteil der Zeitgenossen erfolgreichsten Vertreter zu nennen. Es lassen sich zwar vereinzelte gemeinsame Motive finden, aber es scheint typisch zu sein, daß die erotischen
Bilder in der romanischen Lyrik in komprimierter, sprichwörtlicher Form auftreten, daß sie selten episch entwickelt werden wie bei Neidhart und Neifen.
Diese Durchspielung von vorliegenden isolierten Motiven möchte THOMAS CRAMER
(Anm.8) als typischen Zug der literarischen Tätigkeit in der spätstaufischen
Zeit in Anspruch nehmen. Er umreißt den Zusammenhang zwischen dieser intellektuellen "Autonomie", der Erweiterung des "literarischen Typenarsenals" durch
"die Einbeziehung nichtadeligen Personals" (S.49), und der zeitgenössischen
politischen Atmosphäre: "Das gedankliche Durchspielen von Möglichkeiten nur
nach dem Gesetz der Folgerichtigkeit, ohne Rücksicht auf die Autorität alter
bildhaft-irrationaler Setzungen ist ein Grundzug der Politik Heinrichs [VII.]"
(S.57).

Die handschriftliche Überlieferung und die spärlichen historischen Daten
lassen die Anfänge der Erotisierung des Handwerks in der deutschen Sprache mit
einiger Sicherheit präzisieren. Das Phänomen Neidhart, die Lebzeiten Gottfrieds von Neifen, auch die Niederschrift der makkaronischen Lieder durch die
Hände h[1] und h[2] im Codex Buranus, gehören, wenn auch nicht in die kurze, kata-
strophale Regierung Heinrichs (VII.) (1220-1235), so doch in das zweite Vier-

---

38 Vgl. hierzu HEINZLE (Anm.1), S.119: "Diese Parodien und Travestien ... haben die höfische Lyrik nicht zerstört, sie haben sie bereichert: bereichert nicht nur um das Moment der Komik,
   sondern auch um Möglichkeiten, menschliche Erfahrung in der distanzierten Stilisierung des
   Kunstgebildes zu erfassen und zu bewältigen."

tel des 13. Jahrhunderts. Ein in diesem Zeitabschnitt nach Bildern suchender
Dichter wird kaum die wachsende Bedeutung der Städte und der ihnen zugrunde-
liegenden Märkte, den Abbau der Großgrundherrschaft, die "zunehmende Mobilität
des sozialen Gefüges" (so CRAMER, S.48) übersehen haben.

Es ließ sich im Laufe der Untersuchung zwischen konstruktivem und destruk-
tivem Verhalten der Arbeit gegenüber unterscheiden. Verlockend wäre es, auf
eine lineare Entwicklung hinweisen zu können, nach der das Handwerk in einem
immer positiveren Licht gesehen wurde. Nur läßt sich kein solch streng logi-
sches Gebilde herstellen. Neidhart steht dem Klima des sozialen Wandels vielleicht am kritischsten gegenüber. Die immer bitterer werdende Stimmung in seinen Winterliedern stellt ihn neben den wohl etwas späteren Dichter des 'Meier
Helmbrecht'. In starkem Gegensatz dazu stehen die Ernteidyllen von Steinmar
und Hadlaub. Bei allen diesen Dichtern ist jedoch ein erhöhtes literarisches
Bewußtsein von der sozio-ökonomischen Bedeutung der sich immer schneller ent-
wickelnden Landwirtschaft zu erkennen. Wenn wir in das ausgehende 12. Jahrhundert zurückblicken, so hat der Bauer weder in der Lyrik noch in der Epik einen
Platz, es sei denn so wie im Munde von Hartmanns Gâwein, der Iwein das Modell
eines verbäuerlichten Ritters warnend vorhält:

> er sprichet: 'sît der zît
> daz ich êrste hûs gewan
> (daz geloubet mir lützel ieman)
> sone wart ich zewâre
> des über ze halbeme jâre
> ichn müese koufen daz korn.
> hiure bin ich gar verlorn
> (mich müet daz ichz iu muoz clagen):
> mir hât der schûr erslagen
> den besten bû den ich hân ...'   ('Iwein' 2824-33)

Hartmann verhält sich auch dem weiblichen Handwerk gegenüber ähnlich. Im
'Iwein' kommt bekanntlich auch das erste Beispiel für die Massenproduktion in
der deutschen Literatur vor: die dreihundert Frauen auf *der Juncvrouwen wert*:

> die armen heten ouch den sin
> daz gnuoge worhten under in
> swaz iemen würken solde
> von sîden und von golde.
> genuoge worhten an der rame:
> der werc was aber âne schame.
> und die des niene kunden,
> die lâsen, dise wunden,
> disiu blou, disiu dahs,
> disiu hachelte vlahs,
> dise spunnen, dise nâten;
> und wâren doch unberâten:
> in galt ir arbeit niht mê

> *wan daz in zallen zîten wê*
> *von hunger und von durste was*
> *und daz in kûme genas*
> *der lîp der in doch nâch gesweich.*   ('Iwein' 6195-6211)

Im Gegensatz zu seiner altfranzösischen Quelle unterscheidet Hartmann hier zwischen zwei Arbeitstypen. Die Stickerei ist eine auch den Damen des Hofes gebührende Beschäftigung, die Chrétien ähnlich beschreibt:

> *Vit puceles jusqu'a trois ganz,*
> *Qui diverses oeuvres feisoient.*
> *De fil d'or er de soie ovroient*
> *Chascune au miauz qu'ele savoit.*   ('Yvain' 5194-97)

Bei Chrétien fehlt allerdings der Kommentar: *der werc was aber âne schame.* Es fehlt auch der bei Hartmann folgende Katalog von härteren, körperlich anstrengenden Arbeitsformen; diese werden mit finanzieller Armut, Ausbeutung ('Iwein' 6398-6406 = 'Yvain' 5298-5319) und unstandesgemäßer Belastung gleichgesetzt. *arbeit* hat hier noch ihren klassischen mittelhochdeutschen Sinn.

Der Aufschwung im internationalen Tuchhandel wurde von den Champagner und Kölner Märkten in der zweiten Hälfte des 12. Jahrhunderts angeregt, ist also mit Hartmanns literarischer Tätigkeit gleichzusetzen.[39] Zu Hartmanns idealisiertem Frauenbild paßt jedoch kaum die Stickerei. Wie es im viktorianischen Vers lautet: *Horses sweat, and men perspire, but ladies merely glow.* Die veränderte Auffassung der Textilarbeit bei Neidhart und Neifen hängt mit dem andersartigen Milieu zusammen, aber selbst am Hofe scheint sich eine Wandlung durchgezogen zu haben. Undenkbar wäre bei Hartmann die meisterhafte Strophe Kols von Niunzen, welche aristokratisches Minnewesen und Herstellung der Textilware nahtlos zusammenwebt:

> *Danc habe ir hôchgelopter nam,*
> *der nâch tugenden kan sô schône ringen.*
> *ist si mir holt, ich bin ir sam:*
> *doch wünsche ich daz ir an ir ram*
> *mîn drîhe alsô schône müge erklingen.*   (KLD IV)

Hartmann hätte sicherlich den kritischen Standpunkt Walthers von der Vogelweide zum *unhovelîchen singen* begrüßt. Nur ist Walthers Kritik wie alle zeitgenössische literaturkritische Polemik schwer zu deuten. Wohl zielt L.64,31

---

[39] P. BOISSONADE: Life and Work in Medieval Europe. Translated by EILEEN POWER. London 1937, S.170ff.; EDITH ENNEN: The Medieval Town. Translated by NATALIE FRYE. Amsterdam 1979, S.153ff. et passim.

auf den Erfolg der Neidhartschen Richtung;[40] wie wörtlich sind aber die Schluß-
zeilen über diese *unfuoge* zu verstehen?

> *bî den gebûren liez ich si wol sîn:*
> *dannen ists och her bekomen.*   (L.65,31-32)

Die vielen Parallelen mit späteren Volksliedern bezeugen ein kräftiges Nachle-
ben für das erotisierte Handwerk. Die Möglichkeit eines Vorlebens im Munde des
Volkes läßt sich weder beweisen noch widerlegen. Das Volk hat aber in jedem
Zeitalter und in jeder Landschaft über seine Arbeit und zu seiner Arbeit gesungen. A.L. LLOYD, der größte Volksliedkenner unseres Jahrhunderts, schreibt:
"At the development stages of great class periods, folk music has always
served as a stimulus."[41] Die Figur Neidharts verkörpert die soziale Mobilität
seiner Zeit, und bei ihm zumindest kann man annehmen, daß er sowohl von unten
als auch von oben Anregung fand. Der Neidhartsche Wortschatz ist kaum anders
zu erklären. Die Verwendung des Refrains in Neifens Liedern KLD XL und XLI gehört ebenfalls zum "registre popularisant".[42] Es dürfen auch einzelne Metaphern im Volksmund, vielleicht auch schon in episch ausgebauter Form, durch
diese Dichter den Übergang in die ritterliche Lyrik und somit in die schriftliche Festlegung der Handschriften gefunden haben.

Schließlich bleibt aber die hier skizzierte Erscheinung ein Minderheitsphä-
nomen. Von den neunundsechzig Dichtern in KLD sind es nur eine Handvoll, die
sich *unhovelîchez singen* erlauben - Neifen, Burghart von Hohenfels, Kol von
Niunzen, Ulrich von Winterstetten; bei den Schweizer Minnesängern sieht es
ähnlich aus: Görli, Steinmar, der Taler, Hadlaub. Bei Neifen und Ulrich von
Winterstetten, auch bei späteren Dichtern wie Oswald von Wolkenstein, handelt
es sich um einen sehr geringen Anteil des Gesamtwerks. Nur bei Neidhart dominiert das *unhovelîche* in solchem Maße, daß es zum beherrschenden Charakteri-
stikum wird. Wie Walther mit Entrüstung und wohl übertreibend erkannte, gelang
es dieser neuen Art, von der Liebe zu singen, nur deswegen an den Höfen zu ge-
deihen, weil sie als Gegenreaktion auf die Hohe Minne konzipiert war, ihre
Kraft aus dem aggressiven Wesen dieser Reaktion schöpfte. Einerseits bot sie

---

40 Zur Literatur zusammenfassend KURT HERBERT HALBACH: Walther von der Vogelweide. Stuttgart
   1965, 3. Auflage 1972, S.106.
41 ALBERT LANCASTER LLOYD: Folksong in England. London 1969, S.57. Zur Frage des "abgesunkenen
   Kulturguts" S.56.
42 PIERRE BEC: La lyrique française au moyen âge (XIIe-XIIIe siècles). Contribution à une typologie des genres poétiques médiévaux. Paris 1977, S.34. Zur volkstümlichen Herkunft der Pastourelle erfrischend unpolemisch S.131-132.

neue Möglichkeiten der Komik; andererseits verstand sie es, durch ihre expli-
zitere Erotik dem in der Hohen Minne verkörperten Tabu auszuweichen. Falls es
auch heute noch empfindliche Geister geben sollte, die sich wie Walther von
diesem *frevellïchen schallen* (L.65,17) gestört fühlen, sei zuletzt daran erinnert, daß auch die Arbeit von unsereinem erotisiert werden kann. In einem Liebesbrief aus dem 'Epistolarium' von Boncompagno folgt auf das uralte Bild des
Feldes der Liebe die Erotisierung der Paläographie: *Ultra bienium, promisionis
federe penitus violato, fecisti moram in scolis, nec quod sim femina et iuve-
nis recordaris; unde cotidie ingemisco, quoniam in meum agrum ros vel pluvia
non descendit. Sed nunc arescat digitus qui potiri coniugali annulo non
procurat! Sed scio quod legis in Codice alieno; unde si mora postposita non
redieris, studere disposui aliquantulum in Digesto.*[43]

---

43 PETER DRONKE: Medieval Latin and the Rise of European Love-Lyric. Oxford 1968, Bd.II, S.483.
   Ich möchte an dieser Stelle vor allem folgenden Kollegen danken, die zu dieser Sammlung wesentlich beigetragen haben: Jeff Ashcroft; Ruth Harvey, Karen Pratt und Tony Pryer; Charles
   und Eleanor Relle.

Der tŭrney von dem czers.
Versuch über ein priapeiisches Märe

von

PETER STROHSCHNEIDER (München)

I

Im Bereich der kleineren Reimpaardichtungen des späteren Mittelalters, unter jenen Gedichten also, die die Zeit selbst bevorzugt *rede, maere, spruch* nennt,[1] gibt es einige Texte, welche durch ungewöhnlich derbe, oft betont brutale und durch zuweilen offenbar auch auf Schockwirkung zielende Obszönität auffallen. Hier begegnen Formen der Literarisierung des Sexuellen, die solche Texte merklich abheben von jenen Weisen obszönen Erzählens, die für schwankhafte Mären oder bestimmte Felder der Minneredendichtung insgesamt kennzeichnend sein können. H. FISCHER hat einige der angesprochenen Gedichte zu einer eigenen Klasse zusammengefaßt, als er den von ihm unter dem Märenbegriff versammelten Überlieferungskomplex inventarisierte. Bei dieser Klasse handelt es sich um den sechsten jener zwölf "Themenkreise", in die FISCHER sein gesamtes Textcorpus aufgliederte: "Gemeinsames Kennzeichen der wenigen hierher gehörigen Texte ist die zentrale, manchmal sogar personhafte Rolle, die dem Genitale zugewiesen wird."[2] Zur Bezeichnung dieser Texte schlug FISCHER das Wort "Priapeia" vor.[3] Wenn trotz seiner (vor allem editorischen) Vorarbeiten auch in diesem Bereich solche priapeiischen Verserzählungen bislang kaum ins Blickfeld der Literarhistorie geraten sind, so illustriert das die scheue Zurückhaltung, mit welcher diese - sieht man von der jüngsten Fastnachtspielforschung ab -

---

1 Zur Terminologie vgl. H. FISCHER: Studien zur deutschen Märendichtung. 2. durchges. u. erw. Aufl. bes. v. J. Janota. Tübingen 1983, S.78ff.; vgl. auch K. DÜWEL: Werkbezeichnungen der mittelhochdeutschen Erzählliteratur (1050-1250). Göttingen 1983 (Palaestra 277).

2 FISCHER (wie Anm.1), S.97.

3 Ebd. - Dies mehr aus terminologischer Not als im Bewußtsein, etwa einen historisch angemessenen Begriff gefunden zu haben. Denn weder haben die gemeinten Reimpaarerzählungen irgend etwas mit der Mythologie des antiken Gartengottes zu tun, noch gelangt man von ihnen auf stoff-, motiv-, struktur- oder funktionsgeschichtlichen Wegen zu jenen antiken Texten, die (wie zum Beispiel die Gedichte des aus dem ersten nachchristlichen Jahrhundert stammenden 'Corpus [Liber] Priapeorum') den Namen Priapeia traditionell besetzt halten. Gleichwohl bleibt FISCHERs Wortwahl unwidersprochen, denn es existiert kein überzeugender Alternativvorschlag.

noch immer den drastischsten Gestaltungsformen körperlicher Liebe in mittelalterlicher Dichtung begegnet.

Im Zentrum der von FISCHER aufgeführten priapeiischen Mären steht in der
Regel eine maskuline Wunschphantasie, die nämlich von der ungeheuren Faszination, welche das männliche Genitale auf Frauen auszuüben vermag. Diese Phantasie wird zumal in einem recht simplen, zweigliedrigen epischen Verlaufsschema
literarisiert: einem Mann gelingt es durch List oder Gewalt, eine Frau (sie
sei Bauers- oder Königstochter), welche bislang alle Männer, oder spezieller
einen Mann, oder noch spezieller dessen Penis abgelehnt hatte, von den Wohlta-
ten des männlichen Gliedes zu überzeugen. Der jeweils zweite Teil der nach
diesem Schema organisierten Texte demonstriert in einem zumeist um das Problem
der Kastration angeordneten Geschehen die Dauerhaftigkeit der Überzeugung,
welche der Frau zuvor beigebracht worden war. Hierher gehörige Mären wie 'Der
Preller', 'Der Striegel' oder 'Der verklagte Zwetzler'[4] erlauben jeweils auch
ein Verlachen der dummen oder naiven Frauen, ein Mitlachen mit dem listig oder
brutal überlegenen Mann, unübersehbar aber bieten sie (männlichen) Zuhörern
zunächst und vor allem immer wieder die Bestätigung, daß die Macht des Phallus
die Frauen völlig in ihren Bann schlage. Verdeutlicht hier die Härte des über-
wundenen Widerstands die Faszinationskraft des männlichen Genitales, so tut
dies in einem zweiten, noch einfacheren Schema der Reihung analoger Vorgänge
die Anzahl der überzeugten Frauen. Als einprägsames Beispiel für diesen Typus
nenne ich nur Peter Schmiehers 'Die Nonne im Bade'.[5] Kompliziertere Formen
hingegen entwickeln einige Texte, die zwar unter dem Kriterium der "personhaf-
ten Rolle" eines Genitales (H. FISCHER) ebenfalls zu den Priapeia rechnen, deren Aussageabsicht jedoch nicht einfach auf die Darstellung der Unwidersteh-
lichkeit des Penis (bzw. auch der Vagina) verkürzt werden kann: gemeint sind
Gedichte, die in einer Alternativkonstellation den Rang des Genitales erzähle-

---

4 'Der Preller' und 'Der Striegel' sind gedruckt bei A.v.KELLER: Erzählungen aus altdeutschen
  Handschriften. Stuttgart 1855 (Bibl.Lit.Ver.35), S.409-411, 412-425. 'Der verklagte Zwetzler'
  liegt vor bei H. FISCHER (Hg.): Die deutsche Märendichtung des 15. Jahrhunderts. München 1966
  (MTU 12), Nr.5a/b, S.52-61. (Diese beiden Editionen werden hinfort durch die Siglen "KE" und
  "FM" vertreten.) Das von FISCHER (wie Anm.1, S.97) ebenfalls den Priapeia zugeordnete Märe
  'Der Traum am Feuer' von Heinrich von Landshut (FM Nr.38, S.348-350) demonstriert zwar auch
  die verzehrende Wirkung des Phallus auf eine Frau, verfolgt jedoch - ohne daß ich damit einer
  genaueren Interpretation des nur lückenhaft überlieferten Textes vorgreifen wollte - als mora-
  lisierende Warnung anscheinend entgegengesetzte Aussageabsichten.
5 FM Nr.10, S.93-98. FISCHER (wie Anm.1, S.97) nannte diesen Text nicht unter den Beispielen für
  Priapeia.

risch zu bestimmen versuchen. Die verschiedenen Fassungen des 'Rosendorn' sowie von 'Gold und Zers' wären hier zu nennen.[6]

Ich greife für den folgenden Versuch aus der kleinen Gruppe spätmittelalterlicher priapeiischer Reimpaarerzählungen einen Text heraus, in dem das zuletzt genannte Motiv des Rangstreits zwischen einem Genitale und dessen Konkurrenten am Rande vorkommt, in dem vor allem das anthropomorphisierte Genitale eine überaus wichtige Rolle spielt, der aber vor dem eben skizzierten Hintergrund vergleichbarer Erzählungen doch eine bemerkenswerte Ausnahmestellung
einnimmt: das 'Nonnenturnier' oder - mit den Worten der Handschrift - den
tŭrney von dem czers.[7] So wenig wie die ihr nahestehenden Gedichte hat diese
Reimpaarerzählung die Aufmerksamkeit mediävistischer Interpreten zu gewinnen
vermocht. Allein W. SCHRÖDER bezog sich eingehender auf sie, als er entgegen
FISCHERs Auffassung die beiden Varianten des 'Rosendorn' als ein Märe im Sinne
von dessen Definition erwies. Die offenkundigen Parallelen zwischen 'Nonnenturnier' und 'Rosendorn' erlaubten nämlich den Schluß: "Wenn jenes als ein Märe anzusehen ist, so notwendig auch dieser." Der gattungsgeschichtliche Frage-
kontext gab dabei zugleich für das ästhetische Werturteil Raum, "daß das 'Nonnenturnier' als Ganzes unvergleichlich schlechter gebaut und erzählt ist als
der 'Rosendorn'."[8] SCHRÖDER begründet sein Verdikt vor allem damit, daß die
beiden Teile des 'Nonnenturnier' kaum miteinander verklammert seien. Die folgenden Beobachtungen geben zu einer Überprüfung dieser Feststellung Anlaß. Sie
sollen zugleich zeigen, daß der Text nicht nur unter gattungsgeschichtlichen
Aspekten Beachtung verdiente.

---

6   'Der Rosendorn': FM Nr.A4a/b, S.444-461; vgl. dazu unten Anm.8, 16, 19ff. 'Gold und Zers': FM
    Nr.A3a/b, S.431-443. Beide Texte müssen wegen der in ihnen exemplarisch ausgeprägten "person-
    haften Rolle eines Genitales" hier genannt sein, auch wenn FISCHER sie nur als Grenzfälle der
    Märendichtung gelten lassen wollte; vgl. dazu zuletzt H.-J. ZIEGELER: Erzählen im Spätmittel-
    alter. Mären im Kontext von Minnereden, Bispeln und Romanen. München 1985 (MTU 87), passim (s.
    Systematische Bibliographie und Register jeweils unter Nr.FGf 25 und FGf 26).
7   Codex Karlsruhe 408, Bl.30vb. Die Fassung der Handschrift ist zugänglich in dem Abdruck von U.
    SCHMID (Bearb.): Codex Karlsruhe 408. Bern/München 1974 (Deutsche Sammelhandschriften des spä-
    ten Mittelalters. Bibliotheca Germanica 16).
8   W. SCHRÖDER: 'Von dem Rosen Dorn ein gut red'. In: U. HENNIG - H. KOLB (Hgg.): Mediaevalia
    litteria. München 1971 (Festschrift H. de Boor), S.541-564 (Zitat S.559, vgl. auch S.542f.).
    Der Blick auf die Forschung darf den in zahlreichen Details nicht korrekten und insgesamt le-
    diglich den Handlungsablauf paraphrasierenden Abschnitt getrost übersehen, den H. HOVEN in
    seinem durchweg flüchtigen Buch (Studien zur Erotik in der deutschen Märendichtung. Göppingen
    1967 [GAG 256]) dem 'Nonnenturnier' widmete.

II

Das 'Nonnenturnier' ist nur im Codex Karlsruhe 408 der Badischen Landesbibliothek überliefert. Diese "für die Märenüberlieferung bedeutendste und wahrscheinlich älteste" unter den großen Sammelhandschriften des 15. Jahrhunderts[9]
entstand um 1430 im schwäbisch-bairisch-ostfränkischen Grenzgebiet.[10] Ihre Geschichte bis ins späte 18. Jahrhundert liegt völlig im Dunkeln, und eine In-
haltsanalyse der Sammlung führt nur zu der vagen Einsicht, "daß das Interesse
des Sammmlers vor allem den weltlichen Gedichten und unter diesen weniger den
lehrhaften oder problematischen, sondern den ausschließlich unterhaltenden gegolten hat."[11] Das heißt, daß die Handschrift selbst oder die Überlieferungs-
gemeinschaft, die sie abbildet, so gut wie keine weiterführenden Hinweise
preisgeben, welche der Textanalyse als erste Anhaltspunkte dienen könnten. Das
'Nonnenturnier' wird man sich wie die Mehrzahl der in diesem Codex enthaltenen
Gedichte im 14. oder auf der Schwelle zum 15. Jahrhundert entstanden denken,
jedoch versagt es jede Andeutung, die eine genauere zeitliche, räumliche oder
gar sozialhistorische Eingrenzung seiner Entstehung ermöglichen könnte. Wir
haben nichts als den überlieferten Text selbst und dies beschränkt das metho-
dische Instrumentarium jeder möglichen Interpretation.

Der überlieferte Text beginnt mit einem recht umfangreichen (38 von 602
Versen[12]), zweigliedrigen Exordium. Desser erster Teil, der *prologus praeter
rem*,[13] konstituiert eine Erzählsituation und verdiente vor allem deswegen Beachtung, weil er sich als einziger deutscher Beleg für ein "Novellieren" als
geselliger Teil einer Festunterhaltung lesen läßt.[14] Der nachfolgende *prologus
ante rem* (V.12-38) stellt im Medium zunächst höfisch stilisierter Dichterspra-
che eine Hauptfigur des Märengeschehens vor, einen allseits verehrten und geliebten Ritter, dessen Erfolg bei den Damen sich offenbar seiner sexuellen

---

9 A. MIHM: Überlieferung und Verbreitung der Märendichtung im Spätmittelalter. Heidelberg 1967
   (Germanische Bibliothek, 3. Reihe), S.71.
10 T. BRANDIS: Der Harder. Texte und Studien I. Berlin 1964 (QuF N.F. 13), S.30ff.; MIHM (wie
   Anm.9) S.71ff.; SCHMID (wie Anm.7) S.7ff.
11 MIHM (wie Anm.9) S.75.
12 FM Nr.3, S.31-47. Meine Zitate folgen dieser behutsam glättenden Textausgabe, deren Verszäh-
   lung von der bei SCHMID (wie Anm.7) geringfügig abweicht, weil FISCHER zwei Verslücken (=
   V.242 und V.270) annahm und die letzten vier Zeilen des Gedichts als eindeutigen Schreiberzu-
   satz nicht mitrechnete. Der Druck des 'Nonnenturnier' bei KE S.443-459 ist durch die vorge-
   nannten Editionen überholt.
13 Terminologie Konrads von Hirsau; vgl. H. BRINKMANN: Der Prolog im Mittelalter als literarische
   Erscheinung. Bau und Aussage. In: WW 14 (1964) S.1-21 (hier S.7ff.); P. KOBBE: Funktion und
   Gestalt des Prologs in der mittelhochdeutschen nachklassischen Epik des 13. Jahrhunderts. In:
   DVjs 43 (1969) S.405-457 (hier S.413f.).
14 Vgl. FISCHER (wie Anm.1) S.272f.

Attraktivität (V.30ff.) verdankt. Wenn man demnach die Geschichte eines Don Juan (W. SCHRÖDER) erwartet, so wird einen das 'Nonnenturnier' insofern nicht enttäuschen, als es in seinem ersten Teil zumindest deren trauriges Ende vorführt. Die Erzählung beginnt damit, daß eine *edele frauwe* (V.40) den Ritter, der sich ihr vielmals versagt hatte, endlich zu einer Liebesnacht überreden kann. In dieser Werbungsszene ist die Frau, wie es das angstbesetzte patriarchalische Rollenstereotyp der Märendichtung vom *übelen wîp* verlangt, die sexuell Begehrliche und Unersättliche.[15] Der Ritter hingegen, vom Prolog als erfolgreicher Frauenheld vorgestellt, erweist sich in konkreter Situation als zurückhaltend (V.42, 52, 56, 66). Das 'Nonnenturnier' besetzt hier und auch späterhin die weibliche Rolle mit Attributen der Aktivität und des Begehrens, die männliche Rolle aber mit denen der Passivität. Am Morgen nach der Liebesnacht will sich der Ritter für immer von der Dame entfernen, ein Ansinnen, das diese mit der Androhung öffentlicher Schmähung beantwortet. Gleichermaßen perfide wie intellektuell überlegen erklärt sie ihm zudem, daß die vermeintliche Schande, die sie publik zu machen gedenke, von dem *kleinot* zwischen seinen Beinen (V.109) herrühre und daß es da letztlich nur eine Abhilfe gebe. Eigentlich ein Ausbund an sexueller Naivität, gelobt der Frauenheld hierauf in vollendet höflichen Worten – die Selbstkastration (V.136ff.).

In den folgenden Versen (V.141–148) deutet der Erzähler vorwegnehmend das weitere Schicksal des Protagonisten an und fügt dem eine vorläufige *moralisatio* bei, die in, wie es scheint, krassem, aber märentypischem Mißverhältnis zum erzählten Geschehen des Ritters *swachs ende* (V.142) seiner Maßlosigkeit zuschreibt: *wer sich nit benügen let / meßlicher dingen, / dem mag wol misselingen.* (V.146ff.) Diese sentenziöse Banalität markiert eine Zäsur vor dem nächsten Erzählabschnitt, in welchem der Ritter sein Genitale als übles Hindernis jeder *minneklichen* Annäherung an eine Dame grob beschimpft. Die Drohung allerdings, den *zagel* abschneiden zu wollen, vermag diesen kaum zu verstören, er wäre vielmehr, mit seinem Aufenthaltsort wie mit der ihm zuteil werdenden Behandlung schon längst unzufrieden, der *strauf fro* (V.183). Dieser Dialogszene (V.155–224) folgt der Kastrationsakt, nach welchem der Ritter sein Glied wie angekündigt unter der Treppe eines Nonnenklosters aussetzt. Als er sich dann zu seiner Dame zurückbegibt, wird er wider alles Erwarten mit Prügeln em-

---

15 Vgl. F. BRIETZMANN: Die böse Frau in der deutschen Literatur des Mittelalters. Berlin 1912 (Palaestra 42); J.-D. MÜLLER: Noch einmal: Maere und Novelle. Zu den Versionen des Maere von den 'Drei listigen Frauen'. In: A. EBENBAUER (Hg.): Philologische Untersuchungen gewidmet Elfriede Stutz zum 65. Geburtstag. Wien 1984 (Philologica Germanica 7), S.289-311.

pfangen und aus der Stadt getrieben. Die letzten 34 Jahre seines Lebens
(V.286) verbringt der Ritter in einer einsamen Höhle im Wald.

Möglicher Sinn und eventuelle Bedeutung einer solchen Erzählung erschließen
sich nicht wie von selbst. Viel sparsamer als der in manchem vergleichbare
'Rosendorn' geht das 'Nonnenturnier' mit Signalen um, die etwa eine – wie immer umstrittene – Deutung des Erzählten von allegorischen Aussagekonventionen
her oder im Kontext spätmittelalterlicher Minneideologie nahelegen könnten.[16]
Hier handelt es sich zunächst nur um eine ridiküle Geschichte mit dem vier-
gliedrigen Handlungsgerüst: 1. Ritter und Dame liegen einander bei; 2. Ritter
beendet das Sexualverhältnis und wird von der Dame aus Rache vom Sinne einer
Selbstkastration überzeugt; 3. Dialog zwischen Ritter und Genitale sowie
Selbstkastration; 4. Vertreibung des Ritters aus der Stadt und Tod. Das Märe,
auch soviel wäre noch schnell erkennbar, bezieht sich auf allbekannte Komponenten spätmittelalterlicher Reimpaardichtung, etwa das Klischeebild der sexuell unersättlichen, den Mann bösartig betrügenden Frau oder das Motiv erotischer Naivität (hier auf Seiten des Mannes).[17] Aber weiter? Keineswegs er-
leichtert wird das Verständnis, wenn nun auch der zweite Teil des 'Nonnenturnier' berücksichtigt werden soll. Seine Hauptfigur ist jener *zagel*, den der
Ritter unter der Treppe des Klosters zurückließ.

Das Märe setzt, fast wörtlich Vers 1 wiederholend, mit Publikumsanrede und
Schweigegebot (V.289) ganz neu ein. Unter Wind und Wetter leidend entschließt
sich das herrenlose Glied nach gut einem Jahr (V.297) unter der Klostertreppe,
seinem kümmerlichen Dasein ein Ende zu bereiten. Im Kreuzgang tritt es, seinen
Tod erwartend (V.299ff.), den aus der Frühmesse kommenden Nonnen entgegen. Die
Begegnung fällt indes keineswegs bedrohlich aus, denn die Nonnen erweisen sich
allesamt als mit dem Anblick eines Penis wohlvertraut. Sechs von ihnen versuchen in einer revueartig gebauten Szene, zum Teil in gespielter Entrüstung,
den *zagel* aus dem Kreuzgang zu verscheuchen – wobei sie als Zufluchtsort jeweils ihre eigene Zelle anbieten. Zwei dieser Nonnen werden als Funktionsträ-
gerinnen des Klosters bestimmt (V.351, 364), die anderen sind so charakterisiert, daß sie ein recht umfassendes Spektrum von Nonnentypen überhaupt repräsentieren können (V.333, 339, 347, 355). Gewalt androhend (V.334f., 341ff.),

---

16 Vgl. zum 'Rosendorn' K.-H. SCHIRMER: Stil- und Motivuntersuchungen zur mittelhochdeutschen
   Versnovelle. Tübingen 1969 (Hermaea N.F. 26), S.250ff.; vgl. auch unten S.157.
17 Vgl. zudem ZIEGELER (wie Anm.6) S.556, sowie S. THOMPSON: Motif-Index of Folk-Literature. (2.
   Aufl.) 6 Bde. Kopenhagen 1955–1958, Motive D 1610.6. ("Speaking privates"), J 1919.5. ("Geni-
   tals cut off through ignorance"), K 1012.1. ("Making the dupe strong – by castration"), T 72.
   ("Woman won and then scorned").

Gewalt anwendend (V.348, 352) oder Zärtlichkeit versprechend (V.357ff.) versucht jede, den Eindringling für sich zu bekommen – auch die Küsterin, die in
langer Rede das Lob des männlichen Gliedes bis zur Blasphemie steigert:

> *got hat in uns zu trost gegeben.*
> *nu ist die werlt wol gemut*
> *alle dorch des werden zagels gut.*   (V.372-74)

Am Ende der ergebnislosen Auseinandersetzung begibt man sich zur Äbtissin, die
den *zagel* als Preis für jene Nonne aussetzt, welche in einem Turnier Siegerin
sein wird. Der Wettkampf findet auf einem *schönen plan* (V.427) statt, den eine
Fahne mit dem Bildnis eines *hübsche[n] nackente[n] man[s]* (V.434) als Turnier-
platz ausweist. Unter dem Wimpel wird das Ziel aller Begehrlichkeiten *auf sei-
denin küssen so waich* (V.419) ausgestellt und der äußerst brutale Kampf der
Nonnen kann beginnen. Erst nach der Komplet (V.457) entschließen sich auch die
ohne Gelübde im Kloster lebenden *zwainzig klonstermait* (V.496), die bislang
nur zugesehen hatten, *durch des werden zagels ere* (V.479) selbst mitzukämpfen.
Die große Schlacht schildert der Erzähler, indem er aus dem Gewühl der ineinander verschlungenen, zerrenden, prügelnden, reißenden weiblichen Leiber
stellvertretend drei Zweikampfszenen hervorhebt, in denen sich Äbtissin und
Küsterin (V.508-524), Nonne und *klonsterdirn* (V.525-544) sowie junge und alte
Nonne (V.546-562) um den *zagel* raufen. Der Schluß des Kampfes kommt ganz abrupt und sehr lapidar:

> *Der zagel wart undergeslagen*
> *und dieplich auß dem turnei getragen,*
> [...].   (V.563-65)

Blutig, verschwitzt, zerschlagen und zerquetscht (V.576 u.ö.) pflegen die Käm-
pferinnen ihre Wunden. Den Dienstmädchen wird abschließend verordnet, über das
Erlebte absolutes Stillschweigen zu bewahren.

III

Was fängt die Literaturgeschichte mit solch einem Gedicht an? Vor allem: was
mögen Autor und zeitgenössische Rezipienten derartiger Texte einstmals mit ihnen angefangen haben? Sicher würde man sich ohne ausufernde Terminologiedebat-
te darauf verständigen können, daß das bisher in seinem Handlungsverlauf skizzierte und in wenigen Einzelheiten auch schon ansatzweise gedeutete Märe in
einem vorläufigen Sinne obszön zu nennen wäre. Indessen ist damit kaum besonders viel gewonnen. Die angedeutete Verständigung fiele gerade deswegen so
leicht, weil der Begriff des Obszönen vage ist. Hinsichtlich der spätmittelal-

terlichen und frühneuzeitlichen schwankhaften Literatur bezeichnet das Wort in
der Regel Möglichkeiten, Komik freizusetzen und Lachen zu provozieren.[18] Daß
dazu immer wieder gerade der Bereich des Sexuellen genützt wurde, hat nur selten wirklich irritiert, denn es ließ sich dies entweder der vermeintlichen
(naiven) Unbefangenheit der Menschen des Spätmittelalters oder aber im Gegenteil der Verkommenheit ihrer Sitten zurechnen.

Es geht demnach darum, das 'Nonnenturnier' und seine Bedeutung genauer zu
verstehen, als es möglich wäre, wenn man den Text nur in einer allzu geräumi-
gen Schublade mit der Aufschrift "Obszöne Reimpaardichtung" verstaute. Zu diesem Zweck wird es nützlich sein, noch einmal auf das bereits erwähnte ästhetische Werturteil W. SCHRÖDERs zurückzugreifen und die Überlegungen bei der formalen Zweiteiligkeit des Textes zu beginnen, mit welcher jenes Verdikt begründet worden war. Die Grenze zwischen den beiden Teilen dieses Märes, die Grenze
zwischen den Versen 288 und 289 ist ungewöhnlich scharf gezogen. Die Zweiteiligkeit des Textes ist indes nicht nur sein augenfälligstes Merkmal, sondern
auch gleichsam die strukturelle Konsequenz eines Handlungsvorgangs, nämlich
der Zweiteilung des Protagonisten. Die im Zentrum des ersten Märenteils stehende Kastration allerdings erscheint dadurch, daß dem Penis des Ritters im
zweiten Teil eine eigene Geschichte zukommt, weniger als ein Akt der Verstüm-
melung, sondern vielmehr als ein Akt der Aufspaltung: als Zerlegung einer ohnehin prekären Einheit. Der Vorgang der Teilung des ritterlichen Subjekts ist,
anders gesagt, zunächst Indiz einer Identitätsproblematik – die sich auf der
strukturellen Ebene des Textes in seiner Zweiteiligkeit abbildet. Im Gewande
des schwankhaft-obszönen Märes wird, so scheint es, menschliche, hier also
männliche Identität insbesondere unter Aspekten ihrer Geschlechtlichkeit überprüft. Im Dialog mit seinem Ritter spricht das anthropomorphisierte Genitale
dies auch hinlänglich deutlich aus: es befürwortet den trennenden Schnitt, damit *frauwen und man sehe, / welchem under uns baß geschehe* (V.201f.). Der *zagel* funktioniert die Trennung zum Moment eines Rangstreites um, und wie von
selbst richtet sich von hier aus der Blick auch auf das Märe vom 'Rosendorn',

---

18 Vgl. etwa H. RUPP: Schwank und Schwankdichtung in der deutschen Literatur des Mittelalters.
Jetzt in: K.-H. SCHIRMER (Hg.): Das Märe. Die mittelhochdeutsche Versnovelle des späteren Mit-
telalters. Darmstadt 1983 (Wege der Forschung 558), S.31-54 (hier S.42 u.ö.); W.-D. STEMPEL:
Mittelalterliche Obszönität als literarästhetisches Problem. In: H.R. JAUSS (Hg.): Die nicht
mehr schönen Künste. Grenzphänomene des Ästhetischen. München 1968 (Poetik und Hermeneutik 3),
S.187-205 (hier S.197ff.); speziell für Texte der hier erörterten Art SCHRÖDER (wie Anm.8)
S.553. Vgl. auch die Forschungsübersicht bei R. KROHN: Der unanständige Bürger. Untersuchungen
zum Obszönen in den Nürnberger Fastnachtsspielen des 15. Jahrhunderts. Kronberg/Ts. 1974
(Scriptor Hochschulschriften Literaturwissenschaft 4), S.1ff.

denn eben jene Frage, *ob* - in den Worten der *fud* an ihre Dame - *mich die leut haben baß / mit lobe oder dich*,[19] hält dort das thematische Zentrum der Erzählung besetzt.

> Die "Diskussion der Inferiorität bzw. Superiorität von geschlechtlicher Minne gegenüber einer eher platonisch ausgerichteten Minne [...] bzw. der Dominanz des für beide Spielarten der Minne jeweils dienlichen Körperteils"[20] gehört zu den etablierten Problemkreisen der Märendichtung und ihres gattungsgeschichtlichen Umfeldes. K.-H. SCHIRMER interpretierte die Gestaltung dieser Diskussion im 'Rosendorn' als narrative Umsetzung einer minnekasuistischen Frage, welcher sich schon Andreas Capellanus in 'De Amore' oder die Redaktionen der 'Heidin'[21] gestellt hätten, der Frage eben, ob für die Minne der "inferior" oder der "superior pars" des weiblichen Partners wichtiger sei. Der Unterschied liegt nach SCHIRMER "nur in der Darstellungsweise: dort [bei Andreas] die theoretisch-erörternde Gedankenentwicklung des Traktats, hier die burleske, halb allegorische und mit Handlung umgebene 'Anschaulichkeit' des parodierenden Schwanks."[22] Kritikwürdig auch insofern, als die Trennung von "fud" und "junkfrau" im 'Rosendorn' keineswegs nur halb allegorisch (?), sondern ganz konkret zu denken ist und die personhafte Rolle des Genitales nicht beim französischen Traktatautor vorgeprägt war,[23] zielte SCHIRMERs Deutung ausdrücklich darauf ab, das "Ungewöhnliche und für uns zunächst Schockierende" des Textes durch Erhellung des "literarischen Hintergrund[es]" abzumildern.[24] Dem 'Rosendorn' wird diese interpretatorische Absicht schwerlich ganz gerecht, sicher aber darf man SCHIRMERs Deutung nicht, wie die motivische Nähe von 'Rosendorn' und 'Nonnenturnier' ja anregen könnte, in einem Analogieschluß auf den Dialog des Ritters mit seinem "zagel" und den nachfolgenden Trennungsakt übertragen. Noch deutlicher nämlich als der Vergleichstext erweist sich im 'Nonnenturnier', so ist darzulegen, jene Konstellation, die man auch eine minnekasuistische nennen mag, bei näherem Zusehen als Formung eines Widerspruchs, der sehr viel weiter reicht als die abstrakte Frage nach der Hierarchie verschiedener Weisen der Minne.

Das 'Nonnenturnier' gibt nicht, wie der 'Rosendorn' oder die eine vergleichbare Frage erörternde Erzählung von 'Gold und Zers', eine definitive Lösung des verhandelten Rangstreites. Ja es scheint, als ob dieser Rangstreit hier blindes Motiv und nur Ausgangspunkt sei für die erzählerische Vergegenwärtigung von etwas anderem. Die Frage nach der relativen Wertigkeit von Ritter und *zagel* liefert zunächst einfach eine im Horizont obszöner Märendichtung plausible Begründung für die Trennung der Antagonisten - deren Zusammengehörigkeit auch nicht am Ende restituiert wird, was im 'Rosendorn' das epische Bild für die verbindliche Entscheidung der Rangfrage ist. Diese Trennung führt auf erzählstruktureller Ebene zur Zweiteiligkeit des Märes, so zwar, daß dem ersten Teil

---

19 'Der Rosendorn II' (= Fassung des Codex Karlsruhe 408, B.141ra-142vb) V.164f. (Text wie Anm.6).

20 ZIEGELER (wie Anm.6) S.341.

21 Vgl. K.-H. SCHRIRMER in ^{2}VL Bd.3 (1981) Sp.613f.

22 SCHIRMER (wie Anm.16) S.267.

23 Vgl. SCHRÖDER (wie Anm.8) S.546ff.

24 SCHIRMER (wie Anm.16) S.262.

der Ritter, dem zweiten aber der *zagel* bündig als Protagonisten zugeordnet
sind. Demnach erzählt das 'Nonnenturnier' eigentlich zwei Geschichten, die allerdings deutlich gegenläufig angelegt sind. Der Weg des Ritters führt vom gesellschaftlichen Zenit des allseits umworbenen Frauenhelden in jähen Schritten
bis zum Tod in völliger Verlassenheit. Hieran schließt die Geschichte des Genitales an, das vom Ausgesetztsein unter der Treppe[25] bis auf die Höhe des
seidenen Kissens geführt wird. Der *zagel* endet dort, wo der Ritter begann: im
Zentrum weiblicher Begierde.

Schon hier wird deutlich sein, daß die beiden Teile des Märes wie zwei Seiten einer Medaille zusammengehören und also auch fester miteinander verklammert sind, als W. SCHRÖDER zum Ausdruck brachte. Die Geschichte des Ritters
und die seines Genitales sind gewissermaßen spiegelbildlich aufeinander bezogen. Es wird daher kaum den Vorwurf unreflektierten und ahistorischen psychoanalytischen Methodentransfers provozieren, wenn man den ersten Teil des 'Nonnenturniers' als episches Bild männlicher Kastrationsphantasien, den zweiten
als episches Bild maskuliner Wunschvorstellungen begreift. Hier liegt das angesprochene Identitätsproblem. Die beiden Teile des Märes balancieren, so
stellt es sich zunächst dar, das prekäre Gleichgewicht von Sexual- und Todes-
angst sowie Allmachtswünschen. Dabei geht es offenbar um spezifisch männliche
Ängste und Phantasien: die Bilder, die das Märe findet, sind Bilder männlicher
Protagonisten in einer nur von Frauen bewohnten,[26] nur von Frauen beherrschten
Welt. Es sind daher Bilder immer auch der Angst.

Versucht man, sich einzelne Phasen des Handlungsverlaufes als solche epi-
schen Bilder zu vergegenwärtigen, so wird man finden, daß das 'Nonnenturnier'
Ängste und Wunschphantasien höchst eindrucksvoll in Szene setzt. Eine solche
Szene ist etwa die Vertreibung des Ritters aus der Stadt, das heißt aus der
Welt: der von der Dame überredet worden war, sich selbst zu entmannen, und den
also im eigentlichen Sinne die aktive, unersättliche Frau kastriert hatte, be-

---

25 Das obszöne Märe spielt hier mit einem Motiv der Alexius-Legenden. Solch parodistischer Bezug
erklärt auch die Verse 216f., in denen der Ritter dem "zagel" vorhersagt, unter der Klostertreppe werde "süde und verchergetrank" auf ihn herabtriefen, denn auch dieses Motiv ist aus
dem Leben des heiligen Alexius von Edessa bekannt (vgl. E. KRAUSEN in Lex. d. christl. Ikono-
graphie Bd.5 [1973] Sp.90-95; W. MOHR in Theolog. Realenzyklopädie Bd.2 [1978] S.264-266). Man
könnte zudem bedenken, daß speziell die Klostertreppe ein Ort ist, an welchem man uneheliche
Kinder, deutlichste Zeugnisse ungezügelter Triebhaftigkeit, aussetzen konnte.

26 Die einzige Ausnahme ist, so man will, der Ehemann der Dame, der aber nicht im Text und der
von diesem konstituierten Welt selbst anwesend ist, sondern nur von fern hereinwirkt - und nur
auf den Ritter wirkt (dazu unten).

gibt sich - *unmassen fro* (V.243), endlich des störenden Gliedes ledig zu sein
- voller Hoffnung zu eben dieser Frau:

> *nu merket ir nu das,*
> *wie dem botenbrot was.*
> *sie nam ein scheit in die hant,*
> *des der ritter wol enpfant.*   (V.259-62)

> *mer wan hundert weip*
> *die jageten in auß der stat,*
> *die genant ist Saraphat.*   (V.276-78)

Das nachfolgende Dasein des Nicht-Mehr-Mannes in der Waldeinsamkeit ist natürlich auch eine Art der *conversio* wie sie Schwankhelden des späteren Mittelalters (Pfaffe Amis, Bertschi Triefnas, Tristan [als Mönch], Bruder Rausch) -
sei es in monastischer, sei es, wie hier, in eremitischer Form - nicht selten
zukommt. Indes ist die Konversion des Ritters erzwungen: *vor also großer*
schande / torst er nimmerme kummen zu lande. (V.283f.) Nicht bußfertige Umkehr
bewirkt das Leben in der Waldeshöhle, sondern allein die Austreibung aus der
Welt der begehrlichen, daher ebenso anziehenden wie ängstigenden Frauen, in
deren Mittelpunkt der Ritter einst gestanden hatte.

Diesem Bild von der Bedeutung und Wertschätzung des zur Minne untauglichen
Mannes läßt das Märe sich steigernde Szenen von der Wirkung des männlichen
Gliedes in der reinen Frauenwelt des Klosters folgen. Das Geschehen im Kreuzgang zunächst zeigt die Nonnen allesamt wohlvertraut mit dem Anblick eines Penis. Der Text bestätigt hier nur, was man in Kommunikationszusammenhängen
schwankhafter Dichtung über die Sittlichkeit des Klosterlebens oder der Kleriker immer schon weiß. Vorgeführt wird, wie der *zagel* im Mittelpunkt der Frau-
engruppe steht und wie die Nonnen auf ihn reagieren: ihre Versuche, das anthropomorphisierte Genitale vom Kreuzgang weg in die jeweils eigene Zelle zu
verscheuchen, setzen sehr deutlich das Schwanken zwischen begehrlicher Faszination und der vom Kultursystem des Klosters her eigentlich gebotenen Abwehr
ins Bild. Daß die Begierde letztlich den Ausschlag gibt, ist im Kontext dieser
Literatur selbstverständlich, die Triebabwehr und -unterdrückung immer auch
darstellt, um die Unüberwindlichkeit der Lust nach der Lust vorzuführen.

Im zweiten großen Tableau des zweiten Teils des 'Nonnenturniers' wird sodann eine Phantasie männlicher Sexualherrlichkeit inszeniert, deren vulgäre
Bildmächtigkeit nicht nur in der Literatur des späten Mittelalters ihresglei-
chen sucht. Der Kampf der Nonnen vor dem auf seidenen Kissen in der Mitte dieser klösterlichen Frauenwelt thronenden, alles beherrschenden *zagel*: das ist
gewissermaßen der wilde Tanz um den goldenen Phallus.

Im Gegenzug zur Geschichte des Ritters setzt der zweite Teil des vorliegenden Märes maskuline Wunschphantasien episch-bildhaft um; er ermöglicht so die
Abfuhr jener Ängste, die das vorausgegangene Geschehen geweckt haben konnte.
Es bedarf demnach kaum großer Einbildungskraft, sich ein männliches Publikum
dieses Märes[27] vorzustellen, das johlend den wüsten Kampf der Nonnen um das
Genitale beobachtet und diese dabei in einer vielleicht weniger angsteinflös-
senden Rolle weiß als jene Dame, deren sexuelle Aggressivität und intellektuelle Überlegenheit den Ritter aus der Welt trieben. Insofern sind die beiden
Geschichten im 'Nonnenturnier' einander nicht nur strukturell komplementär,
sondern auch auf der Ebene der den Rezipienten vom Text selbst wohl nahegeleg-
ten oder ermöglichten psychischen Reaktionen eng aufeinander bezogen. Das Lachen der Hörer als Antwort auf die grotesk-komische Obszönität des zweiten
Teils des 'Nonnenturnier', als Reaktion auf die komische Spannung von Hand-
lungsort und Handlungsgeschehen, von klösterlichen Normen und weiblicher Praxis denke ich mir als befreiend. Mit dem Lachen über die Komik der erzählten
Situationen ging allerdings wohl das Verlachen der Nonnen einher, die in ihrer
wüsten, geilen Ohnmacht als lächerliche Figuren erscheinen. Das Lächerliche
indes stellt eine reduzierte, distanzierte Form des Bedrohlichen dar: die
Fratze des Verlachens ist eine Maske des angstverzerrten Gesichts.

                                        IV

Dies führt an eine Irritation heran. Der Nachhall jenes Verlachens, das die
Lächerlichkeit der Nonnen und ihrer Bediensteten quittiert, stört die skizzierte Deutung, welche das Märe zunächst nur als epischen Balanceakt zwischen
Kastrationsängsten und Wunschphantasien zeigte. Es bleibt ein unbewältigter
Rest, der sich zum Beispiel in der betonten Grausamkeit des Turniers oder etwa
auch im ersten Teil des Textes dann zeigt, wenn man Antwort auf die Frage
sucht, was jene Kastrationsangst textintern eigentlich begründet, von welcher
hier die Rede war.

Zunächst bleibe ich aber noch beim Geschehen im Kloster. Die Anwesenheit
des Genitales an diesem Ort stellt die Nonnen vor die Entscheidung, entweder
ihrem Keuschheitsgelübde oder ihrer Begierde zu folgen (vgl. V.320ff.). Daß

---

27 Eine weibliche Leser- oder Hörerschaft (jedenfalls im Sinne eines "eigentlich" angesprochenen
   Publikums) wird man sich bei Texten wie dem 'Nonnenturnier' schwerlich denken können. Die Pub-
   likumssoziologie der Märendichtung ist über die Beobachtungen FISCHERs (wie Anm.1, S.220ff.)
   kaum hinausgelangt; geschlechtsspezifische Differenzierungen, wie sie für höfisch-aristokrati-
   sche Literatur des späten 12. und 13. Jahrhunderts möglich sein mögen, bleiben hier ganz hypo-
   thetisch.

diese Entscheidung im Sinne eines Lustprinzips fällt, provoziert indessen nur
einen zweiten Konflikt, den nämlich, *wie man den zagel* zwischen den zahlreichen Interessentinnen *teilen sol* (V.394). Immerhin haben ja alle Beteiligten –
einschließlich der Äbtissin (V.391f.) – prinzipiell gleiche Anrechte, denn *was*
man in das klonster sent, / das gehöret gemein in das konvent. (V.387f.) Jedoch ist den Nonnen eine gesprächsweise, also argumentative Verständigung darüber, wer dieses obskuren Objekts der Begierde teilhaftig werden solle, nicht
möglich. Erst die Äbtissin findet eine vorderhand vernünftige Lösung des Problems. Ein Wettstreit soll zu ermitteln erlauben, welche Nonne *ie der ander*
anbehabe (V.401) und *die werdest sei* (V.408). Als Preis wird die Siegerin den
zagel erhalten. In dieser Grundstruktur verkehrt das Turnier der Nonnen um das
männliche Glied gerade die jedem Hörer geläufige Anordnung von Subjekten und
Objekt, von geschlechtsspezifischer Aktivität und Passivität, in welcher die
Ritter um die Hand der Königstochter miteinander kämpfen. Insofern ist es Zeichen des *mundus perversus*, angemessener Ausdruck jener sozusagen matriarchalen
Welt, die das Märe konstituiert. Gleichwohl soll der Wettstreit eine geregelte
und kontrollierte Form des Verteilungskampfes garantieren; wie jedes Turnier
ist auch das der Nonnen als Instrument der Befriedung und Kanalisierung agona-
ler Tendenzen gedacht. Demgemäß unterliegt es bestimmten Reglementierungen,
die im Erzähltext zum Teil erkennbar sind (vgl. V.405f., 409ff., 439). Allerdings kommt es offenbar weniger auf den materiellen Gehalt einzelner Vorschriften als vielmehr vor allem darauf an, dieses Turnier als Form strikter
Ordnung kenntlich werden zu lassen: umso unerhörter ist der Ausbruch des Chaos
im zügellosen Kampf der Nonnen. Angesichts des thronenden Phallus geraten sie
außer Rand und Band:

> *sie liefen zusamen zu einem mal,*
> *das vierundzwainzig uf der wal*
> *wurden getreten under die füße*
> *dorch den werden zagel süße.*   (V.443-46)

War die Idee zum Nonnenturnier Signum einer pervertierten, nämlich von Frauen
dominierten Ordnung, so ist die Praxis des Turniers deren völlige Aufhebung.
Was als Ordnungsrahmen gedacht war, wird zum Rahmen der Auflösung aller Ordnung. Hier ist jedwede Hierarchie außer Kraft gesetzt, so daß die Küsterin die
Äbtissin angreifen darf (V.509ff.); hier verfällt die bindende Wirkung personaler Abhängigkeitsverhältnisse derart, daß eine Magd ihrer Wohltäterin den
Tod androht: *aller Gaben ist vergessen. / gebt mir den zagel drat / oder ich*
slach euch zu tot (V.534ff.); hier wird ohne jede Rücksicht auch aufs Turnier-
reglement getreten, geprügelt, gezerrt und gekratzt – *eine sunst, die ander so*

(V.501); hier wird der Vorrang des Alters vor der Jugend ignoriert (V.546ff.),
hier sind ständischer Status oder gar die größere Nähe der Klosterdamen zu
Gott ganz belanglos, denn hier finden sich adlige Nonnen (V.516) und einfache
Dienstmädchen in der chaotischen Gleichheit ihrer Begierde: *ein mait hat gern
als ein frauwe* (V.492). Das ist nicht die Etablierung einer verkehrten Ordnung, sondern völlige Schrankenlosigkeit.

> *manig rittermessig frauwe*
> *die grienen vast als die swein,*
> *und möcht auch anders nit gesein.*   (V.516-18)

Die phallische Fixierung dieser Frauen, so erweist sich im Verlauf des Turniers, ist zu absolut, als daß daneben oder gleichzeitig auch noch andere
Wertorientierungen und Handlungsziele bestehen oder Ordnungsmuster Geltung bewahren könnten. Angesichts dessen zeigt sich selbst der Erzähler irritiert: er
kann nur *ein wunderlich geverte* (V.503) konstatieren - und die Nähe des Todes:

> *mich hat oft wonder genomen,*
> *das sie nit alle umb die helse kummen.*
> *doch wart mange geslagen,*
> *das mans vor tot herdan must tragen.*   (V.449-52)

Dem auf seidenen Kissen im Zentrum klösterlicher Abgeschiedenheit aufgerichte-
ten männlichen Glied ist der Tod wohl fast so nahe, wie dem aus der Stadt in
die Wildnis des Waldes gejagten, kastrierten Mann. Der Versuch, eine maskuline
Wunschphantasie auch nur auf den imaginären Wegen der Literatur assoziierend
durchzuspielen, kippt: nicht irgendeiner Psycho-Logik folgend, sondern gemäß
der Logik der Erzählung treibt er offenbar Bedrohliches, Unheimliches hervor.
Dies könnte eine Angst begründen, derer man sich im Verlachen der lächerlichen
Klosterbewohnerinnen vorübergehend entledigt.

Erst als das Objekt wütender Begierde entschwunden ist, erst als die Nonnen
und ihre Mädchen - wie wenn sie sich nach dämonisch-unheimlichem Traum nur
allmählich wiederfänden - auf der Walstatt ihre Wunden beklagen, kommt der Erzähler des 'Nonnenturnier' zu einem rückblickend bewertenden Kommentar des Geschehenen. Der allerdings macht kenntlich, daß genauer als bisher benannt werden kann, was im Kloster sich ereignete:

> *ere und zucht was gar verspart,*
> *die man sie oft hett gelert.*
> *sich het manig geunert*
> *umb den minneklichen fund,*
> [...].   (V.592-95)

Im zweiten der hier zitierten Verse wird durchschaubar, was sich hinter den konventionalisierten sprachlichen Versatzstücken von *ere* und *zucht* verbergen mag. Der Erzählerkommentar formuliert nämlich die Einsicht, daß sich - so wäre er zu paraphrasieren - im Anblick des Phallus der (männliche) Versuch als ge- scheitert erweist, weibliche Wildheit zu domestizieren, zu zivilisieren. Was im zweiten Teil des Märes vom Nonnenturnier geschieht, ist das Einbrechen der Wildnis, genauer: ist das Aufbrechen der Wildnis im Mittelpunkt der Zivilisa- tion, nämlich im Kloster.

V

Der am Schluß des 'Nonnenturnier' stehende, auch die Position des fehlenden Epimythions vertretende Erzählerkommentar, den ich soeben zitierte, legt es nahe, die eigentliche Bedeutung dieses Textes im Zusammenhang einer Dichotomie von Wildnis und Zivilisation zu suchen. Man wird indes zögern, das genannte letzte Wort des Erzählers schon für das überhaupt letzte Wort in dieser Hin- sicht zu halten, und man wird gut tun, im hier Skizzierten nicht mehr zu sehen als eine mögliche Interpretationsperspektive, die sich in den dem eigentlichen Kampf der Nonnen vorausgehenden Erzählpartien erst noch zu bewähren hat. Zudem ist diese Skizze bislang noch sehr ungenau, denn: was für ein Bild von Wildnis wird hier gezeigt und wie verhält sich die Angst, welche sie anscheinend frei- setzt, zur Wunschphantasie, die der Kampf der Nonnen vor dem thronenden *zagel* auch ist? Zu klären ist also, wie die mitten im Kloster aufbrechende Wildnis eigentlich in jene Männerphantasie hineingeriet, deren Teil sie ist, und wel- che Funktion ihr dort zukommt. Zu diesem Zweck folge ich, nun aber vor dem Hintergrund der bislang erarbeiteten Hypothesen, noch einmal dem Gang des Mä- rengeschehens.

Der Schluß des 'Nonnenturnier' könnte es nahelegen, den Gegensatz von Wild- nis und Zivilisation als redundante Umformulierung eines Geschlechtergegensat- zes zu erachten. Die Attribute des Wilden kämen dabei den Frauen, Bestimmungen des Zivilisierten aber den männlichen Protagonisten zu und tatsächlich fällt es kaum besonders schwer, die weiblichen Figuren in dieser Erzählung als Wilde oder Wild-Gewordene zu deuten. Für die außer Rand und Band geratenen Nonnen und Klostermädchen wie für die prügelnden Bewohnerinnen der Stadt Saraphat[28]

---

28 Gemeint ist offenkundig die bei Luther als Zarpath erscheinende Stadt Sarepta (hebräisch: Șar^{e}păt). Sie war während der Hungersnot in Israel Aufenthaltsort des Elia (1 Kön. 17,9f.; Lk 4,26) und nach der Prophetie Obadjas (20) wird bei dieser kanaanitischen Stadt einst die Nord- grenze Israels liegen. Theologische Deutungsperspektiven des 'Nonnenturnier', die den hier

braucht dies nicht eigens demonstriert zu werden. Aber auch die Dame des Ritters im ersten Märenteil repräsentiert eine Form von Wildheit, insofern sie
sexuell attraktiv, aggressiv und unersättlich, sofern sie (für den Mann) un-
durchschaubar und gewalttätig ist. So zutreffend es also ist, daß die Frauen
hier eine immer auch bedrohliche, irgendwie unheimliche, angsteinflößende
Wildheit verkörpern, so sehr würde eine Gleichsetzung des Gegensatzpaares von
Wildnis und Zivilisation mit dem von Frau und Mann die Textverhältnisse ver-
formen. Das 'Nonnenturnier' kennt nämlich auch eine Frauenwelt, die nicht ängstigend, wild, undurchdringlich ist: es ist jene kurzweilige Welt entspannter
Sinnlichkeit, in welcher der Ritter vor dem Beginn der eigentlichen Erzählhandlung als umworbener Liebling der Damen seine Tage zubringt. Man kann die
Verse 12 bis 36, die dieses schildern, als freundliches Bild einer zivilisierten Minnekultur lesen, die in Zeiten der *kurzweile* und der *hohen ern* (V.14),
in Sektoren des *offenlichen* und des *taugen* Umgangs miteinander (V.21) wohlge-
ordnet ist. Erst vor dieser Kontrastfolie zeigen sich die Geschichte des Ritters und die seines Genitales in ihrer ganzen Drastik und Abgründigkeit. Zu
fragen ist demnach, warum die Situation mit dem Handlungseinsatz plötzlich um-
schlägt, oder, auf der Ebene der Protagonisten, wieso der allseits begehrte
Mann plötzlich zum Opfer und eine Frau unvermittelt zur Bedrohung, ja in ge-
wissem Sinne zur Mörderin wird. Die explizite Antwort, die das Märe auf diese
Frage bereithält, die Dame sei eben eine *verflucht valentinne* (V.264), erreicht kaum seine eigene Problemkonstellation, genauer: ist ihrerseits nur ein
Ausdruck des genannten Problems. Eine weiterführende Antwort wird man vielmehr
in der erzählten Beziehung des Ritters zu seiner Dame suchen müssen, die ja
durch zwei kritische Bestimmungen vor anderen Liebesbeziehungen ausgezeichnet
ist. Einerseits hatte der Ritter sich sehr lange der ihn umwerbenden Dame versagt (V.42) bevor er einmal in eine Liebesnacht einwilligt (V.46, 65ff.), zum
zweiten setzt er die merkwürdige Beschränkung, zwar ein einzigesmal mit der
Frau schlafen, dann aber Abschied nehmen und nie wieder zurückkommen zu wollen
(V.69f., 94ff.). Sein Geschlechtsverkehr mit der Dame erscheint so als ein Akt
von eigentümlicher Inkonsequenz.

Nachdem der Ritter einmal seine Verweigerungshaltung aufgegeben hatte,
bleibt er in dem zweiten der hier genannten Teilvorgänge sich wieder selber

---

vorgetragenen keineswegs widersprechen, eröffnen sich, wenn man bedenkt, daß Kanaan aus alttte-
stamentlicher Sicht das Land jenes der Jahwe-Religion krass entgegenstehenden ugaritischen Po-
lytheismus war, dessen phallische Stierkulte polemisch zum Tanz um das goldene Kalb umgedeutet
und als Ausdruck sexueller Wildheit verabscheut werden.

treu: er kündigt vor der Liebesnacht - *morgen wil ich urlaup haben* (V.69) -
an, was er hernach (V.94ff.) auch tun wird. Angesichts der sexuellen Befriedigung, die der Verkehr mit der Dame offenbar bot (V.71ff.), erscheint solches
als Verzicht, als Selbstdisziplinierung. In einer hypothetischen Erklärung
könnte man diesen Selbstzwang als Reaktion auf einen um die Entstehungszeit
des 'Nonnenturnier' ablaufenden sozialhistorischen Vorgang deuten, auf den zuletzt M. SCHRÖTER hingewiesen hat. Er zeigt, daß im 14. und 15. Jahrhundert
kasuelle nicht-eheliche Sexualkontakte von Männern genauso wie früher schon
und (mit wachsenden Einschränkungen) auch später noch gesellschaftlich tole-
riert werden - und zwar ziemlich ungeachtet aller moraltheologischen Keusch-
heitspostulate -, daß aber Konkubinatsverhältnisse, besonders solche zwischen
einer ständisch ranghöheren Frau und einem tieferstehenden Mann, als "Konkurrenz für sozial vollwertige Ehen" zunehmend als abweichend und verboten stig-
matisiert werden.[29] Die Weigerung des Ritters, eine längerdauernde nicht-eheliche Sexualbeziehung einzugehen, könnte von daher verständlich werden. Die
Übertretung des gesellschaftlichen Verbots bedeutete Ehrverlust (vgl. V.97f.,
103f.). Wenn der Ritter aber zudem anführt, die Fortsetzung des Verhältnisses
könne ihn *leicht gar* das *leben* kosten (V.102), er könne *leicht darumb erslagen*
werden (V.99), dann zeigt sich, daß es neben der im Mechanismus der Ehre ablaufenden Selbstkontrolle auch "die Angst vor den männlichen Angehörigen" der
Frau (speziell wohl vor einem gehörnten Ehemann) "und ihrer gewalttätigen Rache" ist,[30] die hier wie sonst als Regulativ seines Sexualverhaltens wirkt.
Diese Deutung der Selbstbeschränkung des Ritters als gleichsam nach innen ver-
lagerter Vorwegnahme gesellschaftlicher Zwangsmechanismen wird umso plausib-
ler, als seine Dame im weiteren Verlauf zunehmend bedrohliche Züge zeigt. Die
historische Parallele zu dieser erzählten Veränderung findet sich in dem psy-

---

29 M. SCHRÖTER: "Wo zwei zusammenkommen in rechter Ehe ..." Sozio- und psychogenetische Studien
   über Eheschließungsvorgänge vom 12. bis 15. Jahrhundert. Frankfurt/Main 1985, S.163ff. (Zitat
   S.164). Ich verkenne nicht, daß die Übernahme von SCHRÖTERs Einsichten zum Zwecke besseren
   Textverständnisses die Gefahr eines Zirkelschlusses birgt. Wichtigste Quelle dieser Untersuchungen ist nämlich der Bereich spätmittelalterlicher, volkssprachiger Kleinepik, so daß allzu
   leicht jene in der Sozialgeschichte der Literatur wohlbekannte Situation eintreten mag, in
   welcher aus der Untersuchung fiktionaler Texte gewonnene Einsichten der Interpretation anderer
   fiktionaler Texte als sozialhistorische Grundlegung dienen sollen. Diese Gefahr begründet den
   hypothetischen Charakter der angedeuteten Argumentation, die nur dann belangvoll ist, wenn sozialhistorische Forschung SCHRÖTERs Einsichten zu bestätigen weiß.
30 M. SCHRÖTER: Staatsbildung und Triebkontrolle. Zur gesellschaftlichen Regulierung des Sexualverhaltens vom 13. bis 16. Jahrhundert. In: P. GLEICHMANN - J. GOUDSBLOM - H. KORTE (Hgg.):
   Macht und Zivilisation. Materialien zu Norbert Elias' Zivilisationstheorie 2. Frankfurt/Main
   1984, S.148-192 (Zitat S.154).

chosozialen Prozeß, "daß im selben Maße, wie feste Konkubinatsverhältnisse [...] unterdrückt werden, die sexuelle Aktivität und Attraktivität von Frauen zu einer Quelle männlicher Angst wird."[31]

Schwerer als die angedeutete Selbstdisziplinierung ist der vorhergehende Akt des Jasagens nach langer Zurückhaltung gegenüber der Frau zu verstehen; in ihm liegt das entscheidende Moment der Inkonsequenz. Zugleich ist gerade dies der Vorgang, welcher offenbar der Dame Macht über den Ritter verschafft; ihre nachfolgenden Drohungen lassen das trotz aller noch bestehenden Unklarheit immerhin erkennen. Ebenso wie die Beschränkung der Sexualbeziehung auf nur eine Nacht ist die davorliegende, langdauernde Verweigerungshaltung des Ritters Ergebnis von Selbstkontrolle und Selbstzivilisierung: sie gewährleistet Macht über die Frau, jene Macht nämlich, die man als sich selbst behauptendes und unerreichbares Objekt der Begierde gegenüber der heftig Begehrenden besitzt. Im Einverständnis mit der Frau, und sei es noch so momentan, bricht diese Macht zusammen. Einer maskulinen Einbildungskraft, die sich das Verhältnis von Mann und Frau nur in Kategorien des Geschlechterkampfes denken kann, ist die Zustimmung zur Vereinigung mit der Frau gleichbedeutend mit der Unterwerfung unter sie: *ich wil auch tun den willen dein* (V.46), *ich tun alles, das ich sol* (V.66). Die Gewaltverhältnisse sind verkehrt und auch durch ein dem einmaligen Ja nachfolgendes Nein nicht wieder in alter Ordnung zu restituieren. Da das Ja geschah, weil die ritterlichen Mechanismen der Selbstdisziplinierung den Lockungen weiblicher Attraktivität und Begehrlichkeit (V.47-64) erlagen, könnte man den ganzen Vorgang in der oben eingeführten Terminologie zunächst folgendermaßen formulieren: die Wildnis in Gestalt weiblicher Triebhaftigkeit wird in dem Augenblick bedrohlich, in welchem der Zivilisationspanzer des Mannes ein Loch aufweist. Das einmalige Ja des Ritters macht jede Selbstbehauptung gegenüber der Frau unmöglich, die nur durch Selbstkontrolle und Verzicht erreichbar gewesen war. Noch pointierter formuliert: die Macht des Mannes über die Frau lag in der Entsagung.

Deutet man dies so, dann wird sich nun auch der zweite wesentliche Handlungskomplex des vorliegenden Märes besser verstehen lassen, in welchem die Dame als Reaktion auf dessen Rückkehr zu sexueller Selbstkontrolle den Ritter dazu überredet, sich selbst zu entmannen. Sie bedient sich dazu einer argumentativen Doppelstrategie und droht ihrem gewesenen Liebhaber zum einen mit Publizität, zum anderen mit öffentlicher Schande - was nicht ganz dasselbe ist:

---

31 SCHRÖTER (wie Anm.29) S.165.

> *wolt ir nicht bei mir ligen,*
> *zwor es wirt nimmer verswiegen.*
> *doch laß ich sein dabei nicht,*
> *ich mach euch allen frauwen enwicht*
> *und auß euch einen swachen man.*   (V.87-91)

Die Publizitätsdrohung ist, sofern sie nicht auf die Rache eines betrogenen
Gatten anspielt, allein kaum sehr eindrucksvoll, denn historisch gesehen ist
um die Zeit des 'Nonnenturnier' der nicheheliche Sexualkontakt des Mannes
kaum negativ sanktioniert,[32] zudem müßte die ja anscheinend verheiratete Frau
wohl auch ihre eigene Untreue kundtun, wenn sie öffentlich von der Sexualität
ihres Liebhabers reden wollte. Entscheidender ist demnach das zweite Argument,
das folgendermaßen präzisiert wird:

> *nu wart, ob es schande sei!*
> *welchü frauwe euch wonet bei*
> *und leit an euwers herzen prust,*
> *so wolt ir euwern gelust*
> *zuhant an ir da wenden*
> *und wolt euch selber schenden.*   (V.115-20)

Genauer also droht die Dame an, den Ritter dadurch öffentlich verächtlich machen zu wollen, daß sie verkündet, er habe sich sexuell zügellos, unkontrolliert verhalten, er habe, mit anderen Worten, auf weiblichen Kontakt phallisch
reagiert. Es ist dieses Argument, wie immer sarkastisch es auch gemeint gewesen sein mochte, welches den Ritter offenbar von der Dringlichkeit der Selbstkastration überzeugt: im nachfolgenden Dialog gibt er die Rede der Frau (V.115
-120) nahezu wörtlich als Vorwurf an sein Genitale weiter (V.164ff., 171ff.).

Die präzisierte Drohung der Dame wirkt deswegen so überzeugend, weil sie
genau jenen Punkt trifft, an dem der Ritter sich als *swache[r] man* (V.91) erwies: die Drohung trifft das Loch im Zivilisationspanzer, nämlich den Moment
des Verlusts der Selbstkontrolle. Dabei ist die sexuelle Attraktivität der Dame wohl nur Anlaß für dieses Aufbrechen, seine eigentliche Ursache findet der
Ritter - und mit ihm das Märe - in der Dissoziation von Selbst und Genitale:

> *wan ich an weibes brust*
> *lieplich bin gesmucket,*

---

32 Vgl. SCHRÖTER (wie Anm.30) S.150, 164; DERS. (wie Anm.29) S.159. Vgl. auch N. ELIAS: Über den
Prozeß der Zivilisation. Soziogenetische und psychogenetische Untersuchungen. 2 Bde. Frank-
furt/Main 6 1978, Bd.1 S.251 u.ö.; J. ROSSIAUD: Prostitution, Sexualität und Gesellschaft in
den französischen Städten des 15. Jahrhunderts. In: PH. ARIES - A. BEJIN (Hgg.): Die Masken
des Begehrens und die Metamorphosen der Sinnlichkeit. Zur Geschichte der Sexualität im
Abendland. Frankfurt/Main 1984, S.97-120.

> *so hastu dich getrucket*
> *und helst dich nirgent recht*
> *und <hast> die minneklich erschreckt.*
> *des muß ich mich derschamen*
> *und muß zuhant von dannen.*
> *wan ich mich gein ir wil neigen*
> *und ir meinen dinst erzeigen,*
> *so hastu dich niedergelegt*
> *und die minneklich erschreckt.*   (V.164-74)

Was die Gewaltverhältnisse verkehrt, was den Mann schwach macht, die Frau aber
als überlegen und ängstigend erscheinen läßt, ist der nicht kontrollierbare
Penis. Wahrhaft bedrohlich ist des Ritters eigene Triebhaftigkeit, denn sie
verhindert seine machtvolle Überlegenheit: dies ist das oben angedeutete Identitätsproblem. Wahrhaft angsteinflößend ist die Wildnis als Teil des Individuums selbst, jenes Genitale, das nicht einfachhin "Störenfried der Minne",[33]
sondern Hindernis einer zivilisierten (Stichwort: *dinst*, V.172) und kontrol-
lierten Minnekultur ist; diese allein aber verbürgt, so zeigt der *prologus an-*
te rem, die Grandiosität des von allen begehrten Mannes. Der Penis erscheint
in der Angstphantasie des ersten Teils des 'Nonnenturnier' als einer, der sich
von außen zwischen Mann und Frau schiebt (V.166f., 173f.) und immer wieder das
Überschreiten jener Schamgrenze bewirkt, welche Ordnung und Chaos, Zivilisation und Wildnis scheidet. So verbreitet die eigene Zuchtlosigkeit Schrecken
(V.168, 174), ruft sie Scham hervor (V.124, 169). Scham ist der geringste
Zoll, den die Zivilisation für das Überschreiten ihrer Grenze zur Wildnis erhebt - indes nicht der einzige. Schwerer wiegt der Verlust der Macht, noch
schwerer der Tod, welcher den Versuch beendet, die verlorene Macht zurückzuge-
winnen.

Nach dem momentanen Ausbruch der wilden Triebhaftigkeit in ihm selbst, nach
den Augenblicken sexueller Gefügigkeit, welche eine lange Phase der angespann-
ten Selbstkontrolle und damit der Macht über die Frau beenden, ist dem Ritter
angesichts der fordernden und bedrohlich erscheinenden Dame soziale Selbstbehauptung, die hier allein in Kategorien von Herrschaft und Unterordnung gedacht werden kann, nur noch im absoluten Verzicht, im größten Selbstzwang möglich: der Ritter beschneidet sich seiner eigenen Sinnlichkeit endgültig. Das
zweisträngige Geschehen, das das vorliegende Märe auf diesen Kastrationsakt
folgen läßt, enthält dabei, so meine ich, eine doppelte historische Wahrheit:
gezeigt wird einerseits, daß die totale Selbstzivilisierung den Tod bedeutet,

---

33 SCHRÖDER (wie Anm.8) S.558.

und daß, zum anderen, die ausgegrenzte Wildnis, das unterdrückte Triebhafte
unvermutet wiederkehren.

Die Entfernung der unkontrollierbaren, daher unzivilisierten Triebhaftigkeit beendet nicht den Wunsch nach Ekstase, sie bedeutet für den Ritter nur
den Verzicht auf genitale Wollust. Dies ist der Preis für die Befriedigung des
Bedürfnisses nach Macht. Die Kastration dient nämlich ausdrücklich dem Zweck,
den vor Beginn der eigentlichen Erzählhandlung des Märes vergegenwärtigten,
also vor dem Beginn der Geschichte liegenden Zustand unangetasteter und unbe-
rührbarer männlicher Herrlichkeit wiederzugewinnen; jenen Zustand also, in
welchem der Mann ungeteilte Macht hatte über die sich nach ihm verzehrenden
Frauen. Die Kastration geschieht *durch willen aller weib* (V.180, vgl.V.136ff.,
158f., 161f.), ihr Ziel ist, daß *alle frauwen* den Ritter *loben / und nach ihm
wüten und toben* und er *wirde und ere* gewinnt (V.127ff.). Dies ist eine Gewaltphantasie in doppeltem Sinne, da sie sich die uneingeschränkte Gewalt des einzelnen Mannes über alle Frauen um den Preis der Gewalt des Mannes gegen sich
selbst imaginiert. Ein Moment von Wahrheit offenbart das Märe dort, wo es vorführt, wie diese hybride Phantasie in jahrzehntelange Leidenszeit (V.286) und
schließlich in den Tod (V.288) führt. Insofern ist auch die *moralisatio* der
Verse 141 bis 148, anders als es auf den ersten Blick scheinen wollte und anders als sie selbst wohl weiß, wahr: der Ritter, so sagt sie, *wart vil gar en-
wicht, / wan in genüget ni<ch>t.* (V.143f.)

VI

Die Abtrennung des Wilden, die Unterdrückung des Triebes ist nicht wirklich
möglich. Dies ist die zweite Wahrheit, derer sich das vorliegende Märe in der
Form epischer Bilder bewußt ist. Was abgeschnitten und verdrängt wurde, kehrt
hinterrücks im Zentrum der Zivilisation, das ist das Kloster, wieder und macht
diesen Ort striktesten Reglements und dichtester Ordnung - vorübergehend - zu
einem des chaotisch Wilden.[34] Dies geschieht jedoch mit teilweise vertauschten
Rollen. War das Genitale im ersten Teil des 'Nonnenturnier' Repräsentant der
dem männlichen Individuum selbst eigentümlichen, noch ungezügelten, unzivili-
sierbaren Wildheit und Triebhaftigkeit, so ist es im Nonnenkloster Inbegriff
der Diszipliniertheit. Das Bild des *zagels* im zweiten Teil des Märes ist Ge-
genbild zu jenem im ersten Teil; dies meint die Rede von der spiegelbildlichen

---

34 Vgl. H.P. DUERR: Traumzeit. Über die Grenze zwischen Wildnis und Zivilisation. (Neuausgabe)
Frankfurt/Main 1985, S.85 u.ö.

Bezogenheit der beiden Erzählabschnitte. Das 'Nonnenturnier' setzt der traumatischen Geschichte des Ritters die Wunschphantasie im Kloster entgegen - dabei
auf sehr genaue Entsprechungen achtend. So ist der wüste Tanz der Nonnen und
Mägde, also a l l e r Frauen dieser abgeschlossenen Welt, um den goldenen
Phallus die genaue Umsetzung jener Gewaltphantasie, die den Ritter zur Kastration bewog. Zugleich gelingt es keiner der wütenden, aggressiven, begehrlichen, also auch angsteinjagenden Frauen, des männlichen Gliedes auf turnier-
mäßige Weise habhaft zu werden - und dies ist nicht Zufall:

> *das den zagel niemant hett*
> *stet in seiner eigenschaft.*   (V.458f.)

Dem Phallus des zweiten Teils des 'Nonnenturnier' gelingt zunächst, woran der
Ritter zuvor scheiterte: sich als Objekt der allerheftigsten Begierde selbst
freizuhalten. Er vermag es, jene Begierde anzustacheln, ohne ihr zu erliegen,
also: völlig kontrolliert zu sein, um so die totale Form maskuliner Herrlichkeit, die größte Gewalt über die Frauen auskosten zu können. Ich glaube, daß
eigentlich dies die episch umgesetzte Phantasie ist, mit der das Märe die
Schreckenserfahrungen aus der Geschichte seines ersten Teils ausbalanciert.
Der erneute Durchgang durch den Text hätte demnach zu der Einsicht geführt,
daß das Ziel maskuliner Wunschproduktion im 'Nonnenturnier' nicht einfach darin liegt, daß die geilen Frauen den thronenden *zagel* gierig umtoben. Als
zweite, kaum minder wichtige Komponente dieser Wunschphantasie kommt vielmehr
hinzu, daß dieser *zagel* nicht in die Gewalt der ihn begehrenden Frauen gerät,
daß die Grenze, die seine geordnete und kontrollierte Zivilisiertheit von der
chaotischen Wildheit der Frauen trennt, ganz undurchlässig ist. Erst im Ineinander beider Komponenten wäre die ungehinderte Gewalt des phallischen Mannes
über die Frauen gegeben.

Voraussetzung dafür ist die Gewalt, die der männliche Protagonist im Ka-
strationsvorgang sich selber antut. Ganz dementsprechend kann der Text weibliche Lust ebenfalls nur in dem Versuch vorstellen, völlige Verfügung über das
männliche Glied zu erlangen; ganz dementsprechend versuchen die einer männlichen Vorstellungswelt entsprungenen Klosterbewohnerinnen, dadurch Macht über
den *zagel* zu gewinnen, daß sie sich selbst Gewalt antun. Der zweite Teil des
Märes entwirft im Kampf der Nonnen und Mägde also jenes phantasmagorische Bild
der Wildnis, das der Mann gerne hätte: das Bild der sich wegen des Phallus
selbst zerfleischenden, ihn aber nicht beherrschen könnenden Frauen.

Daß diese episch umgesetzte Männerphantasie ein ängstigendes Moment des Un-
heimlichen birgt, darauf hatte oben schon eine höhnische Grimasse aufmerksam
gemacht. Was hier ängstigt und mit Gejohle übertönt werden muß, läßt sich auf

der Grundlage der entwickelten Hypothesen vielleicht genauer bestimmen. Die
Angst ist der andere Preis für die männliche Herrlichkeit, es speist sie das
Wissen, daß das um des genitalen Lustobjekts willen stattfindende Chaos eine
maskuline Phantasmagorie ist, sowie die Vermutung, daß die Grenze keineswegs
unüberschreitbar sein könnte, welche den souveränen Phallus von den wildgewor-
denen Frauen trennt. Diese Gefahr aber, daß die Tobenden voneinander ablassen
und sich dem *zagel* zuwenden, diesen also wie den Ritter zum Opfer machen könnten, liegt sehr nahe. Wiederholt nämlich wird im Verlaufe des Turniers Hand an
den Penis gelegt (V.511ff., 544, 546) und es ist jeweils allein jene Gewalt,
welche die Frauen einander antun, die solche Beschlagnahme allenfalls beendet.
Erst ganz am Schluß des Märes klingt die Angst ab, von der hier die Rede war,
denn erst hier ist der *zagel* dem weiteren Zugriff der kämpfenden Frauen entzogen. Anscheinend hat ihn *ein freche nunne* (V.546) *undergeslagen / und dieplich
auß dem turnei getragen* (V.563f.); für alle anderen Konkurrentinnen ist der
zagel also *verlorn* (V.569, 573). Dieser Märenschluß ist demnach keineswegs so
offen, wie die Inhaltsübersichten zum 'Nonnenturnier' von FISCHER und SCHRÖDER
das darstellen.[35] Daß eine junge Nonne den Phallus *gevieng* (V.546) und ent-
führte, widerspricht aber auch dem eben zitierten Erzählerkommentar (V.458f.),
der die Nichtverfügbarkeit des männlichen Genitales zu dessen wesentlicher
Eigenschaft erklärte. Das Märe genügt hier, wenn ich recht sehe, nicht jenen
Konsistenzerwartungen, mit denen man es gerne konfrontieren möchte. Trotz dieser Sperrigkeit ist aber deutlich, daß der Phallus, auch wenn er ganz passiv
in den Verfügungsbereich einer Frau gerät, nicht selbst jener wütenden Triebhaftigkeit erliegt, die er auslöste, und daß seine Unnahbarkeit wohl zu jener
Wunschphantasie von maskuliner Grandiosität gehört, die das Märe entwirft.
Diese Form männlicher Größe allerdings, so soll hier noch einmal erinnert
sein, ist defizitär: sie setzt die Gewalt des Mannes gegen sich selbst voraus
und entsagt konkreter Sinnlichkeit, denn sie bleibt fast ohne Berührung.

VII

Der zweite Teil des 'Nonnenturnier' setzt der vorangegangenen traumatischen
Geschichte des Ritters in Gestalt des anthropomorphisierten Genitales ein mas-

---

35 Vgl. FISCHER (wie Anm.1) S.499; SCHRÖDER (wie Anm.8) S.559. FISCHERs Verständnis zeigt sich
   auch in seiner Textausgabe, in der er, gegen die Handschrift (vgl. SCHMID [wie Anm.7] S.176),
   nach V.562 einen Absatz macht, der den Erzählzusammenhang unterbricht und so davon ablenkt,
   daß es naheliegenderweise jene Nonne ist, welche in V.546 den "zagel gevieng", die ihn nun aus
   dem Turnier davonträgt.

kulines Leitbild entgegen, das - um den eben genannten Preis - das heftigste
weibliche Begehren stimulieren kann, ohne diesem zugleich zu erliegen, und
eben in diesem Verzicht seine Allmacht auskostet. Was das Märe in Gestalt des
zagels anbietet, ist ein Konzept zivilisatorischer Selbstdisziplinierung und
Selbstbehauptung gegenüber Frauen, Unordnung und Chaos, gegenüber dem Wilden
und Triebhaften; dem vorangehend verdeutlicht die Geschichte des Ritters die
katastrophalen Folgen, die auch der kleinste Haarriß im Panzer männlicher
Selbstzwänge nach sich zöge. Wenn man das vorliegende Märe so verstehen darf,
dann enthält es gewissermaßen ein episch verdichtetes, so auch vieles Einzelne
verzeichnendes, seine Grundstruktur aber doch erstaunlich getreu bewahrendes
Bild des Prozesses der Zivilisation. Die anonyme Erzählung, deren Herkunft weder chronologisch, noch geographisch, noch soziologisch so eingegrenzt werden
kann, daß sich daraus Anhaltspunkte für eine Interpretation ergäben, müßte, so
würde aus dem Gesagten zu folgern sein, den Kommunikationszusammenhängen von
(männlichen) Menschen entstammen, die über bereits relativ dichte Netze zivilisatorischer Selbstzwänge verfügten. Wenn diese Menschen (am Schluß des vorliegenden Versuchs wird eine solche Spekulation erlaubt sein) Texte von der
Art des 'Nonnenturnier' rezipierten, das heißt: wenn sie in der Imagination
den maskulinen Protagonisten des Märes auf deren Wegen an den Rand der Wildnis
oder in diese hinein folgten, dann mochten sie dabei die Erfahrung machen, daß
die Wildnis zwar Lust verspricht, vor allem aber Angst einjagt. Dies konnte
das Bewußtsein eigener Zivilisiertheit und damit diese selbst gesteigert haben. Um nämlich "innerhalb der Ordnung leben zu können, um mit Bewußtsein zahm
zu sein, mußte man in der Wildnis verweilt haben [...]"[36] - und sei es nur auf
imaginäre Weise (ohnehin gibt es in der Wildnis keine Unterscheidung von Rea-
lem und Imaginärem). Dies wäre die Wirkung, die der Text auf dem Weg über die
Imagination seiner Rezipienten gezeitigt haben könnte. Ganz dementsprechend
ließe sich fragen, ob nicht das obszöne und ungewöhnlich krude Märe selbst als
eine literarische Form des Wilden zu begreifen wäre, so daß der rezeptive Umgang mit ihm seinerseits einer Erfahrung des Wilden gleichkäme, eine Grenzüberschreitung bedeutete: die Überschreitung der literarischen Schamgrenze,
den Bruch terminologischer Tabus, welche in bestimmten literarischen Zusammenhängen eigentlich gegolten haben mögen.[37] Die Grenzen des Zivilisierten können

---

36 DUERR (wie Anm.34) S.76.
37 Vgl. STEMPEL (wie Anm.18) S.190ff.

nur stabilisiert werden, wenn sie wahrgenommen wurden, erfahrbar sind sie aber
allein im Versuch der Überschreitung.[38]

---

38 Für wilde Gespräche und zivilisierte Anregungen danke ich sehr herzlich den Münchner Freunden
und Kollegen Barbara Bauer, Sabine Schmolinsky, Waltraud Timmermann, Herbert Bruch, Albrecht
Juergens und Michael Schilling.

Liebe und Ehe bei Hans Folz.
Von der Minnerede zum Lob der Ehe

von

JOHANNES JANOTA (Augsburg)

Die interpretatorische Erschließung des Folzschen OEuvres steht bekanntlich in
einem krassen Mißverhältnis zu dessen Umfang und literarischem Rang.[1] Dieser
Disproportion vermag selbstverständlich auch der nachfolgende Beitrag nicht
aufzuhelfen, dennoch scheint mir die Frage nach dem Thema "Liebe und Ehe" bei
der Klärung der Intentionen, die hinter Folzens literarischem Schaffen standen, ein Stück weiterzuführen. Wer dabei allerdings meint, Folz sei in Sachen
Ehe wegen seiner zweimaligen Verheiratung ein besonders kompetenter Gewährs-
mann, den muß ein Blick auf die Werkchronologie enttäuschen: seine literarische Produktion verebbt offenkundig mit einigen Auftragsarbeiten in den 90er
Jahren des 15. Jahrhunderts, während Folzens Altersheirat nach 1509 anzusetzen
ist. Die Gründe für diesen Schritt, der immerhin den etwa 70jährigen einen nur
widerstrebend vom Rat zugestandenen Altersheimplatz im Nürnberger Klosterhof
der Heilsbronner Zisterzienser aufgeben ließ, liegen für uns im Dunkeln. Das
bedeutet freilich nicht, daß Folz als historische Person im Blick auf unser
Thema grundsätzlich und vollkommen von seinem Oeuvre zu trennen ist. Aber als
aufschlußreicher für ihn und sein literarisches Schaffen erweist sich doch
seine Tätigkeit als Drucker-Verleger der eigenen Werke, denn damit dürfte er
sich mehr als jeder andere stadtbürgerliche Dilettant dieser Zeit am Interesse
seines Publikums orientiert haben. Aus diesem Grund lassen sich seine literarischen Aussagen mit größerer Verbindlichkeit als sonst üblich auf das zeitgenössische literarische Publikum, also auf das Nürnberg in der zweiten Hälfte
des 15. Jahrhunderts, beziehen.

---

1 Zum gegenwärtigen Forschungsstand vgl. meinen Folz-Artikel im VL 2, ²1980, Sp.769-793 und die
   bibliographischen Nachweise bei HANNS FISCHER: Studien zur deutschen Märendichtung. 2. Aufl.
   Tübingen 1983, S.326-333. Für den Meistergesang führt nunmehr erheblich weiter FRIEDER SCHANZE:
   Meisterliche Liedkunst zwischen Heinrich von Mügeln und Hans Sachs. Bd.I: Untersuchungen. Bd.
   II: Verzeichnisse. München 1983. 1984 (MTU 82. 83); zu Folz vgl. Bd.I, S.295-350. Insgesamt
   enttäuschend ist dagegen die Dissertation von FRITZ LANGENSIEPEN: Tradition und Vermittlung.
   Literaturgeschichtliche und didaktische Untersuchungen zu Hans Folz. Berlin 1980 (Philologische

Mustert man nun das umfängliche Werkkorpus[2] unter dem Gesichtspunkt "Liebe und Ehe" durch, dann bleibt nach meiner Einschätzung eine überraschend geringe Zahl aussagekräftiger Texte übrig. Überraschend ist dies insbesondere für die Märendichtung, in der Erotica traditionell kräftig zu Buche schlagen. Dies gilt freilich nur für die stoffliche Ebene, Folzens daraus abgeleitete Didaxe[3] bleibt dagegen - ungeachtet seiner meisterhaften Darstellungskunst - reichlich konventionell: da werden in den 'Drei Studenten' (FISCHER Nr.3) und in der 'Halben Birne B' (Nr.4) Spottlust, Fürwitz und Hochmut der Frauen aufs Korn genommen, wird in der 'Hose des Buhlers' (Nr.6) und im 'Ausgesperrten Ehemann' (Nr.7) vor der weiblichen Hinterlist gewarnt und andererseits im 'Kuhdieb' (Nr.13) das Verständnis der Frau gelobt, das sie ihrem betrogenen und verspotteten Mann entgegenbringt[4] - allerdings ein *zwivellop*, wie die abschließenden Verse zeigen: *O hetten wir der frawen mer, / Manch man lit nit so groß beswer* (V.130f.). Diese männliche Optik steht auch hinter der Empfehlung, man solle einer Frau keinen Rat geben, ohne die möglichen Folgen zu bedenken, die am 'Köhler als gedungenen Liebhaber' (Nr.5) handfest demonstriert wird; weiterhin warnt 'Die Wiedervergeltung' (Nr.1) die Männer vor dem Ehebruch. In der 2. Auslegung[5] von 'Pfaffe und Ehebrecherin B' (Nr.19) erhalten alte Männer den Rat, keine junge Frau zu heiraten, vielmehr soll sich - so die 'Drei törichten Fragen' (Nr.8) - das Alter um Weisheit bemühen. Schließlich wird in den 'Drei listigen Frauen C' (Nr.10b) die Einsicht wiedergegeben, daß betrunkene Männer von ihren Frauen leicht an der Nase herumgeführt werden.[6]

Hinter allen diesen Nutzanwendungen steht natürlich das mittelalterliche Verständnis von der Institution Ehe und von falscher Liebe. Konkrete Aufschlüsse, die über die literarische Rollenerwartung hinausgehen, lassen sich mit diesen Texten ebenso wenig gewinnen, wie durch die einschlägigen Stellen im 'Beichtspiegel'[7] oder im 'Trinker' (Nr.30), dem die materielle Bedrückung

---

Studien und Quellen 102); vgl. dazu die Rezension von JÖRN REICHEL. Arbitrium 1 (1983), S.250f.

2 Zitiert wird (jeweils mit Angabe der Nummer in den einzelnen Editionen) nach AUGUST L. MAYER (Hg.): Die Meisterlieder des Hans Folz. Aus der Münchener Originalhandschrift und der Weimarer Handschrift Q.566 mit Ergänzungen aus anderen Quellen. Berlin 1908 (DTM 12). Nachdruck: Dublin/ Zürich 1970; ADELBERT VON KELLER (Hg.): Fastnachtspiele aus dem 15. Jahrhundert. 3 Tle. Stuttgart 1853 (StLV 28-30). Nachlese. Stuttgart 1858 (StLV 46). Nachdruck: Darmstadt 1965. 1966; HANNS FISCHER (Hg.): Hans Folz. Die Reimpaarsprüche. München 1961 (MTU 1).

3 Sie läßt sich nicht beim 'Armen Bäcker' (FISCHER Nr.2) bestimmen, da dieses Stück Fragment blieb.

4 Positive und negative Sichtweisen vereinen auch die 'Klopfan'-Sprüche (FISCHER Nr.36).

5 Die 1. Auslegung ist allegorischer Art.

6 Die Fassung 10a hat dagegen wiederum eine allegorische Ausdeutung im Epimythion.

7 FISCHER Nr.25; vgl. die V.161-184, 385-400 und 435-448.

der Frau durch sein Lotterleben vorgehalten wird (V.124-140). Konkreta vermittelt am ehesten noch das originelle 'Hausratbüchlein' (Nr.40), das durch
die detaillierte Auflistung der Ausstattung für einen ordentlich geführten
Haushalt darauf abzielt, einen weniger Bemittelten von der Ehe abzuhalten:

> *Welch arm sich zu der ee well lencken,*
> *Solt sich albeg vor wol bedencken,*
> *Was man als haben muß ins haus,*
> *Des ich ein teil will ecken aus.*

(V.1-4)

Daraus spricht die Sorge gegenüber einem vorschnellen Entschluß zur Ehe, der
über die Hochzeit hinaus den häuslichen Alltag nicht bedenkt. Folzens Sorge
richtet sich dabei an *all arm geseln* (V.266), die nach V.276-290 als Handwerksgesellen aufzufassen sind,[8] und er verleiht seiner Sorge dadurch Nachdruck, daß er die Einrichtung eines Haushalts in der gehobeneren städtischen
Mittelschicht als Norm vorstellt. In anderem Zusammenhang werden wir nochmals
auf diesen Aspekt treffen.

Geringer als zunächst zu vermuten, ist auch die Ausbeute bei den Fastnachtspielen, von denen die Hälfte der 12 Stücke, die Folz sicher zugeschrieben
werden können, mit den traditionellen und gattungstypisch vergröberten Erotica
bzw. Obszöna aufwartet.[9] Vier Spiele sind allerdings in die Betrachtung einzu-
beziehen.[10]

Wenig Aufschluß wird man sich für unsere Fragestellung schließlich in der
Sparte Meistergesang erhoffen, da hier der thematische Schwerpunkt beim Geist-
lich-Theologischen liegt. Immerhin halte ich es für bemerkenswert, daß Folz im
Zusammenhang mit der Erbsünde, von deren Folgelasten nach dem theologischen
Verständnis auch der Bereich "Liebe und Ehe" betroffen ist, vorzugsweise von
Adams fal (MAYER Nr.17, V.76) spricht,[11] obwohl bei den zahlreichen Marienlie-

---

8 Vgl. dazu meinen Beitrag: Die Rolle des Handwerks und der Handwerker in den Werken des Nürnberger Handwerkerliteraten Hans Folz. In: RAINER S.ELKAR (Hg.), Deutsches Handwerk in Spätmittelalter und Früher Neuzeit. Sozialgeschichte - Volkskunde - Literaturgeschichte. Göttingen 1983
   (Göttinger Beiträge zur Wirtschafts- und Sozialgeschichte 9), S.265-282 (hierzu besonders
   S.276f.); vgl. auch zu Anm.22.
9 Vgl. KELLER Nr.50 ('Marktschreierspiel'; erweiterte Fassung zu Nr.105), Nr.51 ('Spiel von der
   Fastnacht'), Nr.60 ('Von König Salomon und Markolf'), Nr.112 ('Bauerngericht') und Nr.120 ('Von
   einem Arzt und einem Kranken'). In unserem Zusammenhang nicht weiter führen die Arbeiten von
   JOHANNES MERKEL: Form und Funktion der Komik im Nürnberger Fastnachtspiel. Freiburg 1971 (Studien zur deutschen Sprache und Literatur 1) und von RÜDIGER KROHN: Der unanständige Bürger. Untersuchungen zum Obszönen in den Nürnberger Fastnachtsspielen des 15. Jahrhunderts. Kronberg
   1974 (Scriptor Hochschulschriften. Literaturwissenschaft 4).
10 Vgl. u. S.180f.
11 Vgl. Nr.1, V.159 u. 387; Nr.7, V.59; Nr.12, V.67 u. 83; Nr.17, V.76; Nr.18, V.28; Nr.21, V.99;

dern der bekannte Rekurs auf Eva als Antityp zur Gottesmutter nahe gelegen wäre.[12] Reichere Ausbeute versprechen dagegen Folzens weltliche Lieder, da hier neben der Erörterung von Theorie und Praxis des Meistergesangs das Thema "Liebe und Ehe" den zweiten Schwerpunkt bildet.[13] Bei genauerem Hinsehen erweist sich jedoch auch hier das meiste als traditionell und verdient nur aus diesem Grunde, in unserer Fragestellung verbucht zu werden.[14] Dazu zählen das Liebeslied Nr.69 ebenso wie der umfängliche Tagelied-Versuch Nr.50 und das Schwanklied vom geblendeten Pfaffenknecht (Nr.62).[15]

Anders stellt sich die Sachlage dagegen bei den Liedern Nr.20 und Nr.95–97 dar, die ebenfalls dem Themenbereich "Liebe und Ehe" zugehören.[16] Sie zeichnen sich zunächst dadurch vor allen anderen Liedern aus, daß sie von Folz selbst auch zum Druck gebracht worden sind,[17] also ein größeres Publikum erreichen wollten. Das verbindet sie auf dieser Ebene mit den Fastnachtspielen, die hier zu berücksichtigen sind; denn für zwei von ihnen liegen Folz-Drucke vor, für

---

Nr.25, V.117 u. 133; Nr.26, V.16, 27, 31, 60 u. 78; Nr.27, V.11; Nr.34, V.101, 456, 459, 473 u. 506; Nr.55, V.84 u. 96; Nr.67, V.25; Nr.75, V.29; Nr.81, V.46. Zu diesen 26 Nennungen kommen noch 5 Stellen, in denen Adam neben Eva aufgeführt ist: Nr.12, V.109f.; Nr.17, V.41 ("um Eva und Adames fal"); Nr.25, V.42f.; Nr.63, V.18; Nr.75, V.116. Eva alleine ist nur viermal genannt: Nr.28, V.21; Nr.56, V.7 ("durch Eva fal"); Nr.75, V.18 u. 139. Vgl. dazu auch die Unterschiede zwischen Folzens Versifikation der 'Adam und Eva'-Legende (FISCHER Nr.21) und der Prosafassung im Weimarer Autograph, hg. von BRIAN MURDOCH: Hans Folz and the Adam-Legends. Texts and Studies. Amsterdam 1977 (Amsterdamer Publikationen zur Sprache und Literatur 28). - Davon abzuheben sind die Hinweise, daß Adam vor Eva erschaffen wurde (z.B. Nr.75, V. 109ff.); Aussagen zum vorliegenden Thema lassen sich daraus natürlich nicht ableiten. Gleiches gilt für den beiläufigen Hinweis auf den Dekalog (Nr.52, V.77: "Beger nit fremdez gucz noch fremder weibe").

12 Nr.21, V.100f. ("Und wie Eva das worte / In ave wurd verkorte") zeigt, daß Folz dieses typologische Schema selbstverständlich kannte.

13 Vgl. F. SCHANZE: Meisterliche Liedkunst I (Anm.1) S.334f.

14 Nur en passant weise ich auf die Erzähllieder Nr.32 und 38 hin; vgl. dazu F. SCHANZE: Meisterliche Liedkunst I (Anm.1) S.333. Sie sind hier am Rande zu erwähnen, weil sie zeigen, mit welch stereotypen Verhaltensmustern in den Darstellungen gearbeitet wird; so in Nr.38 mit der Geschwätzigkeit der Frau (V.260: "Sie offenbaret was sie weiß") und Nr.32 mit der "weyplich plodikeyte" (V.275). Zur Stoffgeschichte von Nr.38 vgl. ARTHUR LUDWIG STIEFEL: Hans Sachsens Drama 'Der Marschalk mit seinem Sohn' und seine Quellen. ZfdPh 42 (1910), S.428-446.

15 Zur Formkunst von Lied Nr.50 vgl. CHRISTOPH PETZSCH: Studien zum Meistergesang des Hans Folz. DVjs 36 (1962), S.190-247 (hierzu S.229-237). Das Tagelied fehlt in der Anthologie von SABINE FREUND (Hg.): Deutsche Tagelieder. Von den Anfängen der Überlieferung bis zum 15. Jahrhundert. Heidelberg 1983 (Germanische Bibliothek NF. 7. Reihe: Quellen zur deutschen Sprach- und Literaturgeschichte 2).

16 Hier ausgespart bleibt das Erzähllied 'Das Urteil des Herzogs von Burgund' (Nr.71), das unsigniert in der Berliner Handschrift Mgq 414 überliefert ist und dem F. SCHANZE: Meisterliche Liedkunst I (Anm.1) S.317 mit Gründen die Authentizität abspricht. Zur Stoffrezeption vgl. JOHN HAZEL SMITH: Charles the Bold and the German Background of the "Monstrous Ransom" Story. Philological Quarterly 51 (1972), S.380-393.

17 Für Lied Nr.20 ist dies allerdings nur durch einen Indizienbeweis zu sichern; vgl. F. SCHANZE: Meisterliche Liedkunst I (Anm.1) S.344 Anm.153 und II. S.266 (Nr.34).

ein weiteres Spiel aus diesem Umkreis darf ein Folz-Druck angenommen werden.[18] Weiterhin greift Lied Nr.97 auf die Tradition der Minnerede zurück. Dieser Gattungsbereich blieb bei unserer Werksichtung deswegen ausgespart, weil Folzens tiefgreifende Veränderung dieser Tradition, auf die bereits I. GLIER hingewiesen hat,[19] von vornherein einen substantiellen Beitrag zu unserem Thema verspricht.

Nach der Ausgrenzung dieses aussagekräftigen Textensembles können wir uns nunmehr der Frage zuwenden, worauf Folz bei der literarischen Gestaltung des Themas "Liebe und Ehe" zielt. Ich beginne mit dem Meistergesang, da sich hier neben dem Bereich der Minnerede die signifikantesten Aufschlüsse für Folzens Sichtweise ergeben.

Am allgemeinsten gehalten ist Lied Nr.97 in Brembergers Hofton, das auf eine geistliche *Carpe iuventutem*-Moralisatio zielt. Dem Text ist ein argumentatives Raffinement nicht abzusprechen: 6 der 7 Strophen sind nämlich in das Gewand einer Minnerede gekleidet und warten mit den üblichen Accessoires auf: Natureingang – Spaziergang des Erzählers – Traum, in dem des *herczen keiserin* (V.47) begegnet und in ihrer Würde allen Damen des Artushofes vorgezogen wird (V.74-79) – Erwachen aus dem Traum – Klage über das Verschwinden der Geliebten, mit der auch alles dahinschwindet, was der Erwachende *In sprůchen, lidern und gethōn / Ye dichtet durch ir gůte* (V.123f.).[20] Eine klassische Minnerede, so sollte man meinen; dann aber wird bereits am Ende der 6. und vor allem in der abschließenden 7. Strophe das Ruder herumgerissen: wie der Traum, so schwindet auch die Jugend; daher nütze sie, *Willtu dort ewig sein gefreit, / Zu himel werden yngesind* (V.153f.). Raffiniert gestaltet ist dieses Lied deswegen, weil Folz in 126 von 154 Versen sein Publikum zum Genuß einer nachgerade klassischen Gattung der spätmittelalterlichen Minneliteratur verführt, um dann anhand des traditionellen Versatzstückes "Klage über das Verschwinden des Traumbildes" den eben evozierten Genuß zur unmittelbaren Erfahrung werden zu lassen: *Die weltlich lib / An nucz und frucht verswinden tut* (V.129f.).

---

18 Folz-Drucke vorhanden: KELLER Nr.38 und 44; für Nr.7 wird ein Folz-Druck vermutet. Zu Nr.43 lassen sich keine Indizien für eine Druck-Fassung beibringen.
19 INGEBORG GLIER: Artes amandi. Untersuchung zu Geschichte, Überlieferung und Typologie der deutschen Minnereden. München 1971 (MTU 34), S.346-351.
20 Vgl. dazu den 'Beichtspiegel' (FISCHER Nr.25), wo dem "Unkeusch" vorgeworfen wird, daß "Spruch, lied und gespots sie vil begint" (V.174); diesen Kontext unterstreicht noch die geistliche Schlußwendung von Lied Nr.97. Zu diesem Lied vgl. auch I. GLIER: Artes amandi (Anm.19) S.350.

Auch wenn in diesem literarischen Bravourstück *die jungen tag* in ihrer
plüde (V.134f.) die Jugend als die hohe Zeit der Liebe angesprochen werden,
läßt die allgemeine und zuletzt sogar geistlich gewendete Moralisatio das Thema "Liebe und Ehe" zunächst kaum in den Blick kommen. Dieser Eindruck ändert
sich, wenn man das Schwanklied Nr.20 in Schillers Hofton ergänzend beizieht.
Dabei denke ich weniger an die meisterhafte, Folzens Fähigkeiten als Mären-
autor glänzend unter Beweis stellende Gestaltung des verbreiteten Stoffs von
der rasch getrösteten Witwe,[21] als vielmehr an die abschließende Ummünzung des
Schwanks zu einem *peispel*, das die *jungen gseln* vor *der weiber liste* (V.63f.)
warnen soll: *Wan sie hant kurczen mut und lange cleider* (V.67). Trotz dieser
sprichworthaften Zuspitzung ist dies nämlich keine allgemeine Moralisatio,
sondern ein literarisch formulierter Appell an die *jungen gseln*, sich ihren
begreiflichen Wunsch nach Verheiratung reiflich zu überlegen. Dahinter kann -
worauf ich schon bei anderer Gelegenheit einmal hingewiesen habe[22] - auch die
Absicht stehen, nicht zuletzt den Handwerksgesellen das Eheverbot einsichtiger
zu machen, das sie vor Erwerb des Meisterrechts beachten mußten. Natürlich
braucht dies nicht die einzige im Schwanklied Nr.20 angelegte Perspektive zu
sein, gleichwohl spricht m.E. weder eine allgemeine noch eine spezifisch auf
die Handwerksgesellen ausgerichtete Interpretation dagegen, beide gedruckten
Lieder - das Schwanklied Nr.20 und das zuvor besprochene Lied Nr.97 mit seiner
geistlichen Moralisatio - unter thematischem Gesichtspunkt näher aneinanderzu-
rücken, als dies bislang geschehen ist.

An das Lied über die rasch getröstete Witwe scheint sich zwanglos das sicher von Folz gedruckte Schwanklied 'Der böse Rauch' (Nr.95) anzuschließen,
das mit Rückgriff auf den Themenkreis "Eheliche Kraftprobe" und das misogyne
Motiv "Böse Frau"[23] Einblick hinter die Kulisse der Institution Ehe gewährt:
im Prügelkampf soll entschieden werden, wer im Haus die Hosen anhat. Der Mann
unterliegt und wird noch mit einem Zuber Wasser übergossen. Er rettet sich auf
die Straße und gibt dort dem fragenden Nachbarn zur Antwort, in seinem Haus
sei ein Feuer ausgebrochen und der beißende Rauch, der ihm die Tränen in die
Augen trieb, habe ihn flüchten lassen. Als der hilfsbereite Nachbar in das

---

21 Vgl. ANTTI AARNE und STITH THOMPSON: The Types of the Folktale. Second revision. Third print-
   ing. Helsinki 1973 (FF Communications 184) Nr.1510 und STITH THOMPSON: Motif-Index of Folk-
   Literature. 6 Bde. 2. Aufl. Kopenhagen 1955-1958. Nr.K 2213.1.
22 Vgl. den Hinweis in Anm.8 (besonders S.267f.).
23 Vgl. H. FISCHER: Studien (Anm.1) S.96f. und FRANZ BRIETZMANN: Die böse Frau in der deutschen
   Litteratur des Mittelalters. Berlin 1912 (Palaestra 42). Nachdruck: New York/London 1967.
   S.223-226.

Haus eindringt, um den Brand zu löschen, empfängt auch er eine Tracht Prügel.
Eine handfeste Warnung also, in der Ehe einfach nur den Hafen des Glücks zu
sehen.

Gleichwohl dürfte sich die Textintention weder darin noch in einer Bestätigung der ehelichen Ordnung (Herrschaft des Mannes, Unterordnung der Frau) *ex
negativo* erschöpfen. Das Schwanklied bildet vielmehr die Kontrastfolie zu dem
Lied 'Wider den bösen Rauch' (Nr.96), dem Folz den Untertitel *ein liet von dem
lob der ee* gegeben hat. In dieser Palinodie auf die Karikatur einer Ehe in
Lied Nr.95 wird - wenn auch aus männlichem Blickwinkel - nicht nur das Lob der
vorbildlichen Ehefrau gesungen, sondern der Ehestand wird zudem geistlich-
theologisch fundiert:

> *Ob man all örden lobet gar,*   *Von Got dem herren selber ist.*
> *Gleich disem ich keynen erfar:*   *Was ander örden seyt der frist*
> *Erstlich, so er geordent*   *Ye auff geseczet wordent,*
>
> *Hant sie doch all ursprung von dem.*[24]

Und entsprechend mündet die Schlußstrophe in ein Gebet um den Schutz der Eheleute. Blickt man von hier aus nochmals zurück auf die geistlich zugespitzte
Moralisatio in Lied Nr.97, dann erweitert sich für alle vier behandelten Lieder das Verständnisspektrum. Für Folz ist die Ehe der erste örden, aber er ist
es nicht nur aufgrund der *conditio humana*, sondern wegen seiner göttlichen
Stiftung. Entsprechend kann das Fundament nicht *die weltlich lib* (Nr.97, V.
129) allein sein, wie dies in jugendlichem Ungestüm erscheinen mag, vielmehr
bedarf es dafür einer Wertsetzung, deren Tragfähigkeit sich - nach mittelal-
terlichem Verständnis - mit dem Blick auf die Zeit nach dem Tod bewährt. Die
beiden Schwanklieder Nr.20 und 95 sind demnach als Negativbeispiele zu lesen,
die zeigen, wohin das Fehlen einer notwendigen Wertsetzung über *die weltlich
lib* hinaus nach Folzens Auffassung in der Ehe führen muß. Mit gattungsspezifischer Drastik demonstrieren dies auch die zuvor erwähnten Fastnachtspiele. In
den beiden Fassungen der 'Bauernhochzeit' (KELLER Nr.7) wird das Negativbei-
spiel ins dörfliche Milieu verlegt und mit Rückgriff auf die misogyne Tradition gestaltet. Und die Orientierung der Männer allein auf *die weltlich lib*
persiflieren die Narrenrevuen 'Frau Venus Urteil' (Nr.38), die 'Neun Weiber-
narren' (Nr.44) sowie - mit erneuter Wendung ins Dörfliche - die 'Zwölf buh-
lerischen Bauern' (Nr. 43). Selbstverständlich soll damit diesen Spielen nicht

---

24 V.53-59; vgl. auch Str.2 und 6.

ihre Funktion als literarische Unterhaltung im Rahmen der Fastnacht abgesprochen werden. Wenn man aber in ihnen auch eine didaktische Textebene erkennen
möchte (was bei Folz allemal naheliegt), dann passen sie sich m. E. zwanglos
in die skizzierte Argumentationslinie ein.

Mit welchem nachhaltigen Ernst der Drucker-Verleger Folz seine Auffassung
vertritt, zeigt sich an der auffälligen "Inszenierung", die er dem Liederpaar
Nr.95 und 96 angedeihen läßt: beide Lieder werden von ihm in derselben Druck-
periode (1483/88) veröffentlicht und durch die Titelgebung aufeinander bezogen, beide sind im selben Ton (Flammweise) gedichtet und warten mit identi-
scher Strophenzahl (9 Str.) auf. Während aber im Schwanklied Nr.95 ein älteres
Gedicht lediglich in eine neue Form gegossen ist,[25] legt Folz in seinem
"Gegengesang" Nr.96 - unbesehen der traditionellen Argumentationsteile - eine
originäre Dichtung vor, die wir in dieser Angelegenheit als sein "Credo" ansehen dürfen.[26] Wirkungsgeschichtlich haben freilich die beiden Schwanklieder
Nr.20 und 95 eine größere Resonanz gefunden: während sie mehrfach nachgedruckt
wurden,[27] ist uns das *liet vom lob der ee* (wie übrigens das Lied Nr.97 auch)

---

25 Es handelt sich um ein 15-strophiges Gedicht zu 8 jeweils kreuzgereimten Versen in alemanni-
scher Sprache, das einen Hans Bruder zum Autor hat. Vgl. (mit Nachweis der Rezeption durch
Hans Sachs) VL 1, ²1978, Sp.1041f. (JÖRN REICHEL); Abdruck bei THOMAS CRAMER (Hg.): Die kleineren Liederdichter des 14. und 15. Jahrhunderts. 1. Bd. München 1977, S.79-82.

26 Die Inszenierung von Nr.96 als Gegengesang zu Nr.95 erhielte eine weitere Facette, wenn Lied
Nr.95 nicht von Folz stammte. Weder der Druck noch das Gedicht selbst sind signiert (Nr.96
weist dagegen Doppelsignatur auf). Die hierfür bei A.v.KELLER: Fastnachtspiele (Anm.2) III.
S.1278f. abgedruckten Vermutungen halte ich nicht für stichhaltig: Die Autorsignatur im abschließenden Dreireim von Nr.96 zeigt, daß Folz sehr wohl in der Lage gewesen wäre, sich im
Rahmen des vorgegebenen Tones zu nennen; und der Hinweis auf den bedenklichen Schluß des Liedes unterscheidet nicht zwischen Autorrolle und Autorbiographie. Wenn man schon die fehlende
Autorsignatur erklären will, dann doch wohl am ehesten als "inszenierte Anonymität", auf die
dann Folz mit dem doppelt signierten Lieddruck Nr.96 antwortet. F. SCHANZE hält "Zweifel an
der Autorschaft Folz' [für] nicht berechtigt" (Meisterliche Liedkunst I [Anm.1] S.335; vgl.
auch S.300f.). Die Authentizität des Liedes beruht aber nur auf einem Indizienschluß: Folz
selbst hat neben Nr.96 auch in dem signierten Lied Nr.7 die Flammweise verwendet (Einwand: sie
findet sich auch bei anderen Autoren; vgl. F. SCHANZE: Meisterliche Liedkunst II. S.331f. Die
Wahl des Tones in Nr.96 ist durch den Bezug auf Nr.95 vorgegeben); vor allem aber hat Folz
unseres Wissens nur eigene Werke auf seiner Presse publiziert (Einwand: von dieser Praxis
könnte er gerade im vorliegenden Fall abgewichen sein, um dem Lied Nr.95 umso eindrucksvoller
sein "lob der ee" entgegenzusetzen. Auch ist zu bedenken, daß mit 3 Ausnahmen alle Folz-Drucke
signiert sind; Ausnahmen: Nachdruck des wohl verlorenen Folz-Drucks vom Fastnachtspiel KELLER
Nr.120 ist am Schluß defekt; bei der antihussitischen Schrift "Die pehemisch irrung" - FISCHER
Nr.22: 'Judas der Ketzerapostel' - ist die Signatur Günther von Mosbach entweder Quellenhin-
weis oder Fiktion [vgl. KURT ILLING, VL 3, ²1981, Sp.315]; beim 'Parodistischen Almanach'
[FISCHER Nr.46] fehlt tatsächlich jegliche Signatur - vielleicht aus gattungsimmanentem Grund:
"Dyse zetel wert ewig", Z.99). Für die vorliegenden interpretatorischen Ausführungen spielt
die Echtheitsfrage freilich keine beweisende Rolle.

27 Vgl. F. SCHANZE: Meisterliche Liedkunst II (Anm.1) S.265, Nr.32 (zu Lied Nr.95) und S.266,
Nr.34 (zu Lied Nr.20).

allein als Folz-Druck bekannt - ein Befund, der über das Verhältnis von
utilitas und *delectatio* weiter nachdenken läßt.[28]

Bevor wir uns auf der Grundlage der bislang gesammelten Beobachtungen der
Minnerede zuwenden, möchte ich anhand zweier bislang in der einschlägigen Forschung übersehener Beispiele kurz darauf hinweisen, welche literarische Phantasie Folz mit Rückgriffen gerade auf diesen Gattungsbereich entwickelte. Bereits bei Lied Nr.97 sahen wir, auf welch meisterhafte Weise es diesem Autor
gelang, das klassische Schema der Minnerede einer geistlichen Zielsetzung
dienstbar zu machen. Noch erheblich weiter vorangetrieben wird dieses Gat-
tungsexperiment bei Lied Nr.6, in dem Folz mit den tradierten Versatzstücken
der Minnerede den eindrucksvollen Hintergrund für ein *Memento mori* schafft:
der *locus amoenus* erscheint dabei als kontrastreiche Kulisse für den auftre-
tenden Tod, und das Traummotiv schafft die Möglichkeit, die *plosliche figure*
(V.81) des Todes jenseits der allgemeinen Erfahrbarkeit sichtbar zu machen.[29]
Die anschließende Allegorese des amoenen Ortes und die Hinwendung zu Maria am
Liedschluß lassen geradezu an die geistliche Kontrafaktur einer Minnerede denken. Weiterhin verwendet Folz das Motivinventar der Minnerede in der histo-
risch-politischen Reimpaarrede 'Das Römische Reich' (FISCHER Nr.39), in der
nach der *Locus amoenus*-Einleitung und dem traditionellen Spaziergang der Erzähler einem Herold (*persofant*) begegnet, der ihm weitausholend den Ursprung
des römischen Reichs vor welthistorischem Hintergrund darlegt. Und das Klage-
motiv nützt der Autor dazu, die gegenwärtige Ohnmacht des Reiches zu bejam-
mern. Auch diese Rede mündet schließlich in ein umfängliches Gebet (V.781
-873).

Hinter dieser souveränen Umgestaltung der Gattungstradition steht Folzens
intensive Beschäftigung mit der Minnerede. Bereits in der ersten Hälfte der
70er Jahre, also zu Beginn seiner uns faßbaren literarischen Tätigkeit, hat er
sich vier Minnereden abgeschrieben, darunter - neben dem 'Nackten Bild' Elbe-
lins von Eselberg - die drei "Überlieferungsschlager" (I. GLIER) 'Die Beichte
einer Frau', Peter Suchenwirts 'Der Widerteil' und 'Der Traum',[30] den er spä-

---

28 Vgl. JOACHIM SUCHOMSKI: 'Delectatio' und 'utilitas'. Ein Beitrag zum Verständnis mittelalterlicher komischer Literatur. Bern/München 1975 (Bibliotheca Germanica 18).
29 Dies zeigt, daß Folz vor dem Hintergrund der Minnerede auch die Möglichkeit einer Personifika-
   tionsdichtung sah, freilich ins Geistliche gewendet; vgl. dazu I. GLIER: Artes amandi (Anm.19)
   S.347. Zur Interpretation der Lieder vgl. CH. PETZSCH: Studien (Anm.15) S.190-199 und die Bemerkungen bei F. SCHANZE: Meisterliche Liedkunst I (Anm.1) S.333f.
30 Vgl. dazu (in der o. g. Abfolge) TILO BRANDIS: Mittelhochdeutsche, mittelniederdeutsche und
   mittelniederländische Minnereden. Verzeichnis der Handschriften und Drucke. München 1968 (MTU
   25), Nr.359, 340, 403 und 247 sowie I. GLIER: Artes amandi (Anm.19) S.341f., 406, 203-205 und

ter in einer eigenen Fassung als Druck publizierte (FISCHER Nr.31). Weiterhin
lassen sich aufgrund von Textreminiszenzen in der 'Werbung im Stall' (Nr.15)
und in 'Zweierlei Minne' (Nr.32) die Kenntnis der 'Grasmetze' Hermanns von
Sachsenheim bzw. der Minnerede 'Wahre und falsche Liebe' nachweisen.[31]

Erst wenn man sich diesen Kenntnisstand verdeutlicht, läßt sich in aller
Schärfe ermessen, wie sehr sich Folz von den tradierten Gattungstypen und damit von der Gattung der Minnerede selbst distanziert. Neben den bereits vorgestellten Beispielen aus dem Liedbereich zeigt sich dies auch in seiner 'Werbung im Stall'. Er greift dabei in der Handlungskonstellation und z. T. in
"Zitaten"[32] auf die 'Grasmetze' zurück, aber er gestaltet die Vorgabe bis in
den Kern um: an die Stelle der Pastourellensituation wird der Kuhstall gesetzt, und der Erzähler tritt nicht als altersschwacher Ritter, sondern - wie
die Magd auch - als junger Dörper auf. Stattdessen führt Folz eine sprachliche
Differenzierung ein, die angesichts der vorgenommenen Standesnivellierung das
Burleske der Redeszenen noch erhöht: Während die Bauernmagd in der 'Grasmetze'
eingangs zwar kurz überlegt, ob sie den Werbenden mit "Ihr" ansprechen soll
(V.48-51), dann aber - ebenso wie dieser - zum "Du" übergeht, hält bei Folz
der Dörper von Anfang an konsequent am "Ihr" fest; die Magd hingegen greift
ohne Federlesens sofort zum "Du".[33] Intensiviert wird dieses sprachliche Gefälle noch dadurch, daß Folz öfters und treffender als in der 'Grasmetze' die
beliebte Schwanktechnik des falschen Wörtlichnehmens mehrdeutiger Äußerungen
verwendet.[34]

Dies alles steigert zweifellos die parodistische Faktur des Textes. Ob aber
im Übertreffen der ohnehin schon hinlänglich parodistischen Vorlage Folzens
vornehmliches Ziel zu sehen ist, erscheint mir zweifelhaft. Ich stütze meinen
Vorbehalt auf die auffällige Veränderung des Schlusses: in der 'Grasmetze'

337f.; zu Elbelin von Eselberg außerdem VL 2, ²1980, Sp.466f. (INGRID KASTEN) und zur 'Beichte
einer Frau' VL 1, ²1978, Sp.680f. (INGRID KASTEN). Zum Überlieferungsbefund der Folzschen Abschriften vgl. den Hinweis in meinem Beitrag: Hans Folz in Nürnberg. Ein Autor etabliert sich
in einer stadtbürgerlichen Gesellschaft. In: Philologie und Geschichtswissenschaft. Hg. von
HEINZ RUPP. Heidelberg 1977 (Medium Literatur 5), S.87f. Anm.50 und 51.
31 Vgl. T. BRANDIS: Minnereden (Anm.30) Nr.246 und 404; I. GLIER: Artes amandi (Anm.19) S.329f.
und 348f.; zu Hermann von Sachsenheim außerdem VL 3, ²1981, Sp.1091-1106 (DIETRICH HUSCHEN-
BETT; Sp.1101: 'Grasmetze') und HELMUT TERVOOREN: Das Spiel mit der höfischen Liebe. Minnepa-
rodien im 13.-15. Jahrhundert. In: ZfdPh 104 (1985), Sonderheft S.135-157 (hierzu S.152-154).
32 Vgl. WILHELM BRAUNS: Hermann von Sachsenheim und seine Schule. Diss. Berlin 1937, S.18f.
33 Das ausnahmsweise Ihrzen der Magd in V.88-93 verstehe ich als parodistische Verstärkung, nicht
als eine mögliche Anspielung auf "die Standesunterschiede der Gesprächspartner" wie I. GLIER:
Artes amandi (Anm.19) S.348.
34 Die Technik des fazetienhaften Wortwitzes praktiziert Folz häufiger in seinen Dichtungen
(nicht nur beim Märe); vgl. H. FISCHER: Studien (Anm.1) S.99.

versagt der Ritter, endlich ans Ziel seiner Wünsche gekommen, aus Altersschwä-
che; Folz hingegen läßt den *lieben Francz* (V.26) Zugang bei der Magd finden,
die dann freilich - nachdem *der schimpff sich endet* (V.190) - offenkundig im
Vergleich mit anderen Erfahrungen über seine Fähigkeiten herzieht: *Mich hat*
ein floch offt wirß gezwickt / Wan du mich hast auf diser fart (V.192f.). Der
Liebhaber räumt daraufhin *mit schant* (V.195) das Feld für den Autor, der in
einem ausführlichen Epimythion (V.201-221) anhand des vorgeführten Falls vor
idlich tückisch weybspersan (V.202) warnt. Mit diesem Schluß nähert sich die
ursprüngliche Minnerede deutlich dem Gattungsbereich des Märes,[35] was erneut
auf Folzens Distanznahme zur Gattung Minnerede weist.

Es kommt mir dabei jedoch weniger auf Folzens verändernden Eingriff in die
Gattungstradition an, als vielmehr auf die Zielsetzung bei seiner Umformung
der Stoffvorgabe. In ihr wurde der altersschwache Ritter zum Toren, weil er am
Schluß aus naturgegebenem Grunde versagte; bei Folz hingegen erreicht der
junge Liebhaber sein Ziel, er wird aber gerade dadurch zum Toren, weil ihm danach bedeutet wird, daß er nicht als erster durch dieses Ziel ging. Sein Defekt liegt also nicht in einer physiologischen, sondern in einer moralischen
Impotenz begründet, die sich im Kuhstall offenbart. Und daher behandelt Folz
hier nicht, was bei der Stoffvorgabe nahegelegen hätte, das beliebte zeitgenössische Thema "alter Mann und junge Ehefrau" wie im Märe 'Pfaffe und Ehebrecherin B' (FISCHER Nr.19), sondern er stellt - freilich zu Lasten der Frau -
für den Lebensbereich "Liebe" erneut dar, wohin ein Handeln führt, das in
dörperlicher Manier allein *die weltlich lib* zum Ziel hat. Hier erhält dann
auch das sprachliche Gefälle zwischen den Dörpern seine Funktion: in der
parodistischen Überzeichnung werden die Sprachmuster des tradierten Werberi-
tuals als bloße Technik entlarvt, mit der möglichst rasch das Ziel erreicht
werden soll.

Nach unseren Beobachtungen zu Folzens weltlichen Liedern verwundert es nunmehr nicht, daß der Autor im Titel seines Drucks den Liebhaber als einen *iun-*
gen gesellen bezeichnet und eine abschließende *ler* ankündigt, *wie sich darin-*
nen zu hallten sey. Folz faßt diese Lehre in den Ratschlag zusammen: *Darumb*
sol keinr sich nit leicht wagen / Nach einr, die er nit kent lang her (V.
220f.); also wiederum eine Mahnung insbesondere an die Jugend, in der Liebe
nicht voreilig und nur vom Gefühl geleitet zu handeln. Wer diese Lehre unter-
schlägt, wie dies Valentin Holl in seiner Abschrift durch Weglassen des Epi-

---

35 Als Grenzfall klassifiziert H. FISCHER: Studien (Anm.1) S.74 unseren Text.

mythions getan hat,[36] begibt sich in Gefahr, den Text zu einer Schwankszene zu reduzieren und damit Folzens spezifische Textintention zu verkennen.

Wie nachhaltig von ihr auch Folzens Wahl der Stoffvorlage bestimmt wird, läßt sich sehr schön an seiner Reimpaarrede 'Zweierlei Minne' (FISCHER Nr.32) ablesen. In der Konfrontation zweier Liebesauffassungen, im Arrangement des Streitgesprächs und im Tenor boten sich dafür 'Wahre und falsche Liebe', 'Die Beständige und die Wankelmütige' und schließlich Peter Suchenwirts weit verbreitete Minnerede 'Der Widerteil' an,[37] von der Folz über eine eigenhändige Abschrift verfügte. Wenn er darauf dennoch nicht zurückgriff, dann mögen ihn weniger die Personifikationen der *Staete* und der Frau Venus (samt deren Versteckspiel) abgehalten haben, als vielmehr die höfisch-ritterliche Situierung mit Frauen-, Ritter- und Kriegsdienst. Der andere "Überlieferungsschlager", nämlich 'Die Beständige und die Wankelmütige', wies eine solche Einschränkung nicht auf, ja ihr offener Schluß hätte Folz in einer Neufassung sogar die Gelegenheit zur eigenen Stellungnahme geboten. Er entschied sich aber für die 'Wahre und falsche Liebe', weil in ihr die käufliche Liebe (*der frawen alenfantz*) das zentrale Motiv ist: ihrem *Nymmer pfennig, nymmer gesell* (V.192) entspricht bei Folz *Lieb ane gab pringt kleinen nucz* (V.99):

> *Wan ie das sprichwort ist gemein:*
> *'Peischlaffen, arczgelt und der wein,*
> *Wo man die drew nit par bezalt,*
> *Werd gar nicht draus, wan es eralt.'*   (V.105-109)

Das Streitgespräch zwischen einer *frechen* und einer *stillen* wird von Folz, wie der einleitende Nachtspaziergang des Erzählers durch eine enge Gasse (V.3) zu erkennen gibt, in die Stadt verlegt. Die *still* bekennt sich, von der *frechen* nach ihrem Liebhaber gefragt, zu einer Fundierung der Liebe auf dem Boden der Kirche. Hier wird also das bislang nur interpretatorisch ermittelte Postulat einer tragfähigen Wertorientierung im Verhältnis von Mann und Frau über *die weltlich lib* hinaus offen ausgesprochen:

> *Und keins dem andern werd erkent*
> *Anders, dan alls die kirch gepeut.*
> *Wan mir ein sülcher würd vertreut,*

---

36 Valentin Holl setzt zudem an die Stelle der Überschrift eine Datumsangabe für seine Schreibtätigkeit; vgl. die Angaben im Apparat (S.112 und 118) der Edition von FISCHER Nr.15.
37 Vgl. T. BRANDIS: Minnereden (Anm.30) Nr.404, 405 und 403; I. GLIER: Artes amandi (Anm.19) S.348f. und 203-205; INGRID KASTEN: Studien zu Thematik und Form des mittelhochdeutschen Streitgedichts. Diss. Hamburg 1973, S.111-117; zur 'Beständigen und Wankelmütigen' außerdem VL 1, ²1978, Sp.832f. (INGEBORG GLIER).

So hofft ich mich mit im zu hallten,
Das unser lib nit würd gespallten.   (V.38–42)

Das mag gegenüber dem *triuwe*-Ideal der vorausliegenden Minnedichtung spießbür-
gerlich klingen, dennoch halte ich es für bemerkenswert, daß in Folzens Konzept die *triuwe*, die selbstredend von der *stillen* als Voraussetzung einer Liebesbindung genannt wird (V.36f.), mit nüchternem Auge aus der Beliebigkeit
einer allein persönlichen Bindung herausgelöst und an eine gesellschaftliche
Instanz gebunden ist, die als Garant einer tragfähigen Werteordnung in dieser
Zeit unbestritten war. Wie bewußt Folz dabei auf eine Fundierung der Liebesbindung in einem Wertebereich insistierte, der in seinen Augen zeitlose Gül-
tigkeit besaß, läßt sich an der Gegenposition der *frechen* ablesen. Sie setzt
nämlich (in der tradierten Form der Diskursführung natürlich überzeichnet)
allein auf eine materielle Absicherung in der Liebesbindung – eine Argumentation, die weniger naiv ist, als dies zunächst scheinen mag. Folz selbst hat ja
in seinem bereits erwähnten 'Hausratbüchlein' auf die ökonomischen Voraussetzungen für eine geglückte Ehe abgehoben, und er läßt die *still* dem Plädoyer
der *frechen* für eine solide materielle Grundlage der Liebesbindung (V.45–58)
auch zustimmen:

> *Die stet sprach: "ler wer mir vast not,*
> *Also das ich mit ern und got*
> *Mein kurczes leben hie verbrecht*
> *An armut und an gros gefecht,*
> *Die manche hot mit einem man,*
> *Dem sie doch muß sein untertan."*   (V.69–74)

Mit ern und got: damit verwehrt sich die *still* gegen den Vorwurf der *frechen*,
es sei *torheit, Allein noch ern zu trachten* (V.60f.), d.h. sie tritt für eine
Wertehierarchie ein, bei der die Notwendigkeit materieller Absicherung anerkannt, aber den *ern und got* untergeordnet ist. Freilich schließt dies die Alternative einer rein materiell gegründeten Lebenskonzeption nicht aus, und die
frech entwirft sie auch in bemerkenswerter Deutlichkeit: in der Jugend ver-
kauft sie ihre körperlichen Reize, und im Alter verdient sie aufgrund der bis
dahin gesammelten Erfahrungen ihr Geld als *kuplerin* (V.211), die sich als
Einnahmequelle eine *hur* hält. Die Kohärenz dieser Argumentation, das sieht die
still sehr genau, läßt sich im weltlichen Bereich nicht aufbrechen, zumal ihr
die *frech* auch mit dem Verweis auf schlechte Ehen vor Augen führen kann (V.
248–264): *Es ist nit halbß golt, daß do gleist* (V.257). Sie erkennt aber
ebenso deutlich, daß die Rechnung der *frechen* nur bis zum Tode aufgehen mag,
danach werde aber ein ungedeckter Wechsel präsentiert:

> *Sag an, denckstu nit an die pein,*
> *Die du um sülch verfluchte art*
> *Dort ewiklich must leiden hart?*   (V.222-224)

Wiederum macht Folz in seinem Text unmißverständlich klar, an wen sich sein
Eintreten für eine religiöse Grundlegung jeglicher Liebesbindung richtet. Es
sind die *jungen gseln*, auf welche die *frech* ihre Lebenskonzeption gründet:

> *Wan man vint gar vil junger gseln,*
> *Die nit nach grosser arbeyt steln*
> *Und doch röck, wames, hosen, kapen*
> *Allein in frawen dinst ergnapen.*   (V.243-246)

An diese *jungen gseln* wendet sich Folz in seinem Epimythion, dazu aber auch –
als Neuerung gegenüber den bislang besprochenen Texten – an die *jungen dirn*
(V.283), die er vor der *falschen ler* der *frechen* warnen will.

Im Blick auf die Textgattung scheint es mir aufschlußreich zu sein, daß wir
bei Folz mit 'Zweierlei Minne' erstmals auf eine Art von Minnerede stoßen, die
trotz aller umformenden Eingriffe nicht zu einem anderen Gattungsbereich chan-
giert. Für Folz scheint dies möglich zu sein, weil er mit einer religiösen
Rückbindung der Liebe letztlich auf die Ehe zielt. Um ihren Wert gebührend
herauszustellen, trifft er aus dem umfangreichen Repertoire dieser Gattung –
wie vorhin gezeigt – für die Stoffvorgabe eine Wahl, die es ihm ermöglicht,
seine Intention für sein zeitgenössisches Publikum evident werden zu lassen.
Diese Beobachtung läßt sich durch den 'Traum' (FISCHER Nr.31) abstützen, für
den Folz auf eine seiner Minneredenabschriften zurückgriff,[38] was einen genauen Vergleich zwischen Vorlage und Neufassung erlaubt.

Folz gelingt es, in seinem *Neü Güllden Traum* (so der Titel) die hochge-
spannte Erotik der Vorlage noch zu steigern. Er schickt dazu der Traumerscheinung der Geliebten zwei Kataloge voraus. Der erste dient dazu, "in einer einzigen weitgespannten Satzperiode" (V.4-37)[39] mit Rückgriff insbesondere auf
den 'Physiologus' den Erzähler *in hicziger prunst* (V.6) darzustellen; der
zweite, der aus der eher beiläufigen Erwähnung von *Soldan vnd Tristion* in der
Vorlage (V.221) entwickelt wird, stellt die Schönheit der Geliebten über die
der *Ameley, Ysot, Melusyn* und ihrer beiden Schwestern, *Helena* (die selbst
schon *Venus, Juno* und *Palas* übertraf) und *Lucrecia* (V.60-82). Mit diesen lite-

---

38 S.o. zu Anm.30. Vgl. T. BRANDIS: Minnereden (Anm.30) Nr.247 und I. GLIER: Artes amandi
   (Anm.19) S.337f. und 349f.
39 I. GLIER: Artes amandi (Anm.19) S.349.

rarischen Referenzen, über die der Erzähler in den Schlaf versinkt, wird der Traumauftritt der Geliebten geradezu inszeniert. Auch die Beleuchtung wird nicht vergessen: *überclares licht* (V.90) durchstrahlt die Kammer *wie die sun* (V.94). Dann öffnet sich die *kamerthür* (V.102) und die Schöne tritt ein: *In eym atlassen mantel plo* (V.105).[40] Ihn legt sie auf Bitten des Traumwachen ab, der bis in seines *herczen grunde tiff* (V.167) erfaßt wird:

> *Eins hemds halben von seyden clein,*
> *Dadurch ir leib so gancz erschein,*
> *Das ich nit kan noch mag gelan*
> *Zu loben sie von oben an*
> *Pis gar zu iren füssen unden.*   (V.169-173)

Und nun folgt eine *laus membrorum* (V.174-218), wie man sie - trotz aller sinnlichen Dichte fern eines nur leisen obszönen Anklangs - wohl zuletzt bei Folz vermutet hätte. Als der Träumende sie *mutersnack umfohen* (V.286) will, folgt freilich auch hier das herbe Erwachen: es war nur ein Traum.

Anhand unserer bisherigen Beobachtungen darf vermutet werden, daß Folz dieses Traumbild mit all seiner Imaginationskraft nur deswegen beschwor, um ebenso wie in Lied Nr.97 in eine Lehre einzuschwenken, die auf den Bildteil aufbaut.[41] Tatsächlich weist Folz in seinem Epimythion darauf hin, daß - wie der Traum zeige - kein Glück von Dauer sei: ein reichlich nüchtern-ernüchterndes Resümee, das zudem keinesfalls so bravourös aus dem Dargestellten abgeleitet ist, wie die Lehre in Lied Nr.97.

Dennoch gibt es eine Reihe von Textstellen, die uns in der Frage nach Folzens literarisch formulierter Sicht von Liebe und Ehe weiterführen können. Am überraschendsten sind sicherlich die Passagen, die zu erkennen geben, daß die gewagte Traumbegegnung auf der Grundlage eines Eheversprechens aufruht. Beide bezeichnen sich als *gemahel* (V.97 und 159) und nicht als *gsel* o. ä.; und sie fragt ihn bei der Begrüßung:

> *"Unser peyder glüpnus und trew,*
> *Die in meym herczen noch sint new,*
> *Mynderten sich nie um ein har?"*   (V.135-137)

---

40 Das Blau als symbolische Minnefarbe konnte Folz aus Peter Suchenwirts 'Widerteil' bekannt sein; die Vorlage zum 'Traum' spricht von "ainem claid von Sammat rott" (V.59).
41 Auf diese Verbindungslinie hat schon I. GLIER: Artes amandi (Anm.19) S.350 hingewiesen.

Dieses *glüpnus* darf nicht im Sinne eines Minneversprechens verstanden werden, aus dem ja in der Tradition der Minnerede *triuwe* und *êre* abgeleitet werden. Wenn der Liebende in Folzens Gedicht trotz seiner immer weitergehenden Wünsche verspricht, nichts *Zu thun wider recht er und trew* (V.227), dann leitet ihn die Norm der kirchlichen Moralvorstellung. Darauf rekurriert nämlich die Eintretende prophylaktisch, als sie der Träumende bittet, ihren Mantel abzulegen:

> *Sie sprach: "trauter gemahel mein,*
> *Du weist auch wol, es sol nit sein*
> *So lang, pis es die kirch bestet,*
> *Wan es sunst selten wol geret."*   (V.159-162)

Und der Dichter hält sich in seiner *laus membrorum* auch strikt daran; denn als er in seiner Schilderung zum *point d'honneur* kommt, flüchtet er sich nicht in eine Variante des Unsagbarkeitstopos - wie zuvor bei *hend und füß* (V.211), bei ihren *fingern, zehen, negelein* (V.213) - sondern er bekennt:

> *Noch ein cleinet an irem leib*
> *Ich ir zucht halben nit beschreib,*
> *Wan das enspürt nie mein gesicht*
> *Noch rürn, wie sie mir was verpflicht.*   (V.215-218)

Daß hier tatsächlich vor dem Horizont der kirchlichen Ehe gesprochen und gehandelt wird, ist dem Leser allerdings von Anfang an klar. Denn nachdem der Erzähler im einleitenden Katalog dargelegt hat, in welch *hicziger prunst* (V. 6) er sich befindet, offenbart er, daß ihn seine Liebe zum Eheversprechen geführt habe:

> *Durch welcher lib ich in die prunst*
> *Des hochwirdigen stants der·e*
> *Mich ir ergab, das nümer me*
> *Von mir vergessen wirt, wie wol*
> *Ich ir icz mangeln muß und sol*
> *Von wegen ir hoen gepürt.*   (V.38-43)

Ich habe diese Stelle erst zum Schluß genannt, weil sie zu biographischen Schlußfolgerungen geradezu einlädt. Ich denke, wir sollten in unserem Zusammenhang dieser Einladung nicht folgen. Man kann ja in dem aufgeführten "Ehehindernis" lediglich einen geschickten Trick des Autors sehen, um der gewagten Traumerscheinung einen gesellschaftsfähigen Rahmen zu geben. Darauf scheinen zunächst auch die nachfolgenden Verse zu weisen, bei denen im weiteren Verlauf eine gewisse Übermotivation freilich nicht zu übersehen ist:

> *Dardurch sie leider ist entfürt*
> *Meinen augen und meiner stim,*

> *Doch anders nicht, alls ich vernym,*
> *Dan um ungleicheyt meins geplüts,*
> *Nicht eren, reichtums noch gemüts,*
> *Allein nür um des adels pracht.*
> *Des ist mein trauren tag und nacht*
> *Um sie, die edeln, schön und zarten*
> *Mer dan um mich und meinem warten.*
> *Seyt ich ir hercz so stet doch weiß,*
> *Das ir kein sach anligt so heiß,*
> *Darin sie sich mein tut verzeihen.*
> *Was all mein widersacher schreyen,*
> *Weis ich, das doch ir will ist frey.*   (V.44-57)

Die hier vorgelegte Übermotivation (hinter der zumindest die historische Realität Nürnbergs zu Folzens Zeiten steht) fällt umso mehr auf, als Folz sonst
solche Rücksichten nicht nimmt. Ich frage mich daher, ob Folz diese Komplika-
tion (wenn wir einmal mögliche biographische und historische Kontexte ausklam-
mern) nicht deswegen eingeführt hat, um mit allem Nachdruck darauf hinzuweisen, daß trotz Erfüllung aller anderen Vorbedingungen der Vollzug der Liebe
nur in der Ehe erlaubt ist, diesem *hochwirdigen stant*, dessen Lob Folz in Lied
Nr.96 singt. Hält man sich nicht an diese Maxime, dann entschwindet das Glück
– so läßt sich m. E. das allgemein gehaltene Epimythion durchaus konkretisie-
ren – wie das Traumbild auf immer: *Alls mir in der höchsten begir / Verswant,*
das ich fant nümer mer. / Allso spricht Hans Folcz barwirer (V. 306-308).

    Beim 'Traum' wie auch bei 'Zweierlei Minne' griff Folz zur Gattung der Min-
nerede, um seine Vorstellung von Liebe und Ehe möglichst überzeugend literarisch darzulegen. Die Umformungen, die er dabei vornimmt, sind auch als eine
Auseinandersetzung mit der reichen Tradition dieser Gattung zu sehen, in die
Folz offenkundig einen breiteren Einblick hatte. Diese Auseinandersetzung
führt bei ihm allerdings dazu, daß er mit dieser Gattungstradition bricht. Auf
literarischem Wege deklariert er dies mit seiner weltlich-didaktischen Rede
'Der Buhler' (FISCHER Nr.28), die er gemeinsam mit den Reden 'Der Spieler'
(Nr.29) und 'Der Trinker' (Nr.30) im letzten Betriebsjahr seiner Presse als
Brandmarkung dieser altbekannten Lastertrias publizierte.

    Zurecht hat I. GLIER den 'Buhler' als "eine Art Antiminnerede"[42] bezeich-
net. In ihr treffen wir nochmals auf die wichtigsten Momente, denen wir bei
unserem Rundblick begegnet sind: anders als 'Der Spieler' und 'Der Trinker'
spricht Folz bereits im Eingangsteil den *jungen man* (V.1), die *junge dirn*
(V.17) an und warnt mit dem theologischen Terminus *unkeusch* (V.7) vor der

---

42 I. GLIER: Artes amandi (Anm.19) S.350.

außerehelichen Liebe. Er hält dem Buhler vor: *Aus der gnad gotes pist gefalln,
/ Welchs nümer mer pleipt ungestrafft* (V.68f.); und er bittet in einem Schluß-
gebet, daß der Buhler schließlich durch Gott zur Erkenntnis und Reue geführt
wird.[43] Was aber den 'Buhler' von allen anderen behandelten Texten abhebt, ist
der grobe Ausfall gegen den *junckher* (V.89-166), dessen Aufmachung Folz sati-
risch karikiert, ihm sogar *reüma* prophezeit, *Die aller kranckheit muter ist*
(V.149f.). Dahinter mag ebenso wie in der anschließenden Kritik an der Mode
(V.168-185) Zeitkolorit sichtbar werden. Vor gattungsgeschichtlichem Hintergrund ist dies aber eine vehemente Absage an die Tradition der Minnerede aus
städtischer Sicht; eine Absage, deren Schärfe sich nicht zuletzt darin äußert,
daß nicht nur die Buhler allgemein (V.41), sondern speziell auch die Junker
als "städtische Zuchtstiere" apostrophiert werden: *Darum dan die selben stat-
farn / Gemeinclich esel sein und narn* (V. 151f.).

   I. GLIER schließt das Folz-Kapitel in ihrer Untersuchung zu Geschichte,
Überlieferung und Typologie der deutschen Minnereden mit der Feststellung ab,
Hans Folz habe es unternommen, "die Minnereden auf den bürgerlichen Meridian
zu visieren, ein Versuch, dem keine Zukunft bestimmt war."[44] Vielleicht haben
unsere Beobachtungen zum Thema "Liebe und Ehe bei Hans Folz" zeigen können,
daß dieser Autor für die Gattung Minnerede überhaupt keine Zukunft anvisierte.
Und vielleicht ist es dabei auch gelungen, den Verlauf des "bürgerlichen Meri-
dians" für Nürnberg in der zweiten Hälfte des 15. Jahrhunderts mit der Hilfe
des Folzschen "Sextanten" eine Spur genauer zu bestimmen.

---

43 V.186-204. Auch 'Der Spieler' hat am Ende ein (kürzeres) Gebet (V.207-214), in dem Gott aufge-
   fordert wird, gegen die Spieler einzuschreiten. Die Rede beschließt aber ein Appell an den
   Spieler, sein Treiben im Blick auf sein Seelenheil aufzugeben (V.215-219). Im Vergleich dazu
   formuliert Folz im 'Buhler' verständnisvoller.
44 I. GLIER: Artes amandi (Anm.19) S.351.

Ehelehren in mittelhochdeutscher Dichtung.
Nürnberger Fastnachtspiele des 15. Jahrhunderts

von

WALTER BLANK (Freiburg i. Br.)

Willi Erzgräber zum 60. Geburtstag gewidmet

"Spricht man von Liebe und Ehe im Mittelalter, so wird man den Eindruck nicht abwehren können, daß Liebe vor allem ein Thema der Literatur ist, während Ehe ein Thema der Moraltheologen und Juristen ist".[1] Dieses von ALFRED KARNEIN gezogene Resümee gibt eine weithin verbreitete Grundanschauung germanistischer Forschung wieder, nach der im Mittelalter Liebe und Ehe nicht nur zwei getrennten Normbereichen zugehören, sondern in der Poesie auch nicht miteinander verbunden werden. Vor diesem Hintergrund mag es überraschen, daß die Nürnberger Fastnachtspiele hier ausdrücklich nach den Ehelehren befragt werden. Dabei wird sich zeigen, daß es in dieser poetischen Gattung nicht, wie man erwarten könnte, um die Frage der Liebe, sondern primär um die Ehe geht. Ob oder inwieweit hier die Liebe überhaupt eine Rolle spielt, wird die Analyse der Stücke selbst erweisen.

Zur Vermeidung von Mißverständnissen ist hier folgendes vorauszuschicken:
1. Ich beschränke mich in meinen Ausführungen auf die Nürnberger Fastnachtspiele des 15. Jahrhunderts. Damit ist als Untersuchungsfeld eine poetische Gattung angesprochen. Das 16. Jahrhundert mit Hans Sachs als Fastnachtspielautor klammere ich deshalb aus, weil nach allgemeiner Ansicht das Fastnachtspiel durch ihn eine Umgestaltung im Sinn der moralischen Unterweisung erfahren hat,[2] wodurch diese genuin poetische Spielform sich mit der Didaxe vermischt und somit - entsprechend der oben genannten These KARNEINs - in die

---

1 ALFRED KARNEIN: Liebe, Ehe und Ehebruch im minnedidaktischen Schrifttum. In: XENJA v. ERTZDORFF - MARIANNE WYNN (Hgg.), Liebe - Ehe - Ehebruch in der Literatur des Mittelalters. Vorträge des Symposiums vom 13. bis 16. Juni 1983 in Gießen. Gießen 1984, S.148-157, hier S.148.
2 Die Forschung zusammenfassend: ECKEHARD CATHOLY: Fastnachtspiel, Stuttgart 1966 (Sammlung Metzler 56), S.50.

Nähe der traditionellen Ehedidaxe gerät. Eine Einbeziehung von didaktisch ge-
prägter Literatur soll aus heuristischen Gründen jedoch tunlich vermieden werden.

2. Diese Einschränkung auf die Fastnachtspiele bedeutet, daß ich Autorenprofi-
le wie das von Rosenplüt oder von Folz nur partiell zeichne. Anderweitige Aussagen der Autoren zum Thema Ehe, etwa in der Spruchdichtung oder in didaktischer Dichtung, werden in diesem Kontext nicht angesprochen. Die dadurch bedingte Einseitigkeit kann wegen der intendierten deutlicheren Profilierung der
Textgattung Fastnachtspiel in Kauf genommen werden.

3. Gezielt möchte ich danach fragen, welche Art von Eheproblematik sich im
Nürnberger Fastnachtspiel ästhetisch darstellt und wie sich dieser Vorgang im
sozialen Umfeld erklären läßt. Dabei gehe ich von der Tatsache aus, daß die
Kategorisierung der Fastnachtspiele als "städtische Literatur"[3] für Nürnberg
dadurch gesichert ist, daß sowohl die Produktion wie die Rezeption übereinstimmend der Handwerkerschicht dieser Stadt zugewiesen wird.[4] Autoren wie Publikum sind daher vor dem historischen Hintergrund Nürnbergs im 15. Jahrhundert zu beurteilen.

Um die in den Fastnachtspielen dominante Ehemotivik inhaltlich zu erör-
tern,[5] gruppiere ich nach drei Gesichtspunkten:

1. die Beurteilung der Ehe generell,

2. die Frage der Ehetauglichkeit, bzw. deren Voraussetzungen,

3. das Verhalten der Ehepartner und die Rollenzuweisung innerhalb der Ehe.

---

3 Zu Begriff und Problematik der "städtischen Literatur" siehe: KURT RUH: Versuch einer Be-
   griffsbestimmung von "städtischer Literatur" im deutschen Spätmittelalter. In: JOSEF FLECKEN-
   STEIN - KARL STACKMANN (Hgg.), Über Bürger, Stadt und städtische Literatur im Spätmittelalter.
   Göttingen 1980 (Abh. d. Ak. d. Wiss. zu Göttingen, phil.-hist. Kl., III. Folge, Nr.121),
   S.311-328; URSULA PETERS: Literatur in der Stadt. Studien zu den sozialen Voraussetzungen und
   kulturellen Organisationsformen städtischer Literatur im 13. u. 14. Jahrhundert. (Habil.
   Schrift Konstanz 1980), Tübingen 1983 (Studien u. Texte z. Sozialgesch. der Lit., 7); ERICH
   KLEINSCHMIDT: Stadt und Literatur in der frühen Neuzeit. Voraussetzungen und Entfaltung im
   südwestdeutschen, elsäßischen und schweizerischen Städteraum. Köln/Wien 1982 (Literatur und
   Leben, NF. 22).
4 E. CATHOLY: Fastnachtspiel. Stuttgart 1966, S.19 (Sammlung Metzler, M 56); HORST BRUNNER -
   ERICH STRASSNER, Volkskultur vor der Reformation. In: GERHARD PFEIFFER (Hg.), Nürnberg - Geschichte einer europ. Stadt. München 1971, S.201f. - Davon abweichend ist die Lübecker Fast-
   nachtspiel-Tradition der patrizischen Zirkelbrüderschaft der Stadt zuzuweisen. Vgl. CATHOLY,
   Fastnachtspiel S.69.
5 Ich bedanke mich auch für die Diskussionsbeiträge der Teilnehmer meines Hauptseminars zu diesem Thema im Sommersemester 1985, bes. bei Bernhard Lapp, Katja Schiementz, Dorothee Wagner
   und Columba Zink.

1. *Zur Beurteilung der Ehe generell.*

Als Textbeispiel wähle ich das wahrscheinlich von Hans Rosenplüt verfaßte
Spiel 'Das Eggenziehen'.[6] Verurteilt und bloßgestellt werden darin all jene
Mädchen, die geschlechtsreif geworden, aber nicht verheiratet sind: *Das sie*
sein kumen zu iren tagen / fut, ars, tutten vergebenß tragen (V.7f.). Sie müssen als Buße öffentlich einen Pflug durch die Straßen ziehen und sich vorher
für ihre Nichtheirat rechtfertigen. Die sieben öffentlichen Rügen an die
Adresse der sieben Mädchen repräsentieren zahlensymbolisch eine Ganzheit möglicher Gründe. Abgesehen von Gerhaus, die sich eines vorlauten Mundwerks, der
Faulheit und körperlicher Unansehnlichkeit bezichtigt, thematisieren alle
übrigen sexuelles Fehlverhalten der Frau. Alheit scheitert wegen ihrer verlorenen Jungfernschaft, Keterlein wegen ihrer zu großen sexuellen Aktivität,
Magdalen wegen Schwangerschaft und Anna wegen vorehelichen Geschlechtsver-
kehrs. Die Forderung nach sexueller Unberührtheit der Frau vor der Ehe wird
jedoch durch Demut widerlegt, die gerade wegen ihrer Enthaltsamkeit gerügt
wird.

Was von der Frau hier verlangt wird, ist in sich widersprüchlich und insofern Ausdruck der Doppelmoral der damaligen Männergesellschaft. Wird auf der
einen Seite vorehelicher Geschlechtsverkehr der Frau moniert, so wird andererseits von ihr sexuelle Erfahrung gefordert. Diese Doppelmoral spiegelt sich
vor allem in der Rüge der Kun. Äußerst attraktiv, sexuell erfolgreich und von
allen Männern gesucht, wäre sie das Wunschziel der meisten, wäre sie nicht
selbst durch ihre uneheliche Herkunft zur Ehe untauglich. Als Opfer dieser
doppelbödigen Sexualmoral wird sie so zum Typ der Prostituierten. Moral und
Norm sind daher e i n e Sache, männliches Verhalten aus dem Wunschdenken heraus aber eine andere, Lustgewinn steht im Vordergrund. Pocht ein Mädchen aber
auf Ansprüche, dann zieht sich der Mann auf die öffentlichen Normen zurück.

Gemeinsamer Grundgedanke all dieser Vorstellungen ist der: eine Frau soll
heiraten. Tut sie es nicht rechtzeitig, wird sie persönlich dafür verantwortlich gemacht und die Nichtheirat als Verweigerung gegenüber der Norm der Gesellschaft interpretiert. Daß sich hier eine ausschließlich männliche Perspektive artikuliert, ist ein durchgängiger Zug aller Fastnachtspiele. Dennoch ist
zu fragen, weshalb die Forderung nach der Eheschließung nur an die Frau ge-

---

6 Text nach der Ausgabe von DIETER WUTTKE, Fastnachtspiele des 15. und 16. Jh.s, Stuttgart ²1978
(Reclam Nr.9415), Nr.5 (abgekürzt: W 5); für weitere Texte werden zugrundegelegt: ADELBERT v.
KELLER (Hg.), Fastnachtspiele aus dem 15. Jh., Bd.1-3 und Nachlese, Darmstadt 1965/66 (=
Nachdr. d. Ausg. Stuttgart 1853-58) (abgekürzt: K Nr...).

stellt wird. Eine Antwort darauf gibt der verbreitete Spieltyp von Liebesnar-
ren.[7] Die unverheiratete Frau vermag den Sexualtrieb der Männer derart zu stimulieren, daß diese sich in ihrer Begehrlichkeit absolut unkontrolliert und
dumm verhalten, und zwar in der Öffentlichkeit wie gegenüber dem anderen Geschlecht, wodurch ihre männliche Autorität untergraben wird. Der Typ des bloß-
gestellten Buhlers dient somit der negativen Didaxe, wodurch Unterhaltung,
Verlachen und Lehrhaftigkeit in ein und derselben poetischen Gattung verbunden
sind. Diese Didaxe bedeutet inhaltlich aber auch, daß die Ehe als Instrument
weiblicher Triebkontrolle interpretiert wird und die männliche Freiheit nur
durch eine gezügelte weibliche Sexualität gesichert scheint.

2. Die Ehetauglichkeit, oder: Voraussetzungen zur Ehe.

Das in der sechsten Translatze des Niklas von Wyle (1463) breit diskutierte
Problem, ob einem älteren Mann zur Ehe zu raten sei, oder allgemeiner die Frage nach dem Heiratsalter spielt in den Fastnachtspielen nur eine untergeordne-
te Rolle. Die ganze Palette der zeitgenössischen Praxis wird dabei erwähnt:[8]
der Mann soll mindestens 15 sein, oder wenigstens 20, er soll frühestens ab 30
heiraten, oder er kann schließlich ein "Alter" sein. Ausschlaggebend ist meist
nur die Tüchtigkeit beider Geschlechter, vor allem aber des Mannes, in der
nachtarbeit. Nur wo dies nicht gewährleistet ist, ergeben sich Probleme, die
entweder zur Vermeidung einer Ehe oder zum Ehebruch führen (vgl. K 86).

Damit aber ist einer der entscheidenden Punkte der Ehetauglichkeit erwähnt.
Im Spielmodell von der Bauernhochzeit, z.B. bei Hans Folz,[9] sind nacheinander
deutlich die beiden zentralen Aspekte behandelt: zunächst geht es um die Be-
gutachtung der sexuellen Qualitäten der Braut, die drastisch verdeutlicht und
empfohlen werden. Hier wird selbst der Vorwurf eines unehelichen Kindes positiv bewertet für sexuelle Erfahrung. Entsprechend wird der Marktwert der Braut
dem einer Milchkuh verglichen (V.72ff.). Die Triebhaftigkeit der Braut und die
Potenz des Bräutigams halten sich hier zu aller Zufriedenheit die Waage. Diese
Harmonie zerbricht aber jäh, als sich das Musterbild einer Braut als prügelnde
Furie erweist, vor der der Mann die Flucht ergreift und seine Freunde um Hilfe
bittet. Der wichtigste Punkt ehelichen Zusammenlebens, so wird hier deutlich,

---

7 Siehe K 9, 13, 14, 26, 32 (= W 10), 38, 43, 44, 95, 99, 109, 116. Literatur dazu bei WUTTKE,
   S.341 und 330.
8 Siehe etwa K 41, 85, 86; dazu RICHARD KOEBNER: Die Eheauffassung des ausgehenden deutschen
   Mittelalters. In: Archiv für Kulturgeschichte 9 (1911), S.136-159, S.279-318, hier S.138ff.
9 W 7 (= K 7); weitere Texte K 58, 65, 66. Literaturhinweise: WUTTKE, S.336.

ist die bedingungslose Unterwerfung der Frau unter den Mann. Ist diese nicht
gewährleistet, so tritt sogar die hoch bewertete sexuelle Brauchbarkeit dahinter zurück, und eine Ehe scheitert.

Andere Spiele dieses Themenkreises ergänzen die genannten Zentralpunkte in
bemerkenswerter Weise. Neu ist die Betonung der Qualität der Frau als Arbeitskraft, etwa wenn Adelheid mit dem Argument empfohlen wird: *Die spint auß der
maßen guten zwirn* (K 58, S.516,5; auch K 66, S.577,16); und neu ist auch die
Betonung der gegenseitigen Zuneigung beider Ehekandidaten, wenn Hilla zu Hans
sagt: *Und darumb so wil ich dich, / Wann wir fügen paide wol zu sammen / Und
darf sich ains des andern nit schamen* (K 66, S.577,6ff.), auch wenn die
Gleichheit der Summe von Negativa im Spiel ironisiert wird.

Übereinstimmend mit der historischen Situation der Zeit wird hier das Züch-
tigungsrecht des Ehemannes und die bedingungslose Unterordnung der Frau als
fraglose Voraussetzung für ein funktionierendes Eheleben gefordert. Daneben
aber werden zur Ehetauglichkeit hier fast ausschließlich körperlich-sexuelle
Qualitäten geltend gemacht: wie ansprechend und sexuell leistungsfähig die
Frau ist; wieviel Erfahrung sie hat, auch mit dem Pfaffen; und wie unerschöpf-
lich die männliche Potenz ist. Schönheit dagegen erscheint parodiert als Häßlichkeit, die durch sexuelle Leistungsfähigkeit kompensiert wird. Es ist spon-
tan einsichtig, daß in dieser Zeichnung keine Skizze der städtischen oder bäuerlichen Alltagsrealität vorliegt, sondern - dem Parodiecharakter entsprechend
- eine Projektion dessen, was in der Handwerkerehe nicht genügend berücksichtigt oder auch, was bedroht ist: Bedroht erscheint die fraglose Herrschaft des
Mannes im Hause, und bemängelt wird die als unzureichend empfundene Möglichkeit sexuellen Auslebens. Daher die gegenbildliche Überzeichnung. Abweichend
davon ist dagegen anzunehmen, daß die beiden Blitzlichter von der Frau als die
Arbeitskraft und die Andeutung des Konsenses in der Ehe doch als Bruchstücke
realer Tendenzen hier Eingang gefunden haben, die jedoch nicht weiter thematisiert sind. Und gar nicht erwähnt sind schließlich alle ethischen Qualitäten.

3. Zum Verhalten innerhalb der Ehe.
Diese letztlich interessanteste Frage wird nicht durch die Darstellung des
Normalen beantwortet, sondern in den Argumenten eines Eheprozesses gezeigt. In
der Großzahl der Ehegerichtsspiele[10] klagt die Frau den Mann wegen Ehebruchs

---

10 Folgende Texte gehören hierher: K 10, 24 (= W 4), 27, 29, 40, 42, 52, 61, 88, 102, 108. Der
   'Prozeß gegen Rumpold' wird, weil nach allen Fassungen ins 16. Jh. gehörend, hier ausge-
   klammert (W 11, K 115, K 130).

an.[11] Dabei reduziert sich in fast allen Fällen der Anklagegrund auf sexuelle Frustration der Frau. Andere Argumente werden nicht genannt. Die Tatsache des Ehebruchs wird dabei vom Angeklagten widerspruchslos eingeräumt. Bemerkenswert ist dagegen die Liste der Entschuldigungen, weshalb der Mann aus dem Haus geht: 1. Die eigene Frau sei zum Geschlechtsverkehr zu jung, man wollte sie schonen. Gelegentlich deckt sich dies sogar mit der ausdrücklichen Bitte der Schwiegermutter. Die Antwort: ein Mann, der sich in diesem Sinn moralisch verhält, ist ein *gouch*, ein Einfaltspinsel. 2. Es erscheint der Topos vom schwachen, kranken Weib, der man aus Gesundheitsgründen diese Belastung nicht zumuten könne. Antwort: aus der Sicht der Frau handelt es sich um eine falsche Rücksichtnahme, die sie gar nicht wolle; im Gegenteil, sie brauche die sexuelle Betätigung und trage allein die Folgen daraus. 3. Eine benachbarte junge Ehefrau leide unter der Impotenz ihres alten Mannes, weshalb sie den Angeklagten um "Hilfe" gebeten habe. Diese Hilfe, so wird argumentiert, sei damit ein Werk der Barmherzigkeit. Etwas anders liegt ein häufig damit verknüpfter 4. Punkt: die Anklage gegen den Mann wegen Impotenz und nicht vollzogener Ehe. Des Mannes Verteidigung dreht den Spieß um und beschuldigt die Frau wegen sexueller Ungeschicklichkeit und daß sie körperlich abstoßend sei. Somit trägt die Frau die Schuld an der Impotenz ihres Mannes. — In allen Fällen ist die ausgiebige Sexualbetätigung als unverzichtbar dargestellt, wird aber auf die Ehe eingeschränkt, so daß das Spiel scheinbar in eine Bestätigung von Norm und Moral mündet. Dennoch werden männliche Liebesabenteuer entschuldigt, so daß die Ehefrau von Anbeginn als törichte Witzfigur vor Gericht steht. Ja noch mehr: Gegen eine Bewertung des Fremdgehens als Ehebruch wird eingewandt, daß mit der Beschränkung auf den häuslichen Verkehr die Frauen ihre Männer nur zähmen wollten, was den Spott der Nachbarn über den Pantoffelhelden nach sich zieht (K 102, S.770). Ehebruch dient aus der männlichen Spielerperspektive somit positiv der moralischen Stärkung des öffentlichen Ansehens als Haushaltsvorstand.

Die Einseitigkeit, mit der die Ehegerichtsspiele immer wieder Sexualität und Potenz ansprechen, zeigt unmißverständlich, daß die Ehefrau hier nur in der männlichen Wunschperspektive als Objekt der Lust erscheint. Obwohl die Frau selbst in der Optik der Spiele triebbesessen und sexualhungrig ist, un-

---

11 K 29, 40, 42, 61, 102, 108. In einer zweiten Gruppe klagt der betrogene Ehemann den Nebenbuhler an: K 10, 52, 88, W 4. Nur in K 27 - kaum als eigene Gruppe einzustufen - klagt der Ehemann seine Frau an.

terwirft sie sich doch freiwillig dem Mann. Dieser aber triumphiert über Frauen, Alte, Impotente und Moralisten.

Fassen wir die Spielaussagen zur Ehe zusammen, so läßt sich erkennen: 1. Die Einrichtung der Ehe als solche wird, trotz zahlreicher Probleme, nachdrücklich als Norm unterstützt. 2. Für die interne Rollenverteilung gilt die unbestrittene Dominanz des Mannes. Diese erstreckt sich auf die Herrschaft im Hause wie auf seinen Anspruch im Vitalbereich. 3. Auffallend ist die fast monomane Ansprache von Sexualität und Potenz im dargestellten Beziehungsgefüge. "Liebe" erscheint nur als Vorstufe oder Folge davon. Ethische Grundwerte erscheinen gar nicht oder sind doch nie eigens gewichtet.

Die literatursoziologische Erklärung dieser drei Feststellungen sowie deren sozialgeschichtliche Einordnung im Nürnberg des 15. Jahrhunderts ist in neuerer Literatur zum Fastnachtspiel sowie zur Stadtgeschichtsforschung bereits zutreffend geleistet,[12] so daß ich mich hier auf eine Ergebnisauswertung beschränken kann. Das Grundproblem hinsichtlich der Liebe und Ehe im Normenkonflikt besteht darin, daß der städtische Rat wie die Kirche die Ehe vor-

---

12 Ich beschränke mich auf wenige wichtige Literaturhinweise: HAGEN BASTIAN: Mummenschanz. Sinneslust und Gefühlsbeherrschung im Fastnachtspiel des 15. Jh.s, Frankfurt/M. 1983; RÜDIGER KROHN: Der unanständige Bürger. Untersuchungen zum Obszönen in den Nürnberger Fastnachtspielen des 15. Jh.s, Kronberg/Ts. 1974; WERNER LENK: Das Nürnberger Fastnachtspiel des 15. Jh.s. Ein Beitrag zur Theorie u. zur Interpretation des Fastnachtspiels als Dichtung. Berlin 1966; JÖRN REICHEL: Handwerkerleben und Handwerkerdichtung im spätmittelalterlichen Nürnberg: Hans Rosenplüt genannt Schnepper. In: HORST BRUNNER (Hg.), Literatur i. d. Stadt, Göppingen 1982 (GAG 343), S.115-142; JÖRN REICHEL: Der Spruchdichter Hans Rosenplüt, Stuttgart 1985; JOHANNES JANOTA: Hans Folz in Nürnberg. Ein Autor etabliert sich in der stadtbürgerlichen Gesellschaft. In: HEINZ RUPP (Hg.), Philologie und Geschichtswissenschaft. Heidelberg 1977, S.74-91; BARBARA KÖNNEKER: Die Ehemoral i. d. Fastnachtspielen von Hans Sachs. Zum Funktionswandel des Nürnberger Fastnachtspiels im 16. Jh. In: HORST BRUNNER - GERHARD HIRSCHMANN - FRANZ SCHNELBÖGL (Hgg.), Hans Sachs und Nürnberg. Bedingungen und Probleme reichsstädt. Literatur. Hans Sachs zum 400. Todestag am 19.1.1976. Nürnberg 1976, S.219-244 (Nürnberger Forschungen 19). HORST BRUNNER - ERICH STRASSNER: Volkskultur vor der Reformation. In: G. PFEIFFER (Hg.), Nürnberg - Geschichte einer europ. Stadt. München 1971, S.199-207; ROLF ENDRES: Sozialstruktur Nürnbergs. In: PFEIFFER (Hg.) Nürnberg ..., 1971, S.194-199; ERICH MASCHKE: Soziale Gruppen in der deutschen Stadt des späten MAs. In: FLECKENSTEIN - STACKMANN: Über Bürger ... (s. Anm.3), S.127-145; ERICH MASCHKE: Die Unterschichten der mittelalterl. Städte Deutschlands. 1967, wieder in: CARL HAASE (Hg.), Die Stadt des MAs., Bd.III, Darmstadt 1973 (WdF 245) S.345-454; ERICH MASCHKE: Die Familie i. d. dt. Stadt des späten MAs., Heidelberg 1980 (Sitz.ber. d. Akad. d. Wiss., phil.-hist. Kl. 1980, 4. Abh.); ULF DIRLMEIER: Untersuchungen zu Einkommensverhältnissen und Lebenshaltungskosten in obd. Städten des Spätmittelalters (Mitte 14.-Anfang 16. Jh.). Heidelberg 1978 (Abh. d. Akad. d. Wiss., phil.-hist. Kl. 1978, 1. Abh.); EDITH ENNEN: Die Frau in d. mal. Stadtgesellsch. Mitteleuropas. In: Hansische Geschichtsblätter 98 (1980), S.1-22; JEAN-LOUIS FLANDRIN: Das Geschlechtsleben der Eheleute i. d. alten Gesellschaft: Von der kirchl. Lehre zum realen Verhalten. In: PHILIPPE ARIES - ANDRE BEJIN (Hgg.), Die Masken des Begehrens und die Metamorphosen der Sinnlichkeit. Zur Geschichte der Sexualität im Abendland. Frankfurt/M. 1984, S.147-164; PHILIPPE ARIES: Liebe in der Ehe. In: ARIES - BEJIN: Die Masken ... (s.o.), S.165-175.

schreiben und den vor- bzw. außerehelichen Geschlechtsverkehr verbieten. Da
die Handwerksgesellen aufgrund sehr restriktiver Vorschriften des Rats in der
2. Hälfte des 15. Jahrhunderts jedoch nur noch selten heiraten können, werden
sie von der Situation dazu gedrängt, Verbote zu übertreten, wenn sie ihre Sexualität ausleben wollen. Die Zahl der auf diese Weise in Nürnberg unfreiwil-
lig Unverheirateten beträgt nach ERICH MASCHKE im Jahr 1449 immerhin 18,6 Pro-
zent der Gesamtbevölkerung,[13] ein, wie ich meine, nicht unerhebliches städti-
sches Spannungspotential. Diese Spannung entlädt sich unter dem Schutz der
närrischen Freiheit und in der Maske des Spiels in bewußter Normübertretung
als Aggression gegen die, die für diese Norm verantwortlich sind. Indem so die
ganze Gattung des Nürnberger Fastnachtspiels als Sprachrohr der sozialen Un-
ter- und unteren Mittelschicht die gültigen städtischen Leitbilder der praktischen Vernunft, Wirtschaftlichkeit, des "gemeinen Nutzens" und der Moral parodiert, handeln die Personen im Spiel bewußt unvernünftig, ohne Rücksicht auf
die Ökonomie, und amoralisch. Damit wird deutlich, daß die Sexualität hier
nicht eine Frage personaler Zuwendung ist und auch nicht das geforderte "de-
bitum" kirchlicher Ehemoral, sondern daß Sexualität Ausdruck der Auseinandersetzung um Freiheiten, um Statusfragen, um eine umfassendere soziale Gerech-
tigkeit ist, die sich der Verfügbarkeit der im Rat nicht vertretenen Handwerker entzieht. Insofern spiegelt die Sexualität in der Ästhetik des Fastnachtspiels nicht primär eine Reflexion über die personale Rolle von Mann und Frau,
daher auch nicht über deren Liebe, sondern sie ist Ausdruck der Spannung im
Sozialsystem Nürnbergs. Übergeordnet geht es aus mittelalterlicher Stadtper-
spektive aber nicht um die Gleichstellung von Mann und Frau, sondern um die
Freiheit und den Erfolg der größeren sozialen Einheit Stadt.[14] Insofern ist
die Frage der Liebe keine städtische Perspektive, auch nicht in der Dichtung.
Im Vordergrund steht statt dessen die soziale Einrichtung der Ehe mit allen
ihren negativen Begleiterscheinungen wie Streit, Ehelosigkeit, Konkubinat oder
Prostitution.

---

13 ERICH MASCHKE: Unterschichten (s. Anm.12), S.376. Die Nicht-Heirat hängt unmittelbar von den
   städtischen Gesetzen und dem mangelnden Einkommen vieler Handwerker, besonders der Handwerksgesellen, ab. Zur Folge - ein Zitat von ROLF ENDRES (s. Anm.12; S.199): "In dem reichen Nürnberg war also eine proletaroide Schicht vorhanden, die gut ein Drittel der Gesamtbevölkerung
   ausmachte. Es herrschte nicht die soziale Harmonie und ideale Gesellschaftsordnung, wie sie
   gerne in Literatur und Oper gezeichnet werden."
14 EDITH ENNEN: Frau i. d. Stadtgesellschaft (s. Anm.12), S.10.

Wertet man nunmehr die vorliegende Textanalyse bezüglich unserer Fragestellung aus, so ergeben sich verglichen mit der traditionellen Sichtweise einige interessante Aspektverschiebungen.

1. Obwohl es sich bei den Nürnberger Fastnachtspielen des 15. Jahrhunderts zweifellos um Poesie handelt, wird mit ihnen eine Ästhetik vorgeführt, die nichts mit schöngeistigen literarischen Bezügen oder mit dem Preis der Liebe zu tun hat. Im Gegenteil, diese Ästhetik enthält thematisch eine ausgesprochen brisante soziale Sprengkraft, wie die Polizeiordnungen der Stadt verdeutlichen.[15] Wie sonst wäre es zu erklären, daß alle Fastnachtspiele vom Rat genehmigt werden müssen? Nach Ausweis der Belege wurden die Spiele mehr als einmal zensiert, teilweise sogar verboten. Verständlich wird das ganze nur von der Tendenz dieser Poesie her; denn ihre thematische Ausrichtung zielt nie auf eine individuelle Fragestellung bezüglich der Ausgestaltung der Liebe, sondern ausschließlich auf überindividuelle Probleme der Sozialgruppierung.

2. Wenn das so ist, stellt sich notwendig die Frage, weshalb für diese thematischen Bearbeitungen die poetische Gattung des "Dramas" gewählt wurde und nicht eine Gattung, die traditionell Aktualisierungen erlaubte und intendierte wie etwa die Spruchdichtung oder die anwendungsbezogene Lehrdichtung. Die Antwort auf diese Frage dürfte in der städtischen Kontrolle aller literarischen Erzeugnisse innerhalb der Stadt zu suchen sein, denn auf jede Form auch mittelbarer politischer Äußerungen der Bürger reagierte der Rat der Stadt mit sehr restriktiven Maßnahmen. Es ist denkbar, daß hier versucht wurde, diese Kontrollmechanismen dadurch zu unterlaufen, daß die Fastnachtspiele die ästhetische Form der spontanen Form der Unterhaltung - und damit eine poetische Form - als ein Politikum nutzten, um die immanente Kritik am sozialen System in einem harmlosen und unbelasteten literarischen Gewand zu verstecken.

3. Vergleicht man diese Poesie des 15. Jahrhunderts thematisch mit der hochhöfischen Literatur um 1200, so gilt nach noch immer verbreiteter Anschauung, daß dort Ehelehren entweder gar nicht begegnen (so in der Minnelyrik) oder daß sie nur indirekt vorkommen (im Roman etwa über die Darstellung der Beteiligung der Ehefrau am höfischen Leben). Thema dieser Poesie scheint nach dieser Anschauung die Liebe zu sein. Bei einer solchen Einschätzung der höfischen Literatur wird jedoch nicht mitreflektiert, daß schon der höfische Roman Hartmanns und sehr deutlich die Romane Wolframs sich um eine Lösung für die gesell-

---

15 H. BASTIAN: Mummenschanz (s. Anm.12), S.24-33; H. BRUNNER - E. STRASSNER: Volkskultur (s. Anm.12), S.202.

schaftliche Integration der Liebe bemühen, d.h. um die Vorstellung eines neuen Modells von Liebe in der Ehe. Es kann an dieser Stelle nicht weiter ausgeführt werden, daß es hier bereits ein neues Leitbild einer Liebesehe gibt, das durch personale Liebeszuwendung konstituiert ist und ein neues Frauenbild entwirft,[16] bevor es historisch realisiert ist. Diese Tatsache deutet darauf hin, daß in den "höfischen Epen bereits eine Entwicklung zugunsten des kanonischen Eherechts vorweggenommen wird", deren Realisierung erst im späten Mittelalter beginnt.[17] Wenn diese Einschätzung des höfischen Romans zutrifft, fällt damit zugleich die trennende Gattungszuweisung für Liebe zur Poesie und Ehe zum Traktat in sich zusammen. Umgekehrt deutet ein Übergreifen der Ethik in die scheinbar nur personal bedingte Liebeszuwendung des Minnesängers an seine Dame auf eine analoge Grenzüberschreitung hin.[18] Liebe bedeutet in der höfischen Minne: Vervollkommnung des Mannes durch die Frau. Dies ist aber ein ausgesprochen normativer Ansatz. Die Freiheit der Liebesentscheidung wird hier mit der Radikalität einer Treuebindung und mit der Dauerhaftigkeit der Zusage verknüpft. Paradoxerweise zeigt sich so ausgerechnet in dem vom Sozialphänomen der Ehe losgelösten Minnesang eine der entscheidenden Konstituenten der Ehe, obwohl diese expressis verbis im Minnesang nie erscheint.

Die behauptete Unvereinbarkeit von Liebe und Ehe im Mittelalter[19] hat in Anlehnung an des Andreas Capellanus Traktat 'De amore' (ca. 1186) bis in die jüngste Zeit weitgehend als gesicherte Hypothese gegolten. Wie nun aber die neueren Untersuchungen von RÜDIGER SCHNELL und ALFRED KARNEIN übereinstimmend aufzeigen,[20] dürfte dies wohl ein interpretatorischer Trugschluß sein. Denn die Verklammerung der Liebe als einer emotionalen Qualität mit deren Regulierung in juristischen Normen macht diese Trennung schon für Capellanus selbst fragwürdig. "Nicht der Gott Amor regiert die Welt der Liebe, sondern juristi-

---

16 HORST WENZEL: Fernliebe und Hohe Minne. Zur räumlichen und sozialen Distanz in der Minnethematik. In: RÜDIGER KROHN (Hg.), Liebe als Literatur. München 1983, S.187-208.

17 BRIGITTA MARIA FABER: Eheschließung in mittelalterlicher Dichtung vom Ende des 12. bis zum Ende des 15. Jh.s, Bonn 1974 (Diss. phil. Bonn) S.248.

18 H. WENZEL (s. Anm.16), S.195; HERBERT ERNST WIEGAND, Studien zur Minne und Ehe in Wolframs 'Parzival' und Hartmanns Artusepik. Berlin 1972. S.30ff.

19 Eine Auseinandersetzung mit der Forschung und dem Nachweis der Fragwürdigkeit der Unvereinbarkeitshypothese leistet RÜDIGER SCHNELL, Causa Amoris. Liebeskonzeption und Liebesdarstellung in der mittelalterlichen Literatur. Bern/München 1985 (Bibliotheca Germanica 27), S.115-126.

20 Zur Fragwürdigkeit der Hypothese schon bei Andreas Capellanus siehe: RÜDIGER SCHNELL: Andreas Capellanus. Zur Rezeption des römischen und kanonischen Rechts in 'De Amore'. München 1982 (Münstersche Mittelalterschriften, 46), bes. S.13ff., 35, 149; und ALFRED KARNEIN, 'De Amore' in volkssprachlicher Literatur. Untersuchungen zur Andreas-Capellanus-Rezeption in Mittelalter und Renaissance. Heidelberg 1985 (Beih. zur GRM, Bd.4), S.108ff.

sche Ehebestimmungen regeln das Verhältnis der Liebenden".[21] Diese Beobachtung
relativiert des Kaplans scheinbar so apodiktische These der Unvereinbarkeit
von Liebe und Ehe recht erheblich.

Vergleicht man die so gewonnene Position der höfischen Literatur mit jener
der Fastnachtspiele, so zeigt sich als neues Problem jetzt nicht mehr die Frage, ob es um eine Problematisierung und Entgegensetzung der Liebesperspektive
gegen die Erörterung der sozialen Einrichtung der Ehe geht. Der Differenzpunkt
beider Erörterungen ist nun offenbar, daß in den Fastnachtspielen der soziale
Hintergrund dieses Themas problematisch und spannungsgeladen ist, wogegen dies
in der höfischen Literatur keineswegs der Fall ist und deswegen dort eine andere Problematik die Ehe überlagern kann. Die angesprochene Ethisierung und
auch die Ästhetisierung bleiben um 1200 systemimmanent, d.h. das Thema der
Liebesintegration in die Ehe wird hier innerhalb derselben sozialen Schicht
erörtert, die auch die Macht ausübt. Und deswegen handelt es sich hier "nur"
um ein Denkmodell der Oberschicht, dessen Richtung auf das gesellschaftsinte-
grierte Individuum zielt. Im Unterschied dazu jedoch gilt für die Stadt Nürnberg um 1500 die überindividuelle soziale Gruppierung noch als dominant für
die Erörterung der Kreise, die das Fastnachtspiel vor allen Dingen tragen, das
sind die Handwerker.

4. Es ist bemerkenswert, daß das Leitbild einer personalen Liebeszuwendung als
Liebesehe, das im höfischen Roman entwickelt wird, zunächst keine Zukunft hat;
der Roman des 13. und dann auch des 14. Jahrhunderts drängt diese Fragestellung wieder zurück. Stattdessen verlagert sich die Erörterung der Liebesthematik und der Eheproblematik auf eine andere, neu geschaffene Gattung, die Märendichtung.[22] Interessant ist hier, daß in den Mären beide Seiten des Problems erörtert werden, zunächst von den äußeren sozialen Bedingungen her: nämlich die Problematik, wer im häuslichen Bereich dominiert, ob der Mann oder
die Frau. Beide Möglichkeiten werden durchgespielt und als Realität angeboten.

Das andere Problemfeld bemüht sich um die Liebe: jeder Partner soll seine
Liebeswahl frei treffen können, unabhängig von der Ehe. Aber auch in diesen
Komplex kommt die neue Perspektive herein, denn es gibt auch hier die Möglich-

---

21 Auf diese paradoxe Umwertung und an der Ehe orientierte Normierung der Liebesbeziehung schon
   bei Andreas Capellanus weist RÜDIGER SCHNELL (Andreas Capellanus, S.171) hin.
22 Vgl. HANNS FISCHER: Studien zur deutschen Märendichtung. Tübingen 1983, 2. durchgesehene u.
   erweiterte Aufl., besorgt v. JOHANNES JANOTA; bes. S.93ff.; KARL-HEINZ SCHIRMER: Stil- und
   Motivuntersuchungen zur mittelhochdeutschen Versnovelle. Tübingen 1969, bes. Kapitel III:
   'Liebe und Ehe', S.134ff. (Hermaea, Germanist. Forschungen NF 26); GERHARD KÖPF: Märendichtung. Stuttgart 1978 (Sammlung Metzler, Bd.166).

keiten, Liebe und Ehe zu integrieren und auf diese Weise jenes neue Leitbild nachdrücklich vorzustellen, beispielsweise in Herrands Märe 'Die treue Gattin'.[23] Erstaunlich ist aber auch hier, daß diese Gattung, die als solche ja ungebrochen in den städtisch-bürgerlichen Raum des 15. und 16. Jahrhunderts weitergeht, diese Problematik und dieses neue Leitbild nicht etwa verstärkt weiterführt und nachdrücklicher ausgestaltet, sondern es zeigen sich auch hier deutliche Rückfälle in das alte Rollenschema vom herrschenden Mann und der untergebenen Frau, wo von Liebe nicht die Rede ist.

Daß man dieser Frage nur von der Seite der Erotik her nicht beikommt, zeigt die Untersuchung dieses Komplexes von HERIBERT HOVEN,[24] der die Frage einer Integration von Liebe und Ehe für die Texte seiner Untersuchung letztlich offen läßt. Ich meine, daß der Schlüssel zur Beantwortung dieser Frage doch im gesellschaftlichen Bereich liegt, denn das Leitbild der Liebesehe scheitert lange Zeit an den damit verbundenen gesellschaftlichen Implikationen, zumindest soweit wir das aus der Literatur feststellen können. So werden in der Stadt die alten Gesellschaftsmodelle der Ehe mit der traditionellen Rolle der Frau zunächst beibehalten und nur dort geändert, wo es um die neuen Leitbilder von Arbeitsteilung (Frau als Haushaltsvorstand) und Ökonomie (Frau als Handwerkerin oder Geschäftsfrau) geht. Das Sozialinteresse des Mannes stützt daher in den Spielen, wenn auch auf paradoxe Weise, die systemstabilisierende Norm der Ehe mit der traditionellen Rollenverteilung vom herrschenden Mann und der untergebenen Frau.[25]

---

23 Herrand von Wildonie: 'Die treue Gattin'. In: HANNS FISCHER - PAUL SAPPLER (Hgg.), Herrand von Wildonie. Vier Erzählungen. Tübingen ³1984, S.1-9 (ATB 51).

24 HERIBERT HOVEN: Studien zur Erotik in der deutschen Märendichtung. Göppingen 1978 (GAG 256).

25 Die Feststellung von BARBARA KÖNNEKER (s. Anm.12), daß die systemstabilisierende Funktion der Ehe erst in den Spielen von Hans Sachs auftauche mit deren Funktionswandel "von der Provokation zur Affirmation" (S.242), ist für Hans Sachs zweifellos zutreffend. Ebenso ist die provokative Grundhaltung der Fastnachtspiele des 15. Jh.s richtig gesehen. Ich glaube jedoch nicht, daß mit den sozialen "Attacken" gleichzeitig auch die Ehe als solche, als Institution in Frage gestellt werden sollte. Hier sind die Nürnberger Handwerker einfach noch traditionell orientiert. Wogegen sie sich wenden, sind die Bedingungen und die äußeren Umstände, unter denen oder zum Teil gegen die sie eine Ehe leben sollten. Der Kampf gegen ökonomische Zwänge am Modellfall der sexuellen Normierungen sollte nicht mit sexueller Libertinage verwechselt werden, auch wenn genau dies das poetisch-satirische Mittel der frühen Fastnachtspiele ist.

Sigmund Feyerabends 'Buch der Liebe' (1587)

von

JOHN L. FLOOD (London)

Der Titel 'Buch der Liebe' geistert nur so durch die ältere Literatur zum frühneuhochdeutschen Prosaroman. Man benutzte ihn sehr gern als Bezeichnung für kleine Sammlungen von Prosaerzählungen aus dem Spätmittelalter und der frühen Neuzeit: bekannt sind etwa die Sammlungen von HEINRICH AUGUST OTTOKAR REICHARD im 18. Jahrhundert, von JOHANN GUSTAV BÜSCHING und FRIEDRICH HEINRICH VON DER HAGEN im 19. und PAUL ERNST in unserem Jahrhundert.[1] Die erste Sammlung unter diesem Namen entstand jedoch im 16. Jahrhundert, und in diesem Beitrag geht es mir darum zu fragen, wie es zur Entstehung dieses ersten 'Buchs der Liebe' kam und welchen Stellenwert es in der Buch- und Literaturgeschichte seiner Zeit hat. Dies erscheint mir umso notwendiger, als immer wieder festgestellt werden muß, daß falsche Vorstellungen darüber noch heute in der wissenschaftlichen Literatur fortgeschleppt werden.

Sigmund Feyerabend war bekanntlich der größte Frankfurter Verleger der zweiten Hälfte des 16. Jahrhunderts. Er war gelernter Formschneider aber kein Drucker: die Bücher, die er verlegte, wurden samt und sonders von anderen gedruckt, ja vorwiegend von einer Reihe von Druckern in Frankfurt am Main

---

1 HEINRICH AUGUST OTTOKAR REICHARD (Hg.), Buch der Liebe. Inhaltendt herrliche schöne historien, allerley alten und newen exempel, züchtigen frauwen und jungfrauwen, auch jedermann in gemein, zu lesen lieblich und kurzweilig. Leipzig: Weygand, 1779. 2. Aufl., Leipzig: Kleefeld, 1796. (Der Band enthält neben dem 'Ritter Galmy' - der tatsächlich in der Vorlage, dem 'Buch der Liebe' vom Jahre 1587 vorkommt - nur noch einen Auszug aus dem 'Appolonius'.) JOHANN GUSTAV BÜSCHING und FRIEDRICH HEINRICH VON DER HAGEN, Buch der Liebe. 1. Bd., Berlin: J.E. Hitzig, 1809. (Es enthält 'Tristan', 'Fierrabras' und 'Pontus'. Eine Fortsetzung ist nicht erschienen. Interessant die Bemerkung A. REIFFERSCHEIDs im Art. Friedrich Heinrich von der Hagen, in: ADB, Bd.10 (Leipzig 1879), S.332-37, hier S.334: "Die Herausgeber wünschten, ihr Buch möge nicht allein von Liebe erzählen, sondern auch die Liebe zu den Werken und Tugenden der Altvordern wieder beleben und zugleich zwischen Höheren und Niederen ein freundliches Band erneuen und befestigen".) PAUL ERNST (Hg.), Das Buch der Liebe. München: Müller, 1911, (s. PAUL HEITZ und FRANZ RITTER, Versuch einer Zusammenstellung der deutschen Volksbücher des 15. und 16. Jahrhunderts nebst deren späteren Ausgaben und Literatur. Strassburg 1924, S.14; und REINHARD OBERSCHELP, Gesamtverzeichnis des deutschsprachigen Schrifttums (GV) 1911-1965, Bd.139, München/New York/London/Paris 1981, S.347). PAUL ERNST (Hg.), Buch der Liebe. Tristan und Isalde. Pontus und Sidonia. Melusina. Die schöne Magelone. Genovefa. Lother ⌊!⌋ und Maller. Neuauflage. Berlin 1942.

selbst. Einer davon war sein Vetter Johann Feyerabend, der 1587 das 'Buch der
Liebe' für ihn druckte.

Ehe wir uns mit Entstehung und Zusammensetzung der Sammlung näher beschäftigen, wollen wir uns dieses Datum genau merken. In der älteren Literatur,
aber auch noch 1966 in ALOIS BRANDSTETTERs Edition des Prosaromans 'Tristrant
und Isalde', wird auch eine Ausgabe 1578 erwähnt.[2] Diese Angabe geht auf GOE-
DEKEs Grundriß zurück:

> Buch der Liebe. Franckf. a. M., Feyrabend. 1578. Fol. (Darmstadt). - Buch der Liebe.
> Franckfurt a. M., Feyrabend. 1587. Fol.   (Grundriß, I², S.340)

Das Darmstädter Exemplar existiert zwar nicht mehr, aber es handelte sich gewiß um die Ausgabe 1587. Daß GOEDEKE einen Fehler gemacht hat, ist schon
längst erkannt worden: bereits 1893 machte ADOLF SCHMIDT darauf aufmerksam.[3]
GOEDEKE war nicht der Urheber des Irrtums; er findet sich schon 1857 bei IGNAZ
HUB, und bereits 1757 spricht auch GOTTSCHED vom 'Buch der Liebe', das "Feyerabend zu Frankfurt ... etliche mal gedruckt hat".[4] Das war aber offenbar
nicht der Fall. Die einzige Ausgabe, die wir kennen, ist eben die von 1587,

2 ALOIS BRANDSTETTER (Hg.), Tristrant und Isalde. Prosaroman. Nach dem ältesten Druck aus Augsburg vom Jahre 1484, versehen mit den Lesarten des zweiten Augsburger Druckes aus dem Jahre
  1498 und eines Wormser Druckes unbekannten Datums. (Altdeutsche Textbibliothek. Ergänzungsrei-
  he, Bd.3). Tübingen 1966, S.XVI. Dazu s. die Rezension von HANS-GERT ROLOFF, in: Beiträge 90
  (Tübingen 1968), S.178-83, hier S.183. Der gleiche Irrtum findet sich in dem Artikel von
  ANNELIESE SCHMITT in: Lexikon des Bibliothekswesens, hg. von HORST KUNZE und GOTTHARDT RÜCKL,
  Leipzig 1969, S.658, nicht aber in ihrem Artikel 'Volksbücher' in der 2. neubearb. Auflage
  dieses Werks, Leipzig 1974, Sp.1448-50.
3 Im Centralblatt für Bibliothekswesen 10 (1893), S.443: [Ein Druck von 1578] "ist weder in der
  Gr. Hofbibliothek noch in der Gr. Cabinetsbibliothek zu finden und auch die Frankfurter Meßka-
  taloge führen nur die Feyerabendische Ausgabe von 1587 auf. Es liegt offenbar eine Verwechs-
  lung vor, und der Druck von 1578 existiert nicht" (zitiert nach: HEITZ/RITTER (Anm.1), S.13).
  SCHMIDT hat bestimmt recht, obwohl die angegebene Begründung an sich keineswegs schlüssig ist.
4 IGNAZ HUB, Die komische und humoristische Literatur der deutschen Prosaisten des sechzehnten
  Jahrhunderts. 2. Buch. Nürnberg: von Ebner'sche Buchhandlung, 1857 - also noch vor dem Erscheinen der ersten Auflage von GOEDEKEs Grundriß -, S.406: "Zuerst erschien diese erste be-
  deutende Sammlung alter in die Prosa des Romans aufgelöster romantischer Gedichte zu Frankfurt
  1578. Fol.". JOHANN CHRISTOPH GOTTSCHED, Nöthiger Vorrath zur Geschichte der deutschen drama-
  tischen Dichtkunst ..., Leipzig: J.M. Teubner, 1757, Nachdruck Hildesheim und New York 1970,
  S.97, 100, 109. GOTTSCHEDs unzutreffende Behauptung S.109, das 'Buch der Liebe' enthalte u.a.
  auch den 'Wilhelm von Orlens', dürfte beweisen, daß er es nicht näher kannte. In seinem Hand-
  lexicon oder kurzgefaßtes Wörterbuch der schönen Wissenschaften und freyen Künste, Leipzig
  1760, Nachdruck Hildesheim und New York 1970, heißt es in Sp.291 vom 'Buch der Liebe' lediglich: "Buch der Liebe sind eine Menge kleine Romane, die im 16ten Jahrhunderte Feyerabend zu
  Frankfurt am Mayn, unter diesem Namen zusammen drucken lassen. Unter andern ist auch der Ritter Tristrand darinnen". ERDUIN JULIUS KOCHs Compendium der deutschen Literatur-Geschichte (2.
  Aufl., Berlin 1795-98), der Vorläufer von GOEDEKEs Grundriß, kennt nur die Ausgabe 1587 (Bd.2,
  S.242f.).

und ich hoffe, mit meinen Ausführungen wahrscheinlich zu machen, daß es wohl keine anderen Ausgaben des 'Buchs der Liebe' - und erst recht keine vom Jahre 1578 - gegeben haben kann.

Das 'Buch der Liebe' setzt sich aus dreizehn Erzählungen zusammen: 'Kaiser Octavian', 'Die schöne Magelona', Wickrams 'Ritter Galmy', 'Tristrant', 'Camillus und Emilia', 'Florio und Bianceffora', 'Theagenes und Chariclia', Wickrams 'Gabriotto und Reinhard', 'Melusina', 'Der Ritter vom Thurn', 'Pontus und Sidonia', 'Herzog Herpin' und 'Wigoleis vom Rade'. Kurzum, es ist eine bunte Mischung von deutschem, französischem und italienischem Erzählgut aus Mittelalter und Renaissance.

Über die Frage, inwieweit diese dreizehn Erzählungen thematisch zusammengehören und ein befriedigendes Ganzes bilden, auch über die Frage, was Feyerabend sonst oder lieber hätte mitaufnehmen können, wollen wir uns hier nicht aufhalten. Diese *herrlichen, schönen Historien*, so formuliert es Feyerabend im Titel, bieten dem Leser *Allerley Selten vnd newen Exempel / darauß menniglich zu vernemmen / beyde was recht ehrliche / dargegen auch was vnordentliche Bulerische Lieb sey*, auch sei u.a. daraus zu ersehen, *wie in allen Weltlichen Händeln / bevorab in Liebssachen vnd Ritterspielen / das Glück so gar wanckelmütig vnd vnbestendig sei und der Tugendt vnd Frömbkeit zu zusetzen* pflege. Bei der Auswahl der Texte und der Zusammenstellung des 'Buchs der Liebe' ließ sich Feyerabend wohl kaum von hochtrabenden literarästhetischen Überlegungen leiten - ihm genügte es, daß die dreizehn Erzählungen durch die Liebesthematik in ritterlich-höfischem Milieu miteinander verbunden waren -, sonst ließ er sich von rein praktischen Interessen beeinflussen. Es fällt nämlich auf, daß - mit einer Ausnahme - die Erzählungen im 'Buch der Liebe' sämtlich schon mindestens einmal als Separatdrucke aus Frankfurter Pressen hervorgegangen waren, und zwar in den meisten Fällen aus Druckereien, die in enger Verbindung mit Feyerabend standen, ja von ihm abhängig waren, wie die Offizinen Georg Rab und Weigand Han.[5] Die Ausnahme ist 'Octavian', von dem mir kein Frankfurter Druck

---

5 Über die Frankfurter Drucke dieser Texte informiert am verläßlichsten E.H.G. KLÖSS, Der Frankfurter Drucker-Verleger Weigand Han und seine Erben (1555 bis 1581), in: Archiv für Geschichte des Buchwesens 2 (1960), S.309-374. HEITZ/RITTER (Anm.1) und KLÖSS verzeichnen folgende Frankfurter Separatdrucke der im 'Buch der Liebe' enthaltenen Texte:
'Octavian': keine
'Magelona': W. Han, o.J., HEITZ/RITTER 354; KLÖSS 35
    --   G. Rab und W. Han, o.J., KLÖSS 130
'Ritter Galmy': W. Han, 1558, KLÖSS 73
              G. Rab und W. Han, 1564, KLÖSS 155
'Tristrant': W. Han, 1556, HEITZ/RITTER 663; KLÖSS 56

bekannt ist, der aber nachweislich bei dem gleichen Kreis von Frankfurter Druckern und Buchhändlern auf Lager war.[6]

Ein charakteristischer Zug des Verlagsprogramms Sigmund Feyerabends sind die vielen Sammelwerke, die er herausbrachte. Bekannt sind die 'Heldenbuch'-Ausgaben von 1560 und 1590. Viele Sammelwerke hat er selbst zusammengestellt, so etwa das 'Theatrum Diabolorum', das in drei verschiedenen Auflagen (1569, 1575, 1587/88) erschien, 'Kurtzweilige vnd Lächerliche Geschicht vnd Historien' (1583), ein Werk, das sich aus Paulis 'Schimpf und Ernst', Boccaccios 'Decamerone' und Auszügen aus Wickrams 'Rollwagen', Freys 'Gartengesellschaft' und dem 'Wegkürtzer' des Montanus zusammensetzt,[7] und schließlich das 'Reyßbuch des heyligen lands' (1584) mit achtzehn Palästina-Pilgerberichten. Im

---

```
            --      G. Rab und W. Han, 1565, KLÖSS 167
            --      T. Rebart und K. Han, 1570, HEITZ/RITTER 665; KLÖSS 292
'Camillus und Emilia': H. Han, 1580, KLÖSS 314
'Florio und Bianceffora': W. Han, o.J., HEITZ/RITTER 158; KLÖSS 28
'Theagenes und Chariclia': Drucker unbestimmt, 1562, HEITZ/RITTER 649
            --      N. Basseus, 1580, HEITZ/RITTER 650
'Gabriotto und Reinhart': W. Han, o.J., HEITZ/RITTER 175; KLÖSS 44
            --      W. Han, o.J., KLÖSS 45
'Melusina': W. Han, o.J., HEITZ/RITTER 455; KLÖSS 36
            --      G. Rab und W. Han, 1564, KLÖSS 156
            --      C. Rebartin und K. Han, 1571, HEITZ/RITTER 457; KLÖSS 295
            --      P. Reffeler für K. Han, 1577, HEITZ/RITTER 459; KLÖSS 307
'Ritter vom Thurn': D. Zöpffel, 1560, HEITZ/RITTER 690
            --      o.Dr., 1572, HEITZ/RITTER 691
'Pontus und Sidonia': H. Gülfferich und Erben, 1556, HEITZ/RITTER 496; KLÖSS 16
            --      W. Han, 1557, HEITZ/RITTER 497; KLÖSS 63
            --      G. Rab und W. Han, 1564, KLÖSS 159
'Herzog Herpin': T. Rebart und W. Hans Erben, o.J., HEITZ/RITTER 235; KLÖSS 185
            --      P. Reffeler für H. Han, 1579, HEITZ/RITTER 236; KLÖSS 310
'Wigoleis vom Rade': W. Han, o.J., KLÖSS 48
            --      G. Rab und W. Han, 1564, HEITZ/RITTER 729; KLÖSS 162
            --      W. Hans Erben, o.J., HEITZ/RITTER 728; KLÖSS 191
```

6 'Octavian wird z.B. in den Beilagen erwähnt in: H. PALLMANN, Sigmund Feyerabend, sein Leben und seine geschäftlichen Verbindungen. (Archiv für Frankfurts Geschichte und Kunst, n.F., Bd.7), Frankfurt am Main 1881, S.158 und 161. Es dürfte sich dabei um Exemplare aus Straßburger Verlagen, z.B. die Drucke aus dem Jahre 1535, 1548, 1557 (HEITZ/RITTER 469, 471, 474), gehandelt haben.

Auf die Frage nach der genauen Vorlage, die Feyerabend jeweils für die dreizehn Erzählungen verwendet hat, kann hier im einzelnen nicht eingegangen werden. Dazu fehlen ja weitgehend noch die nötigen Vorarbeiten. Nur so viel sei gesagt: der Text von 'Florio und Bianceffora' im 'Buch der Liebe' scheint nahezu identisch zu sein mit der Ausgabe W. Hans, o.J. (s.o., Anm.5; verglichen wurde das Exemplar der British Library, Signatur: 12450.b.12), während beim 'Wigoleis' die Dinge wesentlich komplizierter liegen (dazu s. VERF., The survival of German Volksbücher. Three studies in bibliography. Diss., University of London 1980, Bd.1, S.401-405).

7 Siehe VERF., Early editions of Arigo's translation of Boccaccio's 'Decameron', in: A.L. LEPSCHY, D.E. RHODES, J.F. TOOK (Hgg.), Book production and letters in the West European Renaissance, London 1986, S.64-88, hier S.85.

Fall des 'Theatrum Diabolorum' glauben wir ziemlich genau zu wissen, was
Feyerabend dazu bewogen hat, die Sammlung zusammenzustellen: die guten Erfahrungen mit dem Verkauf der einzelnen Teufelsbücher ('Faulteufel', 'Hurenteu-
fel', 'Zauberteufel' u. dgl.) auf der Fasten- und Herbstmesse 1569.[8]

Wie kam aber Feyerabend wohl auf den Gedanken, das 'Buch der Liebe' zusammenzustellen? Gewiß hat er gesehen, daß Frankfurter Drucker wie Weigand Han
und Georg Rab ein gutes Geschäft mit den verschiedenen Liebes- und Ritterge-
schichten machten. Das war jedoch nicht der einzige Faktor. Es gibt m.E. keinen Zweifel darüber, daß wir die Entstehung des 'Buchs der Liebe' im Zusammenhang mit der damaligen Beliebtheit des 'Amadis aus Frankreich' zu sehen haben.
Dafür gibt es Indizien genug, was ich hier weiter ausführen möchte. Vorauszuschicken ist, daß kein anderer als eben Sigmund Feyerabend für die riesige
Verbreitung des 'Amadis'-Romans in Deutschland verantwortlich war: Zwischen
1569 und 1575 hatte er Übersetzungen aller bis dahin greifbaren französischen
'Amadis'-Bücher verlegt, und auch später, ab 1590, bekunden noch seine Erben
ihr geschäftliches Interesse daran, indem sie in Zusammenarbeit mit Jacob
Foillet in Mömpelgard auch die seit 1574 erschienenen französischen Bücher
XIV-XXI in deutscher Übersetzung herausbringen. HILKERT WEDDIGE schätzt, daß
Ende des 16. Jahrhunderts etwa 70 000 Exemplare des 'Amadis' in Deutschland im
Umlauf waren, eine Zahl, die mit einer möglichen europäischen Gesamtauflage
von etwa 650 000 zu vergleichen ist.[9]

Der Zusammenhang zwischen 'Buch der Liebe' und 'Amadis'-Roman wird, was den
buchgeschichtlichen Aspekt betrifft. am ehesten greifbar, wenn wir Feyerabends
große Folioausgabe des 'Amadis' aus dem Jahre 1583 heranziehen.[10] Anders als
die Erstausgaben im Oktavformat hat diese einen weitläufigen Titel:

---

8 Siehe HEINRICH GRIMM, Die deutschen 'Teufelsbücher' des 16. Jahrhunderts, in: Archiv für Geschichte des Buchwesens 2 (1960), S.513-71, hier S.529.
9 Siehe HILKERT WEDDIGE, Die 'Historien vom Amadis auss Franckreich'. Dokumentarische Grundlegung zur Entstehung und Rezeption. (Beiträge zur Literatur des XV. bis XVIII. Jahrhunderts,
   Bd.2), Wiesbaden 1975, S.109. (Fast alle weiteren Angaben zum 'Amadis' entnehme ich diesem
   ausgezeichneten Werk; s. dazu auch die positive Rezension von ERNST-PETER WIECKENBERG, in: In-
   ternationales Archiv für Sozialgeschichte der deutschen Literatur 3 (1978), S.231-38.)
10 Für vorliegende Untersuchung habe ich das Exemplar der British Library, London, (Signatur:
   11501.k.1) herangezogen. WEDDIGE, (Anm.9), S.348, verzeichnet außerdem noch folgende Exemplare
   dieser Folioausgabe: Augsburg SB; Berlin SBPK; Budapest OSK; Cleveland, Ohio, PL; Coburg LB;
   Fulda LB; Göttingen SUB; Greifswald UB; Hamburg SUB; ? Hannover LB; Kopenhagen KB; Leipzig UB;
   Mainz, Bibl. d. Bischöfl. Priesterseminars; München SB; Nürnberg GN; Stockholm KB; Warschau
   UB; Weimar LB; Weißenburg (Bay.), Ratsbibl.; Wien ÖNB; ? Wien, Schottenstift; Winterthur StB;
   Wolfenbüttel HAB; Wroclaw UB; Yale UL. WEDDIGE vermutet, daß "wohl kaum mehr als 900 Exempla-
   re" der Folioausgabe auf den Markt gekommen seien (S.108).

*Deß Streitbaren // Helden / // [rot:] Amadis auß // Franckreich Sehr schöne
Historien // [schwarz:] Darinnen fürnemblich gehandelt wird / von seinem
Vrsprung / Ritter= // lichen vnd Ewiggedenckwürdigen Thaten / deßgleichen
seines gantzen Stamens (in glück // vnd vnglück / auch freud und leyd) außbündige vnd vber Menschlichs verstandt Tapfferkeit / sampt auß= // führung
trefflicher / seltzamer Abentheuren vnd Zaubereyen / so sich mit jme / seinen Sönen / Enckeln / vnd // andern auch Rittermessigen Königen / Fürsten /
Herren / vnd vom Adel / // verloffen vnd zugetragen haben. // [rot:] Auß
welchen sich alle Potentaten / Fürsten / Graffen / Freyherren / Rit= // ter
/ vnd die vom Adel / auch alle diejenigen / welche von jugend auff / Kriegs
oder der= // [schwarz:] gleichen Händeln nachgesetzt / gleich wie auß einem
Spiegel / sich zu erlüstigen vnd erkün= // digen haben / wie man dem Thurnieren / Rennen / Stechen / Fechten / mit Lantzen // vnd andern Wehren /
durch vorsichtigkeit beywohnen sol. // [rot:] Was nun den Jnnhalt der Mate-
rien anlangt / wird der günstige Leser auß den // [schwarz:] vnderschiedli-
chen vber ein jedes Buch Titteln vnd Capiteln / sich ersettigen können. Alles auß // Frantzösischen in vnser allgemein Teutsche Sprach transferiert.
// [rot:] Allen Ehrliebenden vom Adel / beydes hoch vnd niderstands Personen / Jnsonderheit // [schwarz:] Jungfrauwen vnd Frauwen / sehr nütz vnd
kurtzweilig zu lesen / dergleichen // zuvor in Truck nie außgangen. //
[Kupfer, mit Monogramm TS (=Tobias Stimmer?)] // [rot:] Mit Röm. Key.
Maiest. Freyheit. // [schwarz:] Gedruckt zu Franckfurt am Mayn / Jn verlegung Sigmund Feyerabends. // - // [rot:] M. D. LXXXIII. //*

Einen gleichermaßen ausführlichen Titel hat das 'Buch der Liebe':

*Das Buch der Liebe / // Jnhaltendt // [rot:] Herrliche Schöne // Historien
Allerley Selten // [schwarz:] vnd newen Exempel / darauß mennig= // lich zu
vernemmen / beyde was recht ehrliche / dargegen auch was // vnordentliche
Bulerische Lieb sey / Wie so gar wunderbarlicher weiß / die so wol ho= //
hes als nidern stands Personen offtermals eyngenommen / Auch mit was seltzamen Abentheuren / vnd // grosser Leibs vnd Lebens gefahr / sie solch jhr
fürnemmen ins Werck gericht / biß jhnen endtlich durch Glücks schickung /
zum // theil ein frölich gewündscht endt / zum theil aber ein erbärmlicher
außgang erfolget. Wie dann solchs auß den Exemplen der // vnschuldigen
Princessin / Keysers Octauiani Gemahel / sampt der keuschen Hertzogin in
Britannien / welche beyde bey höch= // ster vnschuldt zu dem grimmigen Todt
deß Feuwers verurtheilt / Aber doch endtlich durch Gottes deß gerechten
Rich= // ters versehung jhre vnschuldt hell an Tag kommen / So auch vnzeh-
lich viel anderer hohen stands Perso= // nen / als Königin / Fürstin /
Gräuin / vnd vom Adel / deren diese Historien meldung // thun / augenscheinlich zu ersehen. // [rot:] Demnach / welcher gestalt die vom Adel /
vnd andere so zu Hof seyn / Ritterschafft // [schwarz:] vben / oder sonst
nach hohen Ehren streben / sich zu verhalten / damit sie bey grossen Potentaten // gnad vnd gunst erwerben / so auch bey menniglich Lob vnd Preis
erlangen mögen. // [rot:] Fermer / wie in allen Weltlichen Händeln / bevorab in Liebssachen vnd Ritterspielen / das Glück // [schwarz:] so gar
wanckelmütig vnd vnbestendig / vnd jetzt durch offentliche gewalt / dann
mit heimlichen Tücken // der Tugendt vnd Frömbkeit zu zusetzen pflegt / vnd
dadurch von jhrem guten für= // satz abwendig zu machen vermeynet. //
[rot:] Letzlich / wie in solchen Fällen / Tugendt vnd Frömbkeit / jre
Nachfolger vnd Liebhaber / vngehindert allerhand // [schwarz:] anstöß vnd
widerwertigkeit / allwegen herauß zureissen vnd endlich mit grossen //
Freuden in Ehrenstand zu bringen vnd setzen pflegen. // [rot:] Allen hohen
Standes personen / Ehrliebenden vom Adel / züchtigen Frauwen vnd Jungfrauwen / // [schwarz:] Auch jederman in gemein so wol zu lesen lieblich vnd
kurtzweilig / als liebs vnd leyds nahe verwandt= // schafft / Glücks vnd*

*Vnglücks wunderbarliche wechssel / vnd dann die kräfftige Hülff Gottes in
nöten // hierauß zu erkennen / vnd in dergleichen fällen sich desto be-
scheidener zu ver= // halten / fast nützlich vnd vorträglich. // [Holz-
schnitt] // Jn gegenwertiger Form vnd zierlicher Teutscher Sprach / mit
kurtzen verständlichen Sum= // marien vber alle Capitel / auch schönen
Figuren / auffs new zugericht / vnd in Truck // geben / dergleichen vor nie
gesehen. // [rot:] Franckfurt am Mayn / in verlegung Sigmund Carln Feyerabendts. // M.D.LXXXVII. //*[11]

Obwohl der Titel des 'Buchs der Liebe' keinen ausdrücklichen Bezug auf den
'Amadis'-Titel enthält, kann man unschwer aus den vielen wörtlichen Anklängen
(die ich nicht unbedingt als direkte Anspielungen auffassen möchte) die Wahrscheinlichkeit ableiten, daß Sigmund Feyerabend die beiden Werke zumindest für
gattungsverwandt hielt und sich deshalb für beides den gleichen Leserkreis ins
Auge gefaßt hatte. Vergleichen wir hier einige Stellen. 'Amadis' verspricht
dem Leser *Sehr schöne Historien* von *Ritterlichen vnd Ewiggedenckwürdigen Thaten ... sampt außführung trefflicher / seltzamer Abentheuren*, in denen *glück
vnd vnglück / auch freud vnd leyd* des Helden und seines Stammes dargestellt
werden. Das 'Buch der Liebe' enthält *Herrliche Schöne Historien*, in denen die
Protagonisten sich *seltzamen Abenthewren / vnd grosser Leibs vnd Lebens gefahr*
aussetzen müssen, *biß jhnen endtlich durch Glücks schickung / zum theil ein
frölich gewündscht endt / zum theil aber ein erbärmlicher außgang erfolget.*
Die Hauptpersonen im 'Amadis' sind neben dem *Streitbaren Helden* selber und
seinen Söhnen und Enkeln *Rittermessige Könige / Fürsten / Herren / vnd vom
Adel.* Entsprechend tun auch die Erzählungen im 'Buch der Liebe' von *viel anderer hohen stands Personen / als Königin / Fürstin / Gräuin / vnd vom Adel ...
meldung.* Wichtiger ist der Hinweis in beiden Titeln, daß das jeweilige Werk
als "speculum", der 'Amadis' als ritterlich-militärischer, das 'Buch der Liebe' als ritterlich-höfischer Ratgeber dient. So der 'Amadis':

---

11 Der Umstand, daß das 'Buch der Liebe' "in verlegung Sigmund C a r l n Feyerabendts", der 'Amadis'-Roman dagegen "in verlegung Sigmund Feyerabends" erschien, dürfte unerheblich sein; es
   handelt sich schließlich doch um denselben Verlag. Der Name Sigmund Carl Feyerabend findet
   sich außer im 'Buch der Liebe' auch in folgenden in der British Library vorhandenen Büchern:
   Pietro Antonio Anguisciola, Consiliorum seu responsorum libri septem, 1574; Hartmann Schoppe-
   rus, De omnibus illiberalibus siue mechanicis artibus, 1574; und Giovanni Nevizzano, Elenchus
   omnium autorum qui in iure claruerunt, 1579 (s. Short-title catalogue of books printed in the
   German-speaking countries and German books printed in other countries from 1455 to 1600 now in
   the British Museum, London 1962, S.1015). Carl Feyerabend war Sigmunds Sohn; über ihn s. PALL-
   MANN (Anm.6), S.63. Warum Feyerabend den Namen des Sohnes verwendet hat, ist nicht bekannt.
   JOSEF BENZING, Die deutschen Verleger des 16. und 17. Jahrhunderts, in: Archiv für Geschichte
   des Buchwesens 2 (1960), S.458, erwähnt, daß Feyerabend ab 1568 mehrere Jahre unter dem Namen
   seines früh verstorbenen Sohnes Hieronymus (1563-1581) einige Werke - u.a. das 'Theatrum diabolorum' vom Jahre 1569 - verlegte.

*Auß welchen sich alle Potentaten / Fürsten / Craffen / Freyherren / Ritter
/ vnd die vom Adel / auch alle diejenigen / welche von jugend auff / Kriegs
oder dergleichen Händeln nachgesetzt / gleich wie auß einem Spiegel / sich
zu erlustigen vnd erkundigen haben / wie man dem Thurnieren / Rennen / Stechen / Fechten / mit Lantzen vnd andern Wehren / durch vorsichtigkeit beywohnen sol.*

In ähnlicher Weise zeigt das 'Buch der Liebe'

*welcher gestallt die vom Adel / vnd andere so zu Hof seyn / Ritterschafft
vben / oder sonst nach hohen Ehren streben / sich zu verhalten / damit sie
bey grossen Potentaten gnad vnd gunst erwerben / so auch bey menniglich Lob
vnd Preiß erlangen mögen.*

Der Anfang der hier zitierten Stellen wird jeweils durch Rotdruck hervorgehoben. Die augenfälligste Gemeinsamkeit der beiden Titel ist der Hinweis (wiederum durch Rotdruck hervorgehoben) auf die anvisierte Leserschaft:

*Allen Ehrliebenden vom Adel / beydes hoch vnd niderstands Personen / Jnson-
derheit Jungfrauwen vnd Frauwen / sehr nütz vnd kurtzweilig zu lesen*

im 'Amadis',[12] und im 'Buch der Liebe':

*Allen hohen Standes personen / Ehrliebenden von Adel / züchtigen Frauwen
vnd Jungfrauwen / Auch jederman in gemein so wol zu lesen lieblich vnd
kurtzweilig / als liebs vnd leyds nahe verwandtschafft / Glücks vnd Vnglücks wunderbarliche wechsel / vnd dann die kräfftige Hülff Gottes in
nöten hierauß zu erkennen / vnd in dergleichen fällen sich desto bescheide-
ner zu verhalten / fast nützlich vnd vorträglich.*

Das 'Buch der Liebe' war demnach in erster Linie für das gleiche Zielpublikum
wie der 'Amadis' gedacht, also für "eine höfisch-feudale Oberschicht" (WEDDI-
GE, S.128) und für andere, für die Folianten dieses Umfangs ('Amadis' fast 600
Bll., 'Buch der Liebe' fast 400) erschwinglich waren, also für "Hof- und Land-
adel, das Patriziat und die kaufmännische Oberschicht, ferner die Gelehrten im
weitesten Sinne ... und schließlich Handwerksmeister" (WEDDIGE, S.123). Auf-
fällig ist die Hinwendung an die Frauen.

Ein letzter Vergleichspunkt im Titel ist der Hinweis auf die deutsche Sprache. Vom 'Amadis' heißt es, es sei *Alles auß Frantzösischer in vnser allgemein
Teutsche Sprach transferiert.* Das kann Feyerabend von den Erzählungen im 'Buch
der Liebe' freilich nicht sagen, aber ich möchte ihm unterstellen, daß er mit

---

12 Die Wendung "Allen Ehrliebenden vom Adel ..." ist schon in den Büchern V-XII in Feyerabends
Oktavausgabe des 'Amadis', zwischen 1572 und 1574 erschienen, im Titel anzutreffen (s. die
Bibliographie bei WEDDIGE (Anm.9), S.353-63.)

dem Hinweis auf die *zierliche Teutsche Sprach* den Lesern suggerieren wollte,
daß auch hier eine fremdsprachige Vorlage mit im Spiel gewesen sein konnte.
Schließlich wendeten sich gerade gegen die "Zierlichkeit" des 'Amadis' die
Vertreter einer antihöfisch eingestellten Literatur und Literaturkritik wie
Moscherosch, Logau, Schupp und andere.[13]

Hat man die Folioausgabe des 'Amadis' und das 'Buch der Liebe' nebeneinander vor sich auf dem Tisch liegen, springt die gleichartige typographische
Ausstattung sofort ins Auge. Das gilt nicht nur für das Titelblatt mit den
reich verschnörkelten, rotgedruckten Worten *Amadis auß Franckreich Sehr schöne
Historien* bzw. *Herrliche schone Historien Allerley Selten* (im 'Buch der Liebe'), der Verwendung verschiedener Schriftgrade und dem Wechsel zwischen
Schwarz- und Rotschrift, der dazu dient, die wichtigsten Punkte in dem langat-
migen Titel hervorzuheben wie auch dazu, das Titelblatt überhaupt zu beleben.
Auch im Innern des Buches ähneln sich beide Werke sehr in der Druckeinrich-
tung. Der Text ist zweispaltig gedruckt, im 'Buch der Liebe' durchgehend mit
60 Zeilen pro Spalte, im 'Amadis' bis einschließlich Bl.286 mit 74 Zeilen,
nachher aber mit 90 Zeilen pro Spalte. (Das 'Buch der Liebe'macht zweifelsohne
den besseren ästhetischen Eindruck mit seiner gleichmäßigen, eleganten Schrift
mit ausgewogenem Durchschuß.) Wie der 'Amadis'-Text, so sind auch - erstmalig
in ihrer Druckgeschichte - die Texte im 'Buch der Liebe' in numerierte Kapitel
aufgeteilt. (In den früheren Ausgaben dieser Texte waren die Kapitel jeweils
mit Überschriften versehen, die zumeist aus den Überschriften zu den Holz-
schnitten hervorgegangen waren.) In beiden Büchern beginnt das erste Wort in
einem jeden Kapitel jeweils mit einer kleinen Holzschnittinitiale. Und am Anfang vieler Kapitel steht ein Holzschnittbild in querliegendem Ovalformat mit
Zierrahmen. Diese Holzschnitte werden für das Werk Jost Ammans gehalten, obwohl nur einer signiert zu sein scheint.[14] Amman (1539-91) war seit 1562 mit
Feyerabends Verlag verbunden.[15] Ob die Holzschnitte extra für die 'Amadis'-
Folioausgabe geschaffen wurden, steht nicht fest - sie zeigen vor allem Liebes-
und Kampfszenen sowie Darstellungen zum höfischen Zeremoniell, die übli-

---

13 Dazu WEDDIGE (Anm.9), S.276-83; WIECKENBERG (Anm.9), S.234.
14 Der Holzschnitt auf Bl.308[r] im 'Buch der Liebe' weist das Monogramm IA auf.
15 Über Amman s. THEODOR HAMPE, in THIEME-BECKER, Allgemeines Lexikon der bildenden Künstler,
   Bd.1 (1907), S.410-13; und V. BECKER, Jobst Amman, Zeichner und Formschneider, Kupferätzer und
   Stecher. Nebst Zusätzen von R. WEIGEL, Leipzig 1854, Neudruck Nieuwkoop 1961. Zur künstleri-
   schen Tradition in Frankfurt am Main s. HEINRICH RÖTTINGER, Der Frankfurter Buchholzschnitt
   1530-1550. (Studien zur deutschen Kunstgeschichte, Bd.293.) Straßburg 1933, Neudruck Baden-Ba-
   den 1980.

chen Motive aus der ritterlich-höfischen Welt also, die sich vorzüglich zur Wiederverwendung in vergleichbaren Werken eigneten.[16] Deshalb verwundert es nicht, daß Feyerabend sie nicht nur im 'Buch der Liebe' sondern auch im 'Heldenbuch' aus dem Jahre 1590 wiederverwendet.

Der Zusammenhang des 'Buchs der Liebe' mit dem 'Amadis' geht nicht zuletzt auch daraus hervor, daß Sigmund Feyerabend es einer Dame widmete, die einem Geschlecht entstammte, das offenbar der 'Amadis'-Sucht verfallen war. Das 'Buch der Liebe' ist nämlich *Der Durchleuchtigen Hochgebornen Fürstin vnd Frauwen / Frauw Hedwigen / Landgräffin zu Hessen / gebornen Hertzogin zu Wirtemberg vnd Teck / ec. Gräffin zu Mompelgart / ec. meiner Gnädigen Fürstin vnd Frauwen* (Bl.(:)2^r) gewidmet. Wie WEDDIGE (S.144-55) ausgeführt hat, ist die Lektüre des 'Amadis'-Romans unter adligen Personen in Württemberg-Mömpelgard und in den ober- und mittelrheinischen Territorien, auch in der führenden Schicht der gelehrten, adligen Beamtenschaft in den südwestdeutschen Territorien besonders gut bezeugt.[17] Nicht weniger als sechs der dreizehn Bände der Feyerabend'schen Oktavausgabe des 'Amadis' sind pfälzischen und hessischen Fürstinnen gewidmet,[18] was kaum einen anderen Schluß zuläßt, als daß Feyerabend mit einem interessierten Entgegenkommen dieser Damen rechnen konnte. Buch III (1570 erschienen) und Buch X (1574) sind Anna Elisabeth, Landgräfin zu Hessen, (1549-1609) gewidmet. (Sie war seit 1569 mit Philipp II. von Hessen-Rheinfels, einem Sohn des Landgrafen Philipps I. (1504-1567), verheiratet.) Buch IV (1571) widmete Feyerabend Elisabeth, Pfalzgräfin bei Rhein, geborenen Landgräfin zu Hessen (1539-1582), einer Tochter des Landgrafen Philipps I. Es liegt also deutlich in der gleichen Richtung, wenn Sigmund Feyerabend das 'Buch der Liebe' Hedwig, Landgräfin von Hessen, widmet. Hedwig, älteste Tochter Christofs, Herzogs von Württemberg (1515-1568), wurde 1547 geboren. 1563 wurde sie die erste Frau Ludwigs III. (IV.), Landgrafen von Hessen (1537-1604) (auch Ludwig Testator genannt). Sie starb 1590 und wurde in der lutherischen Pfarrkirche zu Marburg beigesetzt; das Grabmal hat eine Porträtstatue von Ludwig und Hedwig.[19]

---

16 Im I. Buch des 'Amadis' finden sich 46 verschiedenene Holzschnitte in der Folioausgabe. In den späteren Büchern kommen einige wenige dazu. WEDDIGE (Anm.9), S.48, Anm.28, gibt genaue Auskunft über die Wiederverwendung der 'Amadis'-Holzschnitte im 'Buch der Liebe' und in der 'Heldenbuch'-Ausgabe von 1590.

17 Hierzu s. aber WIECKENBERG (Anm.9), S.235.

18 Näheres darüber bei WEDDIGE (Anm.9), S.155-56.

19 Dazu s. HANS LORENZ, Die Landgrafengräber und der Hochaltar in der lutherischen Pfarrkirche zu Marburg, in: Marburger Jahrbuch für Kunstwissenschaft 1 (1924), S.99-194. Über Hedwig und Ludwig s. WILHELM KARL PRINZ VON ISENBURG, Stammtafeln zur Geschichte der europäischen Staaten,

Wenn die adligen Damen am 'Amadis' Gefallen finden, so werden sie gewiß auch das 'Buch der Liebe' genießen. So oder ähnlich dürfte Feyerabend sich das vorgestellt haben. Ob er damit recht hatte, wissen wir freilich nicht. Wenn wir wüßten, wie das Buch von Hedwig aufgenommen wurde, könnten wir vielleicht ein kleines Rätsel lösen, nämlich: warum die Widmung nicht in allen Exemplaren vorhanden ist. Mir sind zur Zeit insgesamt zwölf Exemplare bekannt.[20] Sieben haben keine Widmung (Frankfurt/M., Göttingen, London, Oxford, Washington Folger, Washington LC, Wolfenbüttel). In den übrigen fünf (Basel, Berlin DSB, Bonn, New York, Nürnberg) ist die *Vorred* vorhanden.[21] Viele Fragen drängen sich auf. Warum ist die Widmung in nur einem Teil der Auflage vorhanden? Kam Feyerabend etwa erst spät auf den Gedanken, das Buch der Landgräfin Hedwig zu widmen, zu einer Zeit also, als das Gros der Exemplare bereits fertiggestellt worden war?[22] (Die Widmung ist auf den 1. September datiert, sie wurde also offenbar erst wenige Tage vor dem Beginn der Frankfurter Herbstmesse, auf der das 'Buch der Liebe' angeboten wurde, ausgedruckt.[23]) Oder wurde die Widmung nach Fertigstellung des Buches aus den noch greifbaren, unverkauften Exemplaren absichtlich entfernt, etwa weil Hedwig die Zueignung nicht annahm? Wahr-

---

Bd.1: Die deutschen Staaten. 2. verb. Aufl. Marburg 1953, Tafel 76 und 98; JACOB CHRISTOPH CARL HOFFMEISTER, Historisch-genealogisches Handbuch über alle Linien des hohen Regentenhauses Hessen. 3. Aufl. Marburg 1874, S.33; und A. KNETSCH, Das Haus Brabant. Genealogie der Herzoge von Brabant und der Landgrafen von Hessen. Darmstadt o.J. [1931?], S.86 (mit Literatur über Hedwig).

20 Basel UB (Signatur: Wack. 688); Berlin DSB (Signatur: Yt 301 folio R); Bonn UB (Signatur: 2° Fa 15 Rara); Frankfurt/M. StUB (Signatur: N. Libr. Ff 5247); Göttingen SUB (Signatur: 4° Fab. Rom I 5029 Rara); London BL (Signatur: 1874.d.18); New York PL: Spencer Coll. (s. The New York Library. The Research Libraries. The Imprint Catalog in the Rare Book Division, Bd.6: Fr - Hi, Boston, Mass., 1979, S.28); Nürnberg StB (Signatur: Phil. 212.2°); Oxford Bodl. (Signatur Vet. Dlc 19); Washington LC (s. The National Union Catalog. Pre-1956 imprints, Nr. NB 0908491); Washington, Folger (Signatur: PT1313 B81587 Cage); Wolfenbüttel HAB (Signatur: 3.6 Ethica 2°). HEITZ/RITTER (Anm.1), S.13, erwähnen neben dem Darmstädter Exemplar (E 3664), das Kriegsverlust ist, auch eins in Dresden; nach Auskunft der Sächsischen Landesbibliothek gilt dieses seit 1945 als vermißt. Für Hinweise auf weitere Exemplare wäre ich dankbar.

21 Im National Union Catalog. Pre-1956 imprints, Nr.NB 0908491, wird vermerkt, daß Bll.93-94 im dort beschriebenen Exemplar fälschlich als 83-84 numeriert worden sind. Diese Angabe dürfte nicht ganz richtig sein, denn im Londoner Exemplar jedenfalls sind es die Bll.92 und 93 (signiert Z2, Z3), die diese fehlerhafte Paginierung (83-84) aufweisen. Ob dies auch für die übrigen Exemplare gilt, habe ich noch nicht feststellen können.

22 Im Hinblick darauf müßte untersucht werden, ob Feyerabend überhaupt Drucke dieses Umfangs ohne Widmung herausbrachte. Im allgemeinen scheint er gut vorausgeplant und scharf gerechnet zu haben.

23 Das Datum findet sich auf Bl.(:)3^v. Das 'Buch der Liebe' ist im Messkatalog zur Herbstmesse 1587 angezeigt, s. BERNHARD FABIAN, Die Messkataloge des sechzehnten Jahrhunderts, Bd.III: Die Messkataloge Georg Willers Fastenmesse 1581 bis Herbstmesse 1587. Hildesheim und New York 1980, S.613. Offenbar wurde, wie das öfters vorkommt, die Titelei des 'Buchs der Liebe' als letztes gedruckt.

scheinlich läßt sich das Problem aber am besten so erklären, wenn wir annehmen, Feyerabend habe das Buch in zwei Ausführungen herausgebracht: eine mit Widmung, zum Verschenken oder zum Verkauf an einen bestimmten Kundenkreis, vielleicht vor allem im Hessischen, und eine ohne Widmung, die für den allgemeinen Verkauf bestimmt war. Wie dem auch sei, es steht fest, daß der Umstand, daß die Widmung in einem Teil der Auflage fehlt, von Feyerabend gewollt wurde, denn es ist schier undenkbar, daß ausgerechnet das Doppelblatt mit der Widmung in so vielen sonst gut erhaltenen Exemplaren einfach verloren gegangen sein könnte.[24]

Der Text der vier Seiten langen Widmung ist nicht uninteressant. Er ließe sich in vielen Punkten auch mit der Widmung der 'Amadis'-Folioausgabe an den Markgrafen Philipp II. von Baden (1559-1588)[25] vergleichen, nur mit dem Unterschied, daß Feyerabend dort die Aspekte der Erzählungen stärker betont, die dem männlichen Gönner eher von Interesse sein könnten, also etwa

> *was sich mit Monarcheyen / Keyser vnd Fürstenthumben / Königreichen vnnd grossen Stätten begeben thut / ... / wie ein Regiment in Fried / Ruhe vnd Gerechtigkeit guberniert / Wittwen vnd Waysen sampt allen Vnderthanen beschützt vnd gehandhab / alle zwytracht vnd beschwerden abgeleynt vnd auffgehebt / schier mit den Händen berürt mögen werden. Hingegen auch / wie grosse Potentaten jhre Reich erweitern / jhren Feinden mit billichem Krieg vnd aller Macht obliegen / jre benachbarte Fürsten in Freundschafft vnnd gutwilliger einigkeit erhalten / die rechte ware Furcht Gottes / mit aufferbauwung seiner Kirchen / befördern können. (Bl.)(2^v)[26]*

In der Widmung des 'Buchs der Liebe' liegen die Akzente, wie - im Hinblick auf den Inhalt des Werkes und das Geschlecht der Empfängerin - nicht anders zu erwarten, etwas anders. Feyerabend verteidigt sich nämlich gegen *Neyder vnd heimtückische Mißgönner*, die ihm vorhalten, mit diesen Erzählungen *die fast von anders nichts den Lieb vnd Bulschafften handlen*, den *Leser / bevorab die zarte Jugendt zu wollüsten vnd leichtfertigkeiten* zu verführen. Er gibt zu, daß sie *von Liebssachen vnd freundlichen Holdschafften / bißweilen auch andern Bulereyen tractiren vnd handlen*, er meint jedoch, sie seien auch

---

24 Ältere Beschreibungen des 'Buchs der Liebe' sind oft irreführend. So spricht IGNAZ HUB (Anm.4), S.406, von "3 ungez. Bll. Titel und Widmung und 396 gez. Bll." Dabei wird das leere Blatt am Schluß der Titelei übersehen. Bei den Exemplaren ohne Widmung besteht die Titelei aus einem Doppelblatt (Titelblatt und leerem Blatt), bei den anderen umfaßt sie vier Blätter (zwei Doppelblätter): Titelblatt, Widmung (signiert (:)ij, (:)iij), und das vierte Blatt leer.

25 Über ihn s. WILHELM KARL PRINZ VON ISENBURG (Anm.19), Bd.1, Tafel 84.

26 Zur Transponierung vorbildlicher Handlungsmuster in den Ritterromanen in die Wirklichkeit s. HANNES KÄSTNER, 'Pontus und Sidonia' in Innsbruck, in: Jahrbuch der Oswald von Wolkenstein-Gesellschaft 2 (1982/83), S.99-128, besonders die S.116, Anm.40, angegebene Literatur.

dermassen beschaffen / vnd auff den allgemeinen Weltlauff so wol gericht /
daß wo ferrn der Leser solche recht vnd nicht mit schelen Augen ansehen /
vnd dann auß vnpartheyischem Gemüht davon vrtheilen wirdt / darinnen nichts
so entweder der geliebten Jugendt / oder jemands anders zu einiger Vppig-
keit vnd verlornen sitten vrsach vnd anleitung gebe / sondern viel mehr das
Gegenspiel / klar vnd augenscheinlich zubefinden / vnd derwegen zu wissen
so wol nützlich / als zu lesen lieblich vnd kurtzweilig. (Bl.(:)2^r)

So ähnlich hatte es auch im 'Amadis' geheißen:

Ob nun wol nicht on / daß in solcher Narration allerhand mit vntergelauf-
fen / derowegen denn etliche solcher Bücher / als die der Jugendt vnscham-
bare Bulerey vnd schändtliche gedicht vorbilden / vnnützlich vnd hochschäd-
lich schetzen vnnd spöttlich verwerffen / Solten doch billich solche Leut
die Herrlichen Früchte vnd vberschwenglichen Nutzen / so auß dieser schönen
/ zierlichen / kurtzweiligen / höflichen vnd kunstreichen Histori von Ama-
dis / erwachsen thun / erwegen vnd behertzigen / würden sie furwar viel ein
ander Vrtheil hierinnen fellen / vnd dieser Histori etwas zu nachtheil auff
die Bahn zu bringen / sich besser bedencken. ('Amadis', 1583, Bl.)(3^r)

Feyerabend rechtfertigt seine Verteidigung des 'Buchs der Liebe' mit dem Hinweis auf die Allgewalt der Liebe: niemand, *so in der Welt vnd Menschlichen sa-*
chen ein wenig sich vmbsehen wolle, könne nämlich verborgen sein, *was grosser*
macht vnd gewalt der klein Kindisch Herr Cupido / so man gemeinlich die Lieb
auch Amor zunennen pflegt / gegen vnd vber alle Creaturen / so vnter dem Him-
mel in der gantzen weiten Welt leben vnd weben / sich anmasse ... (Bl.(:)2^r).
Man merke den gelehrten, antikisierenden Anspruch – später beruft sich Feyerabend auch auf *die Alten Weisen vnd Scharffsinnige Poeten* (Bl.(:)2^v) und den
hochweise[n] Mann Plato (Bl.(:)3^v), wie auch in der 'Amadis'-Widmung *der hoch-*
verständige Redner M. Tullius herangezogen wird ('Amadis', 1583, Bl.)(2^v).
Für Feyerabend liegt der Wert dieser Historien darin, daß sie zeigen, *Was*
recht ehrliche lieb sey, zumindest aber *was vnordentliche Liebsflamm vor ein*
herbes / wiewol von ansehen liebliches Kraut ... sey (Bl.(:)2^v/(:)3^r). Aber
darüber hinaus – *damit nicht jemand meyne / dise Historien tractiren vnd hand-*
len nur allein von Liebssachen vnd Bulereyen – führt Feyerabend aus, wie das
Buch *fast nötigen vnterricht / vortheilige Regeln / vnd ... außbündige Exempel*
enthalte, die für jedermann *in gemeiner Politischer Gesellschafft* und für diejenigen *so Hofleben brauchen / Ritterschafft vben / Kriegssachen nach ziehen /*
oder aber sonst in der Welt vnd Frembden Landen Ehr vnd Preiß zuerlangen vmb-
wallen (Bl.(:)3^r) nützlich seien. Und schließlich zeigen die Historien, *wie*
das allzuviel vnbestendig Glück in allen Weltlichen händeln ... sein Gewalt
vnd Herrschafft ... zu erzeigen pflegt (ebd.). Im Hinblick auf den didaktischen Wert des Werkes glaubt Feyerabend es durchaus angemessen zu sein, wenn
er es als *Buch oder Spiegel der Liebe* (ebd.) bezeichnet. Auch im Falle des

'Amadis' hatte er mit dem Begriff des "speculum" gearbeitet: *Vnd in Summa /
hierinn erfehrt man der gantzen Welt Lauff / gleich als in einem Spiegel / so
mit seinem widerschein vnd klarheit alle sachen / wie sie an jnen selbst seyen
/ representirn / vnnd den Augen fürstellen* ('Amadis', 1583, Bl.)(2^v/)(3^r).

Die Widmung, die gleich im ersten Absatz die persönliche Note verlor und in
eine allgemeine Vorrede überging, wendet sich am Schluß wieder an die Landgräfin Hedwig. Feyerabend führt aus, warum er gerade ihr das Buch widmen wollte:

> *Jnsonderheit aber hab E. F. G. ich in aller Vnterthänigkeit vor andern
> hierzu erlesen vnd vorziehen wöllen / mit Vnderthäniger Demütiger bitt /
> dieselb E. F. G. solchs von mir verstehen vnd auffnemmen wöllen. Vors erste
> / dieweil auß gewisser Relation vnnd anbringen vornemer Herrn vnd Gelehrter
> leut / zum theil auch E. F. G. Diener vnd Beampten / mir so wol menniglich
> bewußt / daß E. F. G. neben andern hohen Fürstlichen preeminentz vnd Tugen-
> den / so die von dero hochlöblichem Stammen / dem Fürstlichen Hauß Wirtem-
> berg / ec. lange zeit wol herbracht / vnd gleich erblich besitzt / nach den
> heyligen Biblischen der Propheten vnd Apostel schrifften / auch aller art
> warhaffte Historien vnd Geschicht / als viel deren nur anzutreffen vnd zu-
> bekommen / so wo ander nützliche Bücher vnd Schrifften / nicht allein mit
> sonderm fleiß zu lesen pflegen / sondern auch dero hohem Fürstlichem Gemüt
> nach / mit der sach verstendigen davon zu Conferiren / wol zu vrtheilen /
> vnd der gelegenheit nach vernünfftig zugebrauchen wissen.* (Bl.(:)3^v)

Leider fehlt uns jede Nachricht über die Aufnahme des 'Buchs der Liebe' bei
der Landgräfin.

Läßt man die Entstehung des 'Buchs der Liebe' im Zusammenhang mit dem Erscheinen der Folioausgabe des 'Amadis' gelten, so bietet sich dann eine einfache Lösung für ein Problem an, an dem ich lange herumgerätselt hatte: warum
nämlich das 'Buch der Liebe' dreizehn Erzählungen enthält. Man hätte eher zehn
oder zwanzig, vielleicht zwölf oder fünfzehn erwartet, aber dreizehn - eine
merkwürdige Zahl! Ich bin fest überzeugt, daß Sigmund Feyerabend gerade deswegen dreizehn Liebesgeschichten zusammenstellte, weil die 'Amadis'-Folioausgabe
ebenfalls dreizehn Bücher umfaßte - alles was bis dahin erschienen war. Man
könnte fast meinen, die Dreizehnerzahl habe sich bei Feyerabend fest einge-
prägt, denn schon am 18. März 1574 spricht er in der Vorrede zum 11. Band der
Oktavausgabe des 'Amadis' von seiner Absicht, *alle 13 theil in Folio zusammen
zu trucken* (Bl.)(3^v), was dann eben 1583 durch den Vetter Johann Feyerabend
geschah, und in einem Plakat zur Ostermesse 1576 konnte er die dreizehn 'Amadis'-Bücher en bloc als Serie ankündigen:

> *Historia Amadis / der Erst / ander / dritt / vierdt / fünfft / sechst / si-
> bend / acht / neundt / zehendt / eilfft / zwölfft / vnd dreyzehendt Theil /
> in octavo.*[27]

Die Dreizehnerzahl war im 'Buch der Liebe' nur eine Spielerei, die sich wohl überhaupt nicht auf den Verkaufserfolg auswirkte. Wie dem auch sei, diese Erklärung leuchtet sofort ein, besonders wenn man auch die anderen Indizien für den Einfluß der Folioausgabe des 'Amadis' von 1583 auf die buchkünstlerische Gestaltung des 'Buchs der Liebe' mit in Betracht zieht.

Die bisherige Forschung ist mehrmals an dem Zusammenhang zwischen 'Amadis' und 'Buch der Liebe' vorbeigehuscht. So behandelte LUTZ MACKENSEN beide Werke in seinem 1927 erschienenen Buch 'Die deutschen Volksbücher', ohne den Zusammenhang der beiden zu erkennen. HANS RUPPRICH führt sie in der gleichen Überschrift in einem Kapitel in seiner Literaturgeschichte an,[28] aber auch er übersieht den Zusammenhang. Neulich hat HANS-JOACHIM KREUTZER sie in lockere Beziehung zueinander gesetzt, aber wiederum ohne den eigentlichen Zusammenhang zu erkennen. Er schreibt nämlich:

> Dieser Band [das 'Buch der Liebe'] versammelt insgesamt 13 Romane, und diese 13 Romane sind so gut wie ausschließlich ritterliche oder höfische Abenteuer- und Liebesromane. Von Troja und von Alexander ist nicht mehr die Rede. Mit dieser Bündelung wird die Schwelle zum Romanbewußtsein der Neuzeit sichtbar. Derselbe Verleger hatte zwanzig Jahre zuvor, 1569, das erste Buch des 'Amadis' in deutscher Übersetzung herausgebracht. Damit war derjenige Romantypus, dem jedenfalls für die nächste Zeit, wenigstens für das 17. Jahrhundert, die Zukunft gehörte, bereits in das Licht der literarischen Öffentlichkeit eingetreten. Sieht man ihn im Zusammenhang des großen Umgestaltungs- und Konzentrationsprozesses, den der Roman während etwa zweier Jahrhunderte durchlaufen hat, so ergibt sich doch eine deutliche Kontinuität zwischen Mittelalter und Barock.[29]

Der buchgeschichtliche Zusammenhang zwischen dem 'Amadis' und dem 'Buch der Liebe' scheint m.E. bisher nur PAUL ERNST vorgeschwebt zu haben. Dieser schrieb nämlich, daß der Titel des 'Buchs der Liebe' die Sammlung "denselben Personen" widmet, "für welche der ebenso gedruckte Amadis bestimmt war",[30] wobei allerdings nicht klar ist, was wir genau unter "ebenso gedruckte" zu verstehen haben - es ist nämlich nicht ersichtlich, daß ERNST speziell an die Folioausgabe des 'Amadis' vom Jahre 1583 dachte.

---

27 Siehe Abb. Nr.II,11, in GÜNTER RICHTER, Die Sammlung von Drucker-, Verleger- und Buchführerkatalogen in den Akten der kaiserlichen Bücherkommission, in: E. GECK u. G. PRESSLER (Hgg.), Festschrift für Josef Benzing zum 60. Geburtstag. Wiesbaden 1964, S.317-72.

28 HANS RUPPRICH, Die deutsche Literatur vom späten Mittelalter bis zum Barock. 2. Teil: Das Zeitalter der Reformation 1520-1570. (Geschichte der deutschen Literatur von den Anfängen bis zur Gegenwart, hg. von H. DE BOOR u. R. NEWALD, Bd.IV,2). München 1973, S.200, auch S.207.

29 HANS-JOACHIM KREUTZER, Buchmarkt und Roman in der Frühdruckzeit, in: Literatur und Laienbildung im Spätmittelalter und in der Reformationszeit. Symposium Wolfenbüttel 1981. Hg. von LUDGER GRENZMANN und KARL STACKMANN. Stuttgart 1984, S.197-213, hier S.208. (Auch in: Germanica Wratislaviensia 55 (1984), 3-17.)

30 PAUL ERNST, Buch der Liebe, Berlin 1942 (s.o. Anm.1), S.10f.

Es ist schon richtig, wenn KREUTZER auf die enge inhaltliche Verwandtschaft
der beiden Werke hinweist. Und manch Zeitgenosse hat gewiß das 'Buch der Liebe' für genauso verderblich wie den 'Amadis' gehalten. So zum Beispiel als der
Niederländer Aegidius Albertinus, Hofratssecretarius in München und ab 1604
Bibliothekar Herzog Maximilians I. in der Vorrede seines 'Weiblichen Lustgar-
tens' an Pfalzgräfin Elisabeth die Gefahren des Lesens ausmalte, warnte er:

> *auff daß ... jhnen [den jungen Damen] alle anläß der bösen Gedancken vnd
> geilheit abgeschnitten werden / so soll jhnen die Buecher / welche von der
> Ritterschaft vnd eytelen Lieb / als da ist Amadis de Gaula / Herr Tristrant
> vnnd andere dergleichen schambare Buecher / genommen ... werden.*[31]

'Herr Tristrant' und wohl auch einige weitere der mit *andere dergleichen
schambare Buecher* gemeinten Werke waren ja im 'Buch der Liebe' mit enthalten.

Bei aller Ähnlichkeit der beiden Werke gibt es aber doch wesentliche Unterschiede zwischen dem 'Amadis' und dem 'Buch der Liebe'. BARBARA LANGHOLF hat
zum Beispiel gezeigt, daß die Syntax des Feyerabend'schen 'Amadis' sich von
der der übrigen deutschen Unterhaltungsliteratur des 16. Jahrhunderts deutlich
abhebt.[32] Vor allem aber ist die ganze Erzählstruktur natürlich eine ganz andere. Das 'Buch der Liebe' enthält dreizehn verschiedene Geschichten, die in
keinerlei Beziehung zueinander stehen oder gesetzt werden - lediglich im Titel
und in der Vorrede versucht Sigmund Feyerabend das Gemeinsame in ihnen kurz
herauszustellen. Im 'Amadis' dagegen findet sich eine hochkomplizierte, weit-
verzweigte Erzählstruktur mit vielen Querverbindungen zwischen den einzelnen
Abenteuern. Und auch die Erzählhaltung ist eine andere: wie MACKENSEN betont
hat, findet sich im 'Amadis' eine Mischung von Abenteuerlust und Empfindsamkeit, wie sie das 'Buch der Liebe' nicht kennt.[33] So steigt einmal Amadis vom
Pferde, um im Grase besser an seine liebesmelancholische Stimmung denken zu
können. Auch ist im 'Amadis' das erotische Moment besonders liebevoll hervor-
hoben: alle Helden sind unehelich erzeugt - welch pikante Erfindung!

---

31 AEGIDIUS ALBERTINUS, Weiblicher Lustgarten. München 1605. Bl.11^v-12^r, zit. nach WEDDIGE
   (Anm.9), S.142. Der 'Weibliche Lustgarten' ist eine Übersetzung der 'Vida politica de todos
   los estados de mugeres' von JUAN DE LA CERDA (1599).
32 BARBARA LANGHOLF, Die Syntax des deutschen Amadisromans. Untersuchung zur Sprachgeschichte des
   16. Jahrhunderts. (Hamburger philologische Studien 16). 2. durchges. Aufl. Hamburg 1973, bes.
   S.209-210.
33 LUTZ MACKENSEN, Die deutschen Volksbücher. Leipzig 1927, S.62. Er verweist auf WALTHER KÜCH-
   LER, Empfindsamkeit und Erzählungskunst im Amadisroman, in: Zeitschrift für französische Sprache und Litteratur 35 (1909), S.158-225.

Wie dem auch sei, es ist anzunehmen, daß der weniger anspruchsvolle Leser keinen wesentlichen Unterschied zwischen dem 'Amadis' und dem 'Buch der Liebe' machte. Bei der Lektüre des 'Amadis' fühlt man sich doch immer wieder an 'Tristrant' oder an 'Wigoleis' erinnert: es sind teils die gleichen Situationen, teils die gleichen Requisiten, die wiederkehren: Zwerge, Riesen, Zauberei, starke, mutige Ritter, schöne Jungfrauen.

Es mutet deshalb unwahrscheinlich an, daß das 'Buch der Liebe' ein verlegerischer Mißerfolg war, wie das gelegentlich behauptet wird. HELMUT MELZER etwa meint:

> Daß der Druck dem Geschmack des gebildeten Publikums, für das er - schon von der Ausstattung her - gedacht war, nicht gerecht wurde, läßt sich aus dem Fehlen weiterer Auflagen vermuten.[34]

Es ist doch keineswegs verwunderlich, daß das 'Buch der Liebe' keine zweite Auflage erfuhr, denn der Druck eines so großen Buches erforderte beträchtliche Mittel - am Ende der Vorrede erwähnt Feyerabend auch die *schweren kosten / so hierauff zu wenden von nöhten gewesen* (Bl.(:)3^v). Oft dauerte es Jahre, bis eine zweite Auflage erschien - so vergingen dreißig Jahre zwischen dem Erscheinen von Feyerabends beiden 'Heldenbuch'-Ausgaben (1560 und 1590). Sigmund Feyerabend war sicher ein zu geschickter Geschäftsmann, als daß er sich in solchen Sachen verkalkuliert hätte. In dieser Zeit läßt sich im deutschen Buchhandel ein Drang nach Vollständigkeit konstatieren, auch wenn diese mit Unförmigkeit verbunden war,[35] und im Hinblick darauf dürfte das 'Buch der Liebe' wenigstens als buchhändlerisches Objekt erfolgreich gewesen sein. Wenn keine zweite Auflage erschien, so hängt das eher damit zusammen, daß Sigmund Feyerabend schon 1592 starb. Es ist durchaus verständlich, wenn das Verlagsprogramm unter den Händen seiner Erben manchen Änderungen ausgesetzt war.

---

34 HELMUT MELZER, Trivialisierungstendenzen im Volksbuch. (Volksbücher in Faksimiledrucken, Reihe B, Bd.3). Hildesheim 1972, S.195. MELZER beruft sich hier auf MACKENSEN, der sich m.E. schon richtiger ausdrückt: "der letzte Versuch, die Bücher einem gebildeten Publikum angenehm zu machen, scheitert so, t r o t z d e s E r f o l g e s, den das 'Buch der Liebe' hat" (Die deutschen Volksbücher (Anm.33), S.34. Sperrung von mir.)
35 So HEINRICH GRIMM (Anm.8), S.529.

"Empfindsamkeit" in Mittelalter und früher Neuzeit als Forschungsproblem.
Eine Bestandsaufnahme

von

JOACHIM KNAPE (Bamberg)

Die Geschichte der neuzeitlichen Subjektivität in Literatur, Musik, Malerei
und anderen ästhetisierten Zeichensystemen ist eine Geschichte der Abkehr von
normativen Rhetoriken. Seit dem 18. Jahrhundert drängt die Ästhetik des individuellen Spiels mit den Möglichkeiten der verfügbaren Sprach- oder Ausdrucksmittel in den Vordergrund. Auf dem Weg hierzu stellt die literarische Beschäftigung mit Seelenlandschaften und individuellen Gefühlswelten in der Empfindsamkeit des 18. Jahrhunderts und den hierauf folgenden Strömungen einen ersten
grundlegenden Entwicklungsschritt dar. Seit dieser Zeit lassen sich "Wandlungen des Gefühlslebens" in der Literatur feststellen, "die aus der im 18. Jahrhundert geführten Campagne zugunsten des 'Herzens' erwachsen und nicht nur einen Kult, sondern auch eine Kultur des Gefühls begründen".[1]

Um die geistes- und sozialgeschichtlichen Entstehungsbedingungen dieser
"Kultur des Gefühls", der Empfindsamkeit, wird in letzter Zeit eine angeregte
Forschungsdebatte geführt,[2] das Phänomen selbst dagegen ist seit dem 19. Jahrhundert schon häufiger als bedeutsames Entwicklungsmoment der neueren europäischen Kulturgeschichte wissenschaftlich gewürdigt worden. In der Folge ergab
es sich, daß auch die Frage nach der Vorgeschichte, also nach einer etwaigen
älteren Gefühlskultur gestellt wurde. Dieser Frage ist man jedoch von philologischer Seite nur beiläufig und unsystematisch nachgegangen. Im Gegensatz dazu
bringen die Mentalitäts- und die historische Verhaltensforschung, z.T. auch
die historische Semantikforschung, seit ihrer Entstehung dem "Gefühl" in älte-
rer Zeit, hier nicht zuletzt auch im Mittelalter, ein großes Interesse entge-

---

1 LOTHAR PIKULIK: Leistungsethik contra Gefühlskult. Göttingen 1984, S.7. Vgl. auch HERMANN BOE-
  SCHENSTEIN: Deutsche Gefühlskultur. Zwei Bände. Bern 1954-66.
2 Hier nur einige Titel: GEORG JÄGER: Empfindsamkeit und Roman. Stuttgart/Berlin/Köln/Mainz 1969
  (Studien z. Poetik u. Gesch. d. Literatur 11). GERHARD SAUDER: Empfindsamkeit. I. Voraussetzungen und Elemente. Stuttgart 1974. PAUL MOG: Ratio und Gefühlskultur. Tübingen 1976. L. PI-
  KULIK (wie Anm.1). PETER UWE HOHENDAHL: Der europäische Roman der Empfindsamkeit. Wiesbaden
  1977. PIA SCHMID: Zeit des Lesens - Zeit des Fühlens. Berlin 1985.

gen.[3] Der neuerdings konzipierte Plan eines "Historischen Wörterbuchs des
deutschen Gefühlswortschatzes" ist wesentlich von diesen Disziplinen angeregt
worden.[4]

Die bisherige mediävistisch-philologische Forschung hat sich mit dem Thema
"Gefühl" in Mittelalter und früher Neuzeit punktuell unter drei Gesichtspunkten befaßt:

1. Im Hinblick auf eine etwaige, sich in literarischen Zeugnissen niederschla-
gende historische Anthropologie und Psychologie.

2. Unter semiotischem oder ästhetischem Aspekt, in Hinblick auf die Möglichkeiten der Verarbeitung von menschlicher Emotionalität in sprachlichen Zeichensystemen bzw. den damit verbundenen literarischen Besonderheiten; zumeist
konzentriert auf den Bereich der literarischen Stilanalyse.

3. Unter generischem Gesichtspunkt in Zusammenhang mit der Differenzierung von
Erzählgattungen.

Diese drei Aspekte werden oft nicht streng voneinander getrennt, bestimmen
aber doch häufig gesondert das Erkenntnisinteresse der im folgenden in Auswahl
zusammengestellten Einzeluntersuchungen.

1. Forschungen zum Problem der Empfindsamkeit im mittelhochdeutschen Epos
Auf den ersten der genannten drei Aspekte konzentriert sich J.H. BAVINCK 1919
in seiner Arbeit zum "Einfluß des Gefühls auf das Assoziationsleben bei Heinrich von Suso". Diese Untersuchung wird deshalb hier erwähnt, weil sie einen
der frühesten und zugleich methodisch interessantesten Beiträge zur Erforschung literarisierter Emotionalität darstellt. BAVINCK geht ausdrücklich von
Forschungsergebnissen der Psychologie seiner Zeit aus, um Kategorien für seine
Textanalyse zu bekommen und akzentuiert damit deutlich den Gesichtspunkt einer
historischen Psychologie. Im Gegensatz dazu verzichten E. WENDT 1929 und A.
GOEDECKE 1933 in ihren Arbeiten über "Sentimentalität in der deutschen Epik
des 13. Jahrhunderts" und "Die Darstellung der Gemütsbewegung in der isländischen Familiensaga" auf solch einen Blick über den Fächergraben. Beide gehen
von einem vorwissenschaftlichen Alltagsbegriff der Gemütsbewegung aus, der we-

---

3 JACQUES LE GOFF: Kultur des europäischen Mittelalters. München/Zürich 1970, S.576ff. LUCIEN
  FEBVRE: Sensibilität und Geschichte. Zugänge zum Gefühlsleben früherer Epochen. In: C. HONEG-
  GER (Hg.): M. Bloch, F. Braudel, L. Febvre u.a. Schrift und Materie der Geschichte. Vorschläge
  zur systematischen Aneignung historischer Prozesse. Frankfurt 1977, S.313-334. AUGUST NITSCH-
  KE: Historische Verhaltensforschung. Stuttgart 1981.
4 SABINE PLUM/GABRIELE WAND: Kolloquium: Historisches Wörterbuch des deutschen Gefühlswortschatzes. Aachen, 23.-25.11.1983. In: Lexicographica 1 (1985), S.254-256.

der auf die zeitgenössische Affektenlehre noch die Ergebnisse moderner Emotionsforschung rekurriert, und untersuchen dann die Texte auf eine Reihe vorgegebener Merkmale hin. A. GOEDECKE analysiert dementsprechend "sprachliche Benennung" (z.B. "Ausdrücke über die Gemütslage"), "sinnlich wahrnehmbare Äusserungen" ("Gebärden" u.a.), "Handlungen" (etwa "Rachehandlungen"), "Rede" (z.B. "Drohungen") und "Träume". Gegen ein solches Verfahren, das auch in neueren Arbeiten zu finden ist, läßt sich natürlich nichts einwenden, solange die Stilanalyse (zumeist unausgesprochen auf der Grundlage von Kategorien aus der Rhetoriktradition) und damit der zweite der oben formulierten Aspekte im Mittelpunkt des Erkenntnisinteresses steht. Als problematisch muß es hingegen angesehen werden, wenn A. GOEDECKE als Ziel seiner Untersuchung formuliert, "die charakteristischen Merkmale altgermanischen Wesens" sowie die "Eigenheiten dieser nordgermanischen Menschengruppe" herausarbeiten zu wollen, obwohl er keinerlei historische, ethnologische oder psychologische Forschungsliteratur heranzieht. Er glaubt, allein mit den Mitteln textimmanenter Analyse anthropologische Ergebnisse der folgenden Art gewinnen zu können: "Im Gegensatz zum Südländer ist dem Germanen eine starke Verhaltenheit aller seelischen Regungen eigen. Die sinnende Veranlagung und das taktvolle Hüten aller inneren Bewegungen führen aber den germanischen Menschen nie zur Sentimentalität oder Weltflucht. Er ist zu diesseitsgebunden, zu gesund fühlend und lebenskräftig, um sich einem verzehrenden Weltschmerz hinzugeben. Der Held versucht durch eine befreiende Tat der inneren Unruhe Herr zu werden. [...] Vergötterung der Willensstärke, Hochschätzung des Verstandes, starke Beherrschung der Gefühlsäußerungen, ein hartes abgeschlossenes, einsilbiges, willensstarkes Wesen eignet dem Volke."[5]

Wenn es bei den hier interessierenden mediävistischen, seit ca.1920 veröffentlichten Studien zum Bereich Gefühlsdarstellung um "Empfindsamkeit" geht, dann scheint die Kategorienbildung ganz offensichtlich von den gleichzeitigen Forschungen zur Empfindsamkeit des 18. Jahrhunderts beeinflußt.

M. HAUTTMANN nennt 1924 die subtilen Ausdrucksformen der höfischen Zeit "empfindsam",[6] und K. KORN sieht Analogien zur Epochenfolge des 18. Jahrhun-

---

5   JOHAN HERMAN BAVINCK: Der Einfluß des Gefühls auf das Assoziationsleben bei Heinrich von Suso. Diss. Erlangen 1919. ERWIN WENDT: Sentimentales in der deutschen Epik des 13. Jahrhunderts. Diss. Freiburg 1929. AUGUST GOEDECKE: Die Darstellung der Gemütsbewegungen in der isländischen Familiensaga. Hamburg 1933. Der literarisch-stilistische und historisch-psychologische Aspekt werden gleichermaßen angesprochen bei DIETMAR PEIL: Die Gebärde bei Chretien, Hartmann und Wolfram. München 1975 (Medium Aevum 28).
6   MAX HAUTTMANN: Der Wandel d. Bildvorstellungen in der deutschen Dichtung und Kunst des romani-

derts, indem er von der "frühhöfischen Sturm- und Drang-Bewegung" sowie, auf
den ersten Teil von Gottfrieds 'Tristan' bezogen, von "Empfindsamkeit"
spricht.[7] H.G. WEINAND fügt 1958 an seine Arbeit über "Tränen. Untersuchungen
über das Weinen in der deutschen Sprache und Literatur des Mittelalters", wie
selbstverständlich ein Kapitel über die Rolle des Weinens seit der Empfindsamkeit des 18. Jahrhunderts an,[8] und F. SCHLÖSSER konstatiert 1959 für den Bereich von Mystik und Minnesang seit dem 12. Jahrhundert einen sich ausbreiten-
den "Kult der Empfindsamkeit".[9]

    Vor allem für Werke wie Konrad Flecks 'Floire' bot sich offenbar der Em-
pfindsamkeitsbegriff zur Charakterisierung an.[10] So bemerkt etwa H. DE BOOR zu
Konrad Fleck: "Ihm hat es die Lieblichkeit dieser Erzählung ['Floire und Blancheflur'] angetan, und er hat ihr eine zarte Reinheit verliehen, indem er auch
die leibliche Hingabe zur anmutigen Gebärde stilisiert. Er ist eine sehr lie-
benswerte Dichtergestalt; man könnte sein Werk als einen empfindsamen Roman

---

schen Zeitalters. In: Festschrift Heinrich Wölflin. Hgg. v. Freunden und Schülern. München
1924, S.73ff. Vgl. dazu FRANK SHAW: Die Darstellung des Gefühls in der Kaiserchronik. Diss.
Bonn 1967, S.278.

7 KARL KORN: Studien über "Freude und Trûren" bei mhd. Dichtern. Leipzig 1932 (Von deutscher
   Poetrey 12), S.6ff., 109ff.

8 HEINZ GERD WEINAND: Tränen. Untersuchungen über das Weinen in der deutschen Sprache und Literatur des Mittelalters. Diss. Bonn 1958, S.187ff.

9 Für FELIX SCHLÖSSER tritt "die höfische Liebe" im 12. Jahrhundert "in Beziehung zu ihrer welt-
   abgewandten Schwester, der mystischen Liebe" und wird "verständlich aus dem sich überall aus-
   breitenden Kult der Empfindsamkeit". F. SCHLÖSSER: Andreas Capellanus. Seine Minnelehre und
   das christliche Weltbild des 12. Jahrhunderts. Bonn ²1969, S.243.

10 Im Deutschen sind die Wörter "Empfindsamkeit" und "Sentimentalität" ebensowenig semantisch
   identisch wie "Sensibilität" und "Zärtlichkeit" oder "Empfindlichkeit". Vgl. dazu L. FEBVRES
   Bemerkungen zu "sensibilité", "sensation", "sentiment" und "tendresse" (Anm.3, S.313ff.). Im
   "empfindsamen Roman" des 18. Jahrhunderts wird die sensitive Reaktion des Menschen auf die
   verschiedenartigsten Phänomene der Außenwelt zum höchsten persönlichen Erlebniswert stilisiert. Zwischen der äußeren Objektwelt und der Seelenlandschaft des Individuums wird über das
   bewußte Empfinden eine Beziehung hergestellt. "Die Meinung, der Ausdruck 'Empfindsamkeit' sei
   auf Anraten Gotthold Ephraim Lessings durch Johann Joachim Christoph Bode anläßlich der Übersetzung von Sternes 'Sentimental Journey' in die deutsche Sprache eingeführt worden, ist nicht
   haltbar. Durch Bodes Verwendung allerdings fand der Ausdruck weiteste Verbreitung und wurde
   bald zum Kennwort des modischen Emotionalismus (im 18. Jahrhundert). Während Lessing und Bode
   vom englischen 'sentimental' in seiner späteren Bedeutung ausgingen, scheinen die frühen deutschen Belege auf einen Zusammenhang mit den französischen Wörtern 'sensible' und 'sensibilité'
   hinzuweisen. So heißt es in einem Brief an Luise Adelgunde Gottsched aus dem Jahr 1757 (übrigens dem ältesten Beleg für das Wort): 'Ein empfindsames Herz gehört unter die geheimen Be-
   schwerlichkeiten dieses Lebens, es leidet bey allen leidenden Gegenständen, wenn es sich außer
   Stande siehet, allen zu helfen'. Früher hätte man das Wort 'zärtlich' benutzt, das auch später
   mit der empfindsamen Bewegung eng verbunden bleibt. Beide Wörter beziehen sich auf die Fähigkeit des Subjekts, leicht gerührt zu werden - eine Eigenschaft, die je nach Standpunkt gelobt
   oder getadelt wurde", P.U. HOHENDAHL (Anm.2), S.41.

bezeichnen".[11] G. EHRISMANN hatte vorsichtiger bemerkt, Flecks 'Floire' rage "durch Lieblichkeit und Zartheit der Empfindung" aus der mhd. Literatur her- vor; M. WEHRLI sieht eine "sentimentale Haltung", die sich durch "süße, zier- lich-sentimentale Leichtheit" ausdrückt.[12]

Bei DE BOOR kann kein Zweifel bestehen, daß er mit dem Begriff "empfindsa- mer Roman" eine Gedankenverbindung zur späteren Romanentwicklung herstellen will. Dabei geht er sogar so weit, daß er das im 'Floire' auftauchende Grabmal als "ausgestaltet wie ein lustvolles Denkmal in einem Rokokopark" be- schreibt.[13] Gewiß hat DE BOOR damit keine Traditionsreihe der Gattung "Em- pfindsamer Roman" von der höfischen Zeit des 13. Jahrhunderts bis zur Goethe- zeit unterstellen wollen. Was er eigentlich im Auge hat, zeigt sich deutlich bei seinen Bemerkungen zum 'Guten Gerhard' des Rudolf von Ems. Dort heißt es, dem Heiden werde "Verfeinerung des Gefühlslebens zugesprochen" und weiter: "Wir sahen soeben bei Konrad Fleck, wie solche Erweichung des Gefühls sich bei den Nachfahren [der höfischen Klassiker, z.B. Gottfrieds] zu Gefühlsseligkeit steigern kann. Auch Rudolf ist dieser Zeiterscheinung verfallen; Tränen flies- sen bei jeder Gelegenheit und schwellen in der Szene des Wiederfindens der Königstochter mit ihrem Bräutigam zu schwer erträglichen Tränenfluten an. Man hat das Gefühl, daß solche Rührseligkeit dem männlich gehaltenen, rationalen Wesen Rudolfs im Grund widerspricht [...]".[14]

Das von DE BOOR hier angesprochene Phänomen hätte das 18. Jahrhundert wohl "weinerlich" oder "rührend" genannt. DE BOOR geht es offensichtlich um gewisse Auffälligkeiten bei Thema, Textstruktur und Darstellung, zu deren besserer Deutlichmachung er assoziativ auf den Roman des 18. Jahrhunderts verweist. Flecks 'Floire' wird auf diese Weise zwar im Sinne des oben genannten ersten Aspekts in eine semiotische Reihe, nicht aber unbedingt in eine gattungsgene- tische gestellt.

---

11 HELMUT DE BOOR: Die höfische Literatur. Vorbereitung, Blüte, Ausklang 1170-1250. München 1953 (DE BOOR/NEWALD: Geschichte der deutschen Literatur II), S.174f. ([10]1979, S.165).
12 GUSTAV EHRISMANN: Geschichte der deutschen Literatur. Schlußband. München 1935, S.19. MAX WEHRLI: Geschichte der deutschen Literatur vom frühen Mittelalter bis zum Ende des 16. Jahr- hunderts. Stuttgart 1980, S.255. KLAUS BERNHARD HUPFELD sieht zwischen Flecks 'Floire' und der gleichzeitigen geistlichen Dichtung einen inneren Zusammenhang: "Das in Flecks Werk ausgepräg- te Prinzip der Anempfindung leitet über zu [...] Sentimentalität, Ergriffenheit und Empfäng- lichkeit des Gemütes [...]. Die Gefühlsintensität in der im 13. Jahrhundert aufblühenden Ma- riendichtung ist Ausdruck jenes Zeitgeistes, der auch Flecks Roman prägt". K.B. HUPFELD: Auf- bau und Erzähltechnik in Konrad Flecks 'Floire und Blancheflur'. Diss. Hamburg 1967, S.196f.
13 DE BOOR (Anm.11, 10. Aufl.), S.166.
14 Ebd., S.171.

Eine wissenschaftlich sinnvolle Gattungsreihe hätte u.a. tatsächlich exi-
stierende Abhängigkeiten und signifikante Übereinstimmungen in den Erzählformen und Erzählbedingungen aufzuweisen. Der "Roman" in Versen des 13. Jahrhunderts führt aber nicht in direkter gattungsgenetischer Linie zum neueren Roman
in Prosa und beide lassen sich nur gewaltsam in eine sinnvolle, über viele
Jahrhunderte gehende Gattungsreihe bringen.

Etwas anderes dagegen scheint im Verlauf langer Zeiträume immer wieder in
bestimmten historischen Phasen aufzutreten: das verstärkte Interesse von Dichtern, verstanden als Sprach-Experimentatoren oder auch nur kunstvoll mit dem
Zeichensystem der Sprache Arbeitende, an bestimmten Wirklichkeitsbereichen; im
vorliegenden Fall dem Bereich der menschlichen Emotionalität. Dieses verstärkte Interesse einzelner Autoren geht vermutlich jeweils zusammen mit dem eines
gewissen Publikumskreises. Wenn DE BOOR also assoziativ eine Brücke zwischen
Konrad Fleck und dem 18. Jahrhundert schlägt, will er wohl hervorheben, daß
Fleck ein ähnlich verstärktes Interesse am Emotionalen hatte wie die Dichter
späterer Zeit und daß er in der Differenzierung, Verfeinerung und Entwicklung
von Ausdrucksmöglichkeiten im Vergleich zu anderen Zeitgenossen weit fortge-
schritten ist. Die Tradition, um die es hier geht, betrifft also die intensive
Auseinandersetzung mit dem Problem der Transposition eines erfahrbaren Wirk-
lichkeitsbereichs (der Emotionalität) in ein Zeichensystem (hier die Sprache).[15]

I. BÜSCHENs 1974 erschienene Studie "Sentimentalität. Überlegungen zur
Theorie und Untersuchungen an mittelhochdeutschen Epen", stellte einen vorläufigen Endpunkt der deutschen mediävistischen Empfindsamkeitsforschungen dar.
Einem ausführlichen Theorieteil zur Empfindsamkeitsdebatte des 18. und 19.
Jahrhunderts steht hier eine vor allem auf Gottfrieds 'Tristan' konzentrierte
knappe Werkanalyse gegenüber. Die Kategorien "Empfindsamkeit" und "Sentimentalität" stellt BÜSCHEN bei der Charakterisierung bestimmer Formen der Gefühlsdarstellung im Versepos des 13. Jahrhunderts nicht in Frage. In der Folge findet dann auch keine wirklich klare und historisch spezifische Füllung dieser
Begriffe statt. Nach I. BÜSCHEN kann man von mittelalterlicher Empfindsamkeit
und Sentimentalität "im Sinne überschwenglicher Gefühlsäußerungen und Manie-

---

15 Von den Versdichtungen des 13. und beginnenden 14. Jahrhunderts können zu einer Textreihe mit
   deutlicher Akzentuierung dieses Bereiches neben Flecks 'Floire' vielleicht Werke wie Rudolfs
   von Ems 'Wilhelm von Orlens', 'Reinfrid von Braunschweig', 'Mai und Beaflor', des Pleier 'Tan-
   dereis und Flordibel' oder Johanns von Würzburg 'Wilhelm von Österreich' gerechnet werden. E.
   WENDT (Anm.5), S.33ff. K.B. HUPFELD (Anm.12), S.197.

rismus ihrer Gestaltung" sprechen, "wie es z.B. für Rudolfs von Ems 'Willehalm
von Orlens' aber auch für 'Der guote Gerhart' zulässig erscheint, in stärkerem
Maße gilt dies natürlich noch für den Bereich der 'niederen' Minne-Epen".[16] Im
nachklassischen Roman seien "jene Merkmale der Texte, die gemeinhin als 'empfindsam' oder 'sentimental' gekennzeichnet werden, Ausdruck eines Stilwan-
dels, dem das Bemühen um die adäquate Erfassung eines neuen Inhalts" zugrunde
liegt.[17] Dabei gehe es um eine von den Protagonisten neu erfahrene (psychische) Realität, um den in der Minne-Situation angelegten Konflikt von indivi-
duellem Wertbewußtsein und äußerer Norm. "In diesem Konflikt zwischen werthaf-
tem Wollen und objektiven Verhaltenserwartungen verbirgt sich der Ansatz für
die Entstehung von Sentimentalität. Die Gestalten der Dichtung verhalten sich
dann sentimental, wenn der Wille zum 'Haben' des emotional besetzten Wertob-
jekts zwar nicht handelnd verwirklicht werden kann [...], dieses 'Nicht-Haben'
jedoch nicht als notwendig akzeptiert wird".[18]

2. Forschungen zum Problem der Empfindsamkeit im frühen Prosaroman

Auch die Gefühlsdarstellungen im frühen deutschen Prosaroman sind in der Forschung immer wieder einmal angesprochen worden, allerdings kaum in größeren
Einzeluntersuchungen.

Mit besonderer Aufmerksamkeit ist die 'Magelone' seit F. BOBERTAGs Geschichte des Romans von 1881 bedacht worden.[19] Den Tenor der Einschätzungen
gab JOSEPH GÖRRES vor, der 1807 in "Die teutschen Volksbücher" geschrieben
hatte:

> Zart, innig, mild, von einem linden Liebesscheine übergossen; alles Scharfe, Zackigte
> weggeschmolzen in dem lauen Hauche, ganz der Geist der Troubadours, jener warme be-
> fruchtende Südwest, der drei Jahrhunderte hindurch aus diesem Punkt der Rose fortdau-
> ernd über Europa hinwehte, und einen schönen Blüthenfrühling hervorrief in dem ganzen
> Occident. Wie eine emsige Biene, die zwischen zwei einsam stehenden, fern einander ent-
> rückten Palmen hin und wiederfliegt, und den Samenstaub von Einer zur Andern trägt, und
> das Ferne aneinanderknüpft, so tritt gleich Anfangs die Amme zwischen die beiden Lie-
> benden Peter und Magelone; sorgsam trippelt sie ab und zu, tröstet, räth, beschwich-
> tigt, und hilft; und wie Peter die Geliebte nun entführt, und sie ermüdet in seinem
> Schoße schläft, und er an ihrer Schöne sich nicht ersättigen kann, und ein Raubvogel
> nun den rothen Zendul mit den Ringen, vermeinend es wäre Fleisch, erwischt, und davon-

---

16 ILKA BÜSCHEN: Sentimentalität. Überlegungen zu Theorie und Untersuchungen an mittelhochdeutschen Epen. Stuttgart/Berlin/Köln/Mainz 1974 (Studien zur Poetik u. Geschichte der Literatur
   38), S.163.
17 Ebd., S.185 Anm.57.
18 Ebd., S.163.
19 FELIX BOBERTAG: Geschichte des Romans und der ihm verwandten Dichtungsgattungen in Deutschland. I. Berlin 1881, S.74.

fliegt, und er ihm nun nacheilend über den Meeresarm vom Sturm verschlagen endlich, bis
zum Sultan kömmt - das Alles ist mit Gewandheit und leichtem fröhlichen Sinn erzählt,
und wie eine Schwalbe kreisend hin über des Wassers Fläche fliegt, so hier das poetische Schicksal über der Begebenheit. Magelones Pilgerschaft nach Rom und durch Italien,
bis sie zur Insel, der Heyden Port genannt, gelangt, und dort ein Spital stifftet, und
die Kranken pflegt; wie sie zum Ruf der Heiligkeit gelangt; ihr Verhältnis endlich mit
Peters Aeltern, - Alles ist fromm und rührend, und die Wiederfindungs- und Erkennungs-
szene rundet dann das Ganze trefflich zu.[20]

W. LIEPE empfindet 1920 entsprechend die "stillere" 'Magelone' gegenüber
sieben anderen Werken der Zeit "als Befreiung"[21] und L. MACKENSEN bemerkt
1927: "Uns erscheint dieses Werk als der Gipfel der volkstümlichen Ritterroma-
ne, ein lyrisches, zartes Gegenstück zu den männlichen Haymonskindern, vermeidet es dessen grelle Effekte [...]",[22] was G. WEYDT 1954 variiert, wenn er
schreibt, daß es sich bei der 'Magelone' um "eine Liebesgeschichte von besonders einprägsamer Innigkeit und Zartheit" handle.[23] W. STAMMLER hatte ebenfalls 1927 von einer "rührsamen Liebesgeschichte" gesprochen.[24] W. THEISS erklärt diesen übereinstimmenden Befund 1979 unter anderem wie folgt: "Gattungs-
historisch und -ästhetisch vereint die Magelonen-Erzählung in sich die beiden
Traditionsstränge von Legende und Ritterroman. Beide wollen im Bereich des mo-
vere, der emotiven Mobilisierung des Rezipienten also, Staunen, Rührung, Erbauung sowie Bewunderung und Mitleid bewirken. Es läßt sich nun nachweisen,
daß auch Warbecks Übersetzung auf der Basis dieser dem Leser des 16. Jahrhunderts vertrauten möglichen emotiven Prädispositionen mit verschiedenen Identi-
fikationsangeboten arbeitet".[25] Bei M. WEHRLI findet sich 1980 entsprechend
der Hinweis, gegenüber den Romanen nach Chanson-de-geste-Stoffen verkörpere
die beliebte 'Schöne Magelone' den "ganz andern Typus des empfindsamen kleinen
Liebesromans mit mittelmeerischem Ambiente".[26]

20 JOSEPH GÖRRES: Die teutschen Volksbücher. Heidelberg 1807. Reprint Hildesheim 1982, S.152f.
21 WOLFGANG LIEPE: Elisabeth von Nassau-Saarbrücken. Entstehung und Anfänge des Prosaromanes in
   Deutschland. Halle 1920, S.59.
22 LUTZ MACKENSEN: Die deutschen Volksbücher. Leipzig 1927, S.73.
23 GÜNTHER WEYDT: Der deutsche Roman. In: Deutsche Philologie im Aufriß, hg. v. WOLFGANG STAMM-
   LER, Bd.II. Berlin 1954, Sp.2080.
24 WOLFGANG STAMMLER: Von der Mystik zum Barock 1400-1600. Stuttgart 1927 (Epochen der deutschen
   Literatur II,1), S.262.
25 WINFRIED THEISS: Die 'Schöne Magelone' und ihre Leser. Erzählstrategie und Publikumswechsel im
   16. Jh. In: Euphorion 73 (1979), S.141.
26 M. WEHRLI (Anm.12), S.863.

Ebenfalls zu den kleineren Werken, zwischen Novellen- und Romanform ste-
hend, gehört die Erzählung 'Eurialus und Lucretia'. P. JOACHIMSEN bezeichnet
sie 1910 als "die klassische Empfindsamkeitsnovelle des 15. Jahrhunderts".[27]

PAUL KLUCKHOHN schaut 1922 in seiner großen Untersuchung über "Die Auffassung der Liebe in der Literatur des 18. Jahrhunderts und in der deutschen Romantik" bis zu Philip von Zesen (gest.1689) zurück und kommt zu dem Ergebnis,
daß sich erst seit ihm "eine gewisse Neigung zur Darstellung weicheren Gefühls
in den deutschen Romanen verfolgen" lasse.[28] Von KLUCKHOHNs Arbeit angeregt
erschien 1932 von G.W. STERN "Die Liebe im deutschen Roman des siebzehnten
Jahrhunderts", wo jetzt auch das 16. Jahrhundert zumindest angesprochen wird:
"Nachdem die Liebe, mit der Handlung eng verschwistert, im sechzehnten Jahrhundert schüchterne Versuche gemacht hat, in die Charakterzeichnung überzuge-
hen, nachdem Jörg Wickram, und nicht erst Philipp von Zesen, als erster deutscher Romanschriftsteller mit seinem Goldfaden im Dienste Amors die Feder geführt hat, nachdem die Liebe wirklich ein Goldfaden geworden ist, der sich
durch ein ganzes Werk hinzieht, bricht die Entwicklung zur sentimentalen Darstellung ab. Wickram findet auf seinem Wege zu einer empfindsamen deutschen
Romankunst keine unmittelbaren Nachfolger und kann sie im Barock ebenso wenig
finden, weil das siebzehnte Jahrhundert, durch den Dreißigjährigen Krieg in
seinen Grundfesten erschüttert, eine Richtung auf großes Geschehen bekommt.
Mit neuen Voraussetzungen, nämlich als Flucht vor dem Kriegslärm, bildet sich
dann eine stille schäferliche Gefühlsseligkeit heraus, die ausländische Muster
nachahmt".[29] Auf Wickram hatte schon wenige Jahre zuvor (1926) mit Nachdruck
H.H. BORCHERDT in seiner "Geschichte des Romans und der Novelle in Deutschland" hingewiesen: "Heftige Affekte vermag er [Wickram] besser zu schildern
als zarte Regungen", hieß es da zwar einerseits,[30] dann aber andererseits
auch: "Und doch gibt es in dieser rohen und brutalen Zeit auch eine empfindsame Gefühlswelt. Gerade bei Wickram läßt sich das beobachten. Wie maßvoll und

---

27 PAUL JOACHIMSEN: Geschichtsfassung und Geschichtsschreibung in Deutschland unter dem Einfluß
   des Humanismus. Leipzig/Berlin 1910 (Beiträge zur Kulturgeschichte des Mittelalters und der
   Renaissance 6), S.27. Nach GÜNTHER MÜLLER ist die Novelle "verdichtet um zwei Brennpunkte: den
   innerseelischen Triumph des verzehrenden Verlangens und das Durchsetzen der Liebesvereinigung". G. MÜLLER: Deutsche Dichtung von der Renaissance bis zum Ausgang des Barock. Wildpark-
   Potsdam [1927] (Handbuch der Literaturwissenschaft 7), S.95.
28 PAUL KLUCKHOHN: Die Auffassung der Liebe in der Literatur des 18. Jahrhunderts und in der
   deutschen Romantik. Tübingen 1922, S.120.
29 GERHARD WILHELM STERN: Die Liebe im deutschen Roman des siebzehnten Jahrhunderts. Berlin 1932
   (Germanische Studien 120), S.51.
30 HANS HEINRICH BORCHERDT: Geschichte des Romans und der Novelle in Deutschland. I. Leipzig
   1926, S.98.

züchtig weiß er die Liebe darzustellen! Die Liebenden wechseln die Farbe, wenn
sie sich sehen. Sind sie allein, schweigen sie, 'großer Scham halber'. Ihr
Liebesgram wird ausführlich geschildert. Sinnliche Regungen werden diskret behandelt. Von Liebkosungen ist keine Rede. Die Liebenden suchen die einsame Natur auf, das Mädchen eilt in den Garten, steckt den Ring von einem Finger auf
den andern, schwätzt mit ihm, dann redet sie dem Vater vor, die 'kühlen Wind-
lein' und der liebliche Vogelsang hätten sie so frühe ins Freie gelockt. Hier
zeigt sich zugleich die veränderte Stellung, die der Mensch der Natur gegenüber seit den Tagen der Renaissance einnimmt. Die Natur wird belebt und auf-
nahmefähig für den Seelenschmerz der Menschen. Aber dieses Naturgefühl findet
bei Wickram nur einen sehr unbeholfenen Ausdruck. Die antike Tradition hemmt
seine Selbständigkeit, und so verfällt er ins Schwülstige".[31] Es ist ganz offensichtlich, daß BORCHERDT bei diesen Bemerkungen unausgesprochen die spätere
Romanentwicklung als Maßstab dient, durch die sein Urteil mitbestimmt wird.

Von den Übersetzungen des 16. Jahrhunderts stellt BORCHERDT den 'Amadis' in
die empfindsame Traditionsreihe: "Die psychologische Charakterzeichnung, die
freilich noch in den Anfängen steckt, zieht siegreich in den Roman ein. Die
Kunst des empfindsamen Romans hat hier ihre Vorläufer. So weist der 'Amadis',
der in seiner spanischen Urgestalt scheinbar als ein später Nachfahre der Blü-
tezeit des Mittelalters auftritt, doch in die Zukunft".[32] Wie bei Wickram muß
BORCHERDT aber auch hier Vorbehalte anbringen, denn so eindeutig scheint ihm
diese Zuordnung nicht möglich zu sein. "Derbe Sinnlichkeit" nämlich, bemerkt
er an anderer Stelle, "steht neben ritterlicher Galanterie. Der Roman kennt
auch nicht die Darstellung natürlichen Liebesgefühls; er gefällt sich in
künstlichem Raffinement und der Schilderung schlüpfriger Szenen. Jene Auffassung der Geschlechtsliebe, deren Tiefe wir im 'Tristan' bewundern, suchen wir
im 'Amadis' vergebens. Es kommt auf ein gleichmäßig konventionelles und lü-
sternes Liebesspiel hinaus. Insofern gliedert sich das Werk der Behandlung des
Chansons-de-geste-Stoffes des 15. Jahrhunderts ein. Und trotzdem bringt das
Buch etwa Neues in dem Bestreben nach seelischer Motivierung." - "Nicht mehr
Zaubertränke führen die Menschen zusammen, sondern leidenschaftliche Empfindungen".[33] Als wesentliches Kennzeichen des 'Amadis' hält BORCHERDT dann eher
vorsichtig fest, "daß es in den Liebesepisoden statt Beschreibung von Empfindungen Empfindsamkeit gibt, und daß sich in das epische Geschehen ein lyri-

---

31 Ebd., S.97f.
32 Ebd., S.131.
33 Ebd., S.130f.

scher Unterton mischt, der in der aufkommenden Schäferdichtung zur eigentlichen Melodie wird".[34]

Damit war dem 'Amadis' ein fester Platz in der Vorgeschichte der literarischen Empfindsamkeit gesichert. G. MÜLLER sagt 1927: "Nicht nur um eine Reaktion gegen die bürgerliche Erzählweise und Erzählwelt dürfte es sich handeln. Auch die Massivität der Chanson de geste-Prosen ist hier verbannt. Eine Welt der gesellschaftlichen Zucht, der heroischen Tat und der zärtlichen Empfindsamkeit ist hier verwirklicht; eine Welt, in der wacher Wille, Intellekt und Schwärmerei herrscht und in der es auch den fürs Barockzeitalter bezeichnenden Sensualismus gibt".[35] Neben dem 'Amadis' steht für MÜLLER der 1573 von Johannes Artopeus übersetzte byzantinische Roman des 12. Jahrhunderts 'Ismenius und Ismena': "Es ist der empfindsame Abenteuerroman, der damit in die dichterische Phantasiewelt einströmt [...]".[36] Zum 'Amadis' bemerkt R. WESTERMANN dann im "Deutschen Kulturatlas" (1928-38) kurz und bündig, daß er "den empfindsamen Liebesroman einleitet",[37] und W. REHM konstatiert 1927: "Mag das Liebesproblem hier auch überspannt sein, gefühlsgeschichtlich ist der 'Amadis' darum wichtig, weil hier die Empfindungsskala durch die Gegenüberstellung und Verschmelzung von rein platonischer Seelenliebe und unverhüllter Sinnenliebe ungemein verfeinert, weil dadurch die Wahrnehmung feinerer Seelenschwingungen gesteigert und überhaupt zum erstenmal das empfindsame Element zum durchdringenden Fluidum eines großen Werkes wurde".[38] G. WEYDT übernimmt G. MÜLLERs Charakterisierung des 'Amadis' 1954 ebenso[39] wie H. EMMEL in ihren Darstellungen der deutschen Romangeschichte (1972 und 1977), wo es etwa heißt: "spürbar ist ein Zug empfindsamer Verfeinerung, der schon zu den sentimentalen Vorgängen in den Romanen des 17. Jahrhunderts hinüberweist".[40] Und M. WEHRLI schreibt 1980, daß sich hier der "Wille zu einem Muster neuen höfisch-absolutistischen Stils"

---

34 Ebd., S.142. Ausgangspunkt solch einer Einschätzung konnte der 1909 erschienene Aufsatz von WALTHER KÜCHLER sein: Empfindsamkeit und Erzählkunst im Amadisroman. Zeitschrift f. französische Sprache u. Literatur 35 (1909), S.158-225. G.W. STERN (Anm.29, S.119) schreibt 1932: "Empfindsamkeit und Liebe treffen (beim 'Amadis') ins Zentrum des Romangeschehens". Zur Sentimentalität im dt. 'Amadis' siehe auch WOLFGANG PÖCKL: Notizen zu Übersetzungen des Amadisromans. Synthesis 8 (1981), S.113-125.

35 G. MÜLLER (Anm.27), S.177.

36 Ebd.

37 R. WESTERMANN: Roman und Novelle vom Humanismus bis zum Barock. In: Deutscher Kulturatlas. Literatur 25. Bd.III S.64, 244.

38 WALTHER REHM: Geschichte des deutschen Romans I. Berlin/Leipzig 1927, S.32f.

39 G. WEYDT (Anm.23), Sp.2090.

40 HILDEGARD EMMEL: Geschichte des deutschen Romans I. Bern/München 1972, S.28. DIES.: Roman. In: Reallexikon d. deutschen Literaturgeschichte III. Hg. v. W. KOHLSCHMIDT/W. MOHR. Berlin 1977, S.494.

finde, "in welchem sich denn auch Rohheit und empfindsame Zierlichkeit merkwürdig und arrogant vermischen".[41]

Fügen wir diesen Aussagen zunächst nur noch einige wenige aus neueren Darstellungen hinzu. Unter dem Titel "Wirklichkeitsgestaltung im Neubeginn der
Prosaerzählung" schreibt I. SPRIEWALD 1976: "Bei den Historien des 16. Jahrhunderts kommt noch ein zweites Moment [zum phantasieanregenden Abenteuer]
hinzu: Sie vertreten - besonders in ihrer verbürgerlichten Ausprägung, wie
z.B. in Warbecks 'Magelone', vor allem aber auch in Jörg Wickrams Erzählungen
'Gabriotto' und 'Goldfaden' - die Gefühlswelt und vor allem das Motiv der
treuen Liebe. Nicht zufällig heißt die gegen Ende des Jahrhunderts diesen
Strom in Deutschland kompendienhaft zusammenfassende Sammlung Feyerabends:
'Buch der Liebe'. Die heroische und empfindsame Liebesgeschichte, die während
des 16. Jahrhunderts ihren vielgestaltigen Siegeslauf durch Europa antrat, war
eine Literaturkomponente, die seit der (Spät-)Antike ihre Rolle zu spielen begann und sich möglicherweise besonders an das weibliche Publikum richtete".[42]

Bereits der erste deutsche Prosaroman, der 'Prosalancelot', weist aber
schon eine starke emotionale Färbung auf, wie WEHRLI 1980 betont. Das Werk
zeige "eine verfeinerte, bewegliche Stilisierung des Details gerade auch bei
der Schilderung seelischer Regungen".[43] In diesem, ursprünglich aus dem Französischen kommenden monumentalen Werk ergibt sich, so WEHRLI, "eine Haltung
ritterlicher Unbedingtheit, aber auch der Nachdenklichkeit, der sentimentalen
Melancholie, der schönen Schwermut, die bis zum Preziösen gehen kann".[44] Es
ist bemerkenswert, daß WEHRLI deutlich auf die "Nähe zum Seelenroman der Mystik" hinweist.[45]

J.-D. MÜLLER schließlich hat 1985 in seinem grundlegenden Forschungsbericht
zum "Volksbuch/Prosaroman im 15./16. Jahrhundert" an verschiedenen Stellen auf
die hier in Frage stehenden Phänomene verwiesen. Auch er beobachtet eine "empfindsame Differenzierung"[46] in den Prosaromanen und spricht auf die 'Magelo-

---

41 M. WEHRLI (Anm.12), S.1143.
42 INGEBORG SPRIEWALD: Wirklichkeitsgestaltung im Neubeginn der Prosaerzählung. In: I. SPRIEWALD/
   A. SCHNABEL u.a.: Grundpositionen der deutschen Literatur im 16. Jahrhundert. Berlin/Weimar
   ²1976, S.258. Siehe auch I. SPRIEWALD: Historien und Schwänke. Die deutsche Erzählprosa von
   "Till Eulenspiegel" bis "Doktor Faustus". In: ROBERT WEIMANN (Hg.): Realismus in der Renaissance. Aneignung der Welt in der erzählenden Prosa. Berlin/Weimar 1977, S.403f., 409.
43 M. WEHRLI (Anm.12), S.501.
44 Ebd., S.503.
45 Ebd.
46 JAN-DIRK MÜLLER: Volksbuch/Prosaroman im 15./16. Jahrhundert. Perspektiven der Forschung. In:
   IASL. Sonderheft Forschungsreferate 1 (1985), S.106.

ne' bezogen von "seelischer Differenzierung", ja selbst für den 'Huge Schapler' (im Druck von 1537) konstatiert er "ein empfindsames Innenleben".[47]

3. Der sentimentale Prosaroman

Der kurzgefaßte Forschungsüberblick hat gezeigt, daß sich offenbar auch bei
verschiedenen Kennern der frühneuzeitlichen Erzählliteratur immer wieder der
Vergleich mit dem empfindsamen Roman des 18. Jahrhunderts aufdrängte. Und dies
vornehmlich dann, wenn sie sich zu einer Zusammenschau der Prosaromane, zu ihrer Charakterisierung oder zu einer inneren Differenzierung und Gruppenbildung
veranlaßt sahen. Dabei werden Werke wie 'Florio und Biancefora', 'Magelone',
Wickrams 'Galmy', 'Gabriotto' und der 'Goldfaden' sowie 'Amadis' und 'Ismenius
und Ismena' genannt. Hinzu kommen die zwischen Novelle und Roman stehenden,
als Separatdrucke verbreiteten 'Eurialus und Lucretia', 'Guiscardus und Sigis-
munda' und die 'Griseldis'.

Offensichtlich haben diese Werke Merkmale, die eine gedankliche Verbindung
mit der späteren Romanentwicklung immer wieder nahegelegt haben. Hieraus ergibt sich die Frage, ob nicht auch systematisch ein Zusammenhang zwischen bestimmten Exemplaren des frühen Prosaromans und dem empfindsamen Roman des 18.
Jahrhunderts zu ermitteln und damit zugleich ein empfindsamer Prosaroman-Typus
abzugrenzen ist. Dabei geht es einerseits um das Problem sinnvoller Gattungs-
reihen, andererseits um die Möglichkeit einer Differenzierung innerhalb der
Gattung des frühen Prosaromans.

Noch ist das Korpus der frühneuhochdeutschen Prosaromane nicht genug er-
forscht, um eine schlüssige interne Gruppenbildung vornehmen zu können. Es wäre aber zu prüfen, ob es tatsächlich eine Gruppe von Werken ähnlich 'Florio
und Biancefora'[48] gibt, in denen bestimmte Gefühlsregungen eine ganz besondere, herausragende Rolle spielen. Dieses Problem kann hier nicht abschließend
geklärt werden, zwei Fragen jedoch, die an das bisher Dargestellte anschlies-
sen, seien kurz angesprochen: 1. Kann man die zu solch einer Gruppe zählenden

---

47 Ebd., S.92/95.
48 Für den frühen Druck wird der 'Floire'-Stoff neu "entdeckt". 1499 erscheint in Metz bei Kaspar
   Hochfelder 'Florio und Biancefora', ein Prosaroman, der so beliebt wurde, daß ihn Feyerabend
   1587 in sein 'Buch der Liebe' aufnahm. In ihm finden wir erneut eine stark ausgeprägte Vorliebe für die emotionalen Erzählkomponenten wie in Flecks Versdichtung. Allerdings greift der
   deutsche Bearbeiter des Prosaromans auf Boccaccios 'Filocolo'-Roman zurück. Er kürzt dabei
   zwar häufig, doch bewahrt er den hohen Grad an Emotionalität. Siehe Florio und Biancefora.
   Faksimile mit einem Nachwort von RENATE NOLL-WIEMANN. Hildesheim/New York 1975 (Dt. Volksbücher in Faksimiledrucken, Reihe A,3). G.W. STERN (Anm.29, S.121) zögert nicht, Boccaccios
   'Fiametta' gar als den "ersten modernen psychologischen Roman" zu bezeichnen.

Historien des 15. bis 17. Jahrhunderts "empfindsam" nennen, ohne Mißverständ-
nisse zu erzeugen? 2. Wie ließe sich eine solche Prosaroman-Gruppe überhaupt
eingrenzen?

Bereits im 18. Jahrhundert wird der Begriff "Empfindsamkeit" nahezu definitorisch zum Terminus technicus erhoben und von gleichzeitig verwendeten pejo-
rativen Alternativen wie "Empfindelei", "empfindeln", "Sentimentalität" u.a.
abgegrenzt.[49] Die neugermanistische Forschung wendet ihn heute zumeist nur auf
die Zeit von 1750 bis 1790 an. Wenn man für die in Frage stehenden Historien
den Terminus "empfindsam" benutzt, läuft man also Gefahr, einen anderweitig
besetzten Begriff historisch unangemessen auszudehnen, auch wenn die gemeinten
Texte sich in einer gewissen Entwicklungsreihe hin zum Roman des 18. Jahrhunderts sehen lassen können.

STAMMLER (1927) vermeidet denn auch konsequent den Ausdruck "empfindsam"
und setzt dafür andere Begriffe. Die als separates Werk gedruckte 'Griseldis'
etwa nennt er "rührsame Novelle",[50] Wickrams 'Galmy' ist für ihn eine "sentimentale ritterliche Liebesgeschichte"[51] und die 'Magelone' wiederum eine
"rührsame Liebesgeschichte".[52] Nur indirekt charakterisiert er 'Eurialus und
Lucretia', wenn er feststellt: diese "Geschichte mußte noch im Barock als Fiktion wirklich gewechselter Briefe herhalten und einen sentimentalen Liebesroman zwischen dem Pfalzgrafen Karl Ludwig und seiner Geliebten Luise von Degen-
feld vortäuschen".[53] Den 'Amadis' allerdings rückt er nicht zu weit in die Nähe solcher Werke. Zwar konstatiert auch er das Auftauchen der "typischen Lie-
besmotive" und die Tatsache, daß die Liebe "an die Stelle des moralischen Gefühls" tritt, doch ist der 'Amadis' für ihn letztlich vor allem eine "galante
Kavaliersschule".[54]

Der 'Amadis' nun gehört zu jenen ca. 15 aus dem Spanischen kommenden Werken, für die M. MENÉNDEZ-PELAYO 1925 den Namen "novela sentimental" in die
Hispanistik eingeführt hat.[55] Diese Werke entstanden zwischen 1440 und 1540
und wurden seit dem Ende des 15. Jahrhunderts gedruckt und in Übersetzungen

---

49 G. SAUDER (Anm.2), S.6. P.U. HOHENDAHL (Anm.2), S.5f. Siehe auch Anm.10.
50 W. STAMMLER (Anm.24), S.262.
51 Ebd., S.433.
52 Ebd., S.262.
53 Ebd.
54 Ebd., S.432f.
55 MARCELINO MENÉNDEZ-PELAYO: Tratado histórico sobre la primitiva novela espanola. in: Origines
   de la novela II, 1. Madrid 1925. Schon 1908 hatte GUSTAVE REYNIER den Beginn des frz. "roman
   sentimental" mit dem Erscheinen von 'Les angoisses douloureuses qui procedent d'amours' 1536
   festgestellt. G. REYNIER: Le Roman Sentimental avant l'Astrée. Paris 1908, S.11.

über Europa verbreitet. Stofflich und thematisch wurden diese Romane wiederum
von "sentimentalen Liebesgeschichten der italienischen Renaissance" angeregt.[56] Die erste deutsche Fassung der mit 20 europäischen Übersetzungen erfolgreichsten "novela sentimental" hat G. HOFFMEISTER 1976 herausgegeben. Es
handelt sich dabei um den 1492 zuerst erschienenen Roman des Diego de San Pedro 'Carcell de Amor. Oder Gefängnüß der Lieb', übersetzt von Hans Ludwig von
Khueffstein (deutscher Erstdruck 1625). 1985 hat HOFFMEISTER einen weiteren
Roman dieser "novelas sentimentales" als Faksimile vorgelegt: "Fortunatus. Die
unglückselige Liebes- und Lebensgeschichte des Don Francesco und Angelica" eines Anonymus (deutscher Erstdruck 1667).[57]

In den Kommentaren zu seinen Ausgaben setzt sich HOFFMEISTER für den Begriff der frühneuzeitlichen "sentimentalen Literatur" bzw. des "sentimentalen
Romans" ein.[58] Er sieht in seinen beiden Romanen "typische Züge des sentimentalen Liebesromans, wie er in Europa seit dem frühen 15. Jahrhundert ausgebil-
det worden ist" und beklagt, daß die "Geschichte des sentimentalen Romans in
Deutschland vor dem 'Ausbruch der Gefühlskultur' um 1750",[59] in der "deutschen
Literaturgeschichtsschreibung noch keine Darstellung gefunden" habe.[60] Als
frühe Vertreter dieses Roman-Typus nennt HOFFMEISTER den 'Amadis', 'Florio und
Biancefora', 'Carcel de Amor' ("der Werther der Zeit"),[61] 'Eurialus und Lucretia' (dessen Wirkung auch noch aufs 17. Jahrhundert hervorzuheben ist),[62] 'Ce-
lestina' (!) und Wickrams 'Gabriotto'.[63]

HOFFMEISTER will ein - wie er es nennt - "klärendes Wort" zum Begriff "sentimentale Literatur (bzw. Roman)" sagen und erläutert dann: Dieser Begriff bezieht sich "auf den Zeitgeschmack des 17. Jahrhunderts für melancholische
Stimmungen und melancholische Lieben, wie sie in der Renaissance schon zu finden sind und zu einer Art Modekrankheit barocker 'morbidezza' wurden. Als Les-

---

56 Fortunatus. Die unglückselige Liebes- und Lebensgeschichte des Don Francesco und Angelica. Als
   Faksimile herausgegeben von GERHART HOFFMEISTER. Tübingen 1985 (Deutsche Neudrucke. Reihe Barock 33), (Nachwort) S.25*.
57 Hans Ludwig von Khueffstein: Carcell de Amor oder Gefängnüss der Liebe. Faksimiledruck n. d.
   Ausgabe von 1625. Hg. u. eingel. von GERHART HOFFMEISTER. Bern/Frankfurt 1976 (Nachdrucke
   deutscher Literatur des 17. Jahrhunderts). Siehe auch Anm.56.
58 Siehe auch G. HOFFMEISTER: Engel, Teufel oder Opfer: Zur Auffassung der Frau in der sentimentalen Erzählung zwischen Renaissance und Aufklärung. In: Monatshefte 69 (1977), S.150-158.
59 Vgl. F. BRÜGGEMANN (Hg.): Der Anbruch der Gefühlskultur in den fünfziger Jahren. Leipzig 1935
   (Deutsche Literatur, Reihe Aufklärung 7).
60 G. HOFFMEISTER (Anm.56), S.22*.
61 Ebd., S.25*.
62 Ebd., S.29*f.
63 Ebd., S.23*ff.

sing das Wort sentimental aus dem Englischen mit empfindsam übersetzte, hatte
es noch nicht den durchaus negativen Sinn des Unechten, Erheuchelten, Abge-
schmackten oder Kitschigen, sondern bezog sich auf alle zärtlich-passionierten
Gefühlsäußerungen modisch-konventioneller Art, die durchweg topischen Charakter hatten. Keineswegs geht es in der sentimentalen Phase der frühen Neuzeit
schon um das subjektive oder psychologisch-analytische Element im modernen
Sinne, noch um den narzißtischen Selbstgenuß der Empfindungen mit zartesten
Nuancen, wenn auch die ersten Ansätze zu einer Analyse der 'Leidenschaften'
gelegt wurden".[64]

Man kann vor allem den letzten Bemerkungen wohl im wesentlichen zustimmen,
wenngleich es auch zweifelhaft scheint, daß es tatsächlich eine "sentimentale
Phase der frühen Neuzeit" gegeben hat. Beobachten läßt sich doch wohl zunächst
nur, daß sich auch in dieser Zeit bei verschiedenen Autoren ein verstärktes
Interesse an bestimmten Formen von Emotionalität bemerkbar macht. Welche Motive und historischen Hintergründe für dieses Phänomen anzusetzen sind, müßte
wiederum gesondert untersucht werden. Zunächst muß es darum gehen, das Phänomen selbst aufzuhellen und zu beschreiben. HOFFMEISTER hat das mit einer ersten Typologie des frühneuzeitlichen sentimentalen Romans versucht, indem er
für ihn sieben "Kennzeichen" zusammengestellt hat: "1. Die soziale Konfigura-
tion bzw. Mesalliance zwischen einer dem hohen Adel angehörigen Person auf der
einen Seite und einem Mitglied des niederen Adels oder gar einem Bürger auf
der anderen (siehe Silvio, die Spanier Diego de San Pedro und Juan de Flores,
Wickram und 'Fortunatus'). 2. Im Konflikt zwischen der Mannesehre – oft
gleichbedeutend mit 'Vernunft' oder auch egoistischen Gründen wie Bildung,
Stand, Religion, sozialem Aufstieg etc. – und der Liebe gewinnt die Ehre meist
die Oberhand, entweder geht der Geliebte nicht auf den Wunsch der um die Liebe
werbenden Frau ein, sie zu sich zu holen bzw. mitzunehmen, oder die ehrlieben-
de Frau läßt sich nicht erobern und verurteilt ihn zum Liebestod. 3. In der
Tristan und Isolde-Tradition geht entweder das Liebespaar tragisch unter, indem es sich selbst aufopfert, oder eine der Personen stirbt aus Kummer. Insofern tritt weit vor dem ausgehenden 17. Jahrhundert das Antimärchen in den Roman ein. 4. Über dem Werk könnte jeweils das Motto stehen: 'wer nicht weinen
kann, der kann auch nicht lieben' [...]. Die Liebe, die als kosmische Macht
den Menschen erhebt und aus den legitimen Bindungen von Stand und Moralkodex
befreit, eilt von Anfang an der Trennung und dem Abschied zu. Dadurch erklärt

---

64 Ebd., S.23*.

sich auch die häufige Verlagerung des Geschehens von der äußeren auf die In-
nenhandlung. 5. Die Handlung ist linear gebaut. Es geht ja nicht um eine un-
übersichtliche Anzahl von Heiratslustigen, sondern um die Liebesgeschichte eines einzigen Paares, höchstens um Dreieckskonstellationen aufgrund intriganter
Rivalen. Teilhandlungen werden häufig durch regen Briefaustausch gekoppelt,
durch Briefe, die die Seele beleben oder töten können und dadurch den sentimentalen Charakter der Romane mitbegründen. 6. Bei einigen Werken spielt das
allegorische Traummotiv eine gewisse Rolle [...]. 7. Wie der spanische Cid
findet der Liebende oft in der gleichen Familie seine größte Liebe und seinen
größten Feind, Vater, Bruder oder Gemahl, mit dem er kämpfen muß".[65]

Diese sieben "Kennzeichen" HOFFMEISTERs entspringen, wie sofort zu bemerken
ist, keinem klaren analytischen Konzept, sondern vereinen diverse Beobachtungen. Sie können zwar ein erster Ansatzpunkt sein, erlauben es aber wohl nicht,
sämtliche eventuell zu einer Sub-Gattung "Frühneuzeitlicher sentimentaler Prosaroman" gehörende Werke zu bestimmen. Wenn es diese sentimentale Variante des
frühen Prosaromans gab, dann müssen alle Überlegungen zur Eingrenzung der entsprechenden Textgruppe zunächst von einem einheitsstiftenden Proprium, einer
Differentia specifica ausgehen, d.h. vor allem der thematischen Prädominanz
jener "morbidezza",[66] des "weicheren Gefühls" (KLUCKHOHN), die sich auch er-
zählerisch adäquat niederschlägt. Die einzelnen, von HOFFMEISTER genannten Er-
zählelemente dagegen können durchaus variiert oder ergänzt auftauchen. Für
sich genommen ergeben sie nicht notwendig einen "sentimentalen Roman".[67] Als
wichtigstes Kriterium wäre dabei wohl die überwiegende Funktionalisierung der
Textbestandteile im Sinne des genannten Propriums anzusehen. Handlungsstruk-
tur, Personenkonfiguration und sprachliche Mittel müßten also bei aller denk-
baren Variabilität insgesamt die thematische Prädominanz der Sentimentalität
signifikant zum Ausdruck bringen. Vielleicht ließe sich auf der Basis dieser
Hypothese im Rahmen einer breitangelegten Spezialuntersuchung klären, ob es
eine Gruppe sentimentaler Historien aus dieser Zeit gibt.

Absehen läßt sich aber jetzt schon, daß die Grenzziehung schwierig wird.
Ein problematischer Fall könnte etwa der 1559 in Frankfurt erschienene Prosa-

---

65 Ebd., S.34*.
66 So MAX VON WALDBERG: Der empfindsame Roman in Frankreich I. Straßburg/Berlin 1906, S.15.
67 Vgl. etwa die Prosaauflösung von Flecks 'Floire', in der alle ursprünglichen, emotional inten-
   siven Passagen eliminiert sind, den religiösen Ängsten des ungetauften, vor dem Tod stehenden
   Flore dagegen am Ende unverhältnismäßig breiter Raum zugestanden wird. Siehe Volksbücher aus
   einer Züricher Handschrift des 15. Jahrhunderts. Hg. v. A. BACHMANN/S. SINGER. Stuttgart 1889
   (Bibl. des Lit. Vereins 185), S.3-14.

roman 'Brissonetus' sein, bei dem nicht die Liebe eines Paares im Zentrum von
Handlungsabläufen und Personenkonfigurationen steht, sondern der Lebens- und
Aventiurenweg des Junkers 'Brissonetus' aus Genua.[68] Das Werk des Straßburgers
Georg Messerschmidt zählt zu den wenigen frühen deutschen Original-Prosaroma-
nen und wurde bisher von der Forschung so gut wie übersehen. Es widerlegt die
These, Wickram habe als Autor von Originalromanen im 16. Jahrhundert keinen
Nachfolger gehabt.[69]

Inhaltlich werden im 'Brissonetus' vor allem konventionelle Elemente des
älteren und zeitgenössischen Ritterromans variiert: das Leben des edlen Ritters 'Brissonetus' wird von seiner lang ersehnten Geburt über seine Erziehung
bis hin zur endlichen Erringung einer morgenländischen Königin erzählt. Die
hier interessierende Besonderheit der Geschichte liegt in einer durchgängig
weichzeichnenden, sentimentalen Grundstimmung, obwohl keine Liebesintrige im
Mittelpunkt steht. Stärker als bei Wickram sind alle heftig aggressiven Affekte eliminiert oder gemildert. Auch der Handlungsverlauf ist völlig harmoni-
siert, d.h. Konflikte treten, anders als bei Wickram, nicht auf. Dem Helden
stellen sich als retardierende Elemente nur ab und an für ihn leicht zu über-
windende Hindernisse (etwa wilde Tiere oder Räuber) in den Weg.

Es ist bezeichnend, daß den ersten Teil des Romans ein breit ausgemaltes
Familienidyll einnimmt, in dem längere, den Junker betreffende Dialoge über
Entwicklungs- und Erziehungsfragen vorherrschen. Schon hier widmet sich Messerschmidt besonders der Darstellung von Beziehungsemotionen (wie Verehrung,
Wohlwollen, Vertrauen, Liebe, Zuneigung, Zutrauen, Rücksichtnahme und Ver-
ständnisbereitschaft).[70] In den Dialogen des ersten Teils herrschen ständig
hieran appellierende Sprachformeln. Die erzählerische Heraushebung von positiven Beziehungsemotionen durchzieht den ganzen Text. Hauptsächliches Darstel-
lungsmittel ist dabei die ausführliche Schilderung ritualisiert-zeremonieller
Gesellschafts- und Kommunikationssituationen, die auf uns heute einen merkwürdig manierierten Eindruck machen. Alltägliche Situationen erscheinen positiv
emotionsgeladen. Begrüßungs- und Abschiedsszenen etwa nutzt Messerschmidt, um
gefühlbetonte menschliche Umgangsformen in adligen Kreisen vorzuführen: Die
Ritter umarmen und küssen sich bei Begegnungen[71] und beim Abschied fällt man

---

68 Georg Messerschmidt: 'Brissonetus' (1559). Hg. v. J. KNAPE, Tübingen 1987 (Nachdrucke deutscher Literaturwerke).
69 So G.W. STERN (Anm.29) oder H. EMMEL (Anm.40), S.493 u.a.
70 ULRICH MEES: Was meinen wir, wenn wir von Gefühlen reden? Zur psychologischen Textur von Emo-
   tionswörtern. In: Sprache & Kognition 4 (1985), S.2-20.
71 G. Messerschmidt: Brissonetus (Anm.68), D[a], Fv[b].

sich *vmb den halß*,[72] und es fließen Tränen. Hierzu ein Beispiel, bei dem sich die für Messerschmidts Helden typisch amplifizierende Sprache zeigt:

> Brissonets gieng zu seinem Herrn Vetter / stund fur jhn / neiget sich mit gantzer zucht demutiglich / vnd nam ein vnderthenig vnnd Gehorsam vrlaub / vonn dem guten fromen vnd alten Ritter / fiele jhm vmb den Halß / gesegnet vnd kusset jhn / bath jn darbey gantz dienstbarlich / ob er sich die zeit vnd er bey jhm gewesen / vnderweilen vnfuglich / oder wider Adeliche zucht gehalten het / das er jm solchs durch Gott vnd seiner frechen jugent willen / welche etwan vnbedacht mehr thut / oder anfecht / denn jhr wol geburt oder zimlich ist / vergeben vnd verzeihen wolt. Herr Migdonius sagt / er het kein klag oder mangel an jhm / er solte also beharren / Gott vnd seinen gnedigen Herren vor augen haben / so wurde es jhm hie zeitlich vnd leiblich / vnd dort Ewiglich wol ergehn. So bald er das geredt / kondten vnd mochten sie beyde / vor trehern kein wort mehr mit einander gereden / gesegneten einander mit nassem angesicht / denn die trehen flossen jhnen wie ein Brunnenquel / auß den augen / Damit sasse Brissonetus auff sein Gaul / befalhe sich Gott dem Herren / vnd reitt zu seinem Gnedigen Herren Graff Wilhelmen / inn die herberg /.[73]

Messerschmidt hat hier eine emotionsgeladene Situation darstellen wollen. Die auch sonst stets vorhandene umständlich ritualisierte Sprache seiner Protagonisten soll, das zeigt sich gerade an solchen Stellen, nicht nur Ausdruck einer vornehmen Erziehung, sondern vor allem auch Ausdruck adliger Verfeinerung und Sensibilisierung im Bereich der Beziehungsemotionen sein. Denn viele derartige "Zeremonien", schreibt der französische Mentalitätsforscher L. FEBVRE 1977 mit Blick auf ethnologische Befunde, verfolgen den "offensichtlichen Zweck", "durch gleiche Verhaltensweisen und Gesten eine identische Gemütsbewegung zu erzeugen".[74]

Mit Aufmerksamkeit behandelt Messerschmidt aber ebenso die Zielemotionen (wie Freude, Glück, Zufriedenheit, Hoffnung, Befriedigung, Dankbarkeit, Rührung etc. und Trauer, Kummer, Angst, Sorge, Verzweiflung, Sehnsucht, Scham etc.).[75]

Er hat seine Geschichte, darüber erhalten wir in der Einleitung Auskunft, aus Anlaß der Erziehung von Söhnen des (nicht adligen) Kanzlers der elsässischen Grafen von Hanau-Lichtenberg verfaßt. Diese pädagogische Intention erklärt wesentliche Eigentümlichkeiten des Textes, einschließlich der emotionalen Elemente. Die Verbindung von Emotionalisierung und Didaxe findet ihren beredten Ausdruck in der Darstellung von Situationen, in denen Brissonetus aus Glück und Dankbarkeit über eine Belehrung gerührt in Tränen ausbricht:

---

72 Ebd., Liij[a].[b]
73 Ebd., D8[a]-D8[b].
74 L. FEBVRE (Anm.3), S.317. A. NITSCHKE (Anm.3), S.25.
75 U. MEES (Anm.70).

Diese lehr vnd vnderweysungen / bewegten Brissonetum / das jhm die zehern / auß den Augen vber die wangen abgiengen. Vnd vber ein kleine weil / als er sich wider erholt /
saget er Regnero seinem lieben Vatter groß lob / ehr vnd danck / der Vatterlichen liebe[76]

oder an anderer Stelle:

Brissonetus neigt sich gantz zuchtiglich / fiel seinem Vettern vmb den halß / saget jhm
grossen fleissigen danck / damit schoß ihm das wasser in die augen / vnd sprach / Lieber Vetter / ich sage euch bey meinen Adelichen ehren zu / das ich solche manunge /
vnnd hohe hertzliche lehren / inn mein hertz beschliessen / vnnd nimmermehr vergessen /
auch so lang mir Gott mein vernunfft vnd leben gunt / gegen jedermann mich milt / ge-
horsam / dienstbar / vnd in allen geburlichen sachen / vnderthenig erzeigen vnnd also
halten will / Es hatt mir ewer vermanung / vnnd Vatterliche vnderweisung / viel vnd
grosse nutzliche inbildung vnd gedancken gegeben / verhoffe jhr sollend noch von Bris-
soneten ewerm jungen Vettern / mit der zeit / viel ehrlicher ritterlicher thaten / ver-
mittelst Gottes willen / vernemmen vnd horen werden.[77]

In Messerschmidts 'Brissonetus' läßt sich insgesamt die zuletzt von J.-D.
MÜLLER angesprochene "Domestizierung des Affekts"[78] nachweisen. Alle wichtigen
Beziehungsäußerungen sind auf einen weichen, ausgleichenden Ton gestimmt. Die
Frage ist nur, ob das ausreicht, den Text eventuell zu jener ins Auge gefaßten
Gruppe sentimentaler Historien zu schlagen, bei denen die Funktionalisierung
wesentlicher Strukturelemente in Hinsicht auf die Prädominanz von Gefühlsdar-
stellungen sehr viel weiter geht.

Die bisherigen Überlegungen zur Frage, ob man im Zusammenhang mit dem frühneuhochdeutschen Prosaroman von "Empfindsamkeit" sprechen kann, haben zu zwei
bereits eingangs erwähnten Problemkreisen geführt: 1. Zum Gattungsproblem, genauer gesagt, zum Problem der eventuellen Eingrenzung einer Textreihe oder
Werkgruppe innerhalb der Prosaromane. 2. Zum semiotikgeschichtlichen Problem
der literarisch-sprachlichen Behandlung von Emotionalität.

Obwohl beide Problemkreise nur gestreift werden konnten, zeichnet sich mit
allem Vorbehalt folgendes ab: In einer Reihe von Prosaromanen des 15./16.
Jahrhunderts bis hin zum 17. Jahrhundert ist, wie auch in einer Reihe mittelhochdeutscher Epen vor allem aus nachklassischer Zeit, ein verstärktes Interesse an literarischer Auseinandersetzung mit dem menschlichen Gefühlsleben zu
beobachten. Werke wie die 'Magelone', 'Florio und Biancefora' oder Wickrams
Ritterhistorien sind durchaus auf "sympathetische Identifikation" angelegt und
fordern beispielsweise dazu auf, daß die sentimentale Seite der "außerordent-

---

76 G. Messerschmidt: Brissonetus (Anm.68), B6[b]-B7[a].
77 Ebd., C8[a]-C8[b].
78 J.-D. MÜLLER (Anm.46), S.82 u.ö.

lichen Liebespassion" "mitleidend nacherlebt" wird.[79] Man kann bei diesen Romanen möglicherweise mit HOFFMEISTER vom frühneuzeitlichen "sentimentalen Liebesroman" sprechen, weil die Texte in ihrer gesamten Anlage wesentlich auf den Aspekt der Sentimentalität ausgerichtet sind. Wie sich das sprachlich-literarisch in den Texten niederschlägt, müßte noch systematisch untersucht werden. Einen ersten guten Überblick über das zur Verfügung stehende Ausdrucksrepertoire und die den Zeitgenossen präsente Anthropologie hat I. RADMEHR 1980 in ihrer Arbeit zur "Typik der Gefühlsdarstellung in der frühneuhochdeutschen Erzählprosa" gegeben.[80]

Vieles spricht dafür, daß man den Prosaroman des 15./16. Jahrhunderts an den Beginn einer Traditionsreihe hin zum neueren Roman stellen kann.[81] Eine hierzu gehörenden Gruppe sentimentaler Liebesromane könnte dementsprechend in die Vorgeschichte der empfindsamen Literatur eingereiht werden. Allerdings findet in dieser frühen Zeit noch keine Entdeckung des sensitiven Innenlebens, der empfindsamen Seite der menschlichen Psyche statt, die der Erforschung und Bewußtwerdung des Menschen im Sinne des 18. Jahrhunderts dient. Der hierfür gebrauchte Terminus technicus "Empfindsamkeit" sollte also möglichst für das 15./16. Jahrhundert mit seiner prädominanten Orientierung an bestimmten Merkmalen adliger Lebenskultur im Roman vermieden werden.

Einen Roman wie Messerschmidts 'Brissonetus' wird man wohl nur bedingt in die genannte Gruppe sentimentaler Liebesromane einreihen können. Allerdings finden sich auch in diesem Werk verstärkt sentimentale Elemente, ohne zugleich die Liebe zum alles beherrschenden Thema zu machen. Rein phänomenologisch geht es hier wie bei den anderen genannten Romanen zunächst um ein gesteigertes Interesse am Gefühlvollen und faktisch um den Versuch, die Entwicklung der Ausdrucksmittel für einen bestimmten Wirklichkeitsbereich - im semiotischen Sinn - voranzutreiben.

Über die Ursachen dieser Entwicklung wäre noch gesondert nachzudenken. Vermutlich sind die Motive in einer Kombination verschiedener Einflüsse zu sehen. Bei Messerschmidt etwa zeigt sich, daß die Betonung des weicheren Gefühls im Umgang der Menschen miteinander, also die Heraushebung der positiven Bezie-

---

79 Ebd., S.106.
80 INGEBORG RADMEHR: Typik der Gefühlsdarstellung in der frühneuhochdeutschen Erzählprosa. Göttingen 1980 (Gratia 8). Die Gefühlssymptomatik und Darstellungsweise in den Prosaromanen Wickrams behandelt REINHOLD JACOBI: Jörg Wickrams Romane. Diss. Bonn 1970, S.289-296.
81 J.-D. MÜLLER (Anm.46), S.13ff., 112.

hungsemotionen, in didaktischer Absicht eingesetzt worden ist. Deutlich zutage
tritt aber auch die Orientierung an idealisierter adliger Lebenskultur.

WOLFGANG STAMMLER hat bereits 1927 eine sozialhistorisch-sozialpsychologi-
sche Erklärung für diese Tendenz, sentimentale Regungen auszudrücken, gegeben.
Er bezieht sich auf die soziologische Referenzgruppentheorie, um den Zusammenhang von inhaltlich aufrechterhaltener Anlehnung an adlige Lebenssphäre und
deren Normen in den meisten Romanen auf der einen Seite und häufig stadtbür-
gerlichem Sitz im Leben der Werke auf der anderen Seite zu deuten: "In den
sog. 'Volksbüchern' war schon mancher französische Stoff, welcher das endende
Rittertum mit romantischem Schimmer verklärte, in deutsche Bürgerhäuser gelangt und hatte dort, dem soziologischen Gesetz der Anpassung an die höherste-
hende Schicht folgend, willige Leser gefunden". - "Wenn sich gerade in den religiösen Kämpfen diese literarische Gattung ihre Lebenskraft bewahrt, so gibt
sich darin die heimliche Sehnsucht des deutschen Bürgers kund, den Tageslärm
und die Werkstattsorgen zu vergessen und sich in Sphären zu erheben, wo edle
Leidenschaften thronen [...]. Das Gefühlvolle, ja Sentimentale solcher heroischen Liebe wird immer stärker herausgearbeitet, neben die zierlich gedrech-
selten Briefe treten die von starkem Pathos getragenen Monologe und Liebesbe-
teuerungen".[82]

Es würde sich vielleicht lohnen, näher zu untersuchen, wie es kommt, daß
man neuerdings bei der Erforschung des Gefühlskults im 18. Jahrhundert zu ähn-
lichen Erklärungen gekommen ist.[83]

---

82 W. STAMMLER (Anm.24), S.433f.
83 Siehe dazu L. PIKULIK (Anm.1), S.14, 194ff.

Register

248

Heinrich von München 82, 88
Heinrich von Neustadt 37
Heinrich von Veldeke 9, 37-39,
  54, 56, 82, 111, 135
Heinzle, J. 59, 61, 101, 104,
  126, 142, 144
Heiratsalter 195
Heiratsverhalten des Adels,
  verändertes 10
Heitz, P. 204, 206f., 214
Held, J. 124
'Heldenbuch' 207, 213, Dresdner
  H. 77
Heldendichtung 61-79
Heldenepik 58
Heldensage 63
Helene, Herzogin von Österreich
  93, 101
Herbort von Fritzlar 39-41, 43,
  53f., 58, 111
Hermann von Niederaltaich 91, 96
Hermann von Sachsenheim 111, 183
'Herpin' 206f.
Herrand von Wildonie 111, 203
Heu 142, -treten 141
Hieronymus 84
Hildebrants Minnelehre 61-79
Hirschmann, G. 198
Hitzig, J.E. 204
Hochfelder, K. 233
höfische Gattungen 58, - Liebe
  1-13, - Literatur 57, 200,
  202, - Minne 59, - Minnekon-
  zeption 60, s. amour courtois,
  Minne, Roman
hofkritische Texte 3
Hoffmeister, G. 235-237, 241
Hoffmeister, J. Chr. C. 214
Hohelied 129
Hohendahl, P.U. 221, 224, 234
Holbein, Hans 117
Holl, Valentin 184f.
Holland, W. 111
Holofernes u. Judith 107, 112,
  114, 124
Holzsammeln 131
Honegger, C. 222
Honemann, V. 93
Horaz 27-31, 33f.
Hoven, H. 151, 203
Hub, I. 205, 215
'Huge Schapler' 233
Huggins, W. 131
Hugo von Champfleury 12
Hugo von Montfort 111
Hugo von St. Victor 19
Hugo von Trimberg 107, 111
Hupfeld, K.B. 225f.

Huschenbett, D. 41, 50-60, 183

Illing, K. 181
'Ismenius und Ismena' 231, 233
Isenburg, W.K. Prinz von 213,
  215
Isolde 107, 117
Iwein 107f., 110
'Iwein' Hartmanns von Aue 42-46,
  75, 108, 117, 145f.
'Iwein'-Freskenzyklus auf Burg
  Rodeneck 109

Jacobi, R. 241
iactus Veneris 90
Jäger, G. 221
jäten 143
Jagdallegorie 58f.
James, E. 132
Janota, J. 174-191, 198, 202
Jauss, H.R. 1
Jerusalem 82f., 85, 87
Jeudy, C. 29
Joachimsen, P. 229
Johann XII., Papst 90
Johann von Würzburg 42, 53f.,
  226
Johann v. Zell, Abt 123
Johnson, L.P. 55
Johnson, R. 132
Jones, G.F. 140
Jones, M.H. 36-49, 60
de Jong, C.M. 133f.
Juan de la Cerda 219
Juan de Flores 236
Judith u. Holofernes 107, 112,
  114, 124
Juergens, A. 173
Jungbrunnen 118
juvenes 8, 10

Kästner, H. 215
'Kaiserchronik' 80-82, 85
Kandace 116
Kanzone 54, 60
Karl der Große 81
Karnein, A. 14-26, 58, 60, 192,
  201
Kasten, I. 183, 185
Kastration, Selbst- 153f., 156,
  158, 160, 168-170
Kathedralen, Kapellen: Amiens
  114, Auxerre 116, Bamberg 122,
  Boston 117, Cadouin 115f.,
  Caen 120-122, Chester 117f.,
  Courtrai 115, Hoogstraeten
  114f., Köln 114, Lincoln 117,
  Lübeck 117, Lyon 116, Magde-

burg 117, Norwich 117, Oxford
  (New College) 117, Reichenau-
  Mittelzell 116, Rouen 116 - s.
  Museen, Schlösser
Katze, rote 135
Keil, Gundolf 57
v. Keller, A. 111, 150, 175, 194
Kern, P. 59
v. Khueffstein, H.L. 235
Kinderminne 57, 59
Klein, K.K. 111
Kleinschmidt, E. 193
Klöss, E.H.G. 206f.
'Klopfan'-Sprüche 175
Kluckhohn, P. 229, 237
Knape, J. 221-242
Knetsch, A. 214
Knoepfli, A. 112
Kobbe, P. 152
Koch, E.J. 205
Koch, G.F. 115
kochen 143
Kochkunst 128, 139f.
Koebner, R. 195
Koechlin, R. 116, 120
Köhn, R. 1, 11f.
Könneker, B. 198, 203
Köpf, G. 202
Koepf, H. 107
Kohler, E. 127
Kohlhausen, H. 120
Kohlschmidt, W. 28
Kohnle, E. 127
Kol von Niunzen 129, 146f.
Konkubinat 165f.
Konrad von Hirsau 34
Konrad von Stoffeln 59
Konrad von Überlingen 112
Konrad von Würzburg 40f., 54, 62
Konstanze von Bretagne 11, 13
Kontrafaktur 182
Korn, H.G. 224
Krankheit, Liebes- 23, 40, 56f.
v. Kraus, C. 62, 135-137
Krausen, E. 158
Kreuzer, H.-J. 218f.
Kreuzlieder 3
Kristan von Hamle 115
Krohn, R. 46, 156, 176, 198, 201
'Krone', s. 'Chrone, Diu'
Krug 133, 140
Küchler, W. 219, 231
Kürenberger 127
Kuhn, Helmut 15, 25
Kuhn, Hugo 62, 130
Kunze, H. 205
Kunzle, D. 124
Kuschnarew, B. 58